MÉTODO PRINCE

Leitura e Percepção — Ritmo

THE PRINCE METHOD • READING AND EAR-TRAINING • RHYTHM

1

Adamo Prince

Nº Cat.: MPRI1

Irmãos Vitale Editores Ltda.
vitale.com.br
Rua Raposo Tavares, 85 São Paulo SP
CEP: 04704-110 editora@vitale.com.br Tel.: 11 5081-9499

© Copyright 2009 by Irmãos Vitale Editores Ltda. - São Paulo - Rio de Janeiro - Brasil.
Todos os direitos autorais reservados para todos os países. *All rights reserved.*

CIP-BRASIL. CATALOGAÇÃO NA FONTE
SINDICATO NACIONAL DOS EDITORES DE LIVROS, RJ

P952m
v.1

Prince, Adamo, 1954-
   Método Prince : leitura e percepção : ritmo = The Prince method : reading and ear-training : rhythm / Adamo Prince ; [versão para o inglês Eliane Ávila]. - São Paulo : Irmãos Vitale, 2009.
   228p.
   Texto bilíngue, português e inglês
   ISBN 978-85-7407-273-9

      1. Música - Instrução e ensino.
         I. Título.

09-6303.
                CDD: 780.7
                CDU: 78.(07)

09.12.09   15.12.09   016735

- **Editor responsável** / *Editor-in-chief:*
  Almir Chediak

- **Capa** / *Cover design:*
  Bruno Liberati

- **Produção gráfica** / *Supervisor for Print Production:*
  Tonico Fernandes

- **Revisão de texto (português)** / *Proofreading for text in Portuguese:*
  Nerval Mendes Gonçalves

- **Versão (texto)** / *Translation of text:*
  Eliana Ávila

- **Versão (comentários)** / *Translation of commentaries:*
  Kate Lyra

- **Revisão de texto (inglês)** / *Proofereading for text in English:*
  Raquel Zampil

- **Acompanhamento editorial** / *Editorial Supervision:*
  Fátima Pereira dos Santos

- **Fotografia** / *Photographer:*
  Marluce Balbino

- **Revisão musical** / *Proofreading for Music:*
  Ian Guest

- **Edição de arte** / *Art Editor:*
  Mussuline Alves

- **Editoração eletrônica e copydesk** / *Desktop Publisher and Copydesk:*
  Jacob Lopes

For Further Information Contact the Author
adamoprince@hotmail.com
www.adamoprince.com
(21) 2542-8776 - (21) 9176-9602

Volume 1

Prefácio	09
Conceitos e elementos do ritmo	11
Instruções para a realização dos exercícios	21

Volume 1

Preface	*09*
Rhythm's concepts and elements	*11*
Directions to the realization of the exercises	*21*

Primeira parte
— *Part one* —

o ♩ ♩ em / *in* 2/4 3/4 C

Leitura a uma voz	27
Leitura a duas vozes simultâneas	36
Percepção a uma voz	45
Percepção a duas vozes simultâneas	54

Reading in one voice	*27*
Reading in two simultaneous voices	*36*
Ear-training in one voice	*45*
Ear-training in two simultaneous voices	*54*

Segunda parte
Part two

♩ em / in 2/4 3/4 C

Leitura a uma voz	65	*Reading in one voice*	*65*
Leitura a duas vozes alternadas	76	*Reading in two alternated voices*	*76*
Leitura a duas vozes simultâneas	85	*Reading in two simultaneous voices*	*85*
Percepção a uma voz	93	*Ear-training in one voice*	*93*
Percepção a duas vozes alternadas	98	*Ear-training in two alternated voices*	*98*
Percepção a duas vozes simultâneas	101	*Ear-training in two simultaneous voices*	*101*

Terceira parte
Part three

♩ em / in 2/4 3/4 C

Leitura a uma voz	109	*Reading in one voice*	*109*
Leitura a duas vozes alternadas	137	*Reading in two alternated voices*	*137*
Leitura a duas vozes simultâneas	162	*Reading in two simultaneous voices*	*162*
Percepção a uma voz	187	*Ear-training in one voice*	*187*
Percepção a duas vozes alternadas	201	*Ear-training in two alternated voices*	*201*
Percepção a duas vozes simultâneas	213	*Ear-training in two simultaneous voices*	*213*

Volume 2 | Volume 2

Prefácio .... ☐	*Preface* .... ☐
Conceitos e elementos do ritmo .... ☐	*Rhythm's concepts and elements* .... ☐
Instruções para a realização dos exercícios .... ☐	*Directions to the realization of the exercises* .... ☐

Primeira parte
—— *Part one* ——

𝅗𝅥· 𝅘𝅥· 𝅘𝅥𝅮· 𝅘𝅥𝅯· em / *in* $\frac{6}{8}$ $\frac{9}{8}$ $\frac{12}{8}$

Leitura a uma voz .... ☐	*Reading in one voice* .... ☐
Leitura a duas vozes alternadas .... ☐	*Reading in two alternated voices* .... ☐
Leitura a duas vozes simultâneas .... ☐	*Reading in two simultaneous voices* .... ☐
Percepção a uma voz .... ☐	*Ear-training in one voice* .... ☐
Percepção a duas vozes alternadas .... ☐	*Ear-training in two alternated voices* .... ☐
Percepção a duas vozes simultâneas .... ☐	*Ear-training in two simultaneous voices* .... ☐

Segunda parte
Part two

♩. em / in 6/8   9/8   12/8

Leitura a uma voz .... ☐	_Reading in one voice_ .... ☐
Leitura a duas vozes alternadas .... ☐	_Reading in two alternated voices_ .... ☐
Leitura a duas vozes simultâneas .... ☐	_Reading in two simultaneous voices_ ..... ☐
Percepção a uma voz .... ☐	_Ear-training in one voice_ .... ☐
Percepção a duas vozes alternadas .... ☐	_Ear-training in two alternated voices_ ... ☐
Percepção a duas vozes simultâneas ...... ☐	_Ear-training in two simultaneous voices_ ... ☐

Terceira parte
Part three

Quiálteras / _Tuplets_   em / in   2/4   3/4   C   6/8   9/8   12/8

Leitura a uma voz .... ☐	_Reading in one voice_ .... ☐
Leitura a duas vozes alternadas .... ☐	_Reading in two alternated voices_ .... ☐
Leitura a duas vozes simultâneas .... ☐	_Reading in two simultaneous voices_ ..... ☐
Percepção a uma voz .... ☐	_Ear-training in one voice_ .... ☐
Percepção a duas vozes alternadas .... ☐	_Ear-training in two alternated voices_ ... ☐
Percepção a duas vozes simultâneas ...... ☐	_Ear-training in two simultaneous voices_ ... ☐

Volume 3

Prefácio .... ☐

Conceitos e elementos
do ritmo .... ☐

Instruções para a
realização dos exercícios .... ☐

Volume 3

Preface .... ☐

*Rhythm's concepts and
elements* .... ☐

*Directions to the realization
of the exercises* .... ☐

Primeira parte
—— *Part one* ——

Com / *With* u.t. / *t.u.* =

Leitura a uma voz .... ☐

Leitura a duas vozes alternadas .... ☐

Leitura a duas vozes simultâneas .... ☐

Percepção a uma voz .... ☐

Percepção a duas vozes alternadas ..... ☐

Percepção a duas vozes simultâneas ... ☐

Leitura a uma voz .... ☐

Percepção a uma voz .... ☐

Reading in one voice .... ☐

Reading in two alternated voices .... ☐

Reading in two simultaneous voices ... ☐

Ear-training in one voice .... ☐

Ear-training in two alternated voices .. ☐

Ear-training in two simultaneous voices ... ☐

Reading in one voice .... ☐

Ear-training in one voice .... ☐

Segunda parte
Part two

Compassos Alternados / *Alternated Measures*

$\frac{5}{4}$ $\frac{7}{4}$ $\frac{15}{8}$ $\frac{21}{8}$

Outras Unidades / *Other Time Units*

U.T./T.U. = ♩   U.T./T.U. = ♩.   U.T./T.U. = ♪   U.T./T.U. = ♪.

Leitura a uma voz

• Compassos Alternados .... ☐

• Outras Unidades .... ☐

Percepção a uma voz

• Compassos Alternados .... ☐

• Outras Unidades .... ☐

Reading in one voice

• *Alternated Measures* .... ☐

• *Other Time Units* .... ☐

Ear-training in one voice

• *Alternated Measures* .... ☐

• *Other Time Units* .... ☐

Terceira parte
Part three

Mudanças de Compassos, Unidades e Ausência de Compasso
Changing Measures, Time Units and Measureless environments

Leitura a uma voz

• Mudanças de Compassos .... ☐

• Mudanças de Unidades .... ☐

• Ausência de Compasso .... ☐

Percepção a uma voz

• Mudanças de Compassos .... ☐

• Mudanças de Unidades .... ☐

• Ausência de Compasso .... ☐

Reading in one voice

• *Changing Measures* .... ☐

• *Changing Time Units* .... ☐

• *Measureless Environments* .... ☐

Ear-training in one voice

• *Changing Measures* .... ☐

• *Changing Time Units* .... ☐

• *Measureless Environments* .... ☐

Prefácio

A música é, basicamente, feita de dois elementos: ritmo e som. Esses também são os dois principais componentes de sua notação. Ler e escrever música para um músico tem o mesmo significado que ler e escrever o alfabeto para alguém que fala. O processo do aprendizado da leitura e escrita musical pode ser facilitado pela separação temporária de seus dois elementos, o ritmo e o som, por serem dois reflexos inteiramente diferentes. Depois do devido treino dos dois elementos em separado, juntá-los é surpreendentemente fácil.

O presente livro é destinado ao ensino da leitura rítmica através de um vasto material de exercícios que abrange, sistematicamente, as múltiplas situações rítmicas que se apresentam no decorrer da leitura musical. Seu objetivo é ensinar o uso consciente do primeiro e mais intuitivo elemento da música que é o ritmo. Ritmo é constituído, basicamente, por pulsações. Pulsações são medidas de tempo. Qualquer ritmo, por mais complexo que seja, possui uma pulsação básica, batidas imaginárias ou implícitas de duração igual. Isso revela uma particularidade: a arte da música decorre no tempo (ao passo que as artes visuais decorrem no espaço).

Ao aprender a leitura rítmica, o estudante aprende a respeitar e lidar com o elemento tempo. A continuidade e fluência do tempo é condição da interpretação musical, sem a qual a

Preface

Music is made up basically of two elements - rhythm and sound - which are also the two main components of musical notation. To read and write music bears the same significance to a musician as does to read and write the alphabet to a native speaker of a given language. The process of learning to read and write music can be facilitated through the temporary separation of those two elements (rhythm and sound), once they are two entirely different reflexes. Following due training in those two elements separately, it is surprisingly easy to re-unite them.

This book is aimed at facilitating the teaching of rhythmic reading through a wide range of exercises encompassing, systematically, the multiple rhythmic situations encountered in musical reading. The primary aim of this book is to develop the student's awareness of the first and most intuitive element of music: rhythm. Rhythm consists, basically, of pulsations. Pulsations are measures of time. Any rhythm, however complex it may be, contains a basic pulsation, that is, imaginary or implicit beats of equal length. This reveals a particular feature: the art of music takes place in a time environment (whereas the visual arts take place in a spatial environment).

As the student learns rhythmic reading, s/he is also learning to respect and deal with the element of time. The continuity and fluency of time is the pre-requisite for the very existence of musical interpretation, and without it music

música se torna incompreensível. Por essa razão todo treino de leitura rítmica deve respeitar essa continuidade e desde o começo o estudante deve adquirir o hábito de não errar nem fazer interrupções. As dificuldades surgidas devem ser contornadas mediante a escolha da velocidade adequada. A experiência mostra que a leitura rítmica em baixa velocidade é bastante difícil, pois estamos acostumados a fazer música em sua velocidade habitual, isto é, em seu impulso natural. Aprender a reduzir a velocidade, porém, traz a grande vantagem de nos permitir pensar (antes de cada grupo de notas) no que vamos executar.

O Método Prince de leitura e percepção do ritmo, além de abranger sistematicamente todas as combinações rítmicas dentro de uma rigorosa escala de dificuldades, apresenta a grande vantagem de um vasto número de exercícios em cada nível. A abundância de exercícios não permite a ultra-repetição e conseqüente memorização dos mesmos, oferecendo a experiência da "leitura à primeira vista" - indispensável no treino da leitura. Outro aspecto da presente obra é a leitura simultânea de duas linhas de ritmo, executadas pela boca e mão, respectivamente. Dividir a atenção entre duas atitudes simultâneas é, além da leitura polirrítmica em muitos instrumentos, imposição fundamental a todo músico que toca em grupo. (A própria leitura musical, com a simultaneidade do ritmo e do som, exige atenção dividida.)

Ao encarar o estudo da leitura rítmica, deve-se ter em mente que o mesmo é um condicionamento de reflexo e, como tal, requer um hábito contínuo a médio e longo prazos. Apesar do aprendizado se processar muito aos poucos, de grau em grau, o estudante só perceberá o próprio progresso em momentos separados por longas semanas, momentos em que quantidade se transforma em qualidade.

becomes incomprehensible. That is why all training in rhythmic reading must respect such continuity; and the student must, from the very beginning, develop the habit of not making mistakes or interrupting the exercises. The dificulties which will arise must be handled by choosing the adequate velocity for each exercise. Experience shows that it is extremely difficult to read rhythm at low velocities, because we are used to conceiving music at its habitual velocity, that is, at its own natural impulse. To learn to slow down, on the other hand, brings forth the great advantage of allowing us to think over (immediately before each set of notes) what we are about to play.

Apart from systematically encompassing all rhythmic combinations within a rigorous order of increased difficulty, "Prince Method" presents the great advantage of providing a large variety of exercises in each level. Such a wealth of exercises does not allow for ultra-repetition, and thus avoids consequent memorization. It therefore provides opportunities for "first-sight reading" - which is indispensable for training the skill of reading music. Another feature of this book is the simultaneous reading of two rhythmic staves, to be perfomed with mouth and hand, respectively. The ability to pay attention to two simultaneous attitudes translates into not only polyrhythmic reading of several instruments, but also a fundamental imposition on every musician playing with others. (Musical reading itself, which involves the simultaneity of rhythm and sound, requires the sparing of simultaneous attention.)

Upon tackling the study of rhythmic reading, the student should keep in mind that what s/he will be dealing with is the conditioning of reflex, which, as such, requires a continuous habit - in both the medium and long term. Though the learning process is a gradual one, which develops slowly, step by step, the student will only perceive his/her own progress at intermittent moments in between long weeks - moments when quantity is transformed into quality.

Ian Guest

Conceitos e elementos do ritmo

Rhythm's concepts and elements

Ritmo: é a duração do som e do silêncio no decurso do tempo.

Figuras ou valores: representam graficamente a duração do som e do silêncio.

Rhythm: *the duration of sound and silence in the course of time.*

Figures or values: *the graphic representation of the duration of sound and silence.*

Figuras ou valores rítmicos *Rhythm figures or values*		
Som *Sound*	**Nome** *Name*	**Pausa** *Pause*
o	**semibreve** *whole note*	▬
♩ (half)	**mínima** *half note*	▬
♩	**semínima** *quarter note*	𝄽
♪	**colcheia** *eighth note*	𝄾
♬	**semicolcheia** *sixteenth note*	𝄿
♬	**fusa** *thirty-second note*	𝅀
♬	**semifusa** *sixty-fourth note*	𝅁

Subdivisão das figuras ou valores
Subdivision of figures or values

Som *Sound*	Pausa *Pause*

Símbolo numérico das figuras ou valores
Numeric symbols for figures or values

o	𝅗𝅥	♩	♪	𝅘𝅥𝅯	𝅘𝅥𝅰	𝅘𝅥𝅱
1	$\frac{1}{2}$	$\frac{1}{4}$	$\frac{1}{8}$	$\frac{1}{16}$	$\frac{1}{32}$	$\frac{1}{64}$

Tempo: pulsação básica do ritmo.

Unidade de tempo (U. T.): valor correspondente a um tempo (ou uma contagem).

Compasso: é o agrupamento dos tempos (2 a 2, 3 a 3, 4 a 4...) a intervalos regulares.

Unidade de compasso (U.C.): valor correspondente a um compasso.

Compassos simples: são aqueles em que os tempos têm sua subdivisão natural em duas metades, cada metade em mais duas, e assim sucessivamente.

Barra de compasso: linha vertical usada para separar os compassos.

Barra dupla: indica a finalização da música ou de um trecho.

Fração de compasso: símbolo utilizado para caracterizar um compasso. Nos compassos simples, o numerador indica a quantidade de tempos e a unidade de tempo (U.T.) é indicada pelo denominador.

Exemplo:

$\frac{2}{4}$ ou 2 → Binário
　　　　　　U.T. = semínima
　　　　→

Beat: the basic pulsation of a rhythm.

Time unit (T.U.): the duration which corresponds to one beat (or one count).

Measure or bar: the grouping of beats (2 by 2, 3 by 3, 4 by 4...) within regular intervals.

Measure unit (M.U.): the duration which corresponds to one measure.

Simple measures: measures which take even-number subdivisions. In other words, measures that can be subdivided in two halves, each of which can be subdivided in another two, and so on.

Barline: a vertical line drawn to separate two measures.

Double barline: the indication of the end of a musical piece or passage.

Time signature: the symbol by which a measure is characterized. In simple measures, the numerator indicates the number of beats in each measure, whereas the denominator shows the time unit (T.U.).

Example:

$\frac{2}{4}$ *or* 2 → *Two-time*
　　　　　　→ *T.U. = quarter note*

Diagramação dos Compassos Simples
Layout for Simple Measures

Binário (em dois tempos)
Two-time (in two beats)

Ternário (em três tempos)
Three-time (in three beats)

Quaternário (em quatro tempos)
Four-time (in four beats)

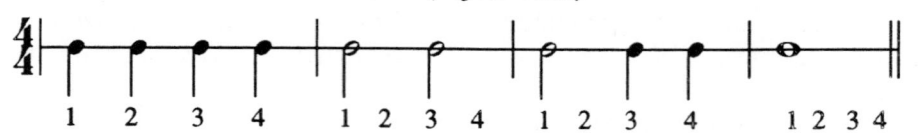

Frações de Compassos Simples mais usadas
The most commonly-used time signatures for simple measures

	Binário *Two-time*	Ternário *Three-time*	Quaternário *Four-time*
U.T. = ♩ *T.U.*	2/♩ ou 2/2 ou ¢ *or or*	3/♩ ou 3/2 *or*	4/♩ ou 4/2 *or*
U.T. = ♩ *T.U.*	2/♩ ou 2/4 *or*	3/♩ ou 3/4 *or*	4/♩ ou 4/4 ou C *or or*
U.T. = ♪ *T.U.*	2/♪ ou 2/8 *or*	3/♪ ou 3/8 *or*	4/♪ ou 4/8 *or*

Obs.: ¢ e C são convenções que substituem as frações 2/2 e 4/4, respectivamente.
A fração de compasso é sempre colocada no início de um trecho ou peça musical após a clave e a armadura.

Exemplo:

Note: ¢ and C are conventionally employed as substitutes for the 2/2 and 4/4 fractions, respectively.
The time signature is always written at the beginning of a musical piece or passage, following immediately after the clef and key signature.

Example:

Ligadura: linha curva que indica o prolongamento de um valor para outro.

Exemplos:

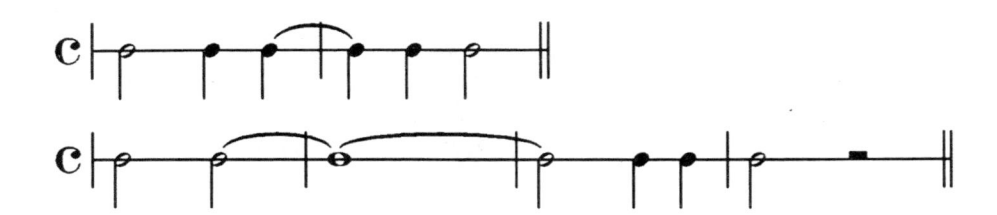

Ponto de aumento: é usado à direita de uma figura (som ou pausa) para aumentar a metade do seu valor. Se o ponto for duplo, serão acrescidas a metade mais a quarta parte.

Exemplos:

Slur: a written curve which connects musical notes, indicating that the duration of one note should extend to that of the other.

Examples:

A dot: written on the right-hand side of a figure (representing either sound or pause), increases the duration half-fold. If two dots are used, the duration increases by half plus one quarter of its own length.

Examples:

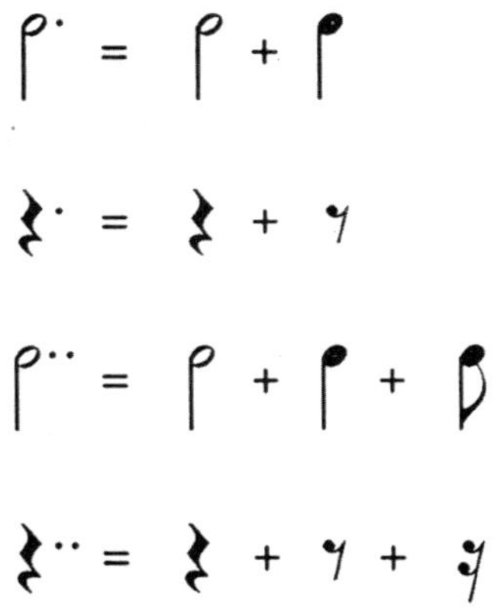

Sinais de repetições e saltos

Ritornello: indica a repetição de um trecho.

Exemplos:

Repetition and skipping marks

Ritornello: *indicates the repetition of a given passage.*

Examples:

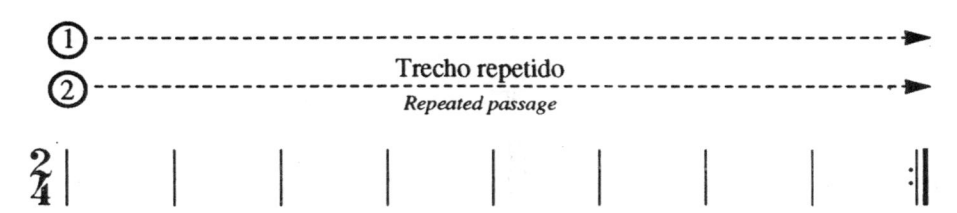

Casas de 1ª e 2ª vez: utilizadas quando uma música ou um trecho se repetem, porém com finais diferentes.

Exemplo:

__First and second time ending:__ are used when the whole musical piece or a given passage is repeated, but with a different ending.

Example:

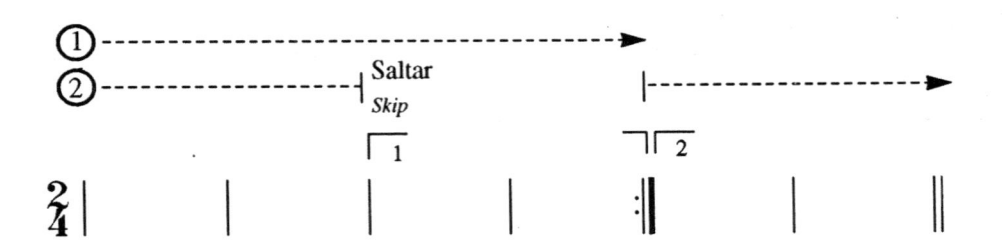

D.C. (da capo): indica a repetição da música desde o seu início.

Exemplos:

D.C. (da capo): *indicates the repetition of a musical piece from its very beginning.*

Examples:

D.C.
(sem repetição)
(without repetition)

D.C.

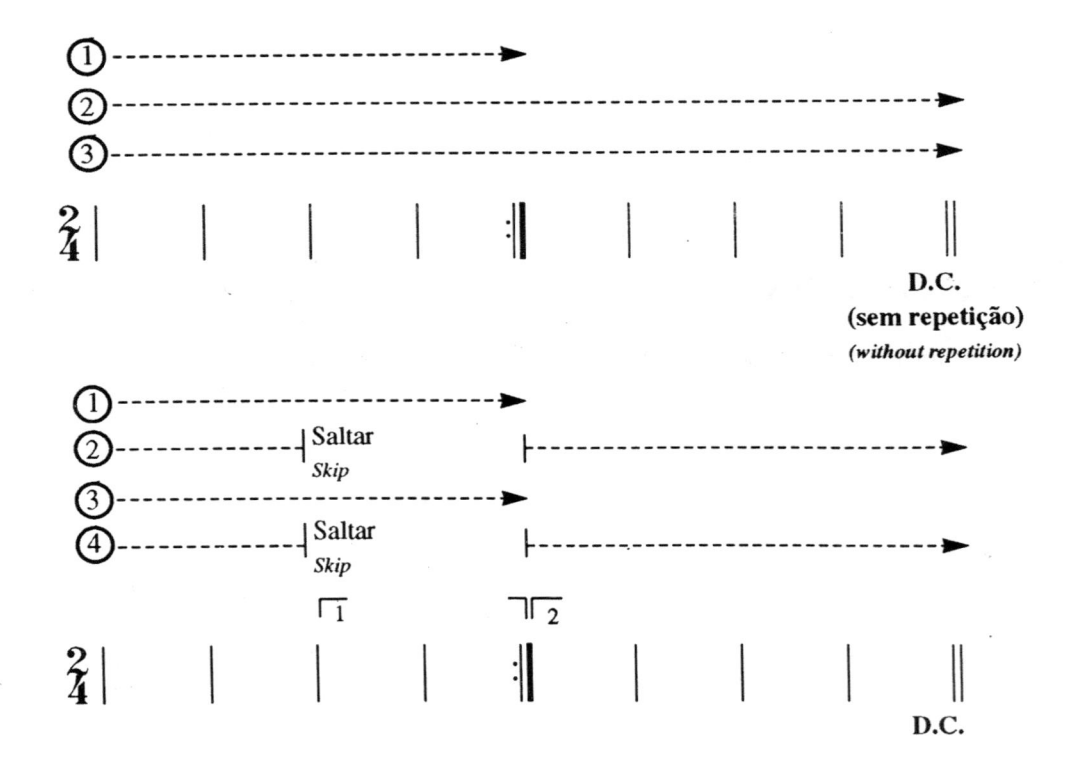

F. ou Fine: indica onde a música termina.

Exemplo:

F. or Fine: *indicates the end of the musical piece.*

Example:

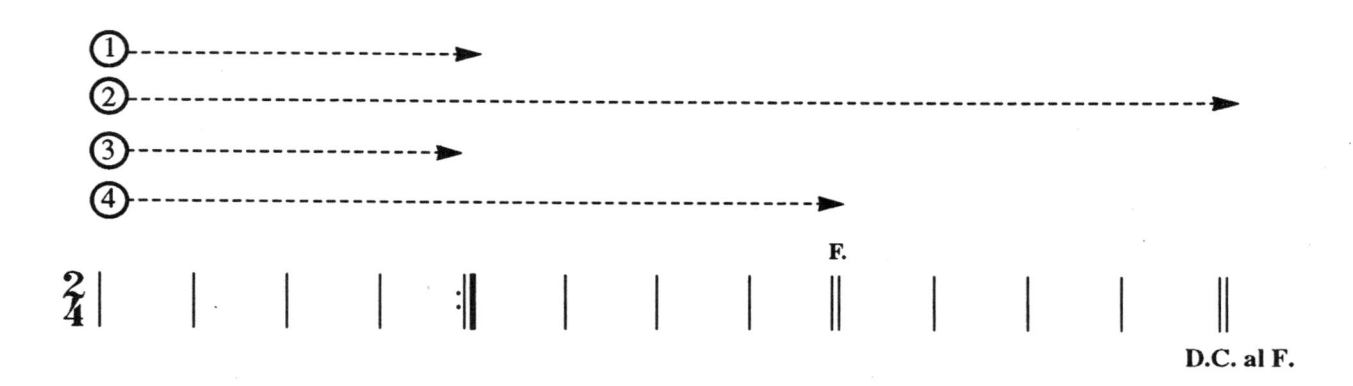

① ──────▶
② ─────────────────────▶
③ ────▶
④ ──────────────▶

$\frac{2}{4}$ | | | | :|| | | || | | | ||
                               F.   D.C. al F.

𝄋 Senho (Segno): indica o local de onde será efetuada a repetição.

Exemplos:

𝄋 Segno: *indicates where the repetition is to take place from.*

Examples:

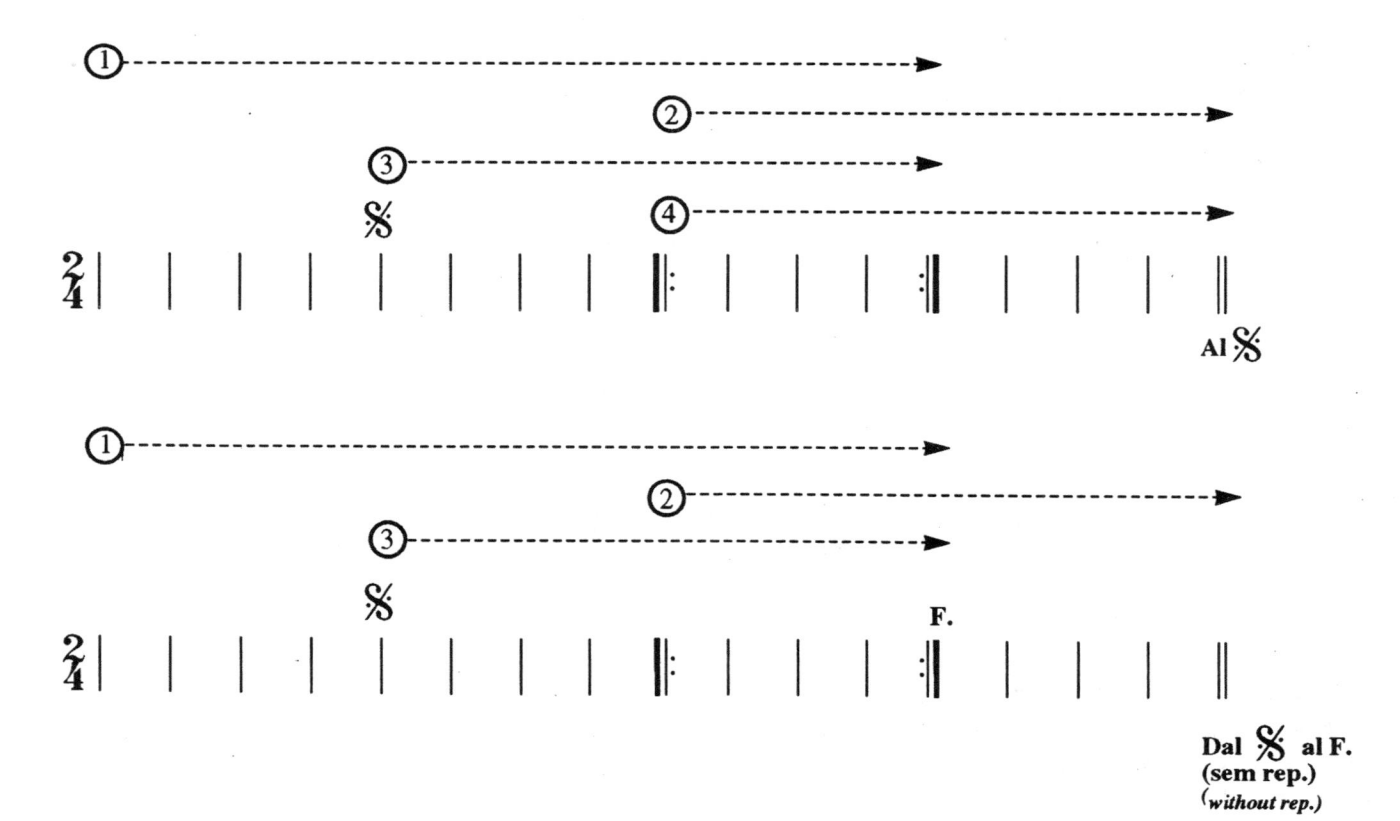

① ──────────────────▶
② ───────────────▶
③ ─────────▶
④ ──────────────▶

𝄋

$\frac{2}{4}$ | | | | | | ||: | | :|| | | ||
                                                        Al 𝄋

① ──────────────▶
② ───────────▶
③ ────────▶

𝄋   F.

$\frac{2}{4}$ | | | | | ||: | | :|| | | ||

Dal 𝄋 al F.
(sem rep.)
(*without rep.*)

Coda: sinal de pulo para finalização de uma música (ou de uma parte).

Exemplo:

Coda: *indicates the skipping of a passage for the finalization of a musical piece (or of a whole passage).*

Example:

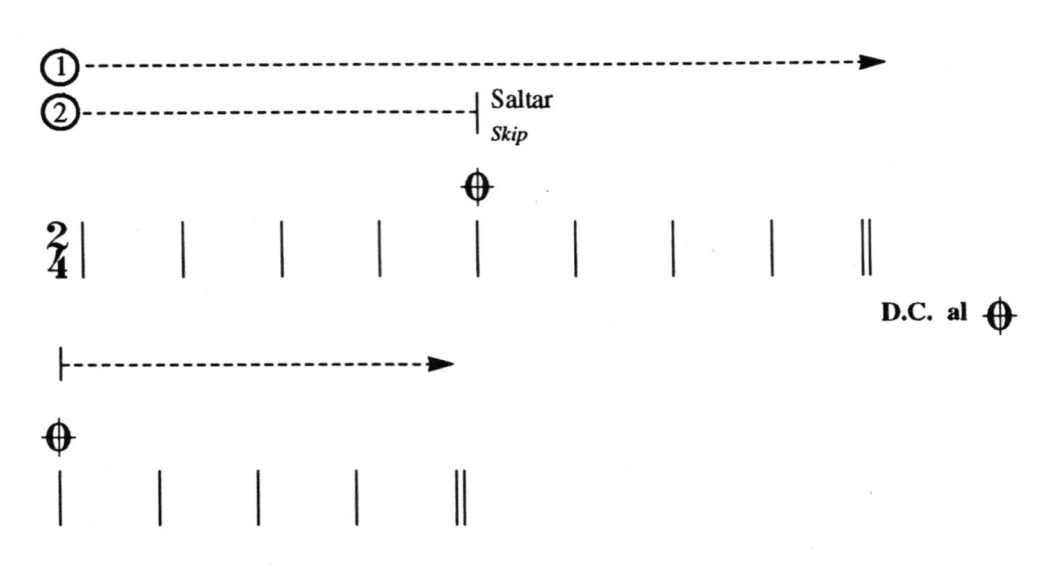

Fade-out: indica que um pequeno trecho deve ser repetido várias vezes, diminuindo gradativamente de intensidade, até desaparecer.

Exemplo:

Fade-out: *indicates that a short passage is to be repeated several times, with a gradual decrease of intensity, until it has died out.*

Example:

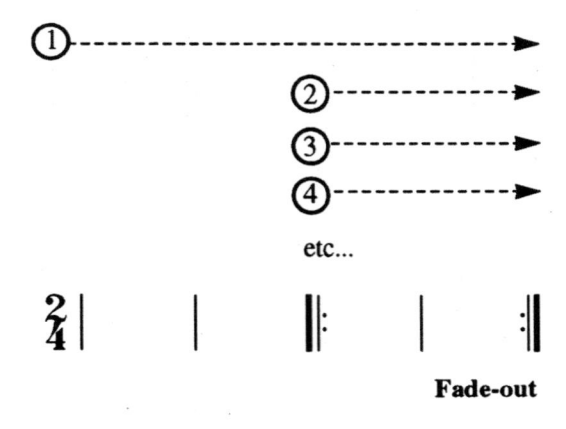

Fade-in: ao contrário do *Fade out*, indica que um pequeno trecho deve ser repetido várias vezes, aumentando gradativamente de intensidade.

Fade-in: *as opposed to the* Fade out, *this indicates that a short passage is to be repeated several times, with a gradual increase in intensity.*

Abreviações das repetições

••• - Repetição de notas sem colchetes:

Notação

Execução

Abbreviations for Repetition

••• - *Repetition of notes without brackets:*

Notation

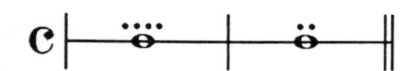

Performance

⫽ - Repetição de notas com colchetes:

Notação

Execução

⫽ - *Repetition of notes with brackets:*

Notation

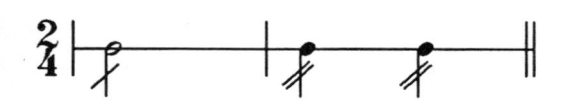

Performance

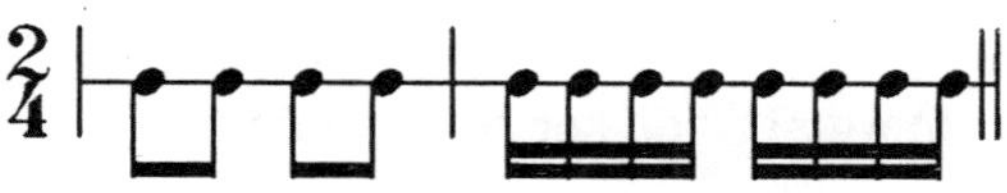

／ - Repetição de um desenho no mesmo compasso:

Notação

Execução

／ - *Repetition of a pattern within a measure:*

Notation

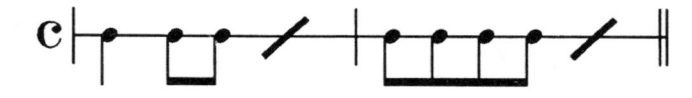

Performance

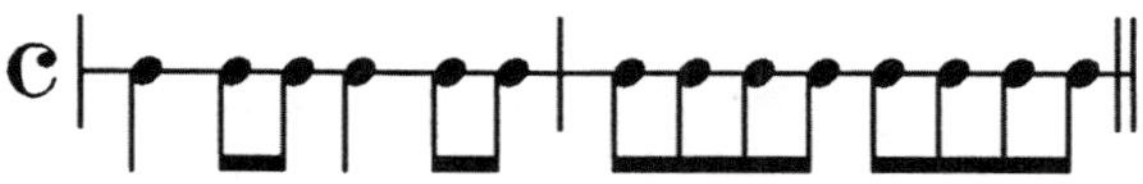

⁒ - Repetição do compasso anterior uma ou mais vezes:

Notação

Execução

⁒ - *Repetition of the preceeding measure, one or more times:*

Notation

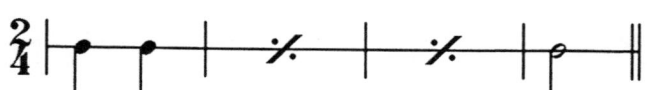

Performance

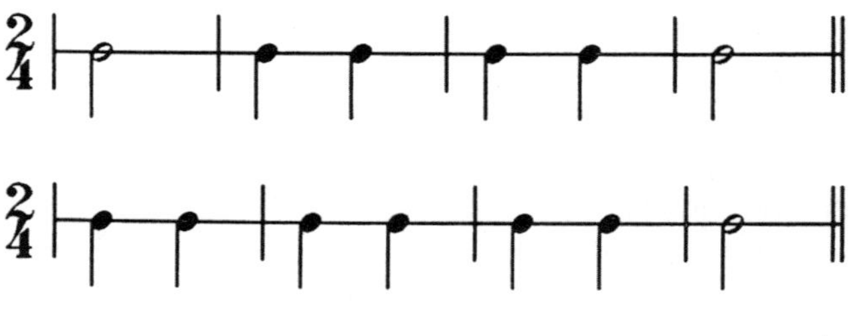

𝄏 - Repetição dos dois compassos anteriores:

Notação ⟶ Execução

Clichês visuais

Assim como na gramática temos as sílabas que combinam as consoantes e as vogais, no ritmo temos figuras (notas e pausas) que, combinadas, formam partículas chamadas clichês.

Uma frase gramatical pode ser separada em sílabas:

CLICHÊS VISUAIS

| CLI | CHÊS | VI | SU | AIS |

Uma frase rítmica pode ser separada em clichês:

O reflexo apurado na associação do clichê visual com o seu significado sonoro é que possibilita a leitura à primeira vista. E para escrever é importante o reflexo apurado na associação sonora/visual.

Por esses motivos, os clichês a serem estudados em cada grupo de exercícios estarão destacados por um retângulo. Antes de exercitar, o estudante deve familiarizar-se com a imagem e o som dos mesmos.

Visual Clichés

𝄏 - *Repetition of the two preceeding measures:*

Notation ⟶ Performance

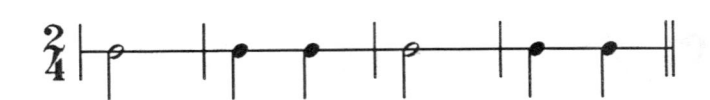

Just as, in grammar, vowels and consonants are grouped together to form syllables, in rhythm the figures (notes and pauses) are grouped together to form particles known as clichés.

A grammatical phrase can be separated into syllables:

VISUAL CLICHÉS

| VIS | U | AL | CLI | CHÉS |

A rhythmic phrase can be separated into clichés:

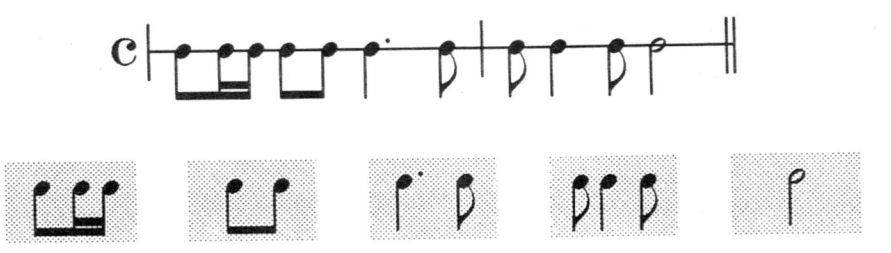

A well-developed reflex in associating the visual cliché to its correspondent sound meaning allows for first-sight reading, as well as for the transcription and writing of music.

For the reasons mentioned above, the clichés to be studied in each group of exercises will be highlighted within a rectangle. Before exercising, the student is to practice each cliché until he/she feels familiar with its visual representation and with the sound it represents.

Instruções para a realização dos exercícios

Leitura a uma voz

1) Bater o tempo com o pé e executar o ritmo com a boca (falando).

B = boca / mouth

2) Bater o tempo com o pé e executar o ritmo percutindo com a mão direita.

MD = mão direita / right hand   P = pé / foot

3) Acrescentar aos itens 1 e 2 a marcação do compasso na mão esquerda.

B = boca / mouth   P = pé / foot   ME = mão esquerda / left hand

Directions to the realization of the exercises

Reading in one voice

1) Mark the beat with your foot and perform the rhythm with your mouth (speaking).

P = pé / foot

2) Mark the beat with your foot and perform the rhythm with your right hand.

P = pé / foot

3) Do items 1 and 2, plus: mark the first beat in each measure with your left hand.

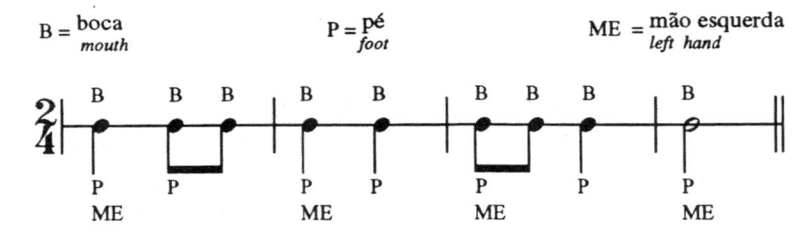

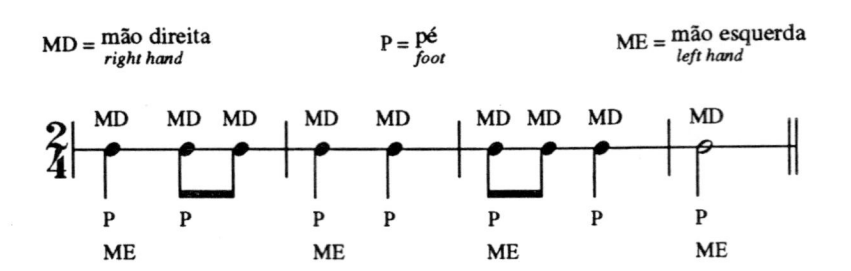

MD = mão direita / *right hand*   P = pé / *foot*   ME = mão esquerda / *left hand*

4) Nos exercícios da terceira parte pode ser de grande utilidade acrescentar ao item 1 a marcação constante das semicolcheias na mão direita, com os dedos polegar, indicador, médio e anelar. Quando, porém, já estiver familiarizado com os clichês visuais, este recurso deve ser abandonado.

4) It is very useful to add to item 1 of the exercise in part three the constant marking of the sixteenth notes with your right hand, using your thumb, and your index, middle and ring fingers. However, let go of this resource once you have become familiar with the visual clichés.

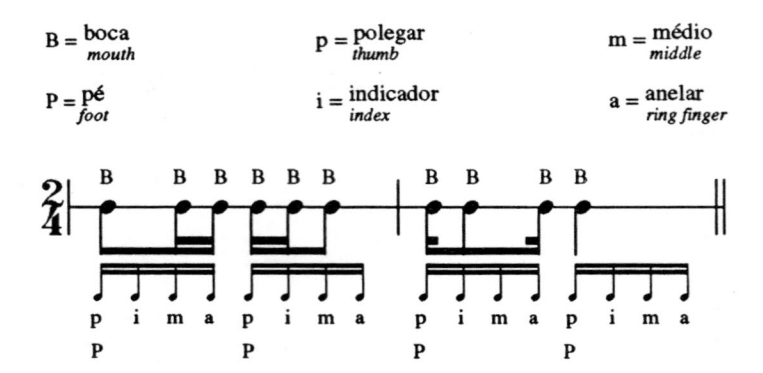

B = boca / *mouth*   p = polegar / *thumb*   m = médio / *middle*
P = pé / *foot*   i = indicador / *index*   a = anelar / *ring finger*

Leitura a duas vozes alternadas

Reading in two alternated voices

1) Bater o tempo com o pé e executar a linha superior com a boca (falando); a inferior percutindo com a mão direita.

1) Mark the beat with your foot, and perform the upper staff with your mouth (speaking); play the bottom staff by tapping the rhythm with your right hand.

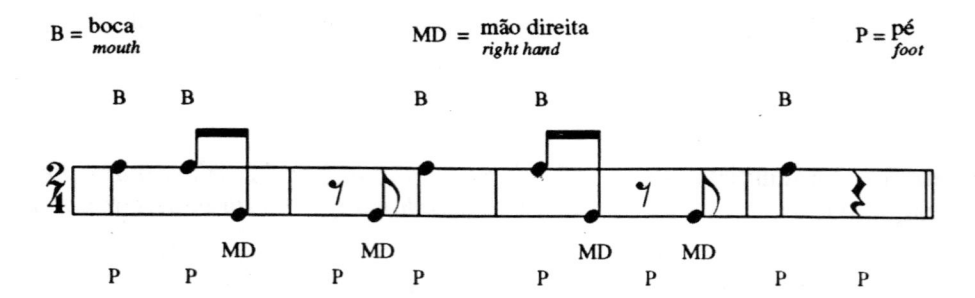

B = boca / *mouth*   MD = mão direita / *right hand*   P = pé / *foot*

2) Bater o tempo com o pé e executar a linha superior percutindo com a mão direita; a inferior percutindo com a mão esquerda.

2) Mark the beat with your foot, and play the upper staff by tapping the rhythm with your right hand; play the bottom staff by tapping the rhythm with your left hand.

MD = mão direita / right hand   ME = mão esquerda / left hand   P = pé / foot

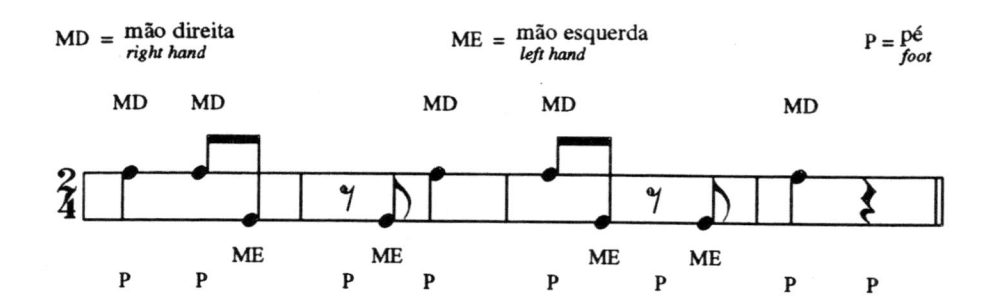

Leitura a duas vozes simultâneas

Bater o tempo com o pé e executar a linha superior com a boca (falando); a inferior percutindo com a mão direita.

Reading in two simultaneous voices

Mark the beat with your foot and perform the upper staff with your mouth (speaking); play the bottom staff by tapping the rhythm with your right hand.

B = boca / mouth   MD = mão direita / right hand   P = pé / foot

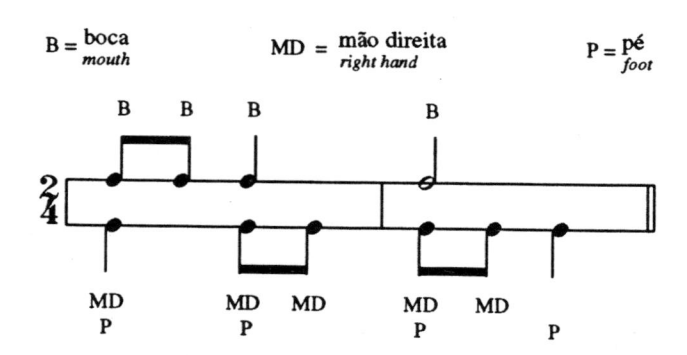

Percepção a uma voz

1) Ouça o exercício que será executado em andamento normal. Memorize e repita o ritmo, intuitivamente, sem nenhuma análise ou racionalização. É importante a memorização e a repetição integral do ritmo ouvido em andamento normal, mas não é fundamental que se memorize na primeira audição.
O exercício deve ser executado tantas vezes quantas forem necessárias. Use somente a intuição, ou seja, não faça nenhuma correspondência com a notação, com a contagem, com os clichês visuais ou com o compasso, a não ser que lhe ocorra espontaneamente. Apenas ouça e repita.

2) Acrescente a marcação do tempo e do compasso.

Ear-training in one voice

1) Listen to the exercise passage at normal time. Memorize and repeat the rhythm, intuitively, without any sort of analysis or rationalization. It is very important to memorize and repeat the whole rhythmic pattern just as you have heard it at normal time, but it is not fundamental to memorize it all the first time you hear it. The exercise is meant to be repeated as many times as needed by each learner. Use intuition alone, that is, do not associate the rhythm with the notation, beat counting, visual clichés, or measures, unless that association comes to you spontaneously. Just listen and repeat.

2) Add the marking of the beat and measures.

3) Ralente proporcionalmente o ritmo, o tempo e o compasso ao andamento até que lhe seja possível associar mentalmente os clichês visuais.

4) Agora escreva. Não esqueça de primeiramente anotar a fração de compasso. As barras devem ser postas ao fim de cada compasso escrito. Para verificar a exatidão da notação, leia o que escreveu.

Percepção a duas vozes alternadas

Mesmas instruções dadas para os exercícios a uma voz.

Percepção a duas vozes simultâneas

1) Ouça o exercício que será executado sempre com as duas vozes simultâneas e em andamento normal. Memorize e repita a voz superior (aguda). Ouça quantas vezes forem necessárias, mas não faça ainda nenhuma racionalização. Apenas ouça e repita.

2) Acrescente a marcação do tempo e do compasso.

3) Ralente proporcionalmente o andamento até que lhe seja possível associar mentalmente os clichês visuais.

4) Agora escreva (a voz superior).

5) Utilize o mesmo processo para escrever a voz inferior (grave), cuidando, porém, da diagramação entre as duas linhas. Para verificar a exatidão da notação, leia o que escreveu.

3) *Slow down proportionally on the rhythm, time and measure, adapting them to the time at which you manage to make a mental association with the visual clichés.*

4) *Now write it down. Do not forget to take note of the time signature first of all. Draw a barline at the end of each written measure. Read over what you have just written, in order to check out the precision of your notation.*

Ear-training in two alternated voices

Follow the same directions as given for the exercises in one single voice.

Ear-training in two simultaneous voices

1) *Listen to the exercise passage in two simultaneous voices and at normal time. Memorize and repeat the top line (the higher-pitched voice). Listen to the passage as many times as you feel you need to, but do not yet rationalize the exercise as you do it. Just listen and repeat.*

2) *Add the marking of the beat and measures.*

3) *Slow down proportionally on the time until you are able to make a mental association with the visual clichés.*

4) *Now write it down (the first voice, or upper staff).*

5) *Follow the same procedures in the process of taking note of the second voice (the lower-pitched voice), but be careful with the alignment of both staves. Read over what you have just written, in order to check out the precision of your notation.*

Primeira parte
Part one

em / *in*

$\frac{2}{4}$ $\frac{3}{4}$ C

Sugestões para a pronúncia das figuras
Suggestions for pronouncing the figures

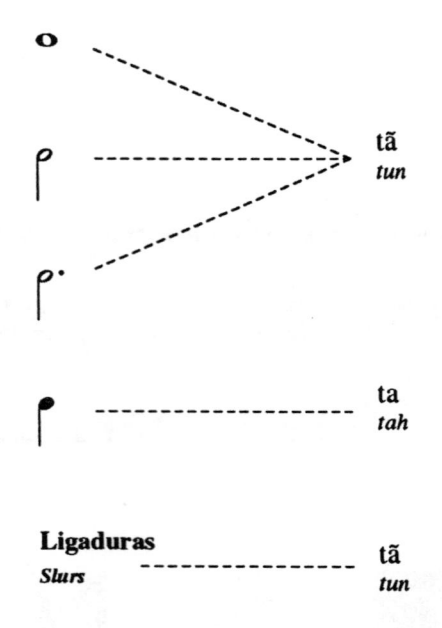

o ┐
   ├──── tã
𝅗𝅥 ┤   *tun*
   │
𝅗𝅥. ┘

♩ ─────── ta
         tah

Ligaduras   tã
Slurs ─────────   *tun*

Exemplos:
Examples:

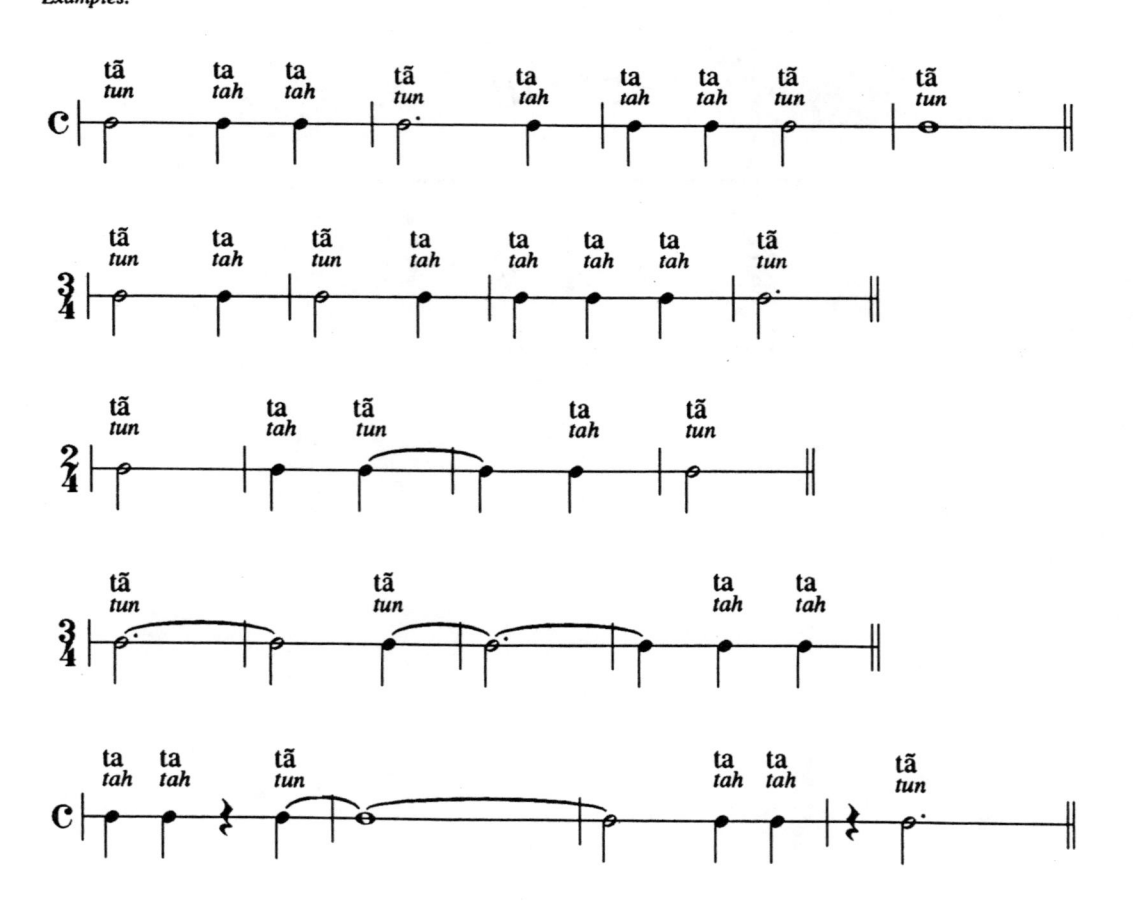

Leitura a uma voz
Reading in one voice

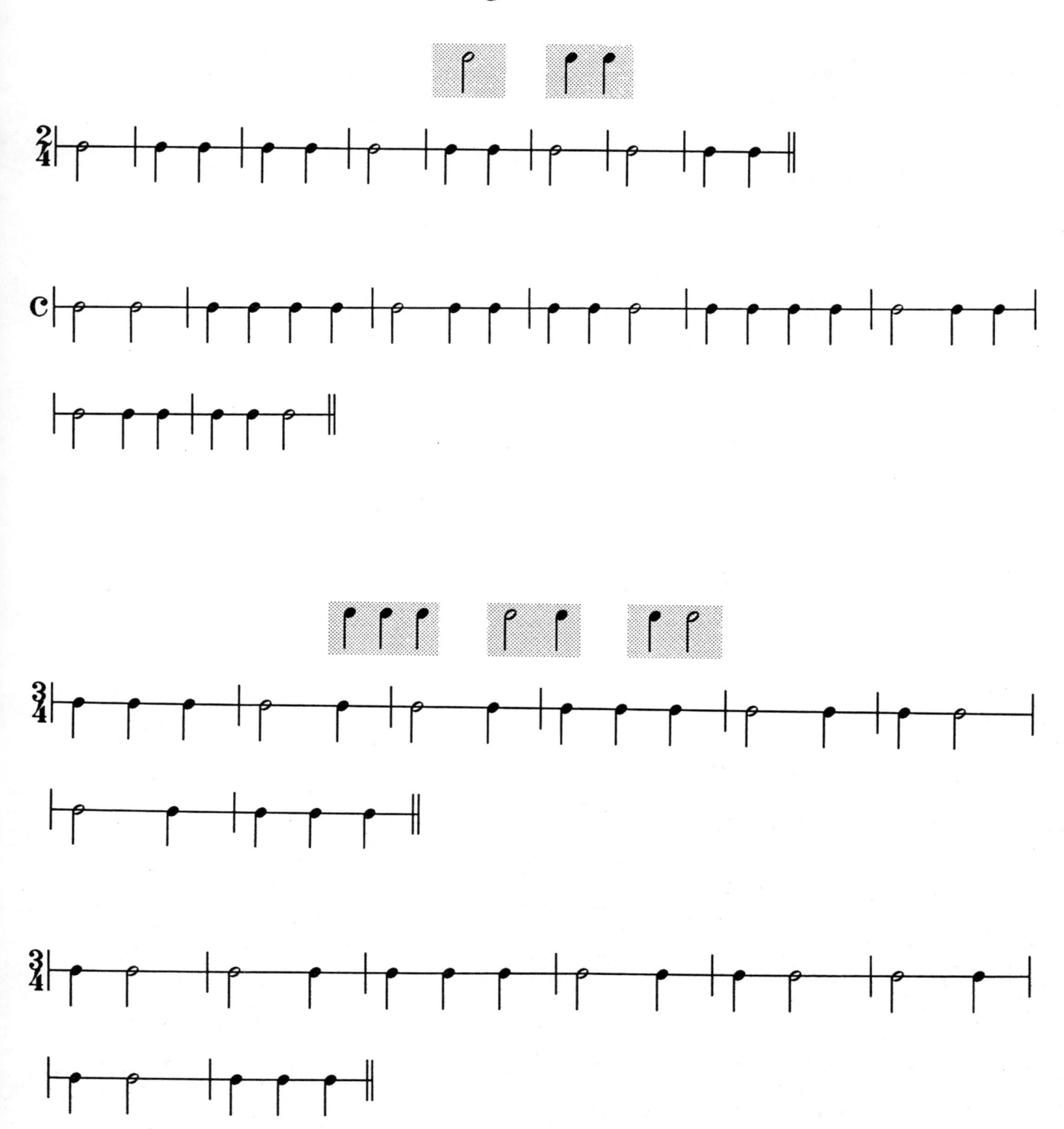

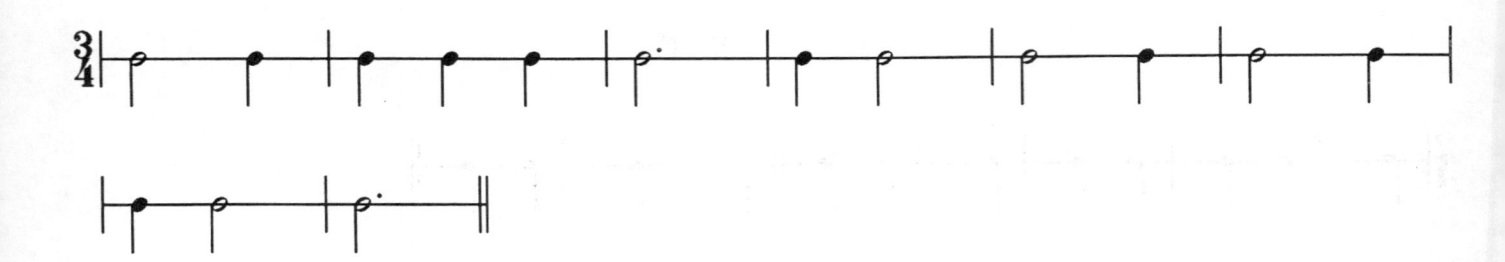

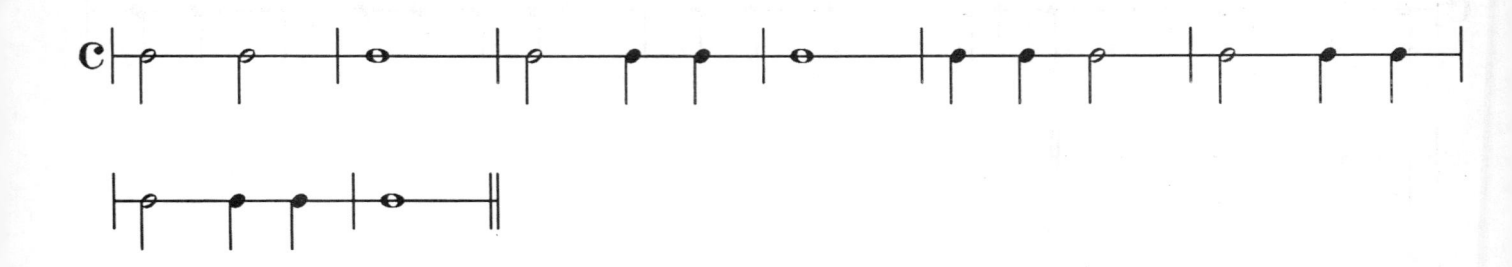

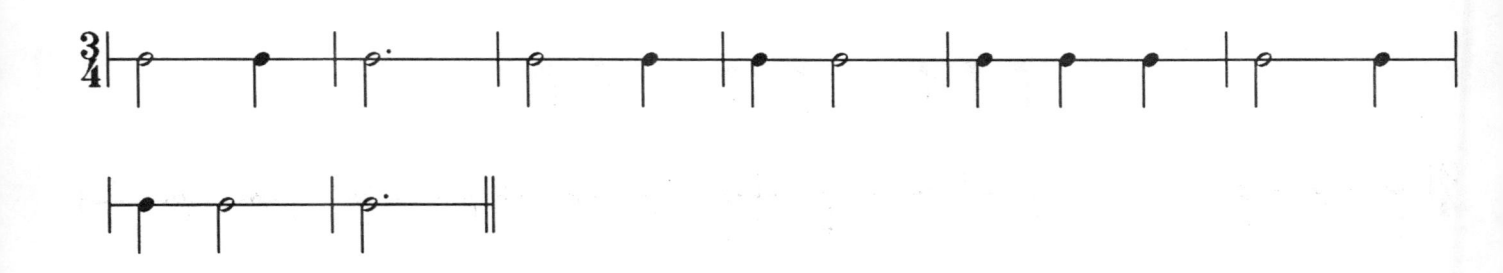

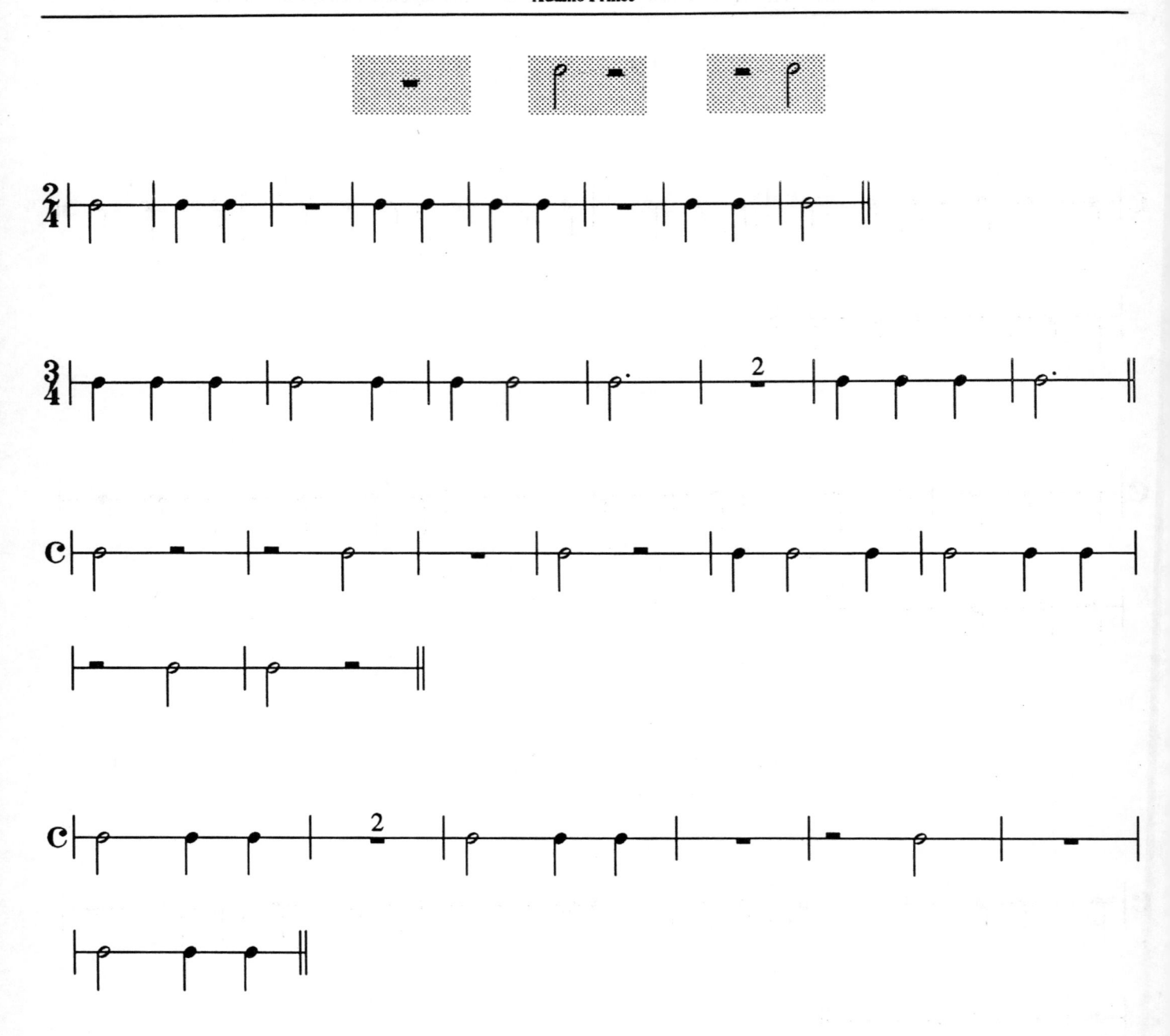

Obs.: A pausa de semibreve foi convencionada como pausa para um compasso inteiro qualquer que seja o compasso. Quando houver mais de um compasso de pausa, coloca-se acima da pausa o número equivalente.

Note: The whole-note pause represents, by accepted practice, a full measure pause, whatever type of measure that may be. Whenever the pause refers to more than one measure, its corresponding number should be placed above the pause.

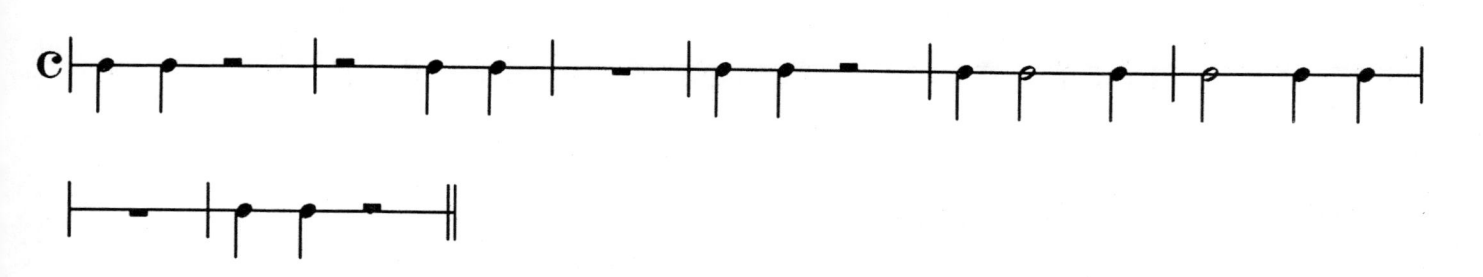

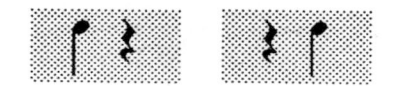

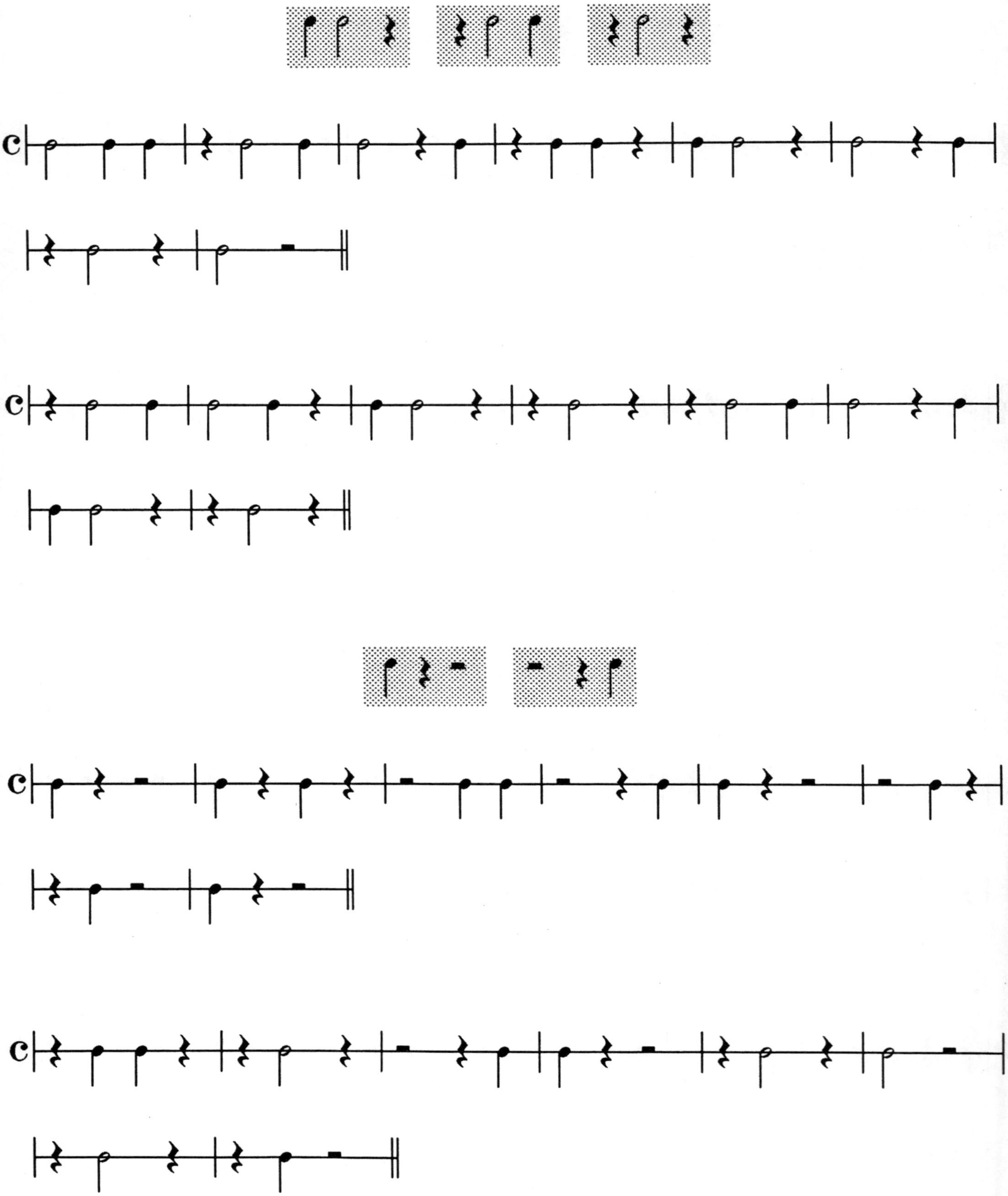

Com ligaduras
With slurs

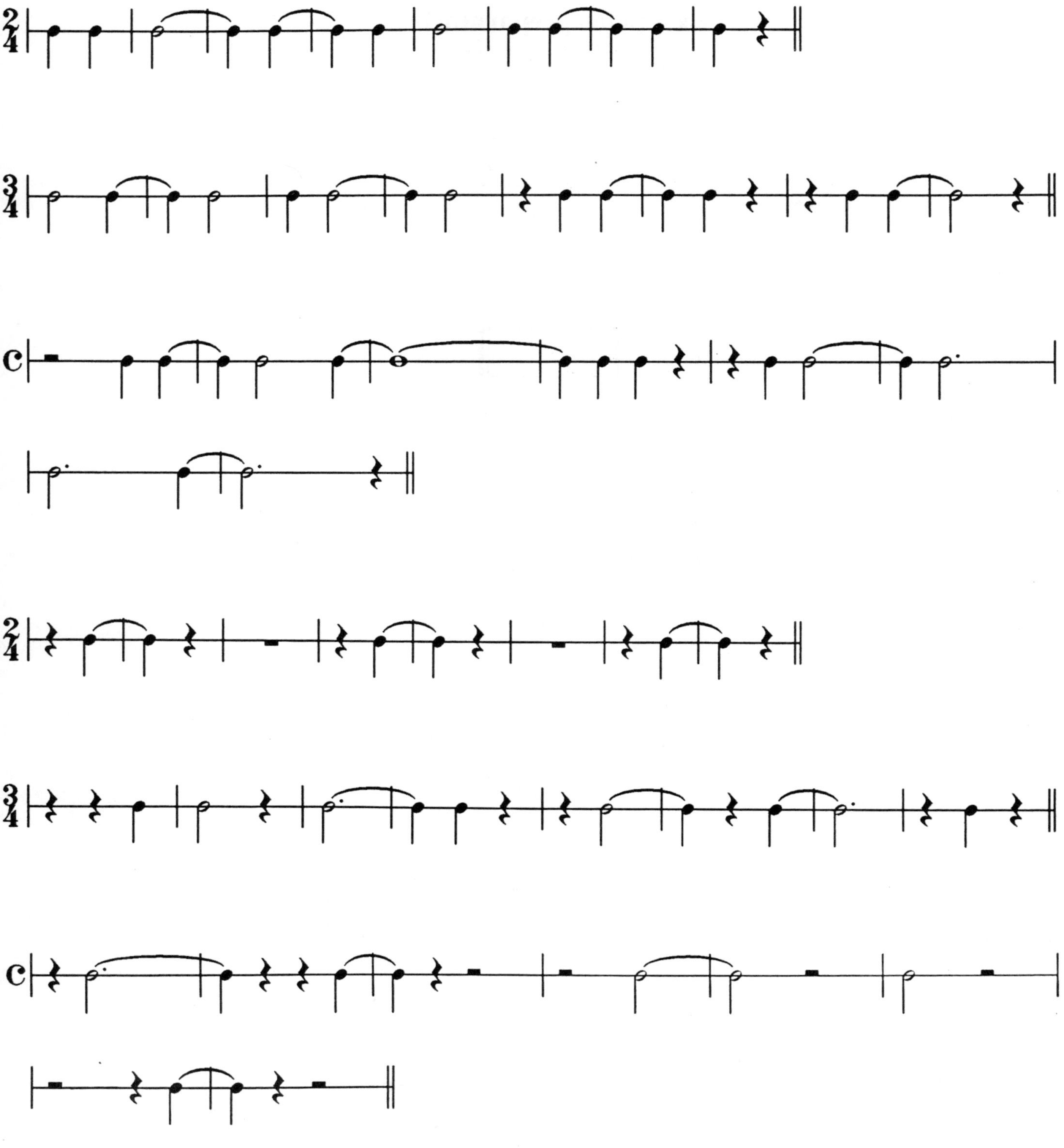

Leitura a duas vozes simultâneas
Reading in two simultaneous voices

Exercícios preparatórios
Preparatory exercises

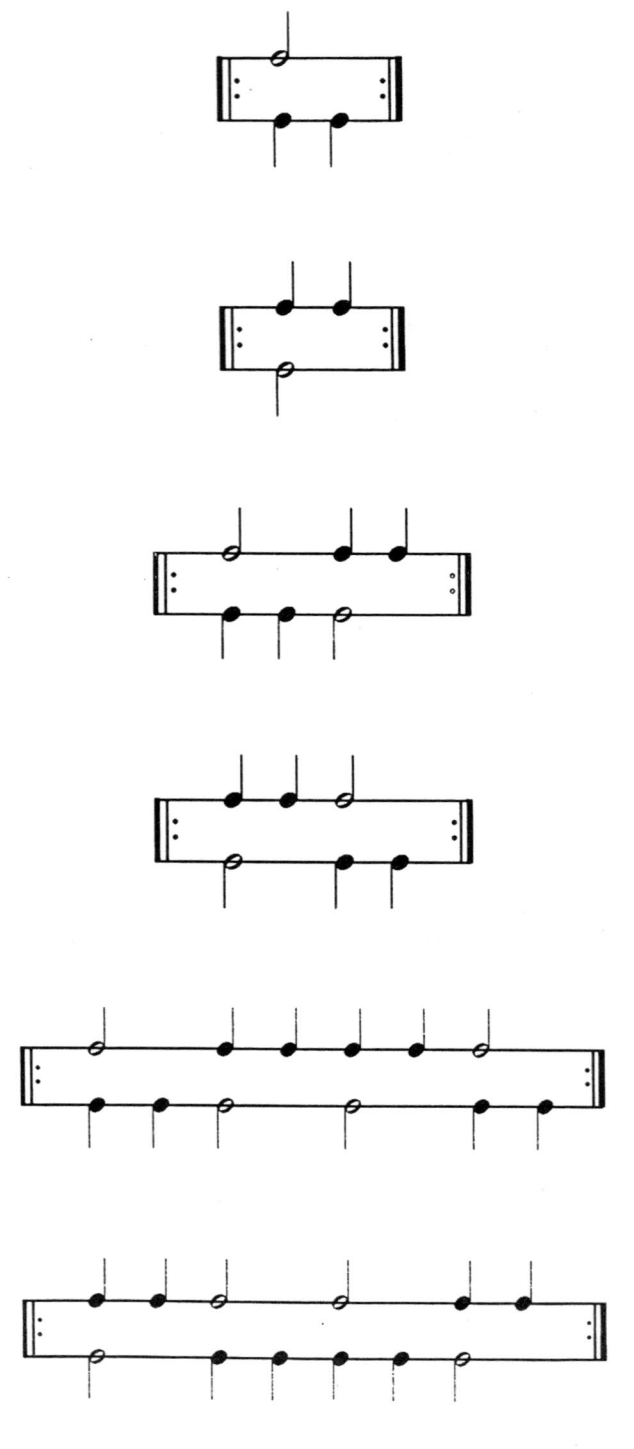

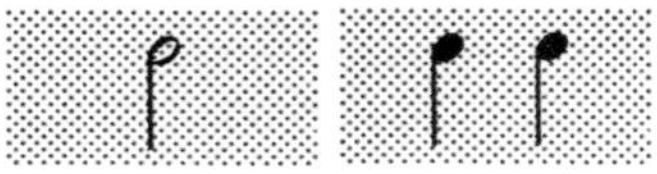

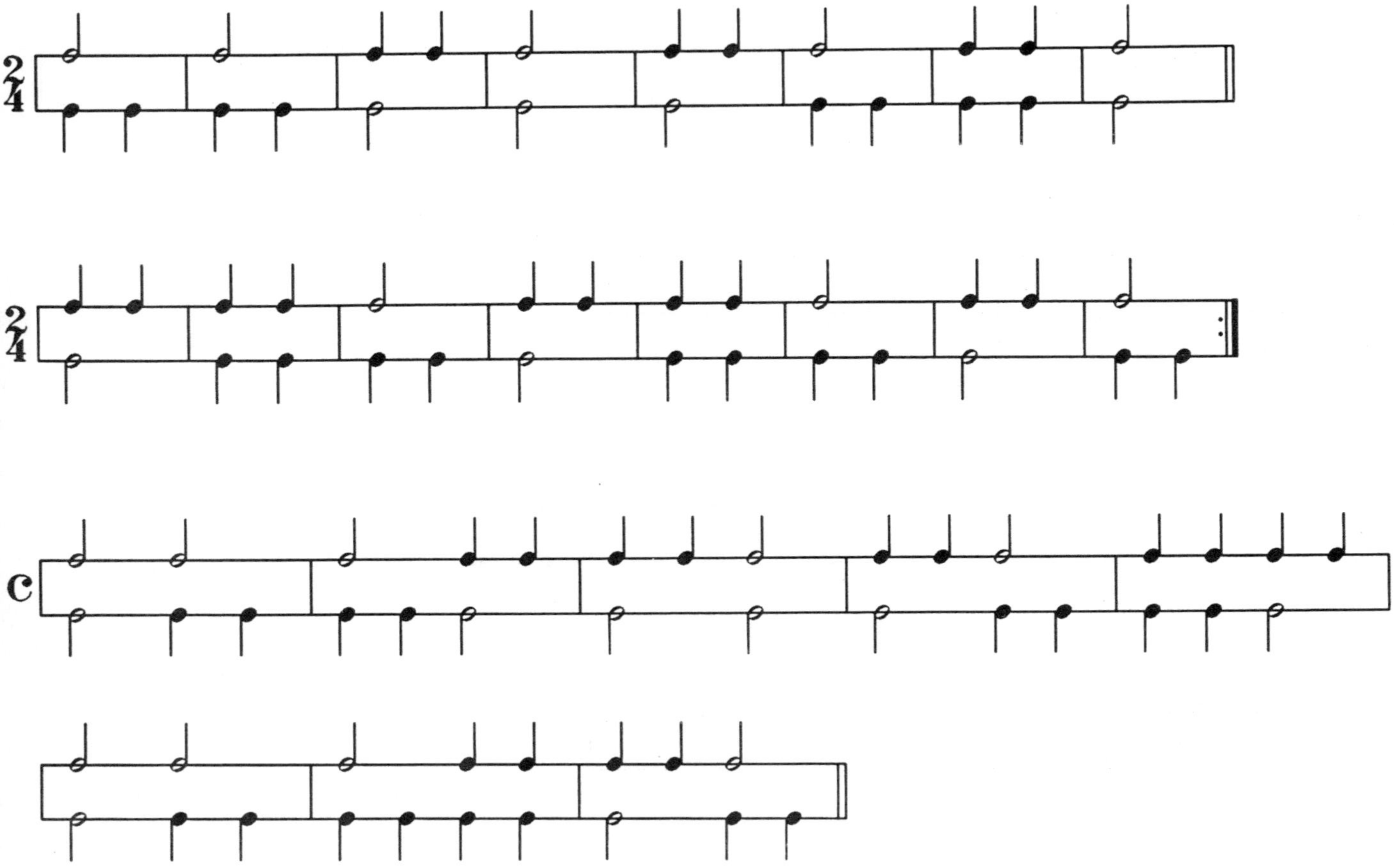

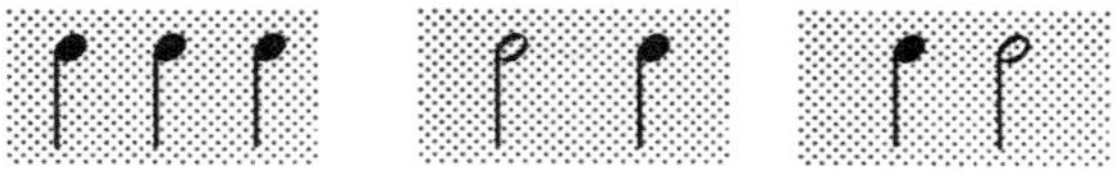

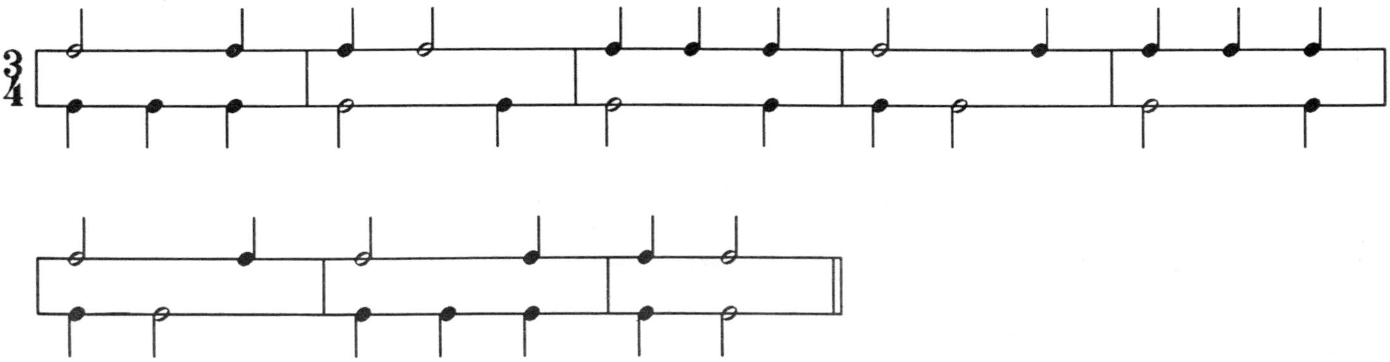

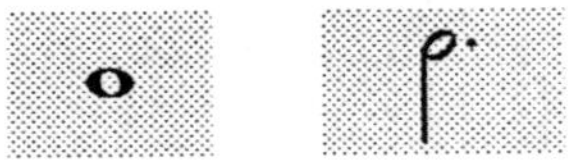

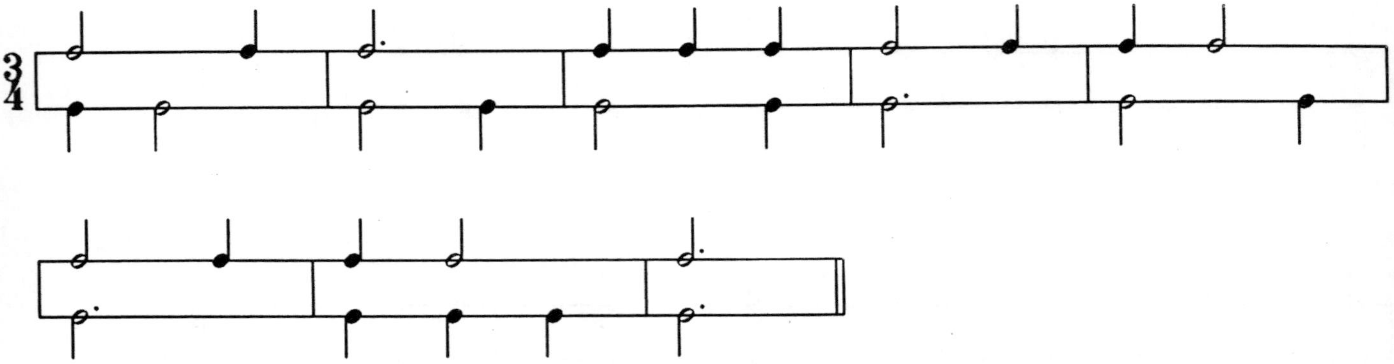

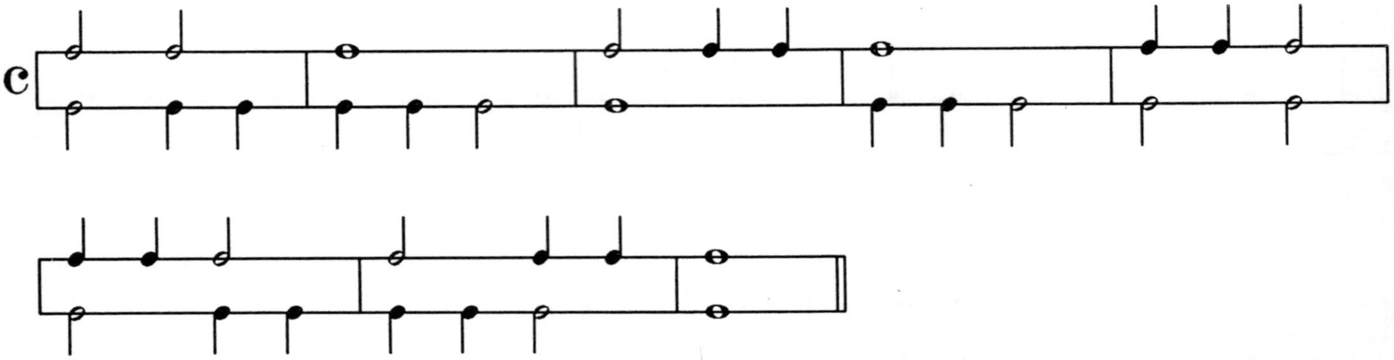

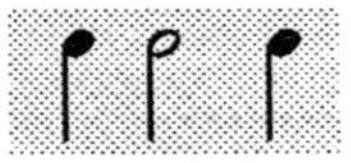

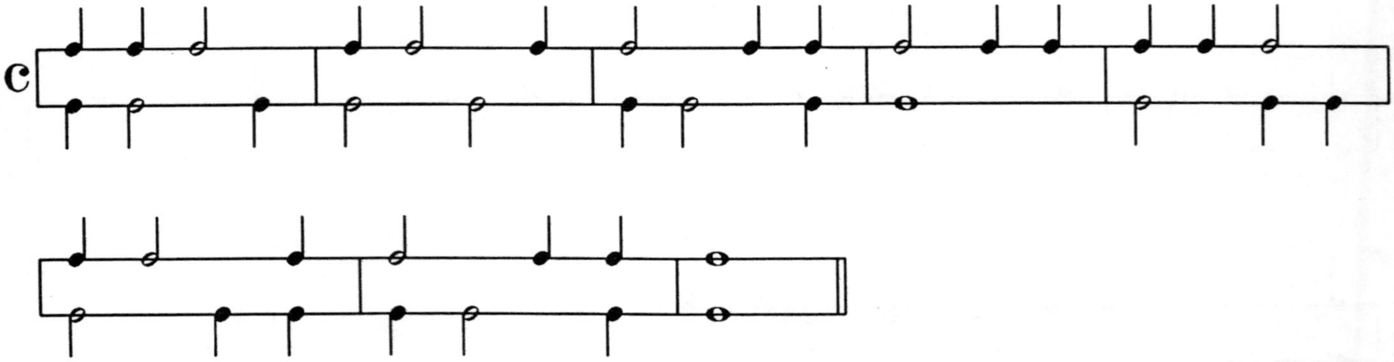

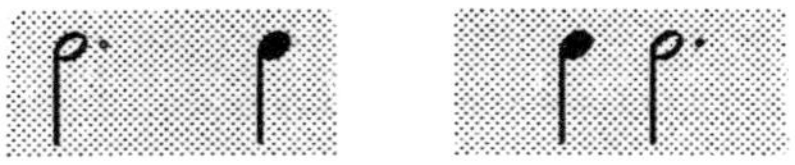

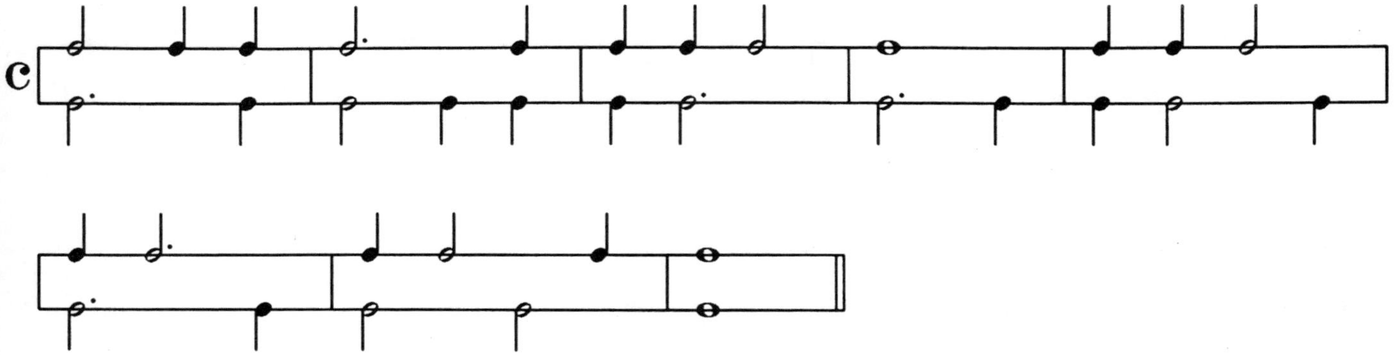

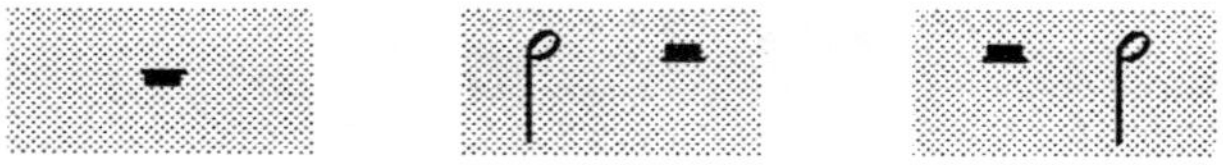

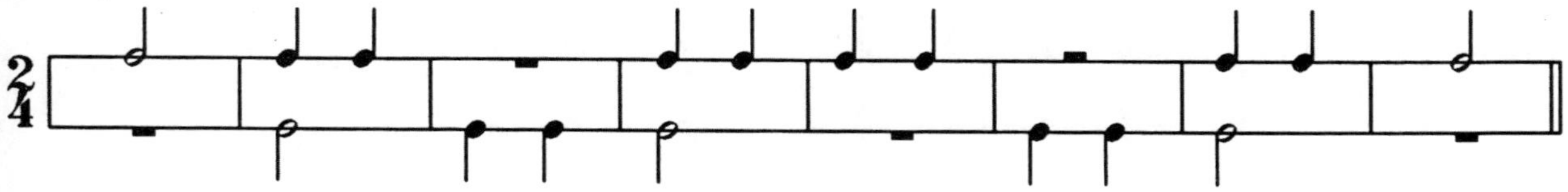

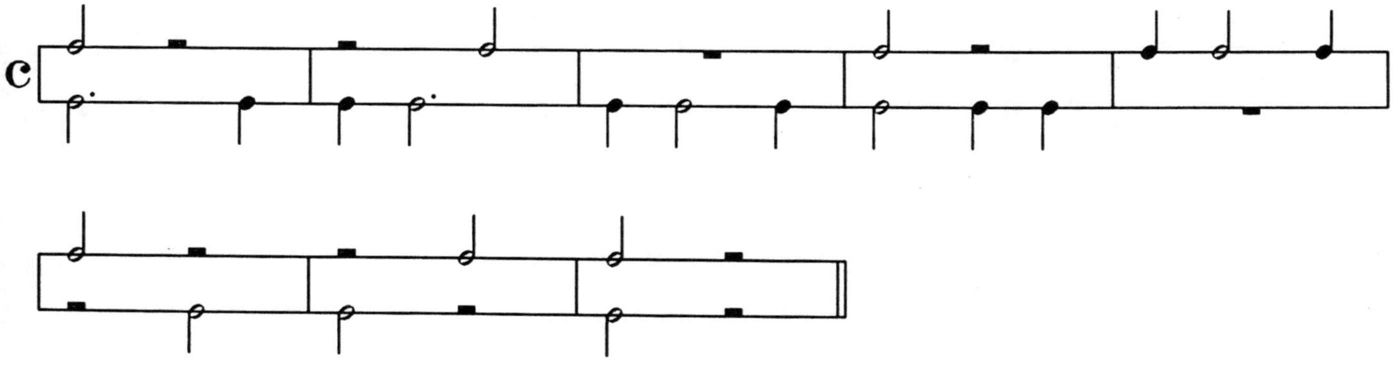

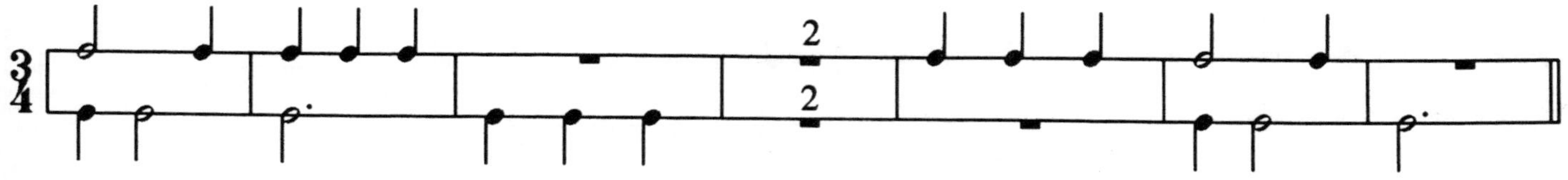
2
2

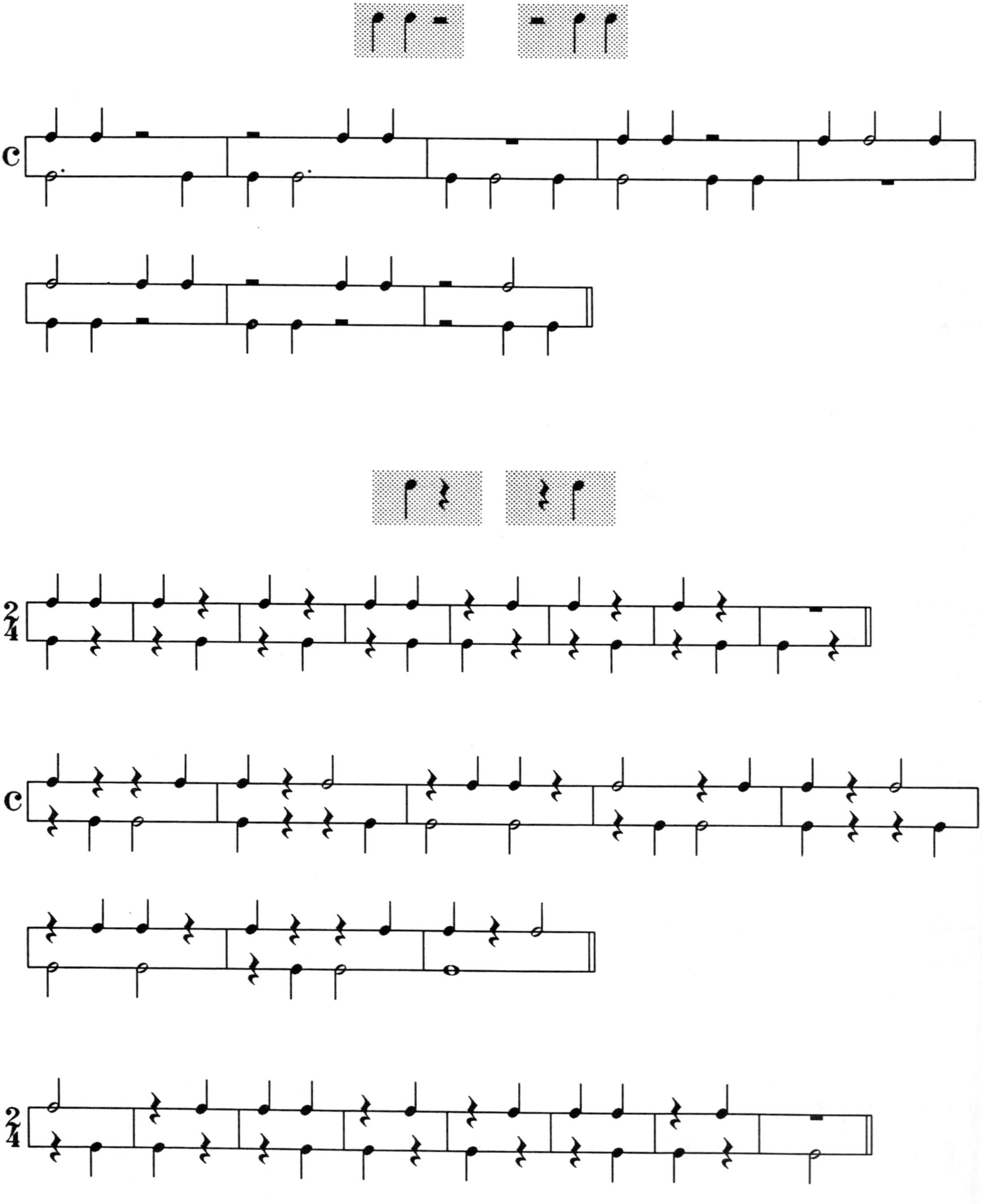

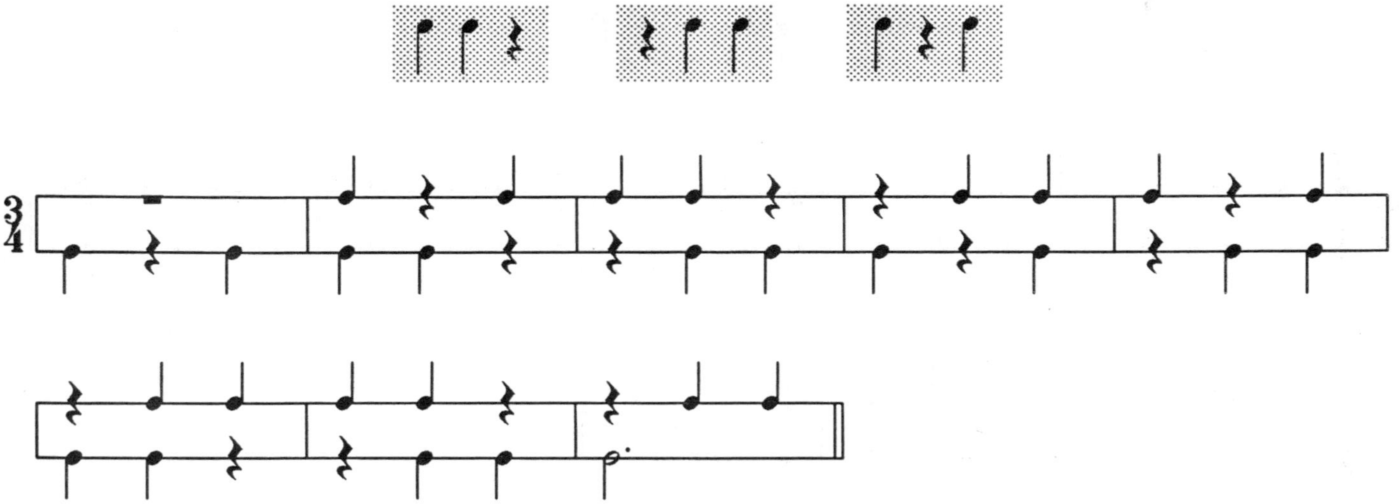
3
4

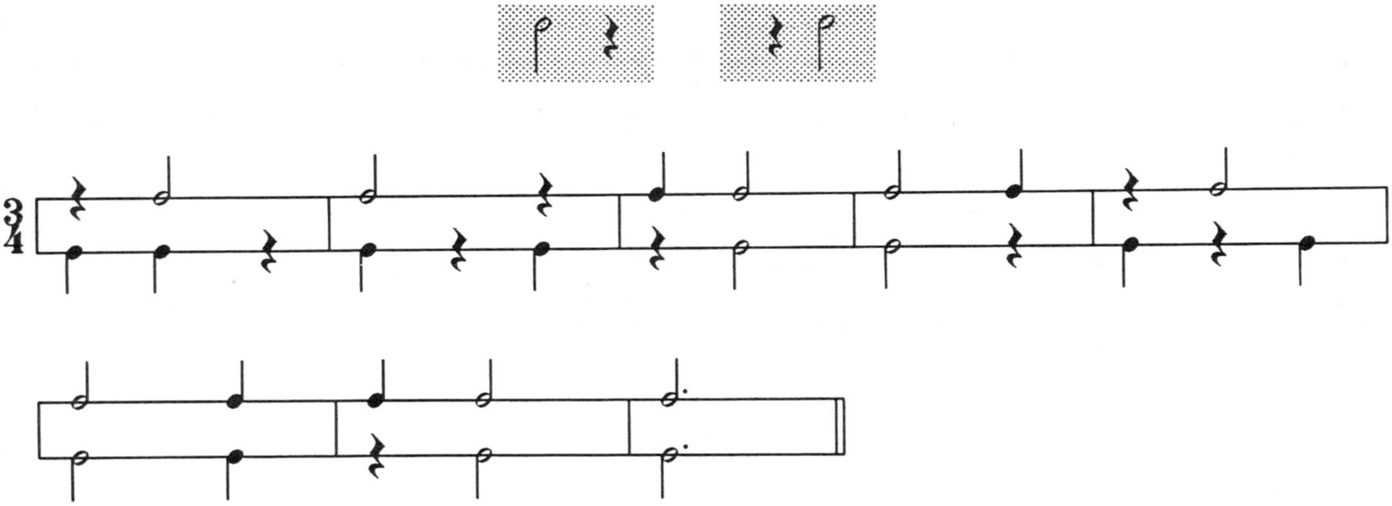
3
4

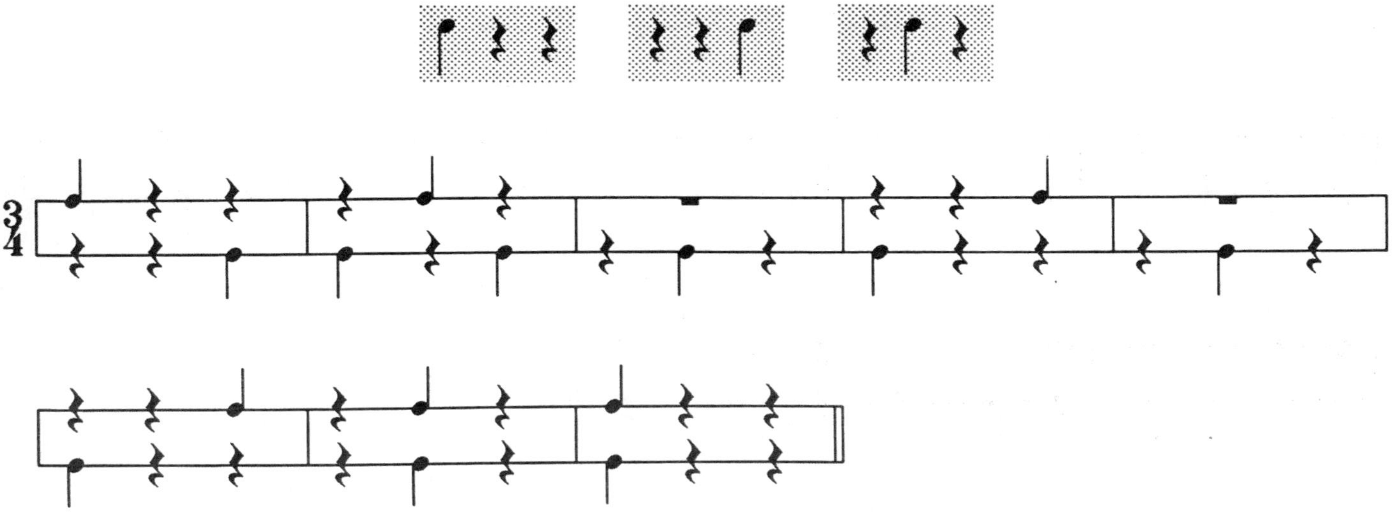
3
4

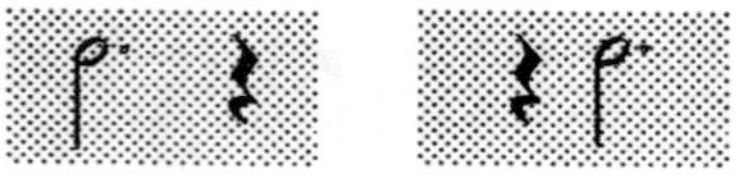

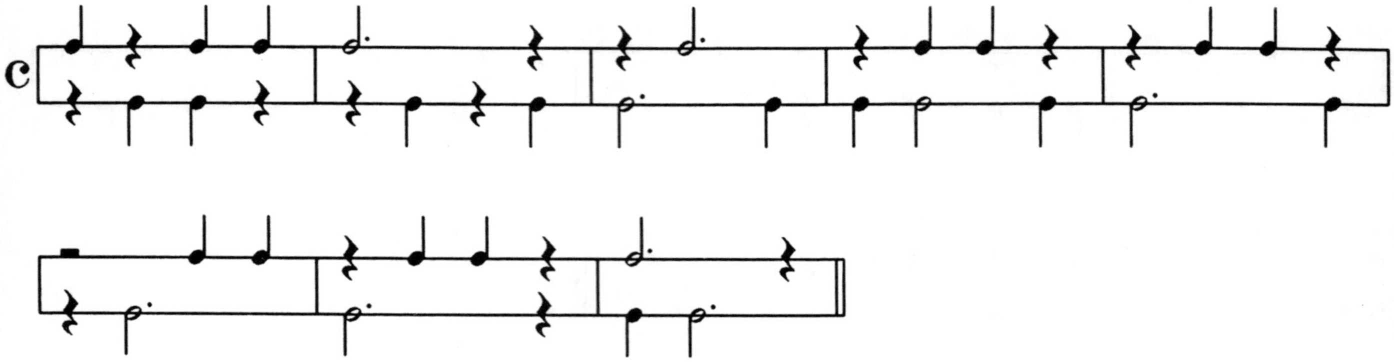

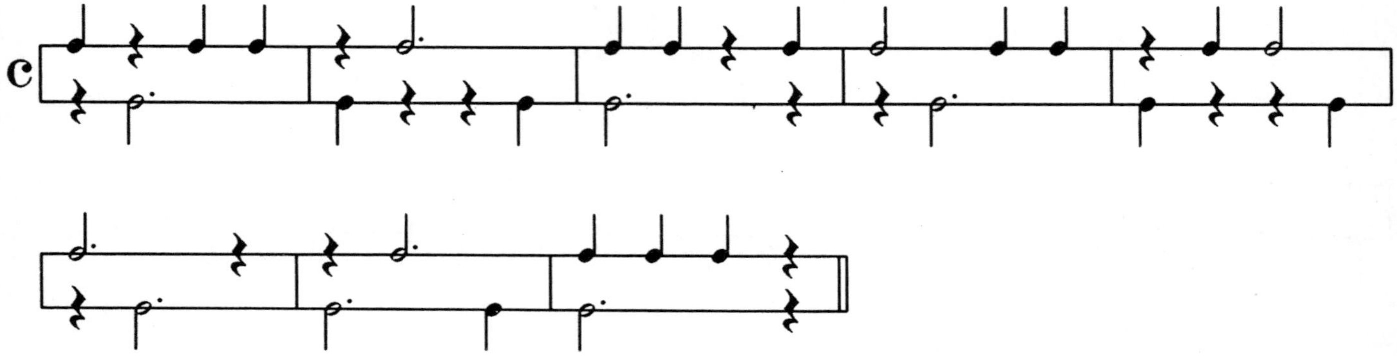

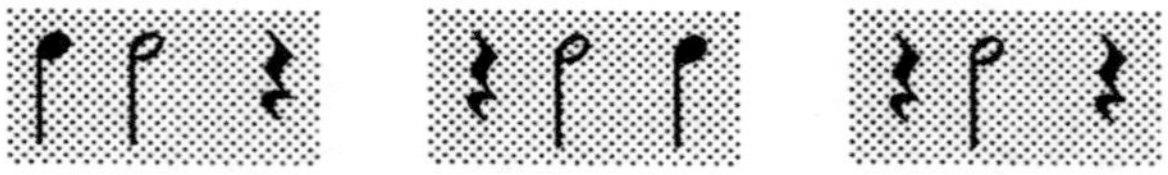

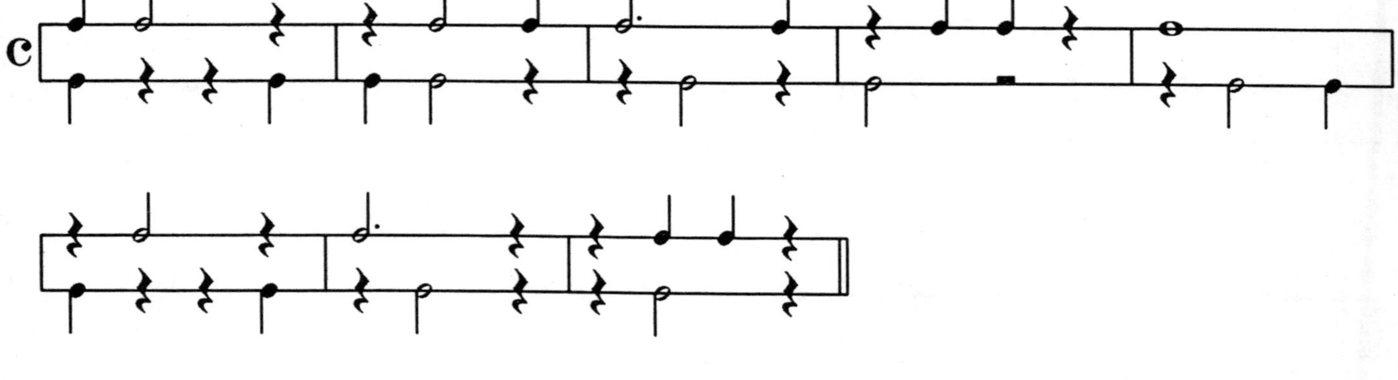

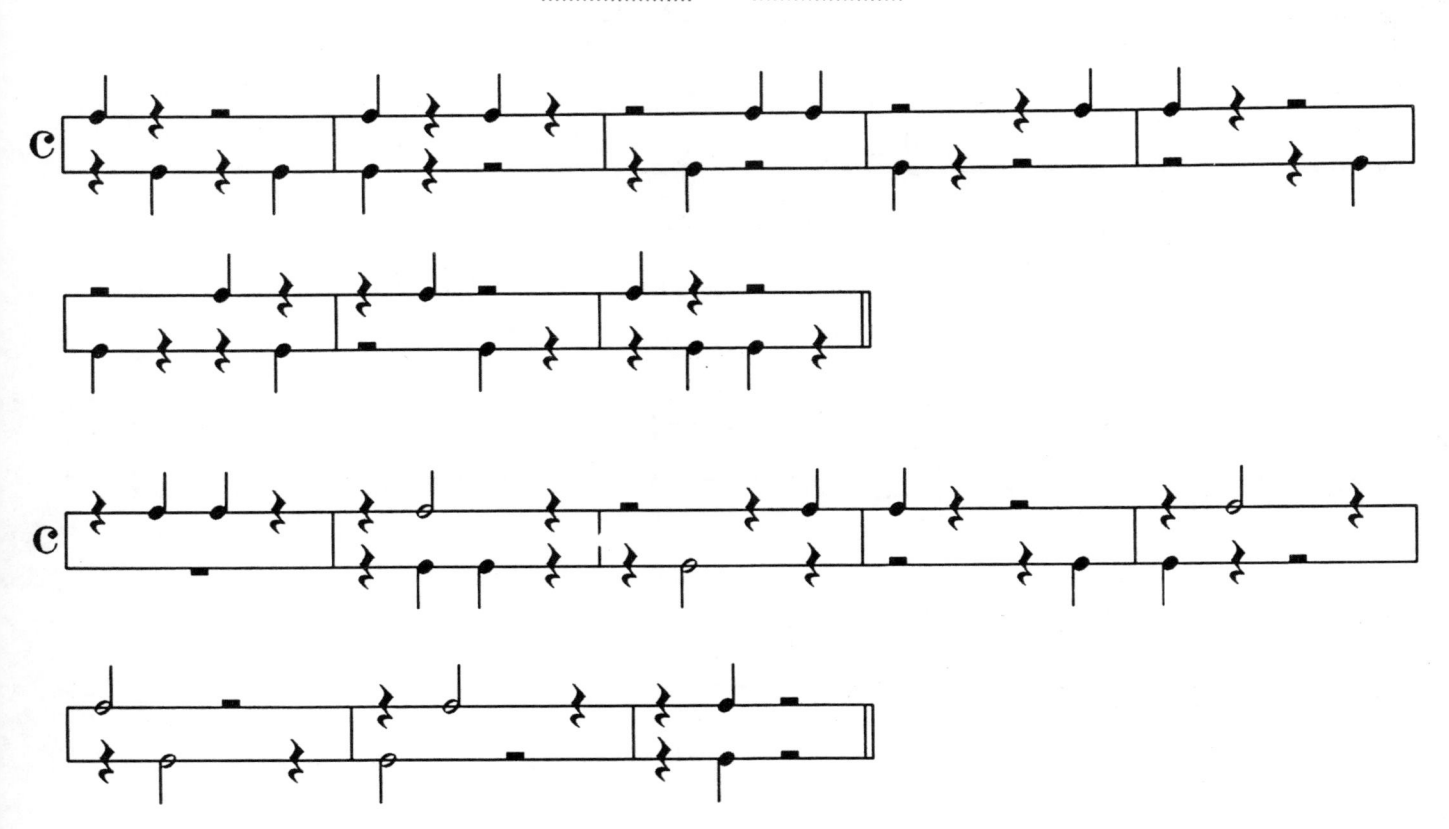

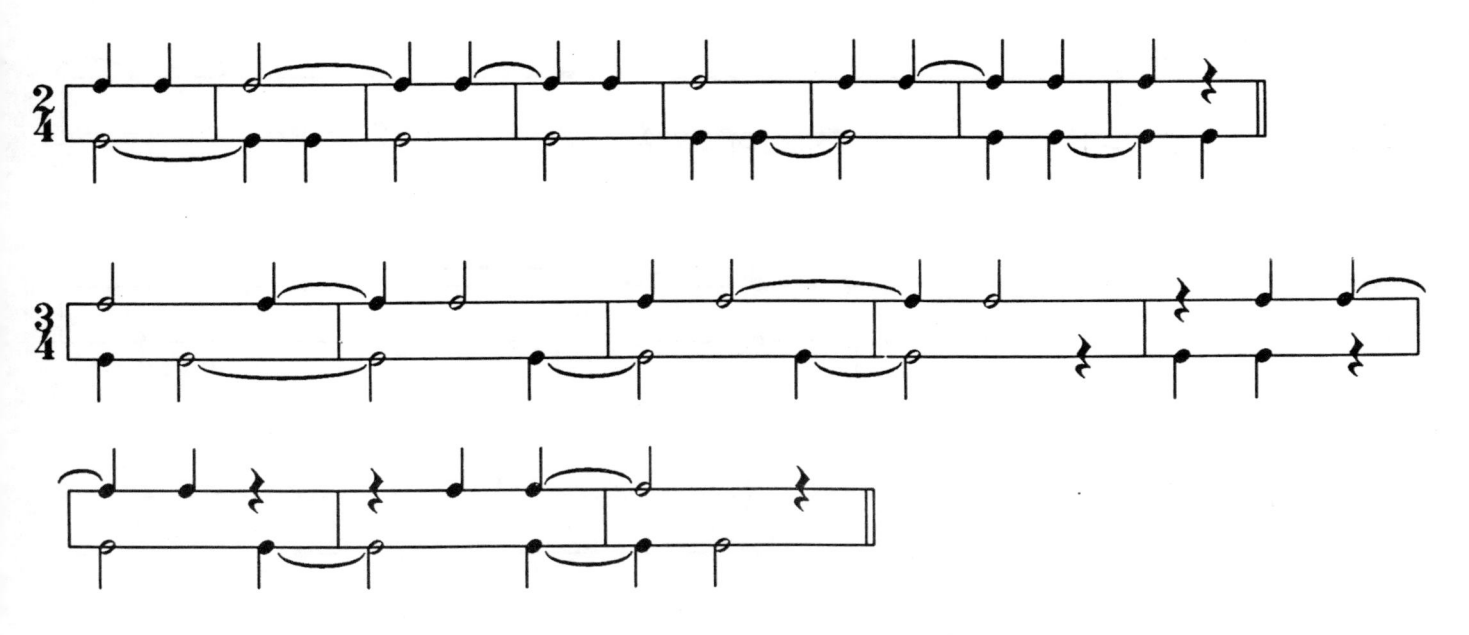

Com ligaduras
With slurs

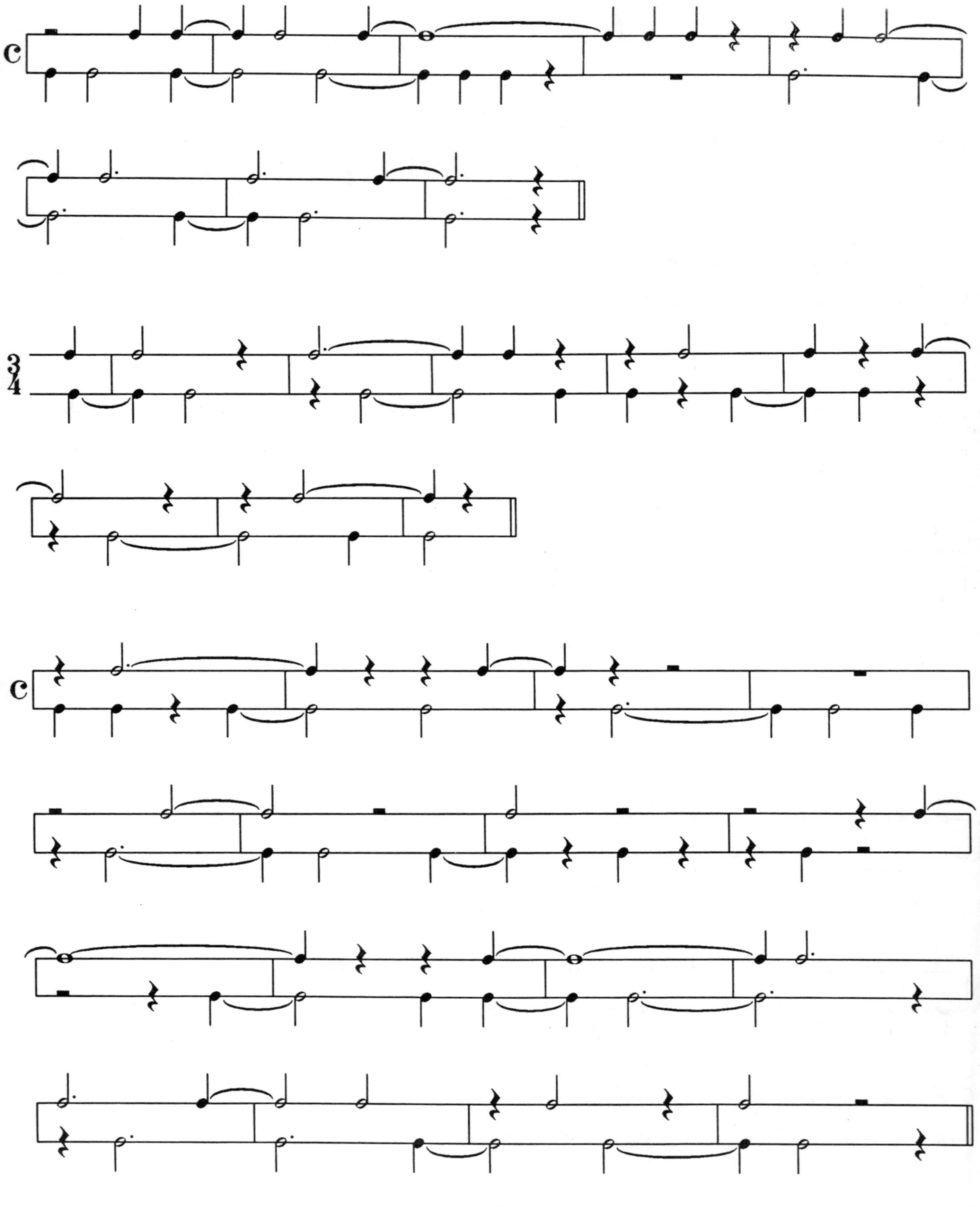

Percepção a uma voz
Ear-training in one voice

Professor: executa
Aluno: ouve, memoriza, repete e escreve

Teacher: plays
Student: listens, memorizes, repeats and then writes

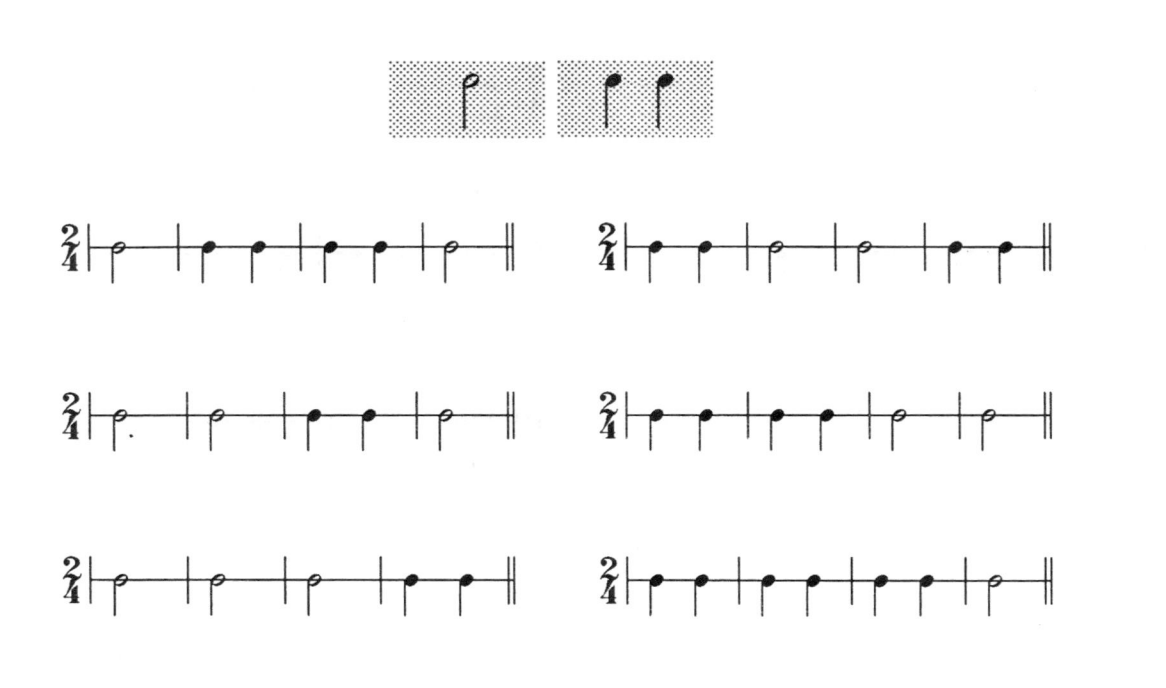

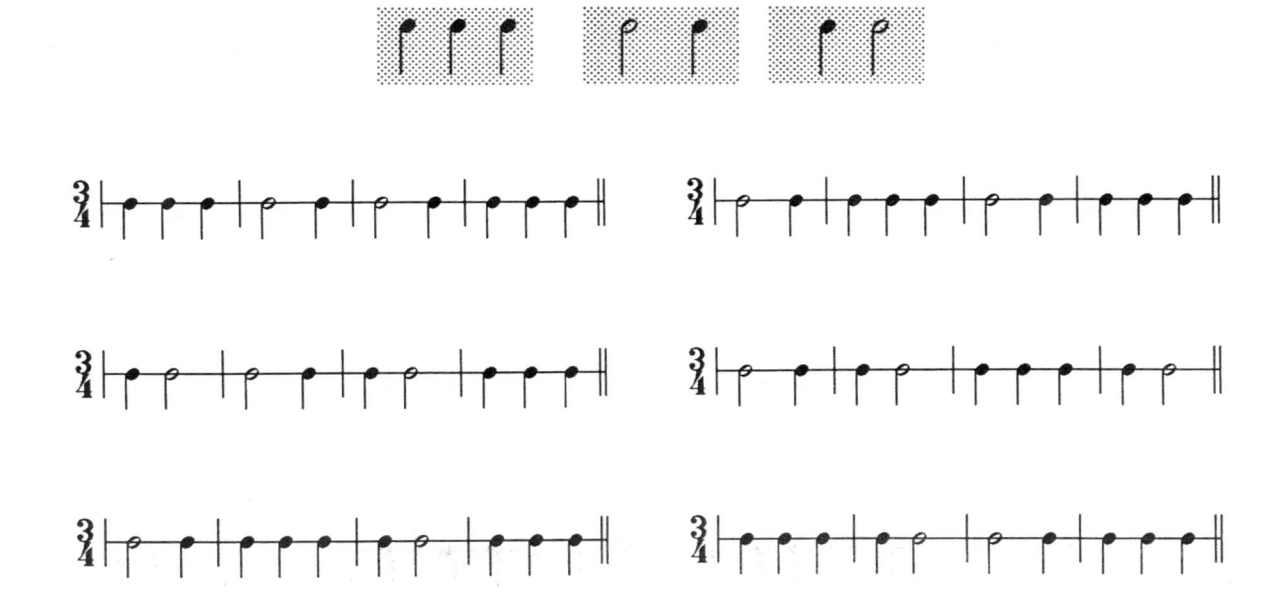

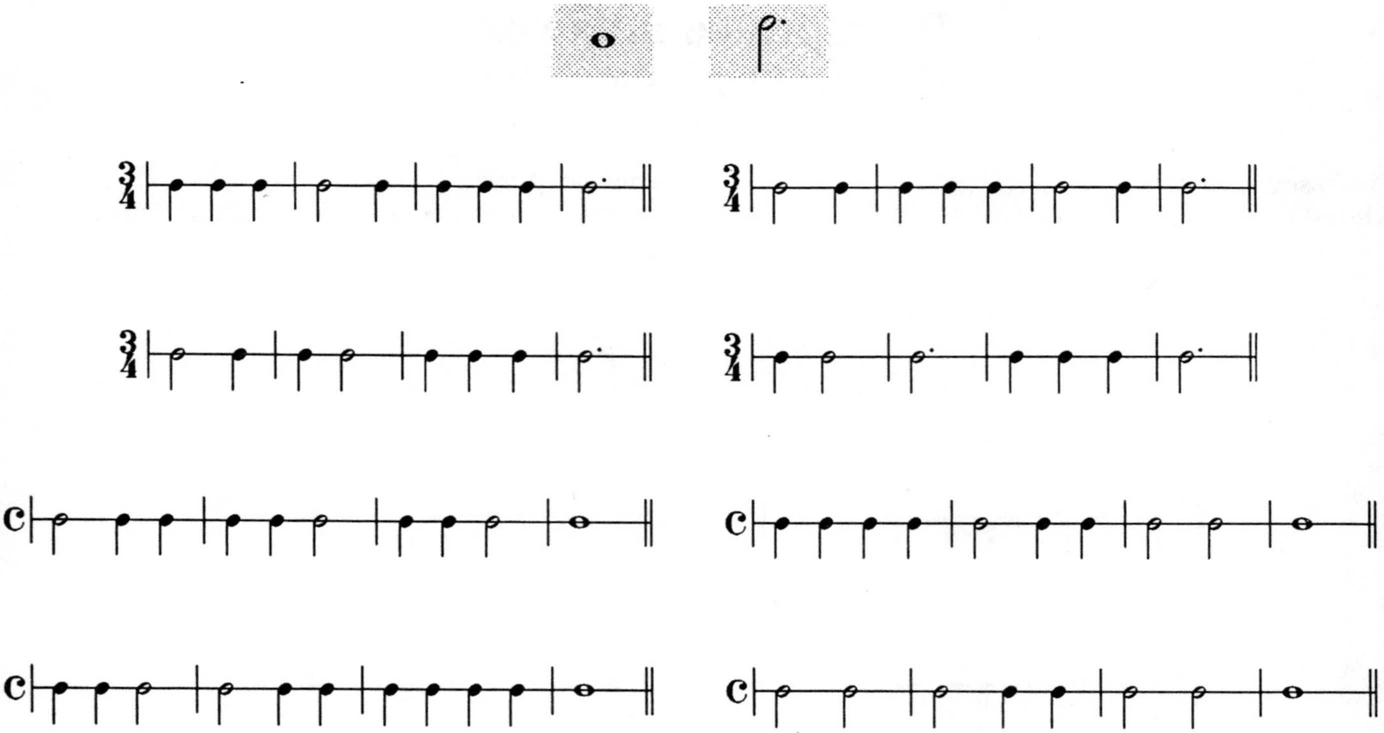

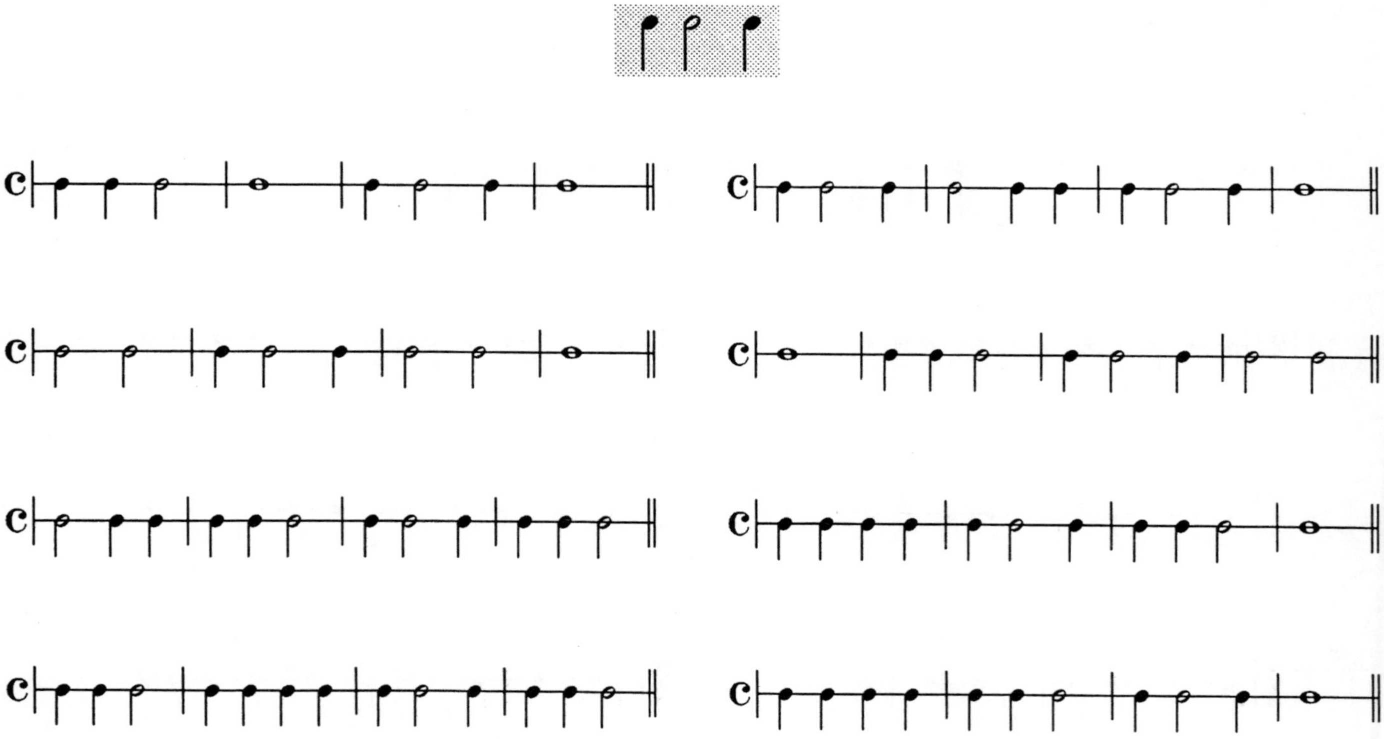

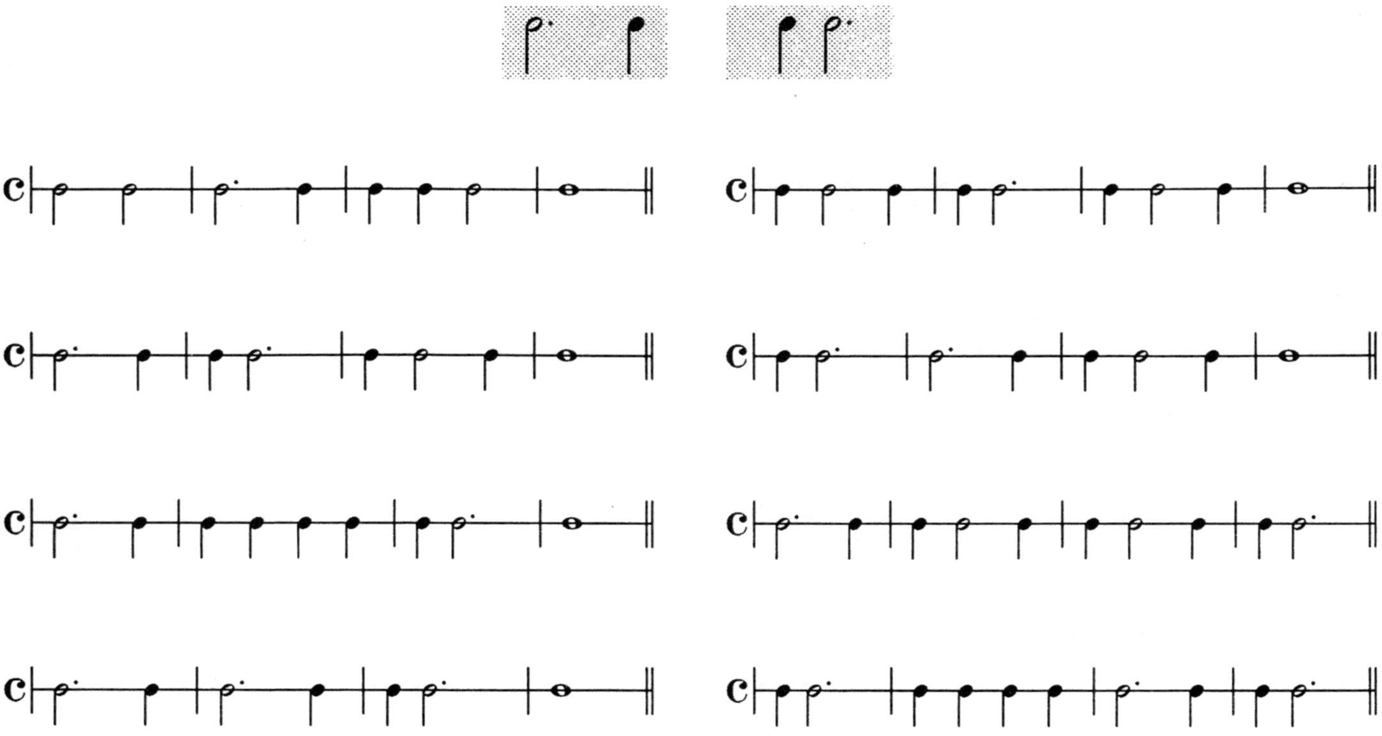

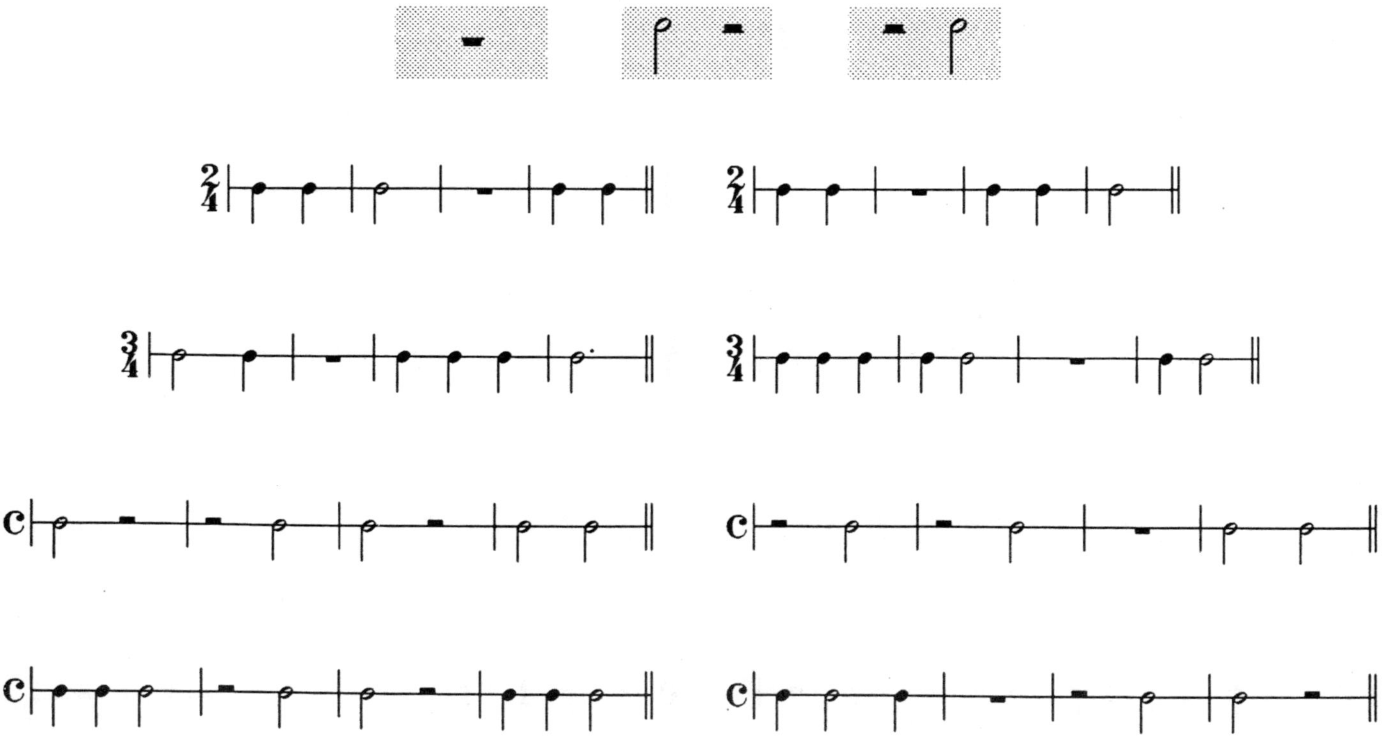

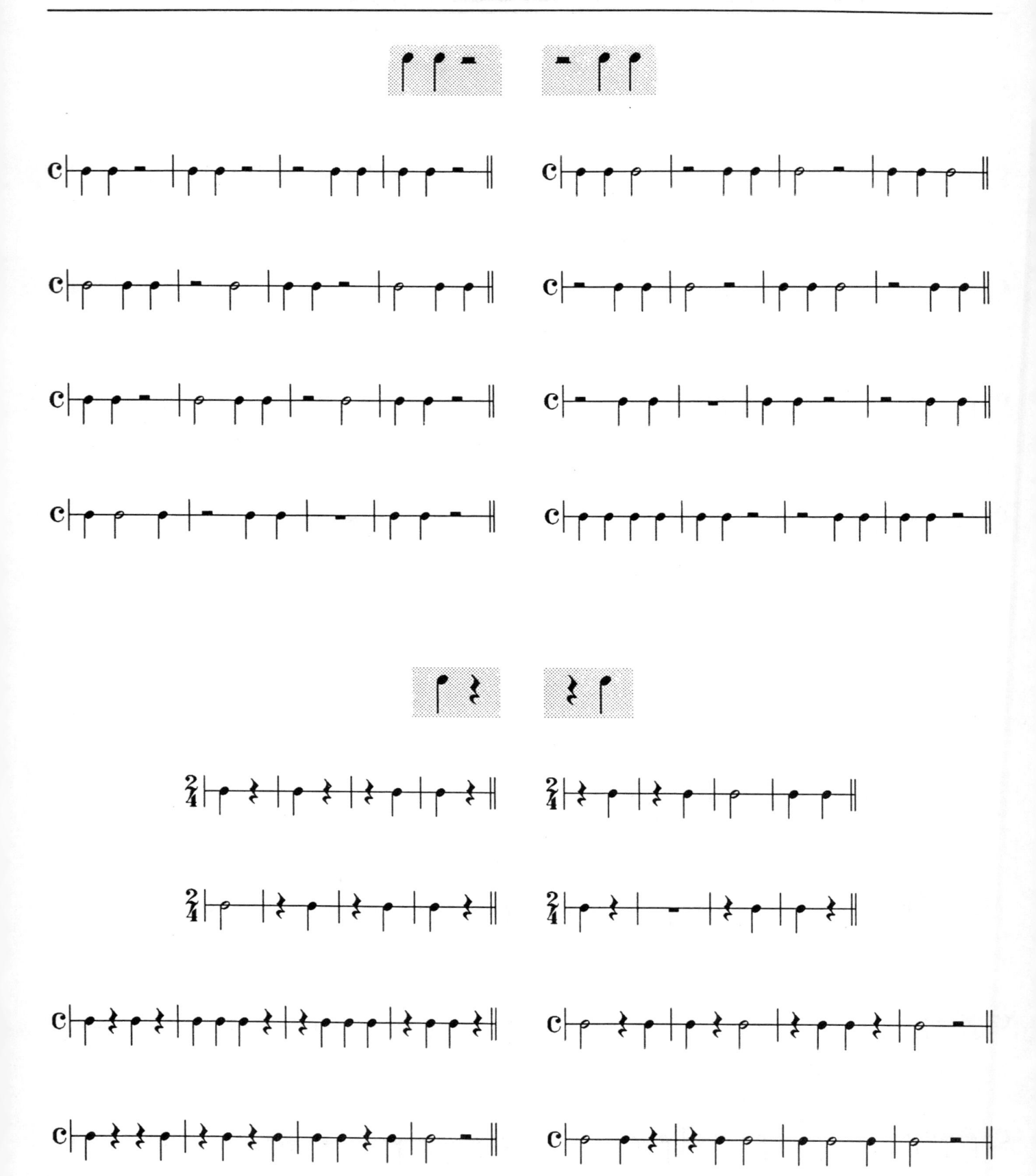

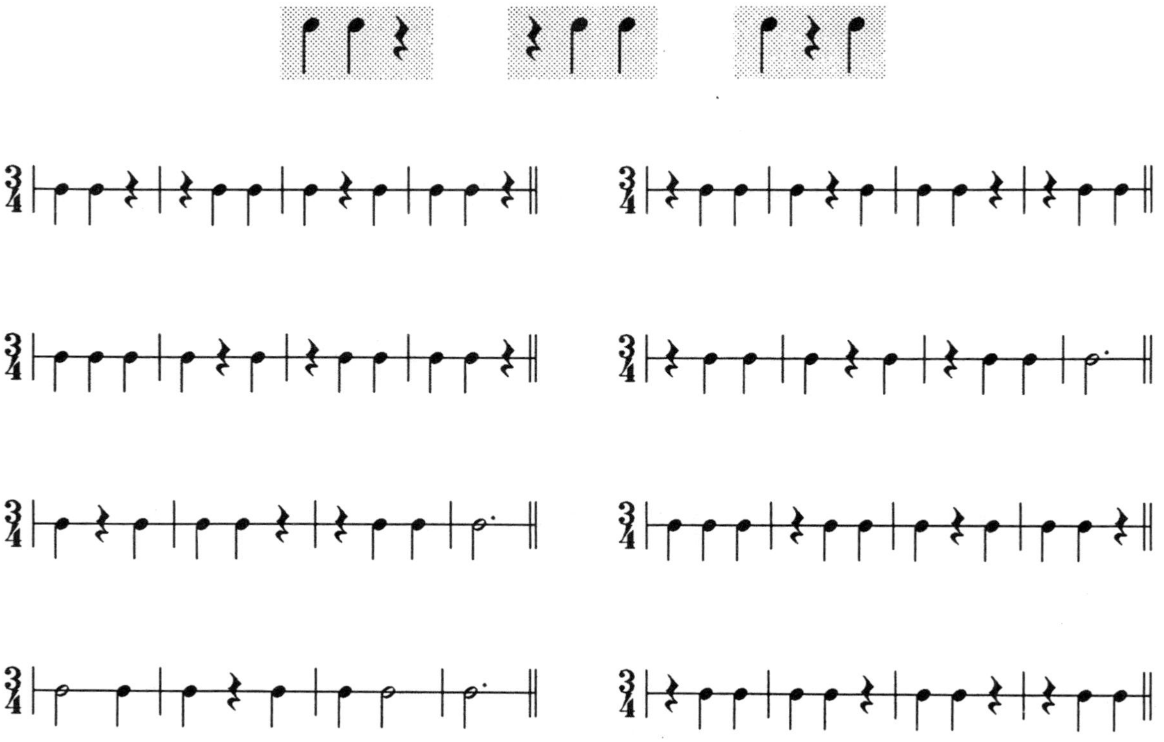

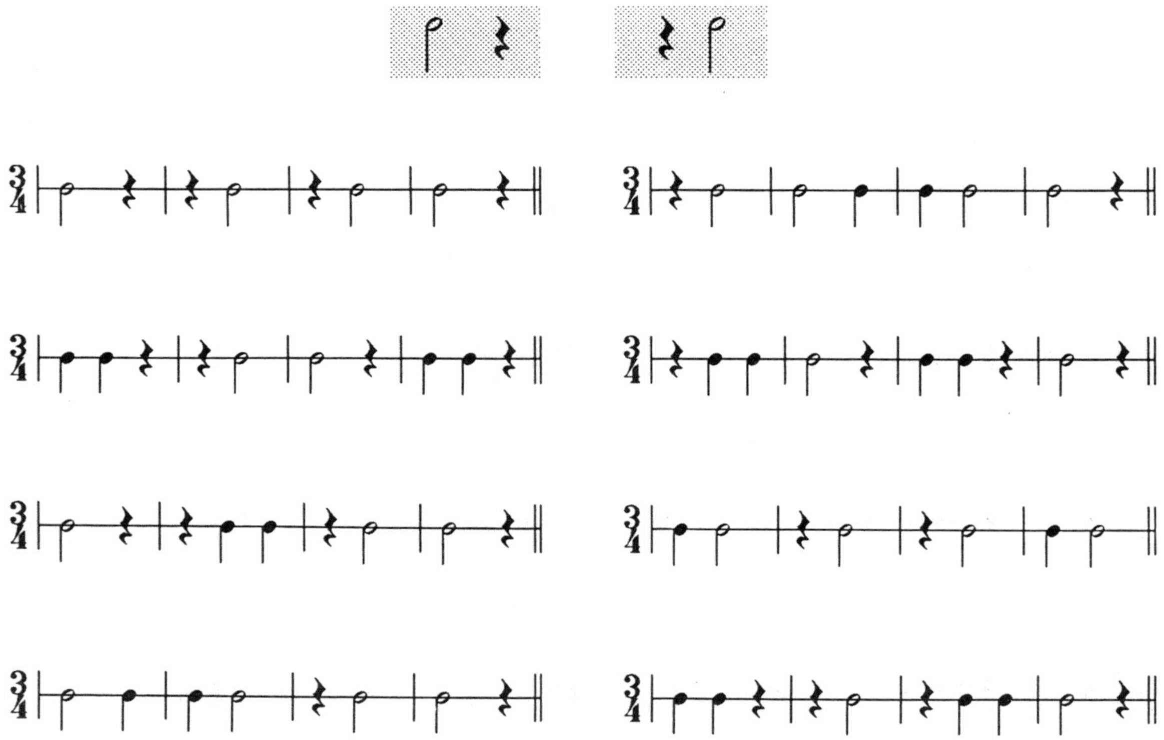

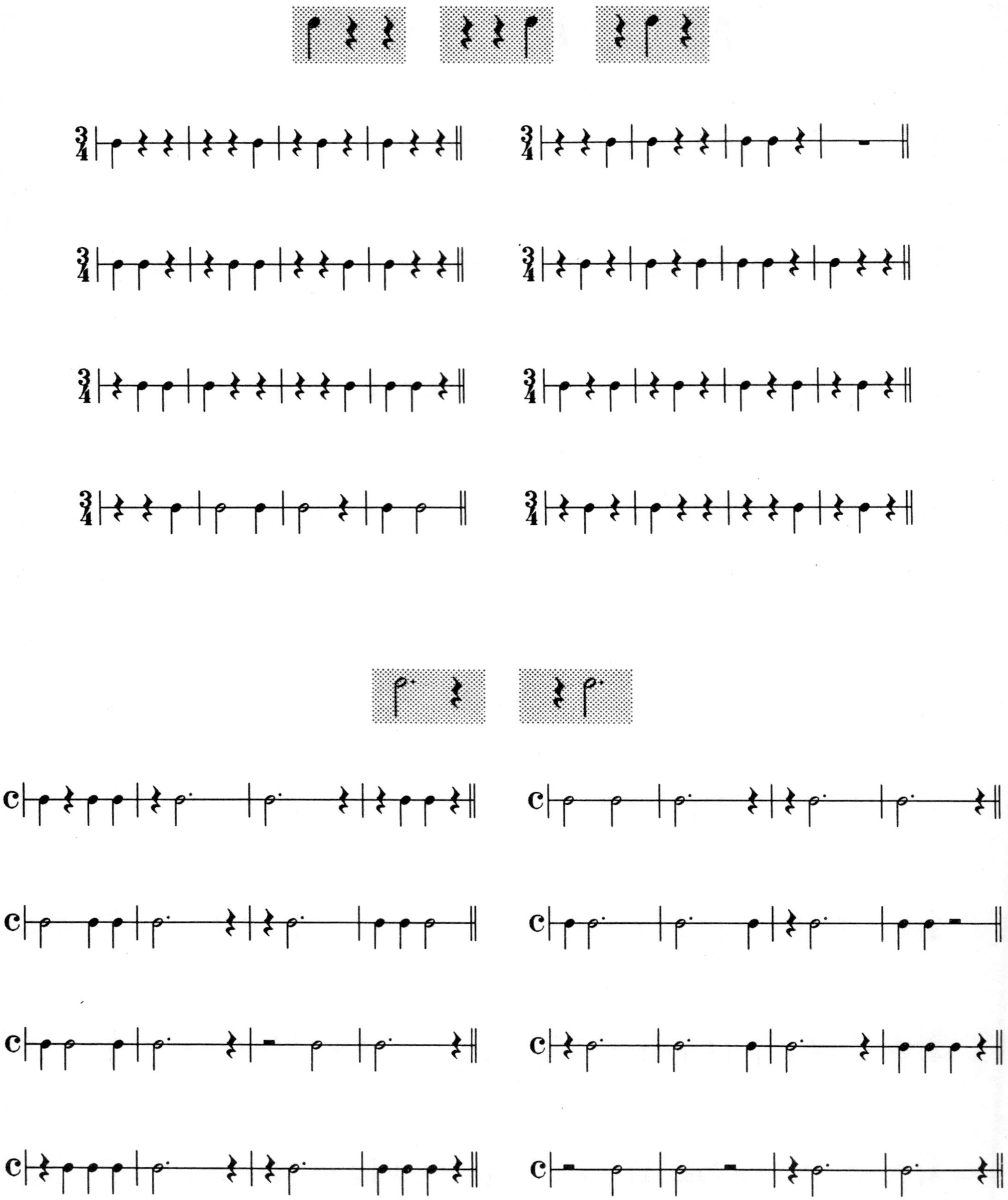

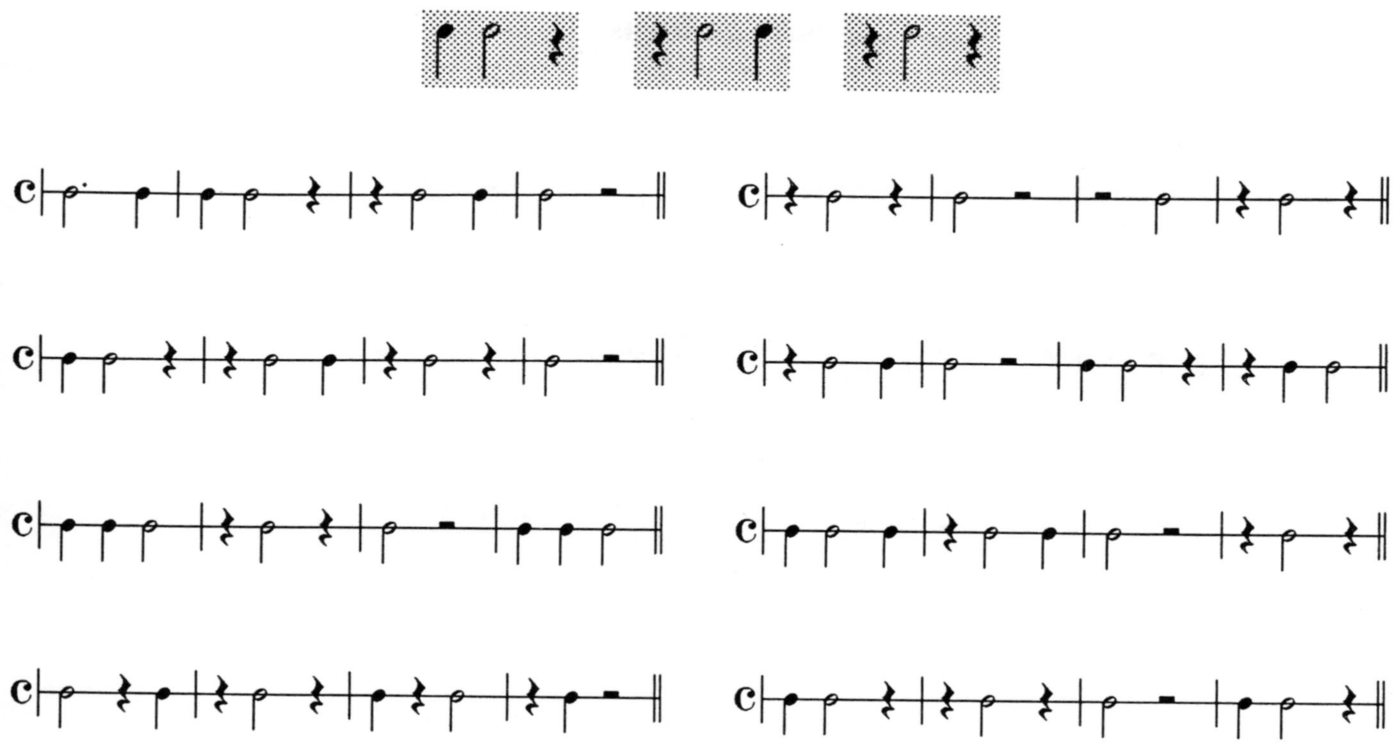

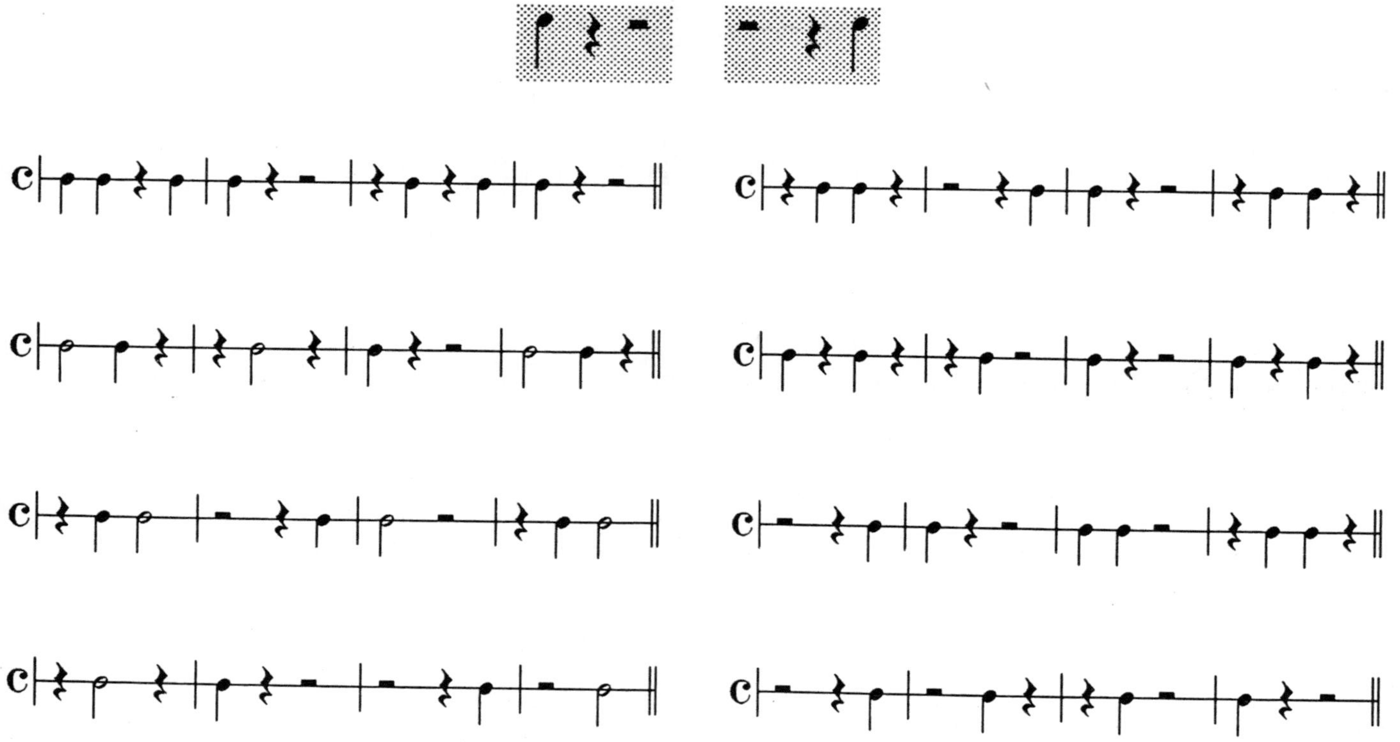

Com ligaduras
With slurs

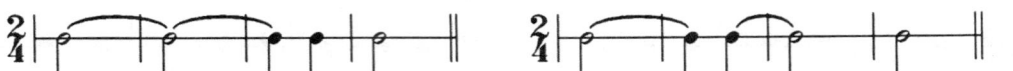

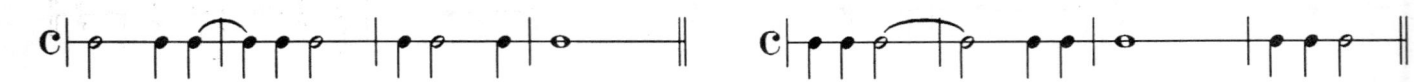

Com pausas e ligaduras
With pauses and slurs

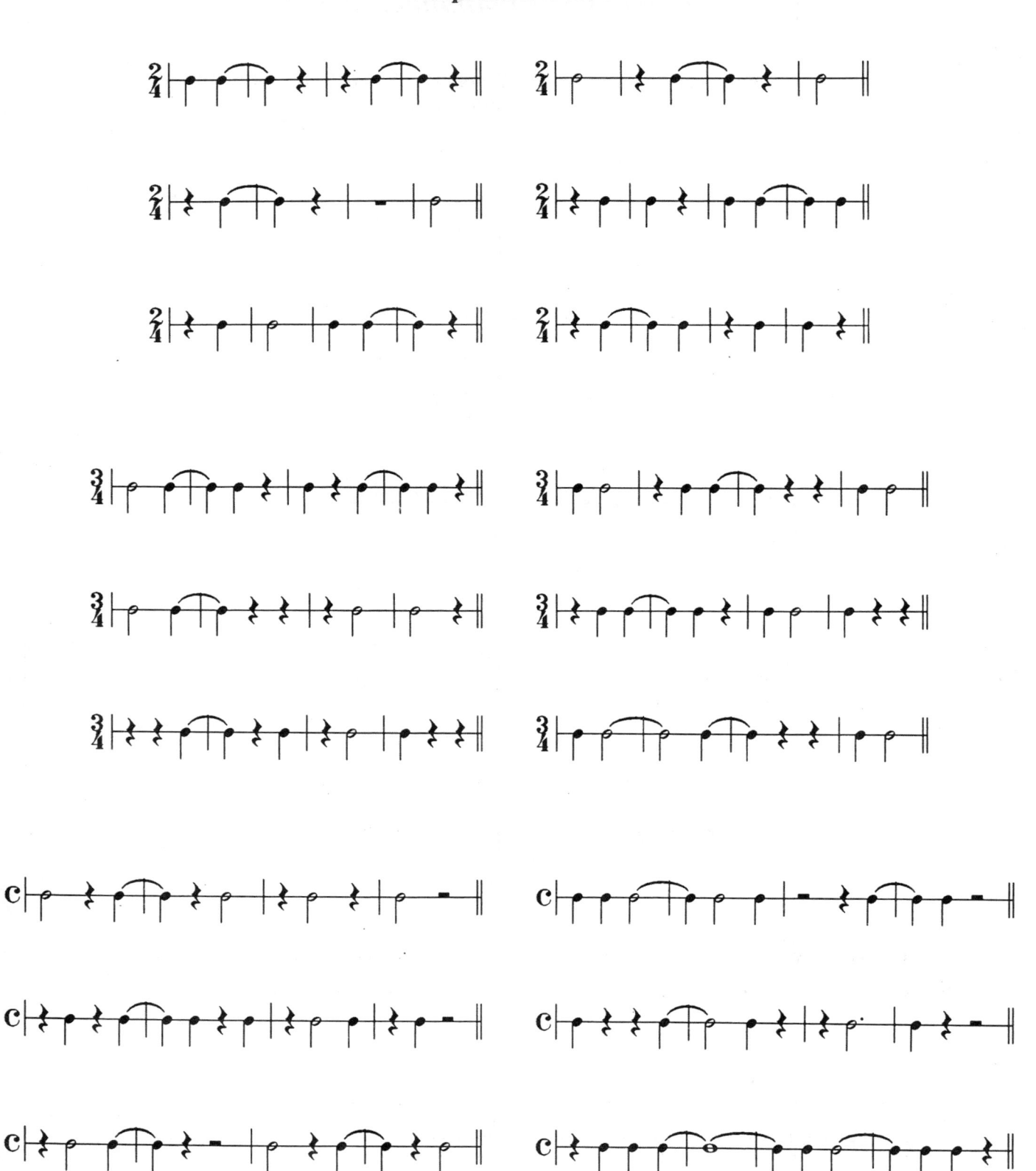

Percepção a duas vozes simultâneas
Ear-training in two simultaneous voices

Professor: executa (sempre simultaneamente)
Aluno: ouve, memoriza, repete e escreve primeiramente a voz de cima e posteriormente a voz de baixo

Teacher: *plays (always simultaneously)*
Student: *listens, memorizes, repeats and then writes the first voice, followed by the second voice*

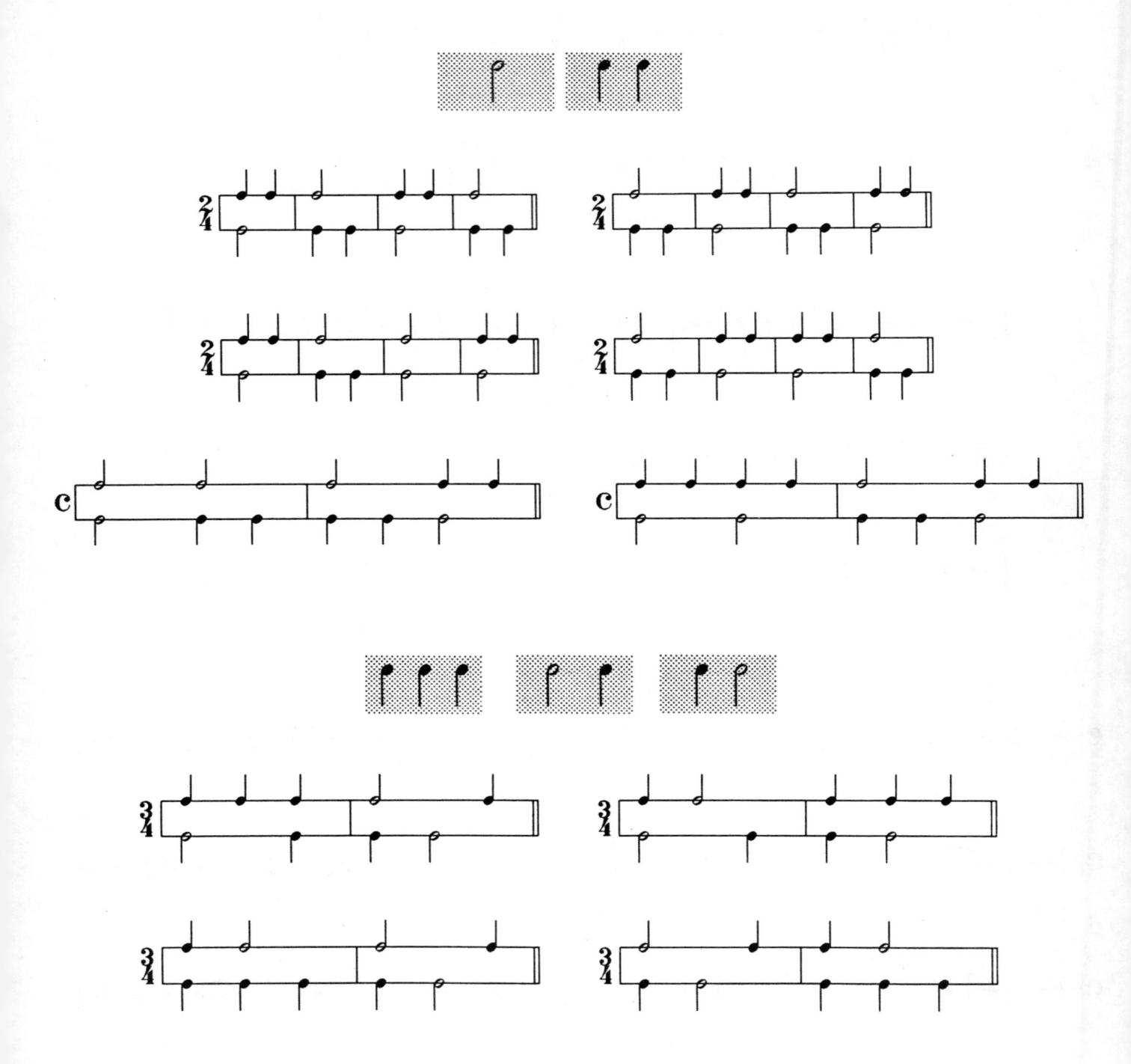

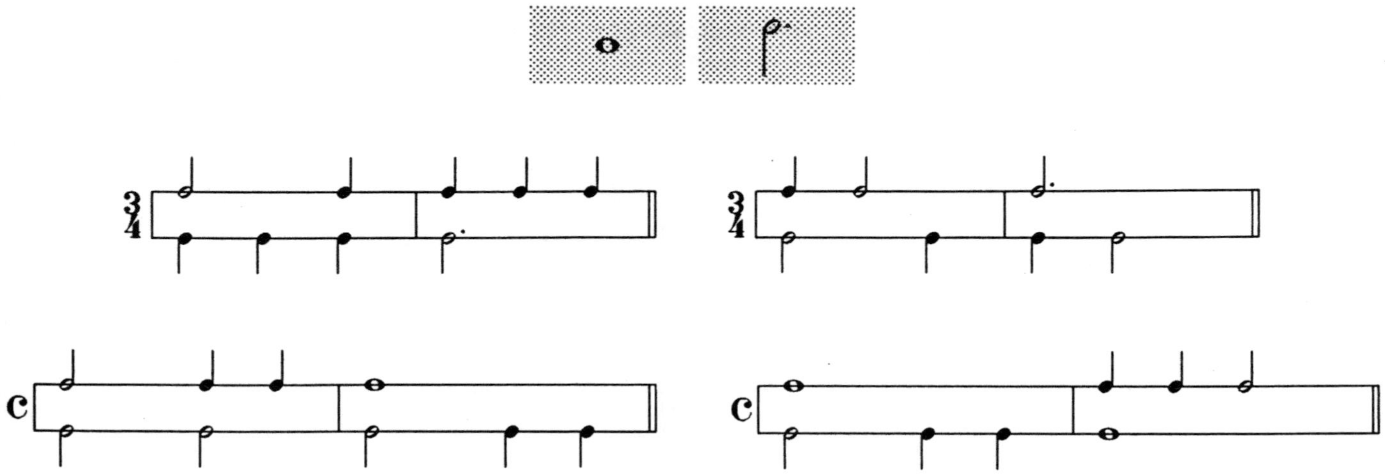

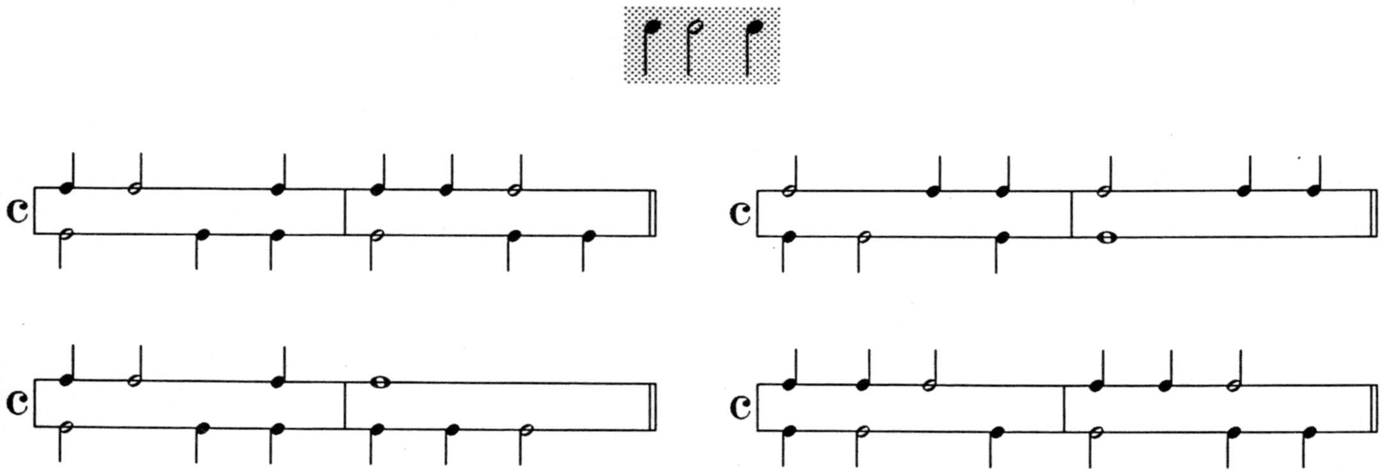

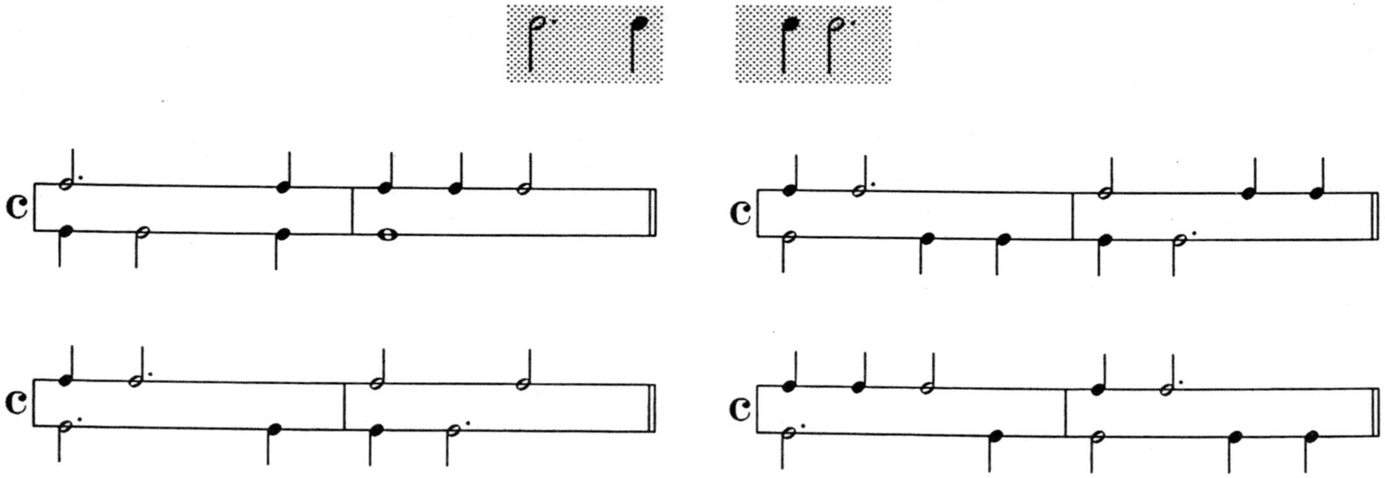

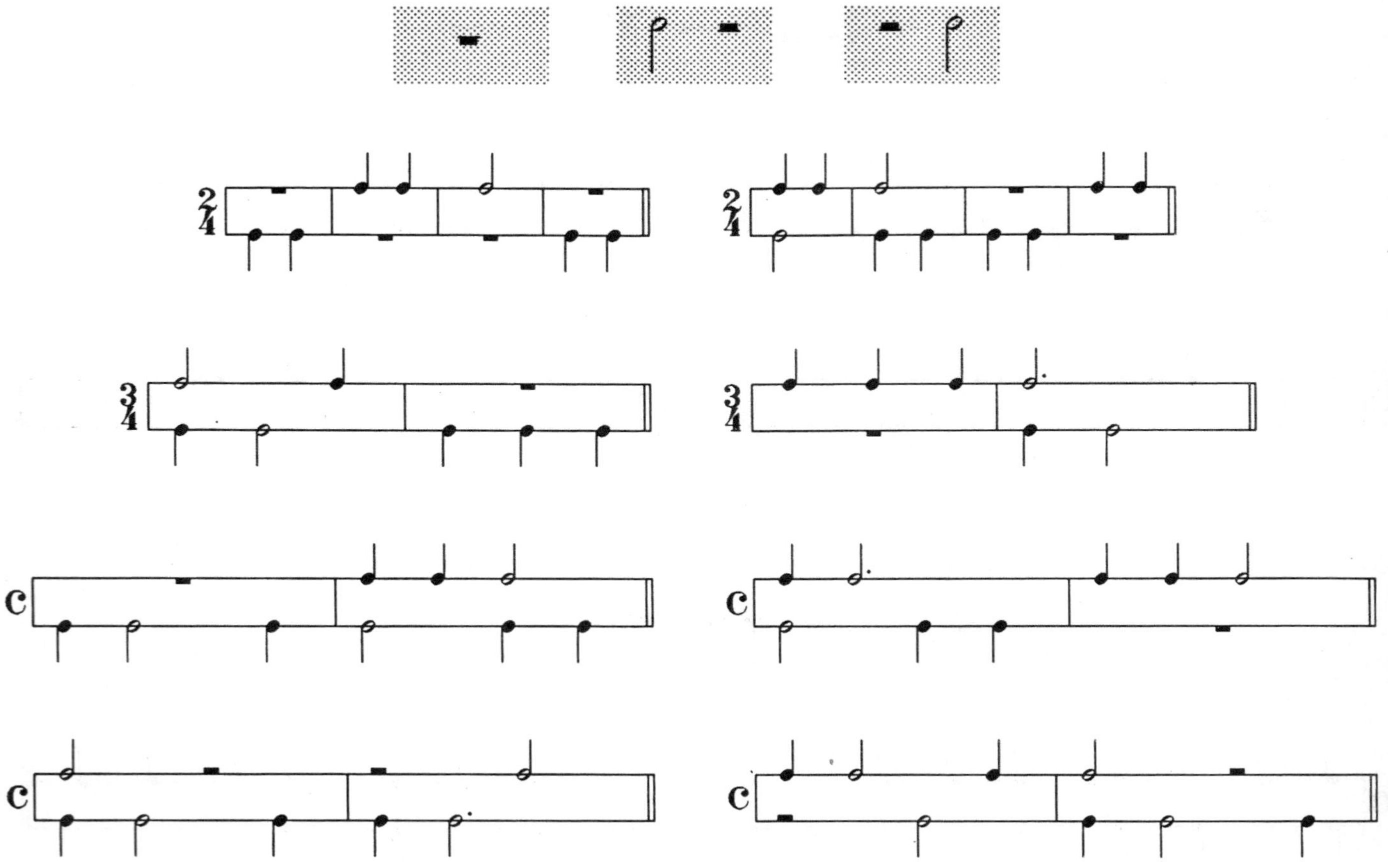

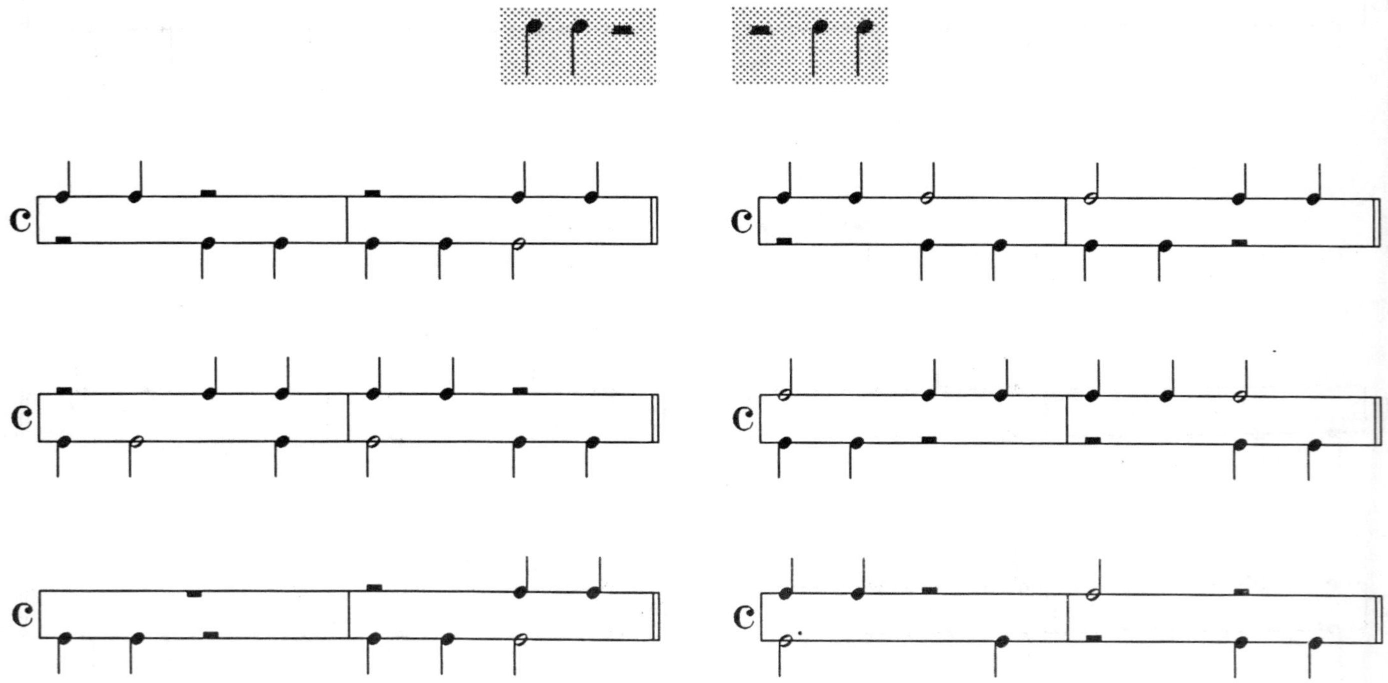

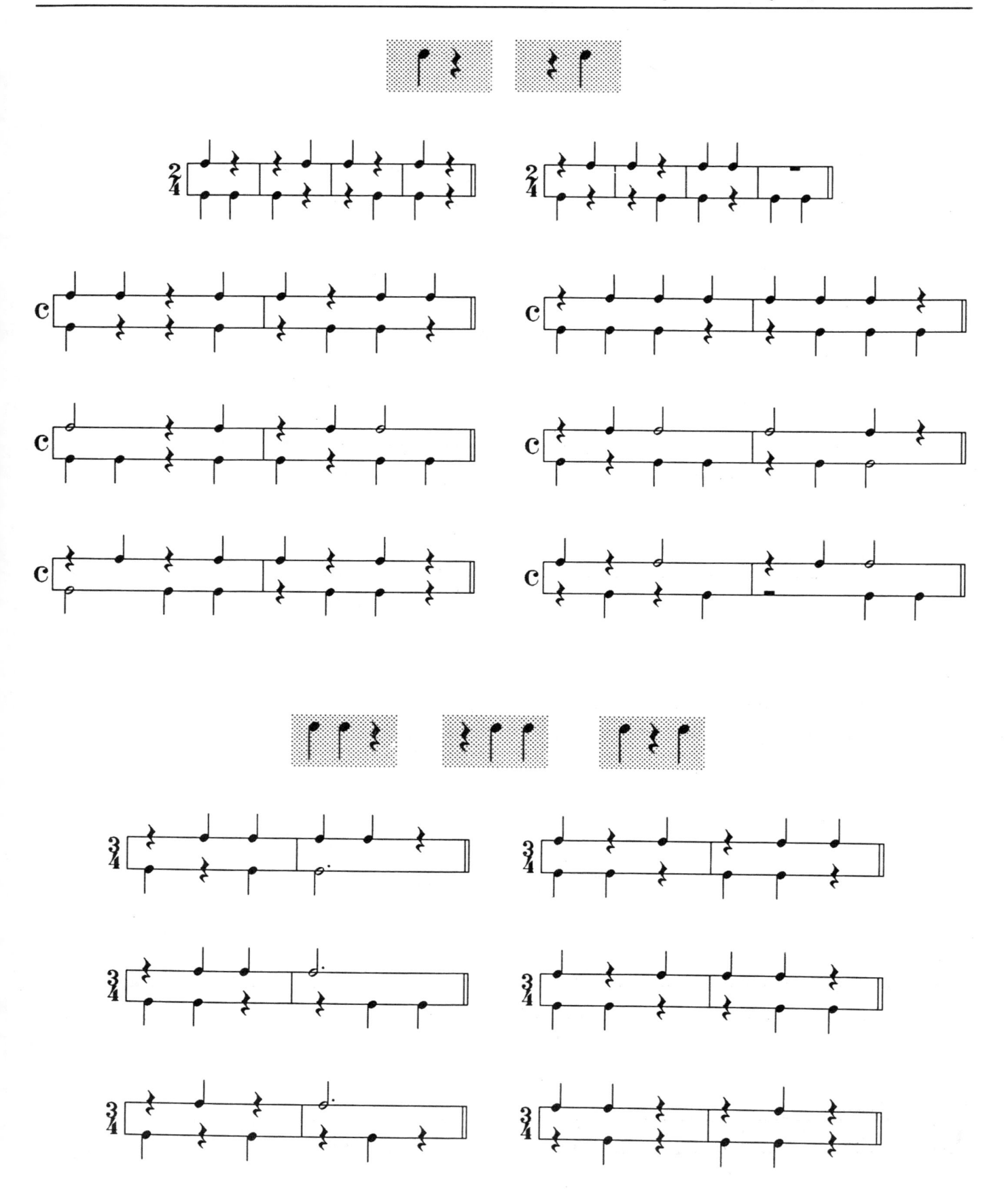

Método Prince • Leitura e Percepção - Ritmo / *The Prince Method* • *Reading and Ear-training - Rhythm*

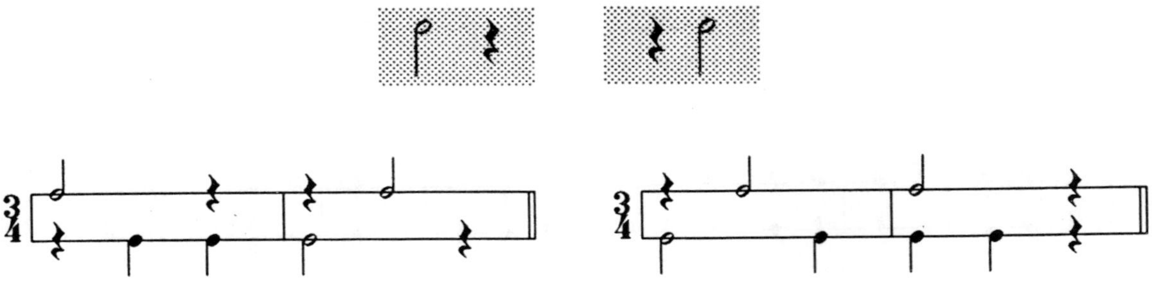

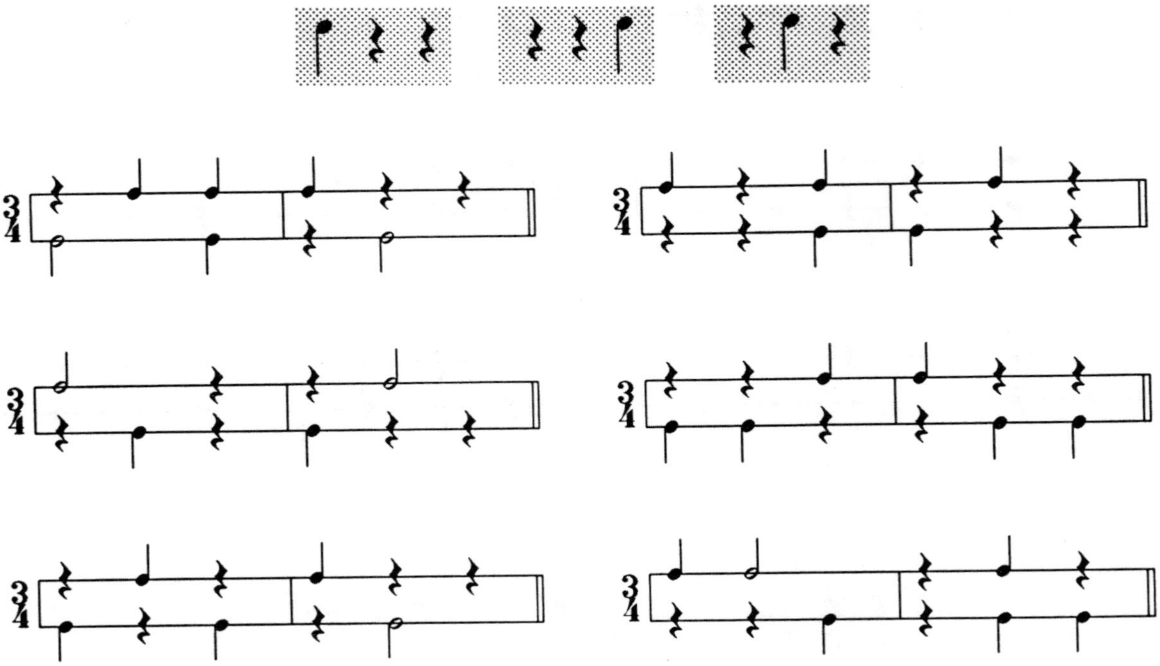

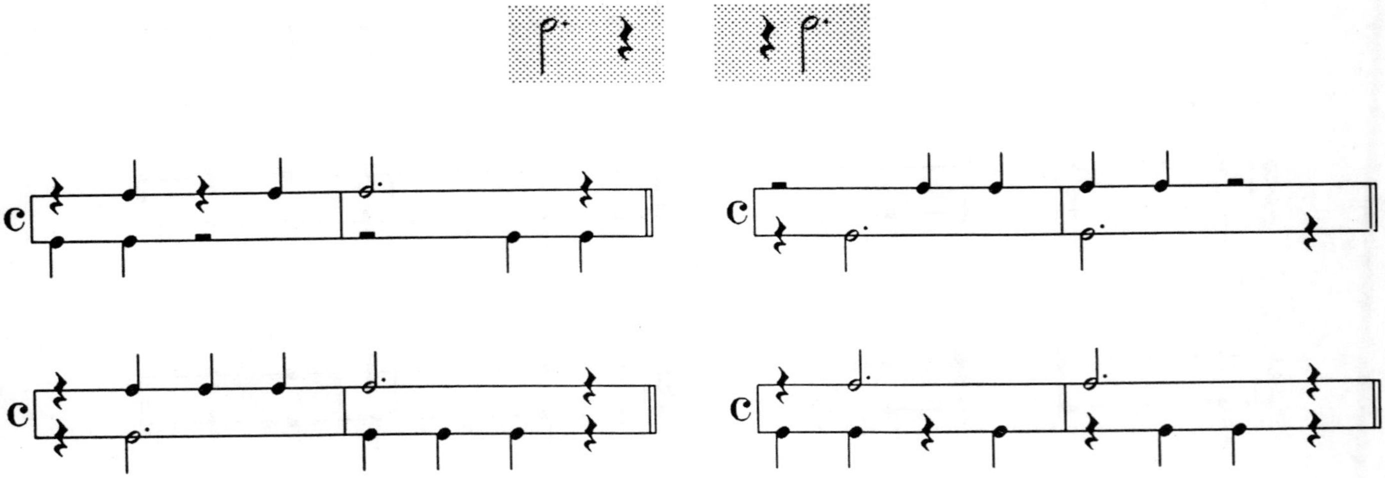

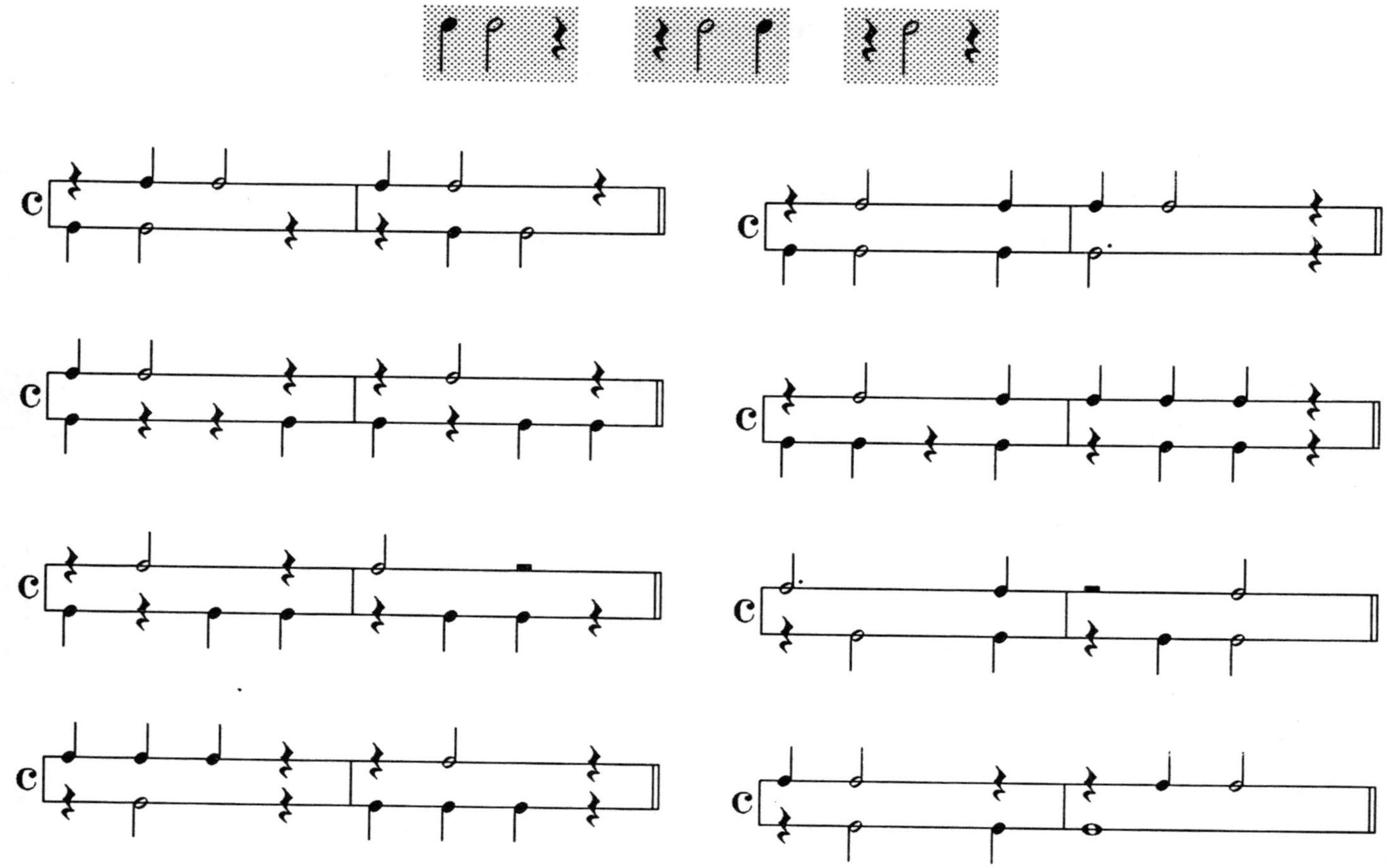

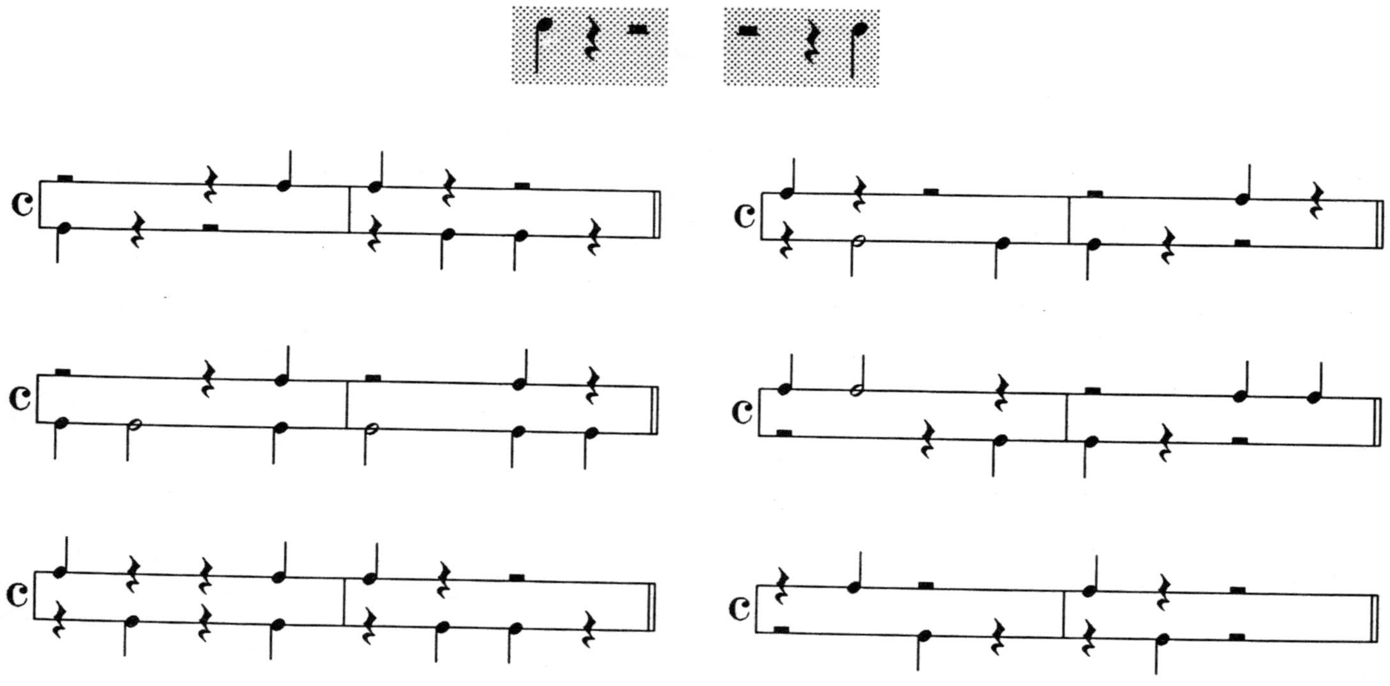

Com ligaduras
With slurs

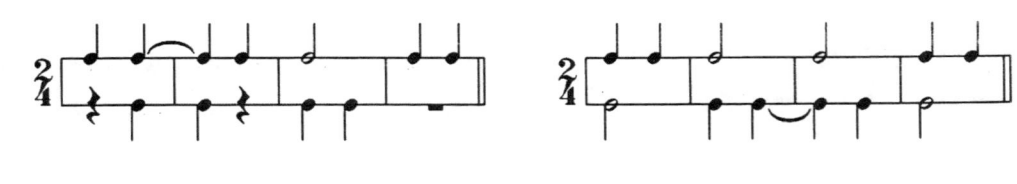

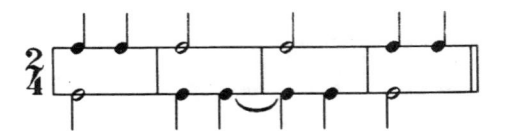

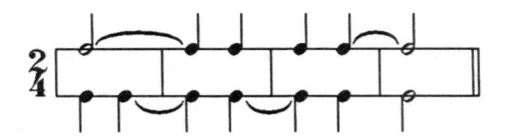

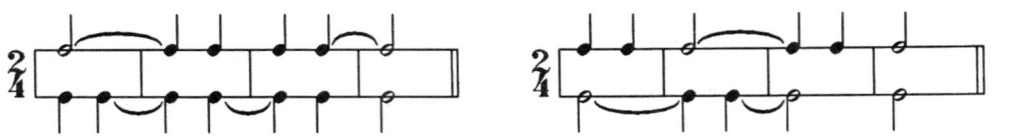

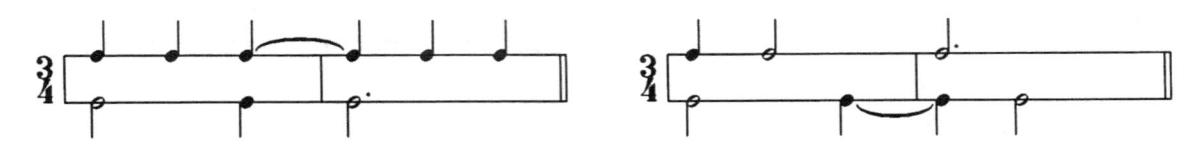

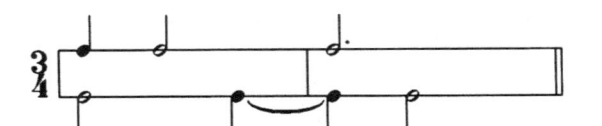

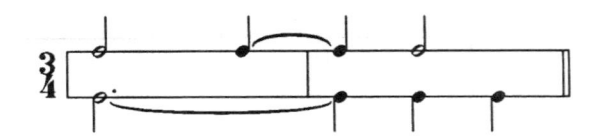

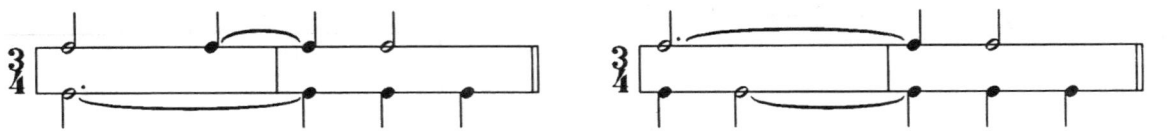

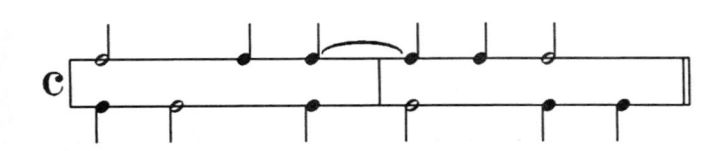

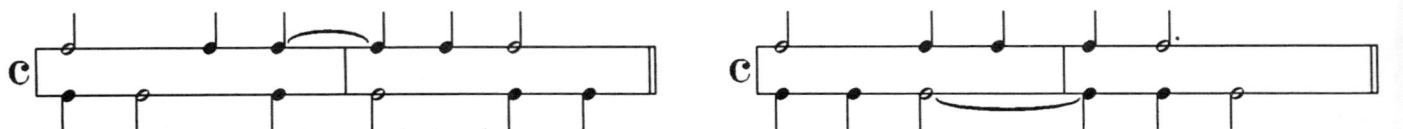

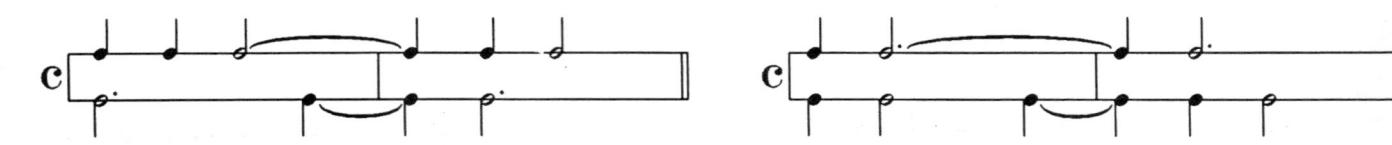

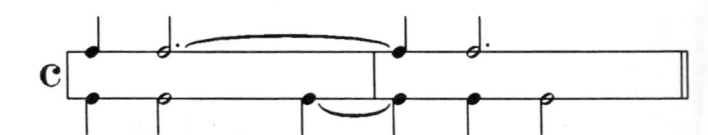

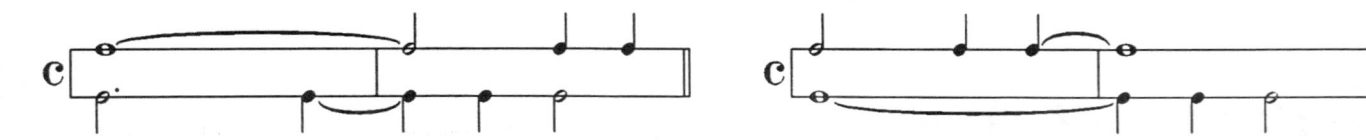

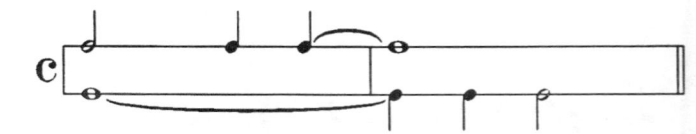

Com pausas e ligaduras
With pauses and slurs

Segunda parte
Part two

em / *in*

| 2/4 | 3/4 | C |

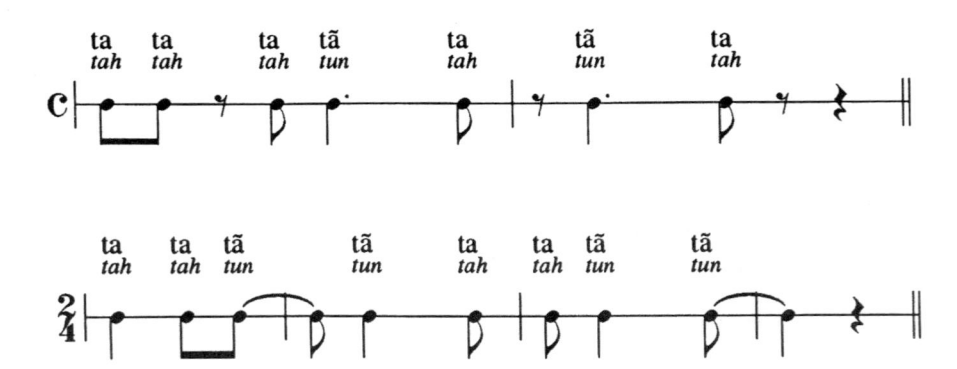

Sugestões para a pronúncia dos clichês visuais
Suggestions for pronouncing the visual clichés

Exemplos:
Examples:

Leitura a uma voz
Reading in one voice

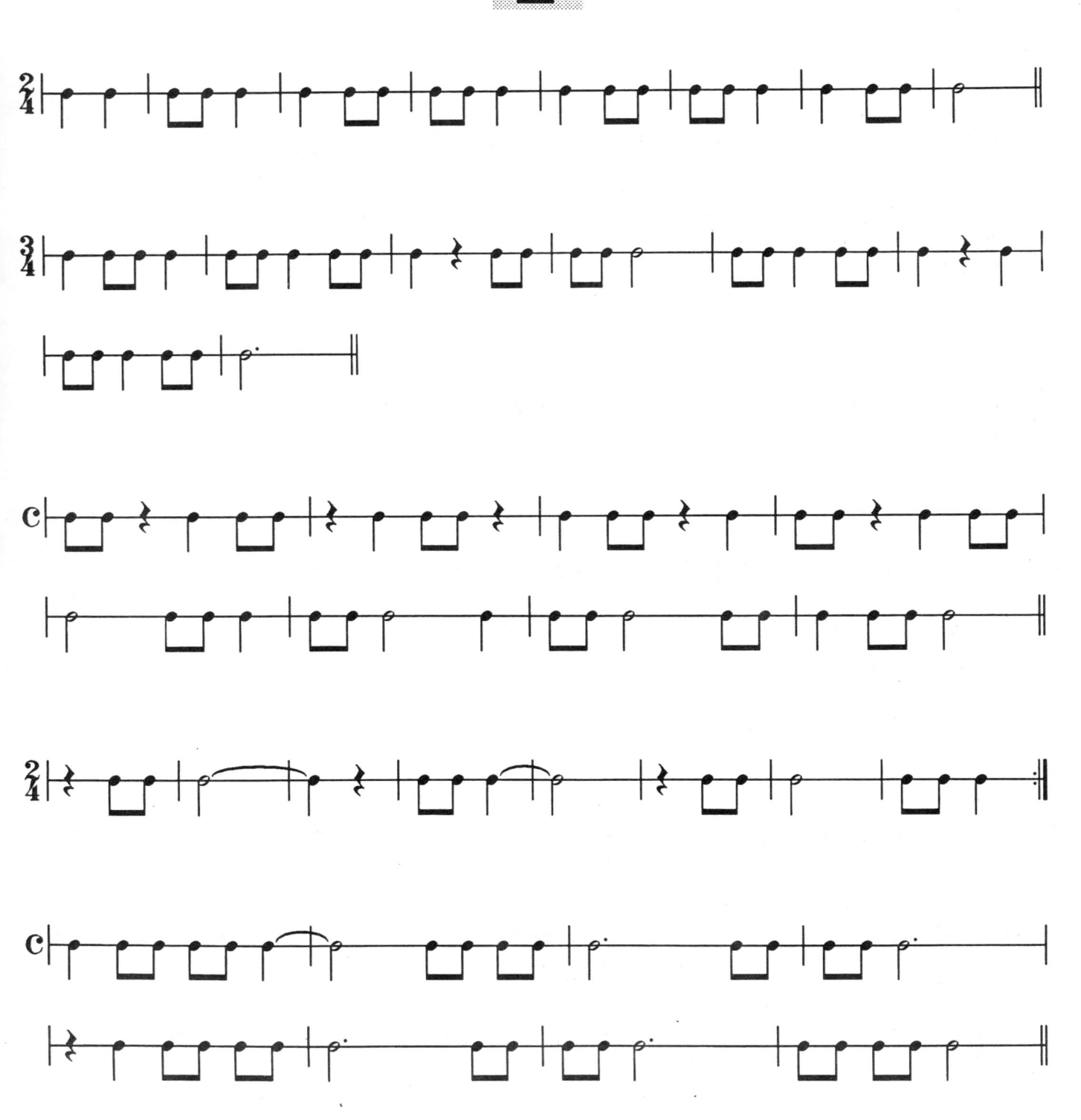

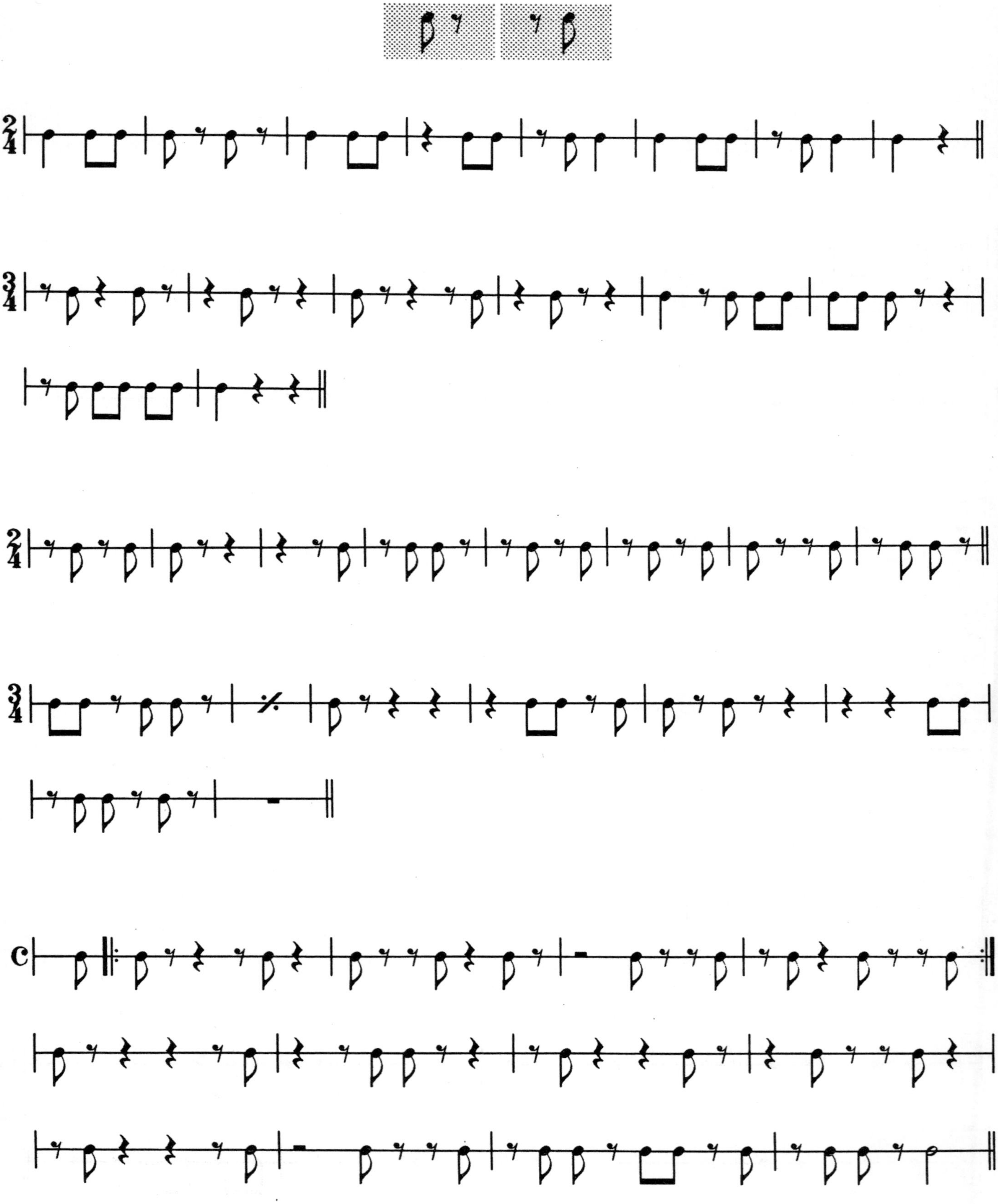

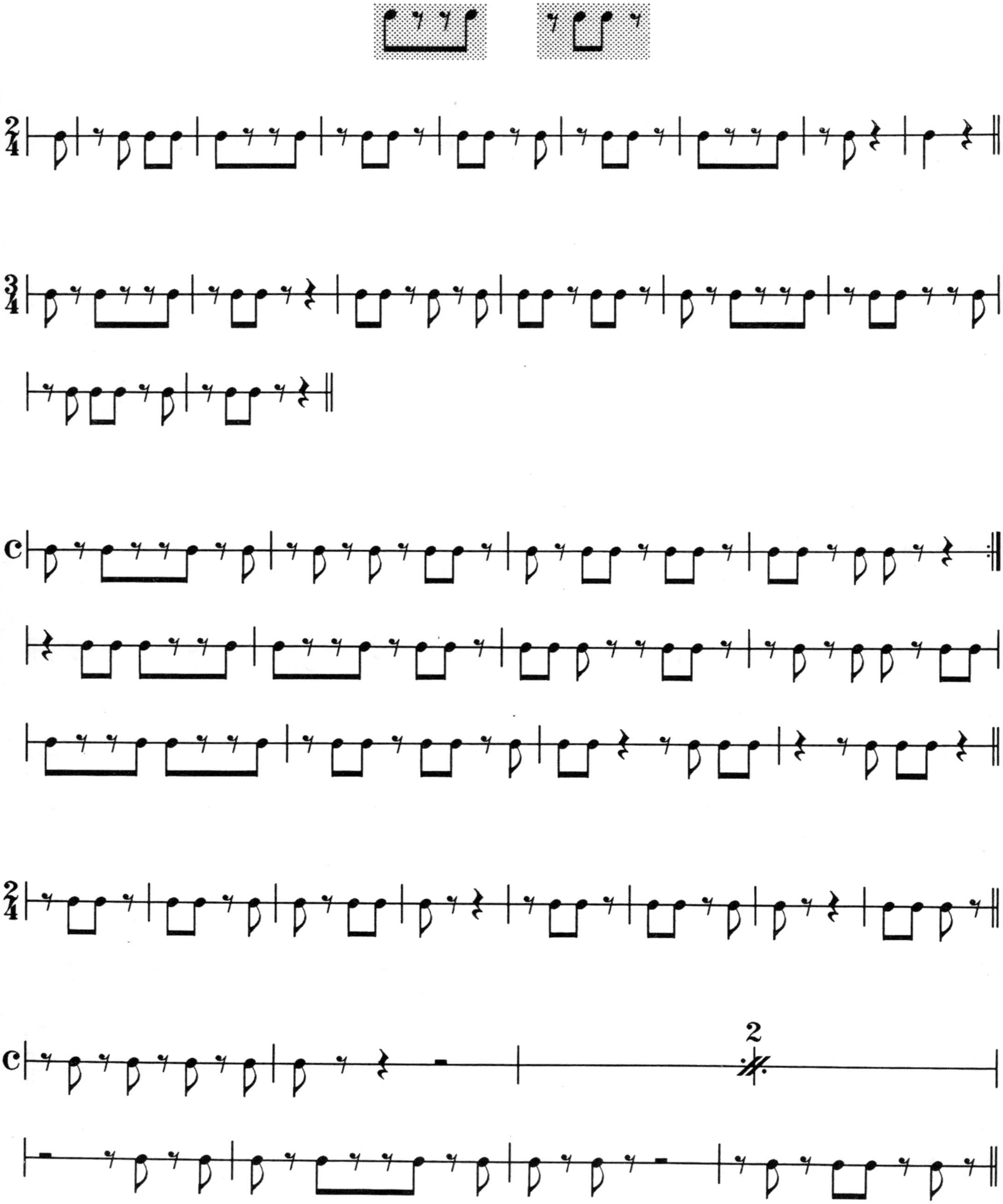

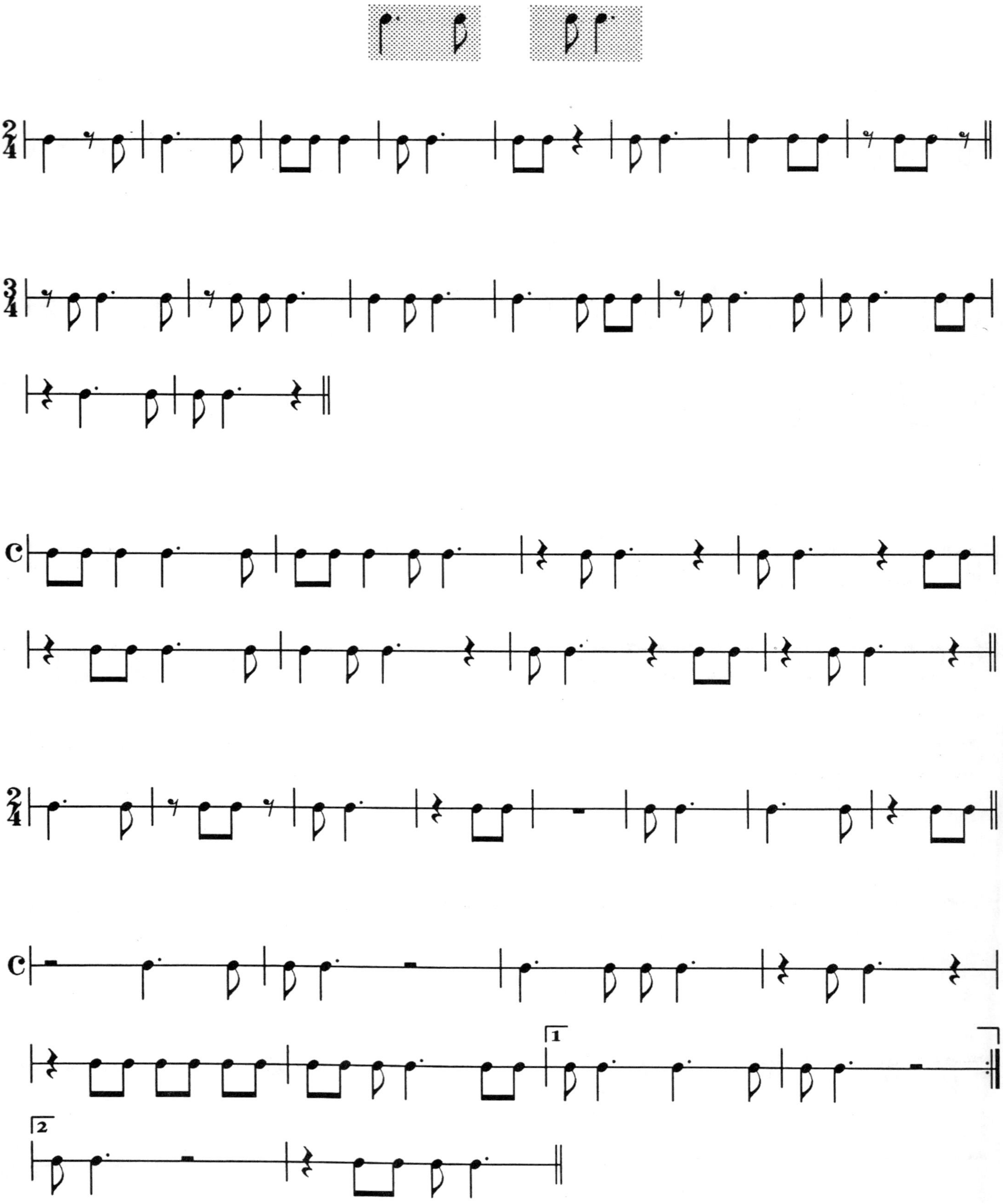

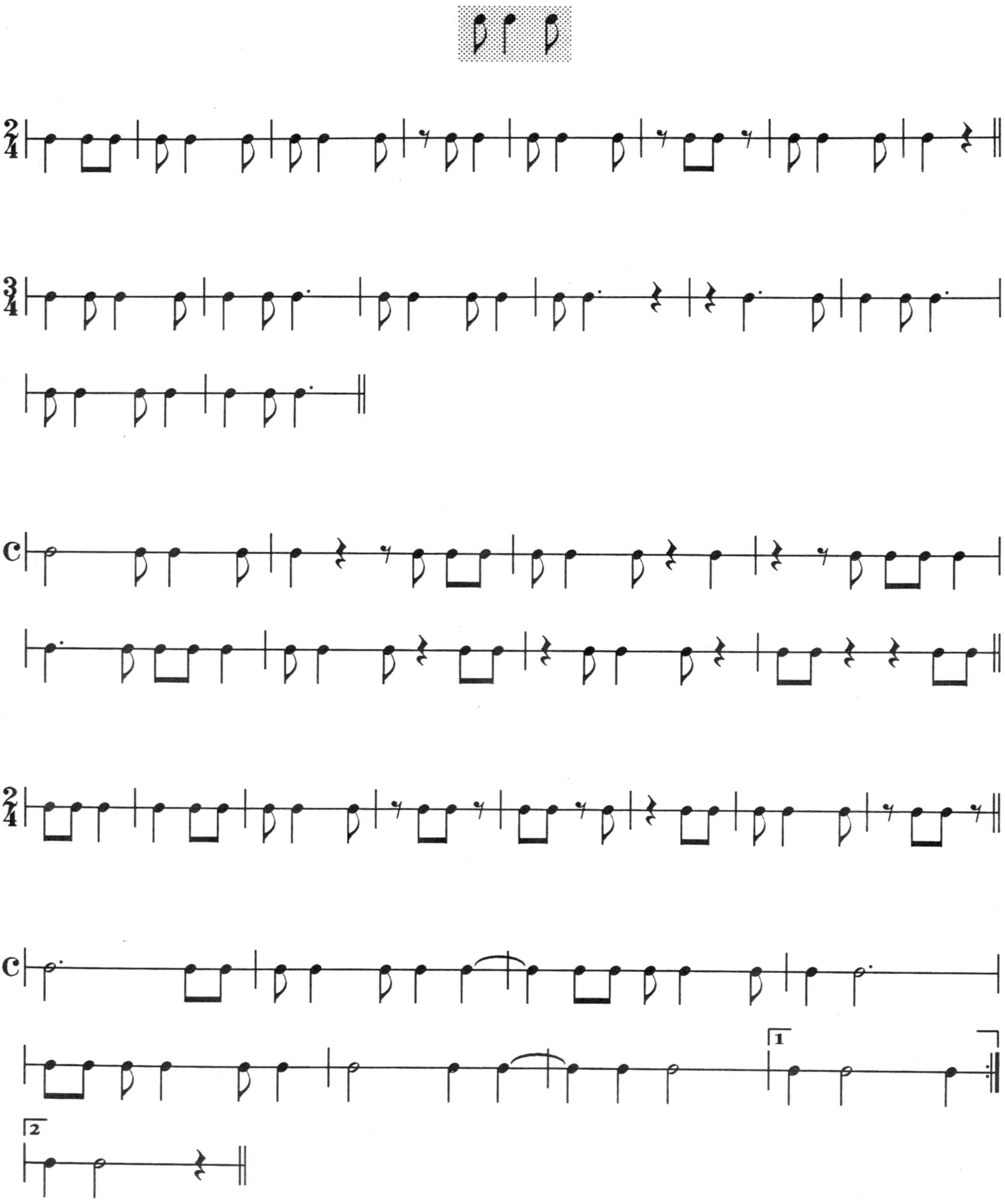

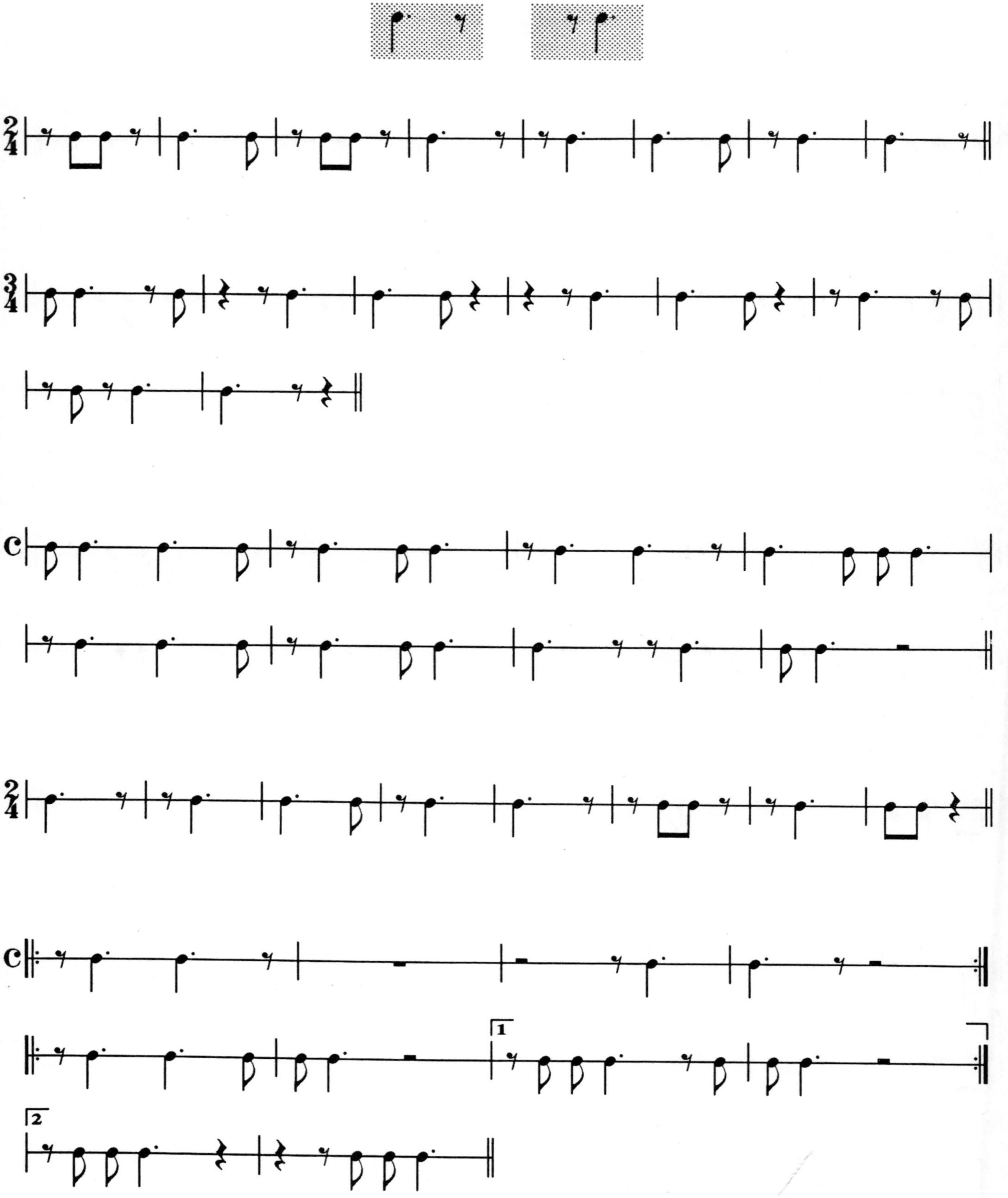

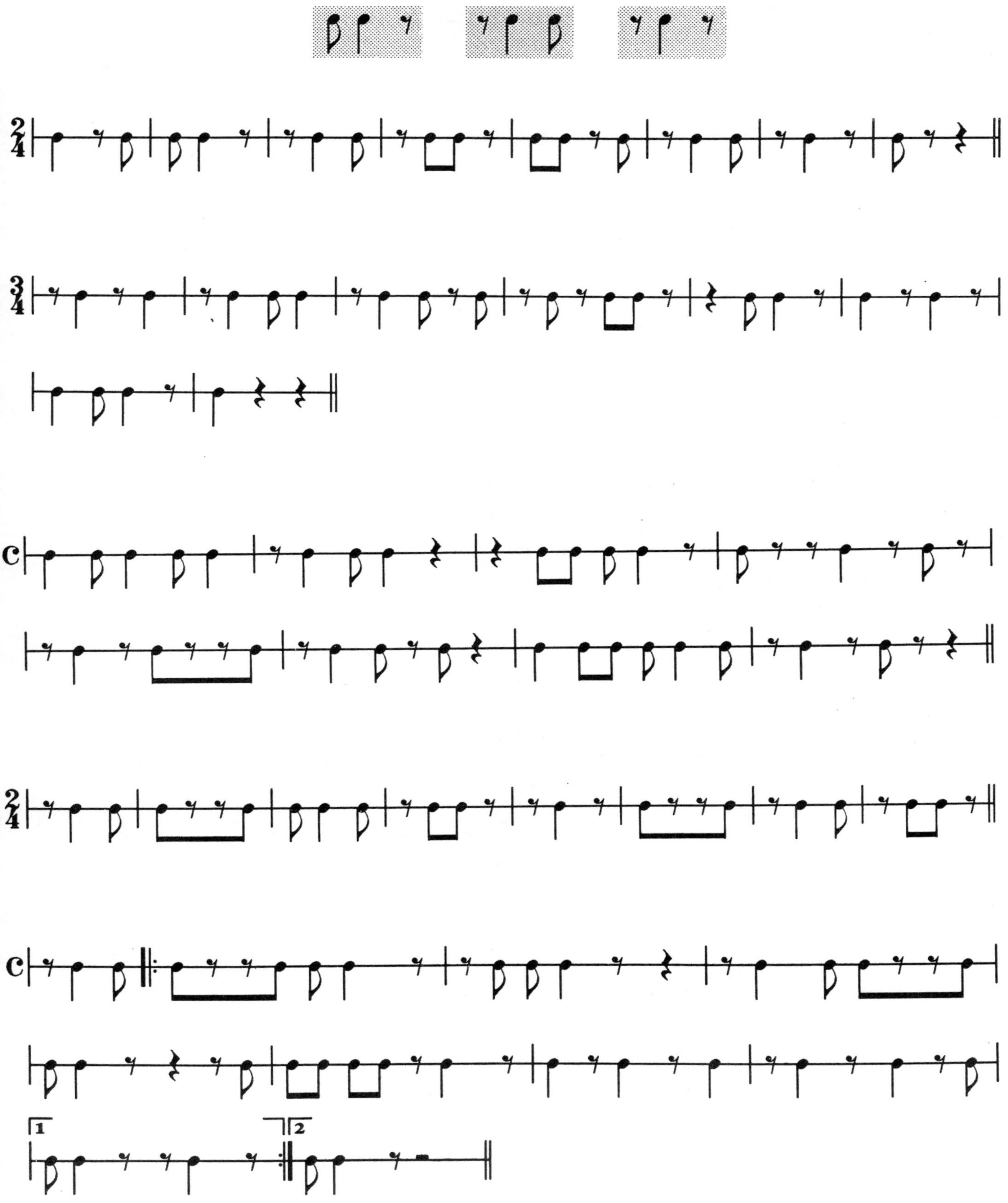

Com ligaduras
With slurs

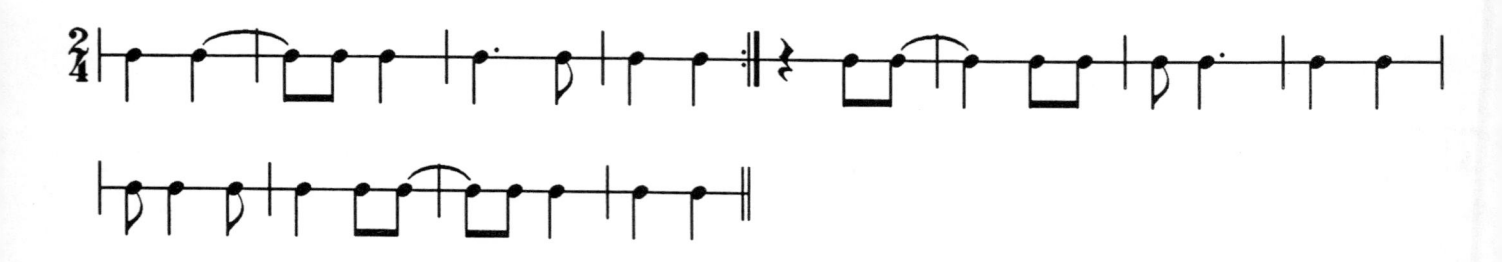

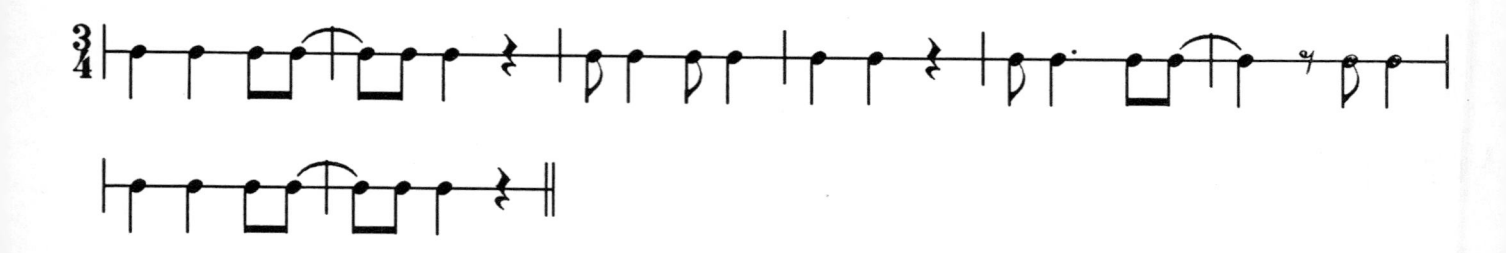

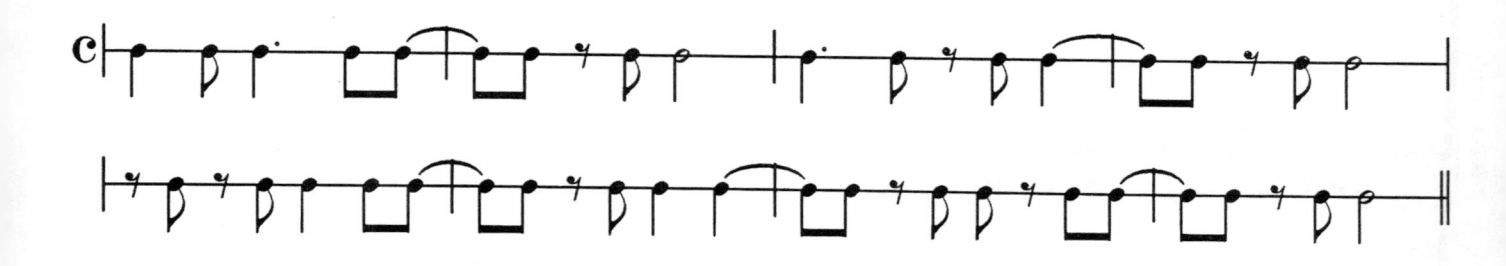

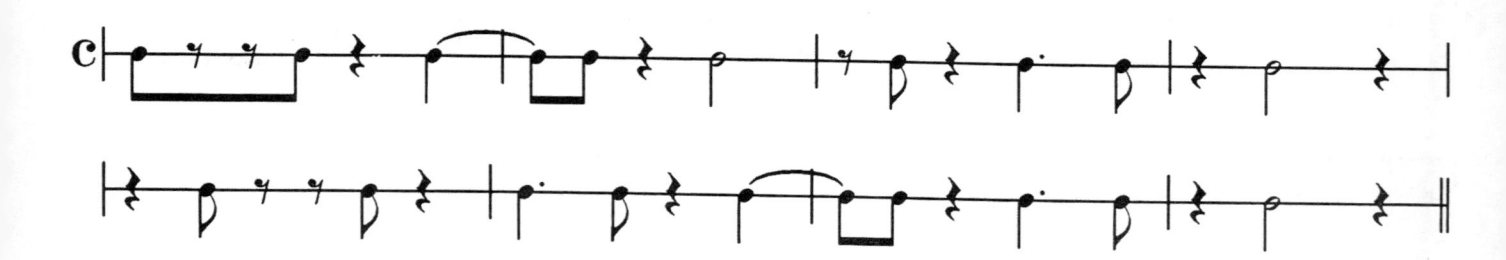

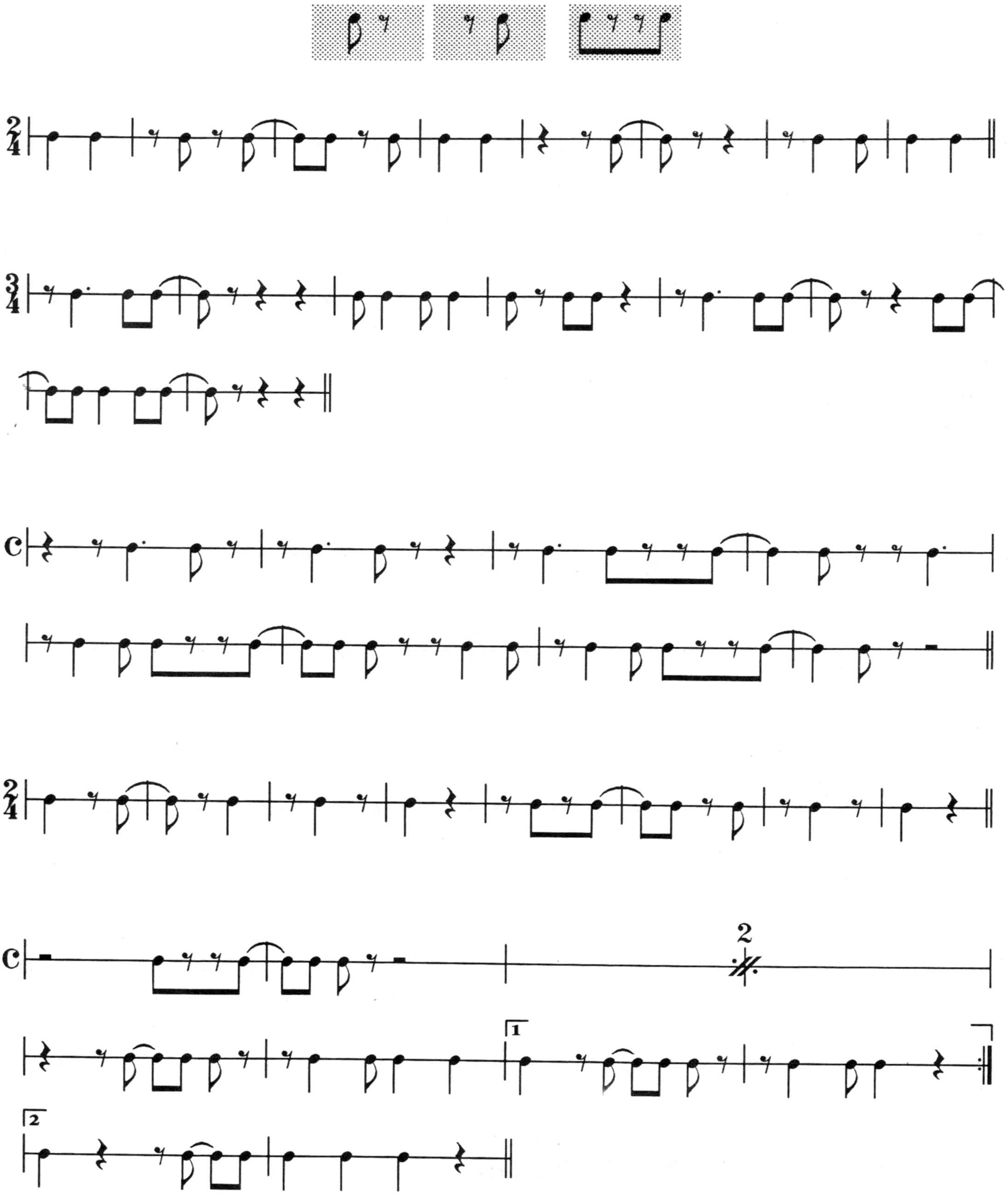

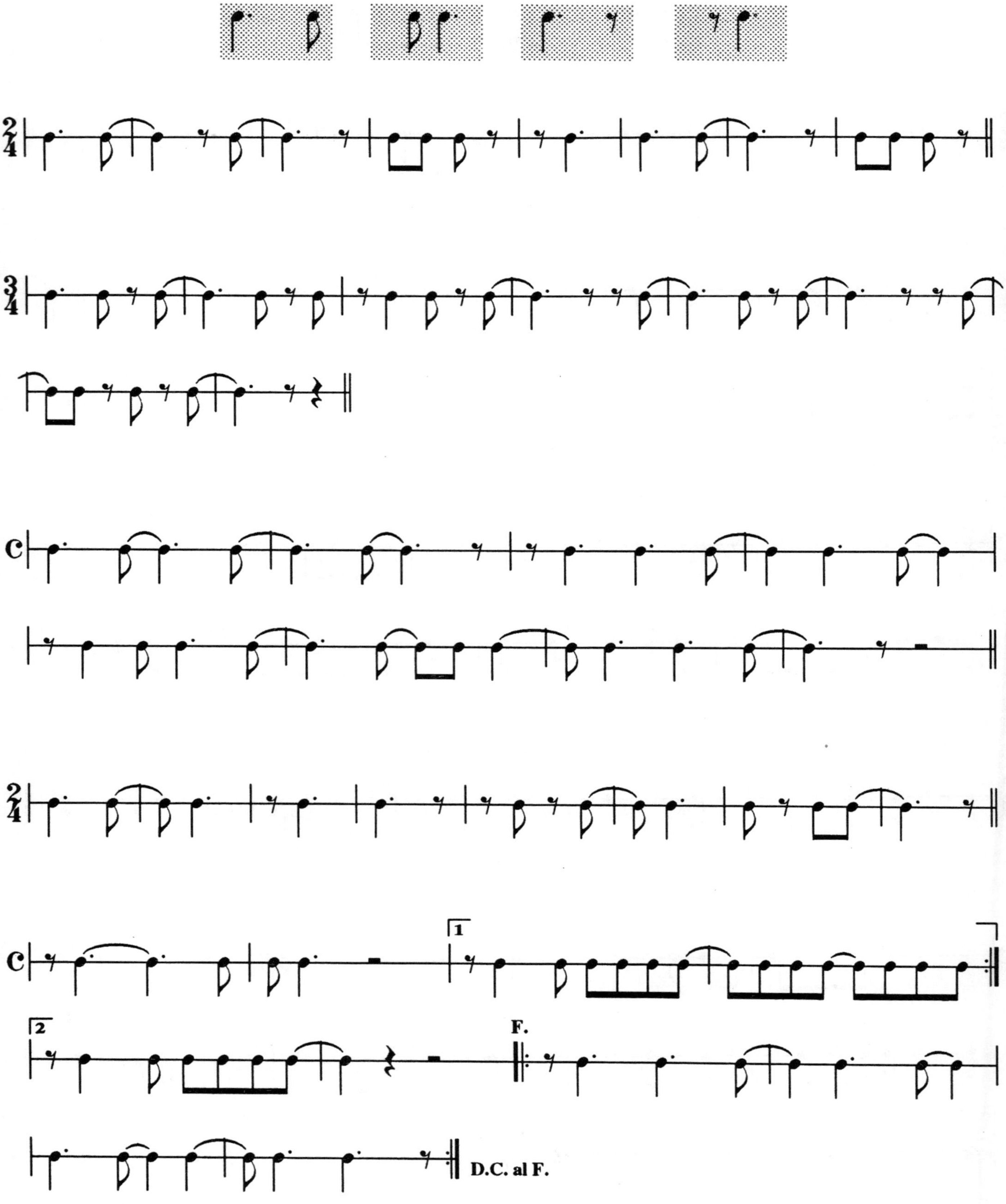
1
2
F.
D.C. al F.

Método Prince • Leitura e Percepção - Ritmo / The Prince Method • Reading and Ear-training - Rhythm

Leitura a duas vozes alternadas
Reading in two alternated voices

Exercícios preparatórios
Preparatory exercises

$B = \dfrac{Boca}{Mouth}$ $M = \dfrac{M\tilde{a}o}{Hand}$

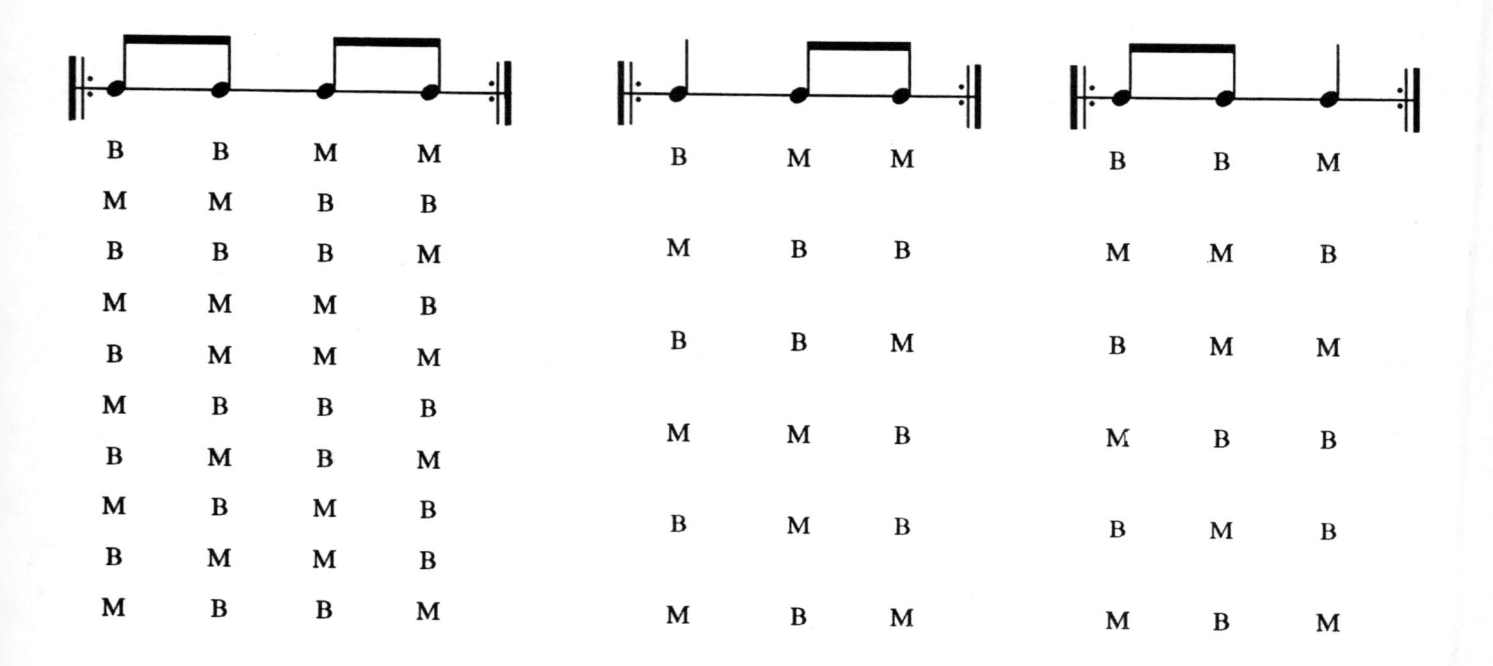

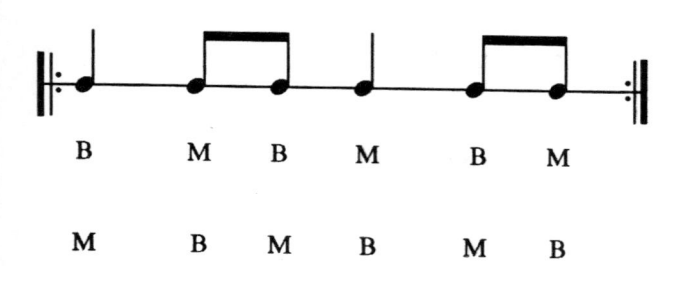

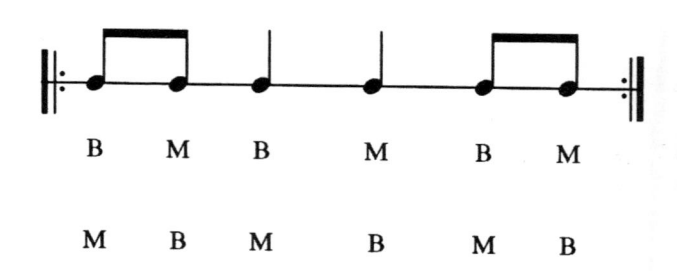

B	B	M	M
M	M	B	B
B	B	B	M
M	M	M	B
B	M	M	M
M	B	B	B
B	M	B	M
M	B	M	B
B	M	M	B
M	B	B	M

B	M	M
M	B	B
B	B	M
M	M	B
B	M	B
M	B	M

B	B	M
M	M	B
B	M	M
M	B	B
B	M	B
M	B	M

B	M	B	M	B	M
M	B	M	B	M	B

B	M	B	M	B	M
M	B	M	B	M	B

Obs.: Cada fórmula de mão e boca pode ser repetida diversas vezes, isoladamente.

Note: Each mouth-and-hand pattern may be repeated several times, separately.

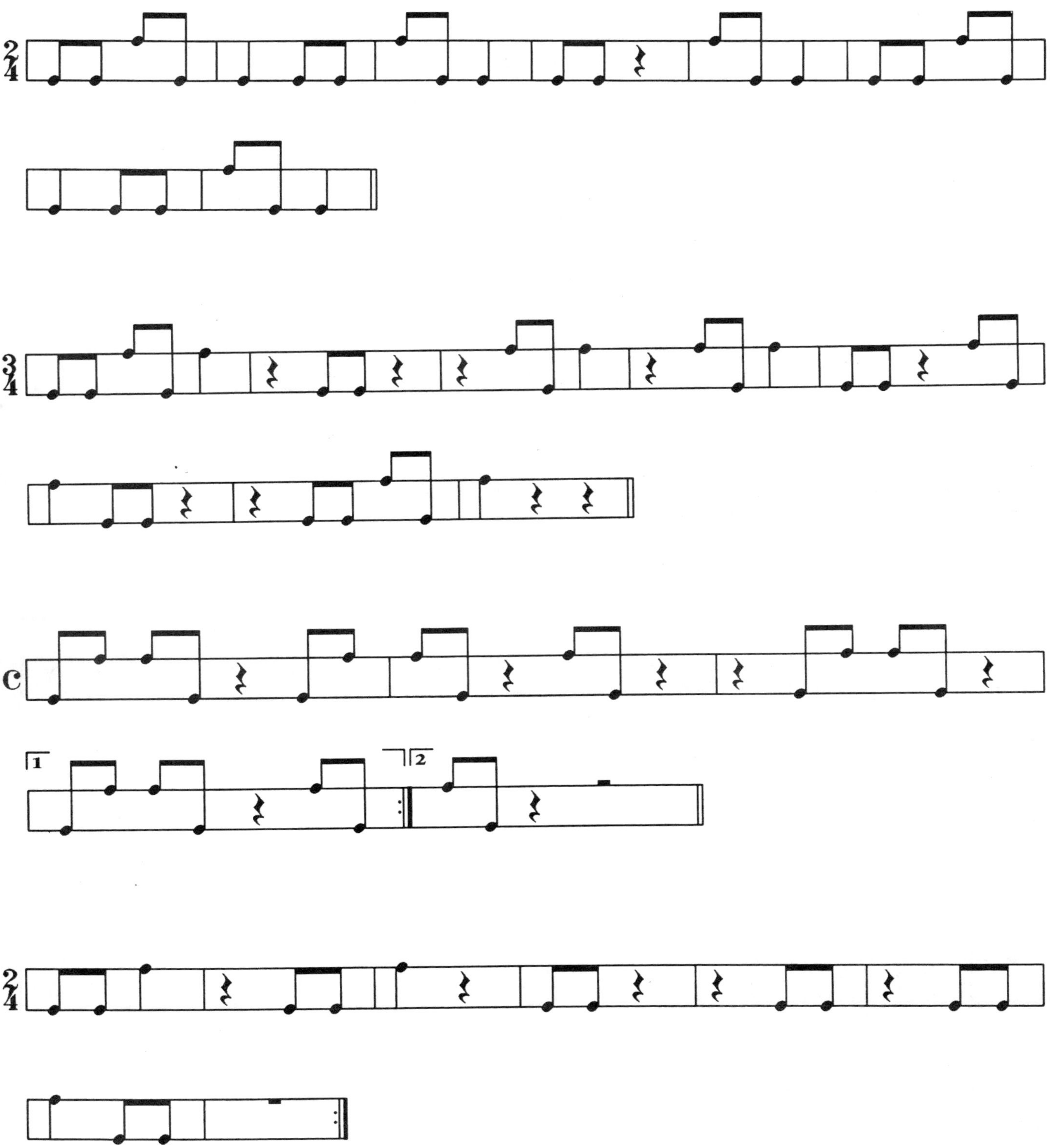

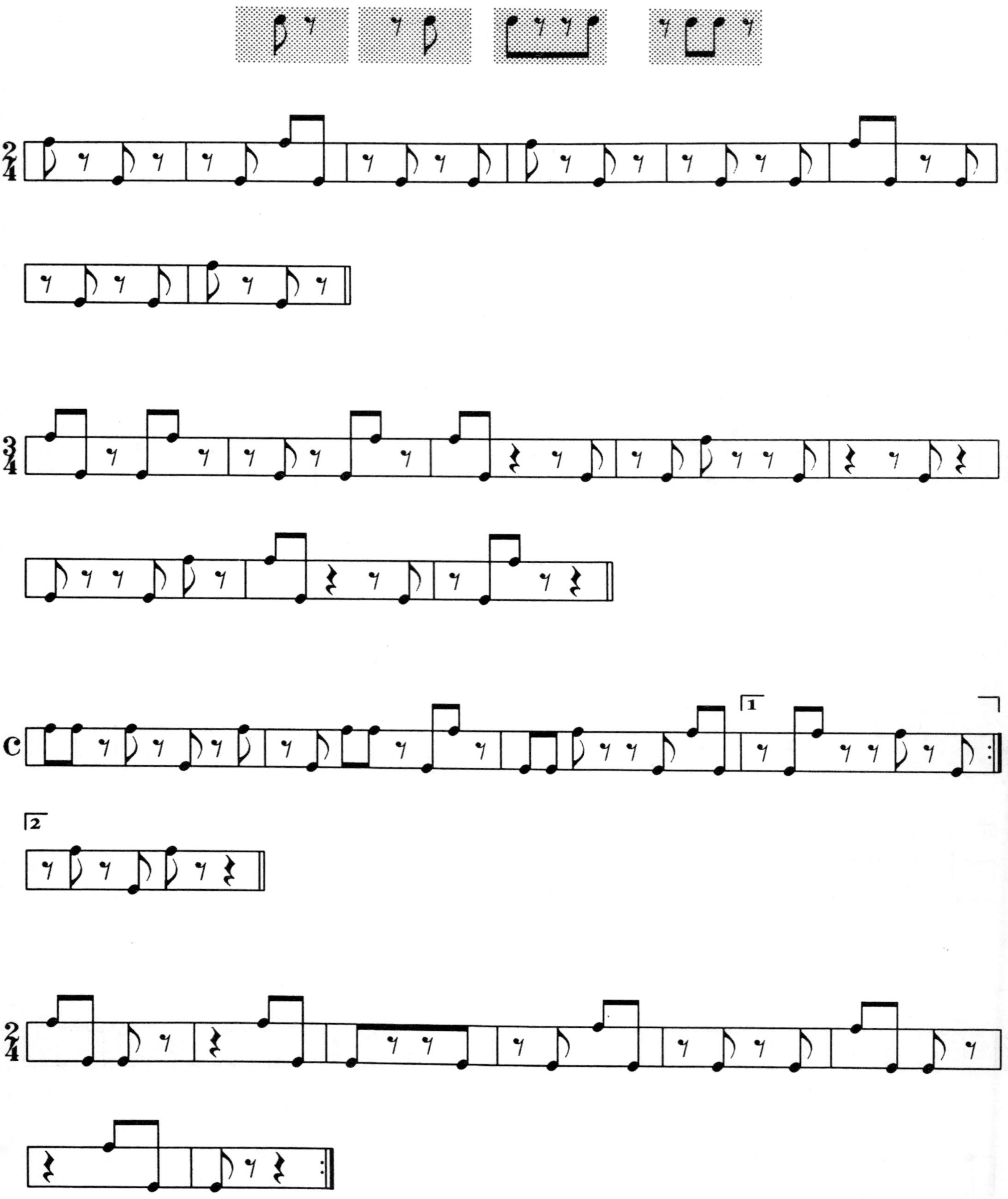

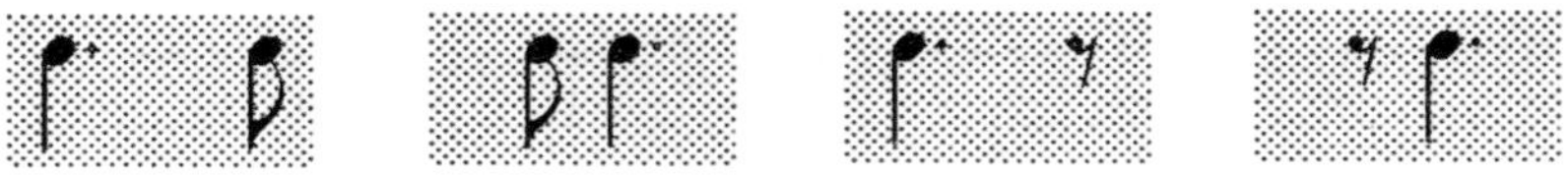

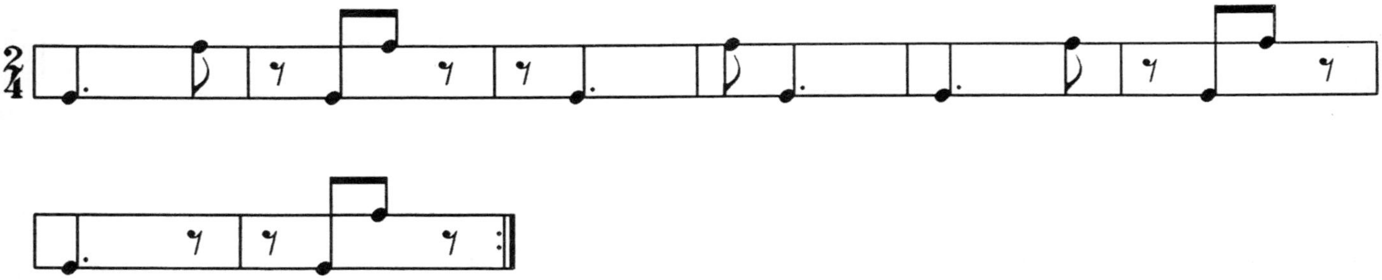

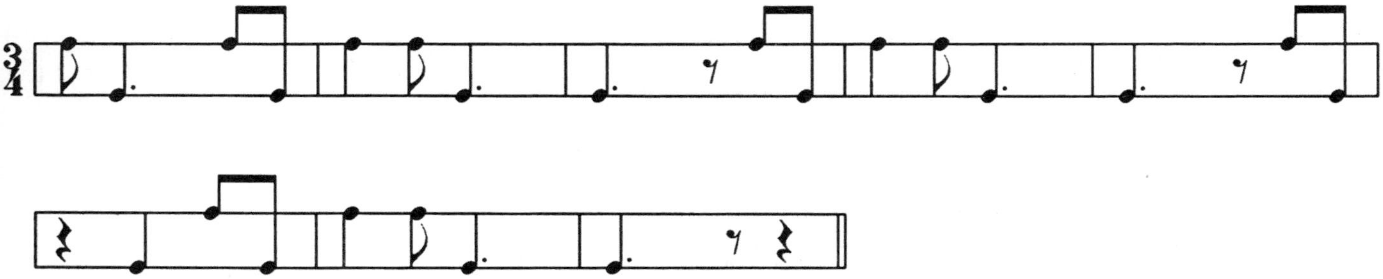

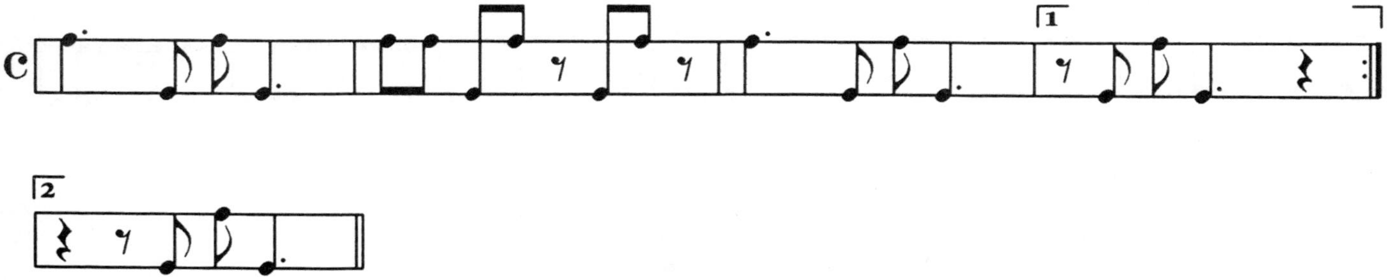

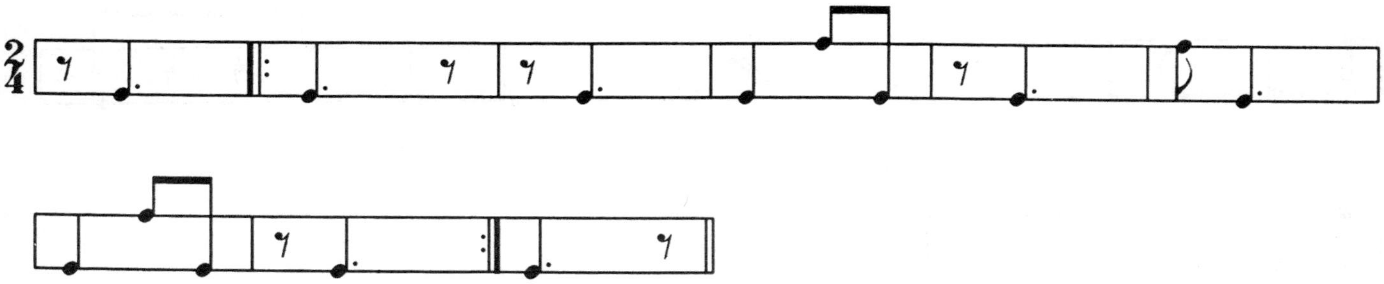

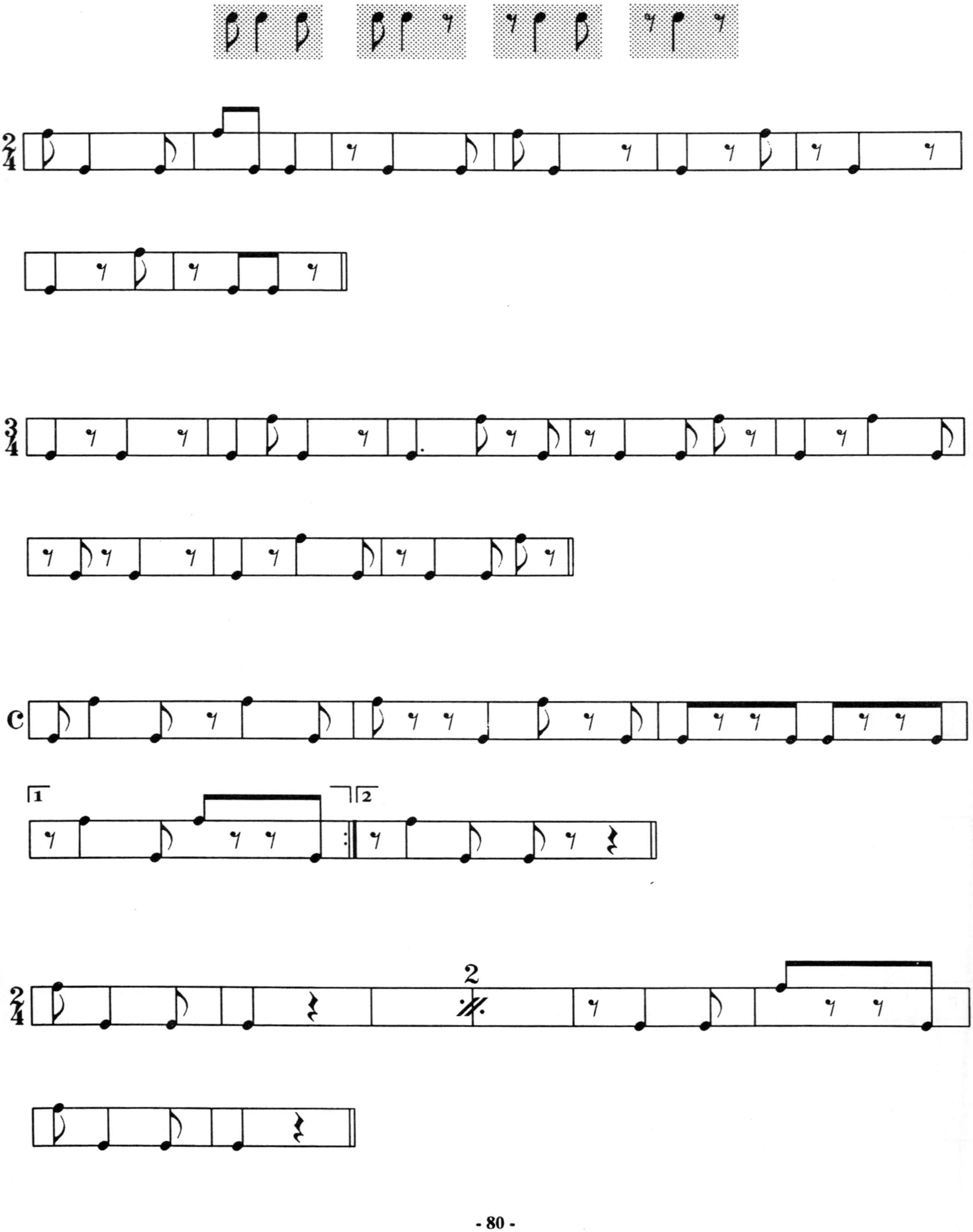

Com ligaduras
With slurs

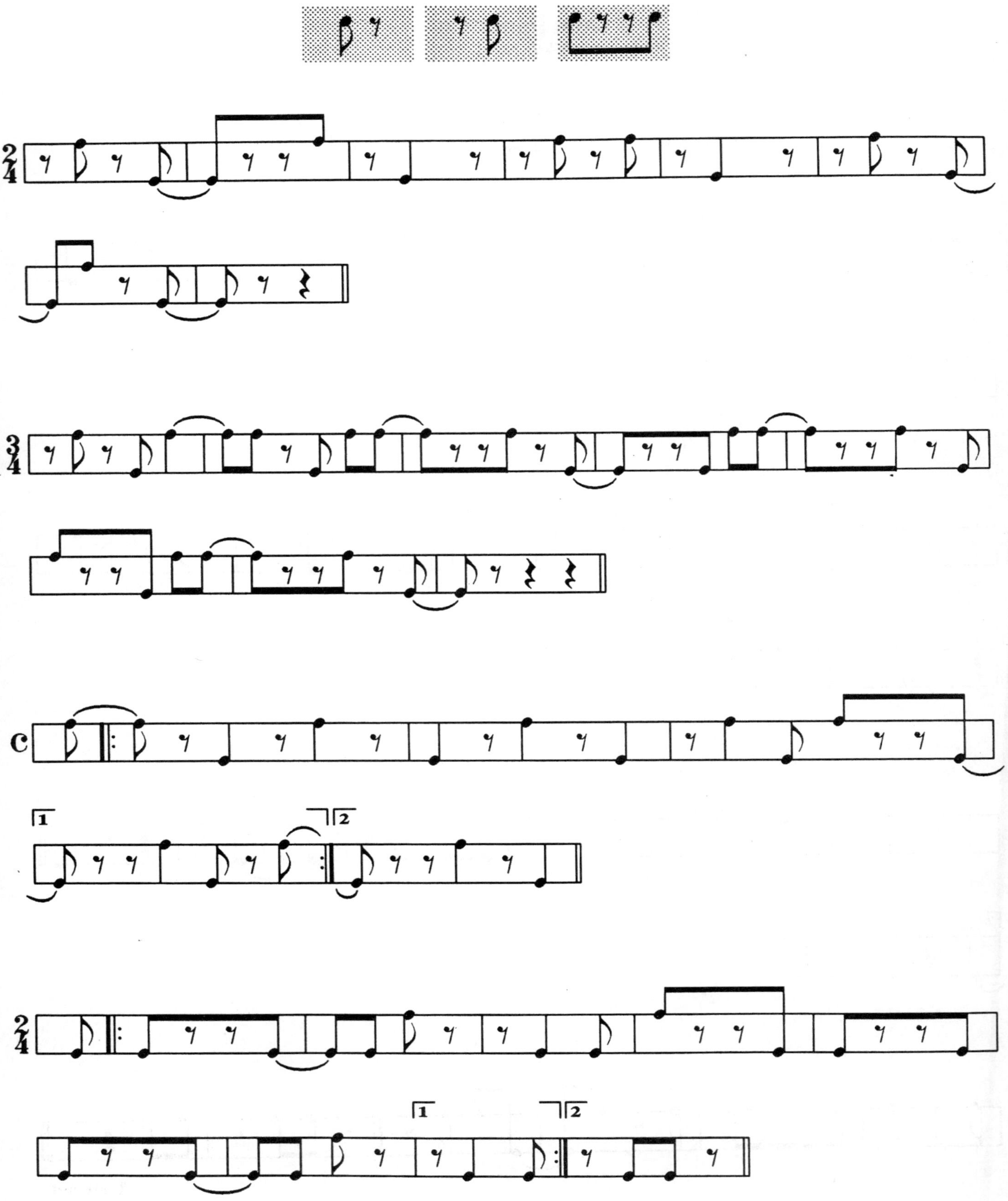

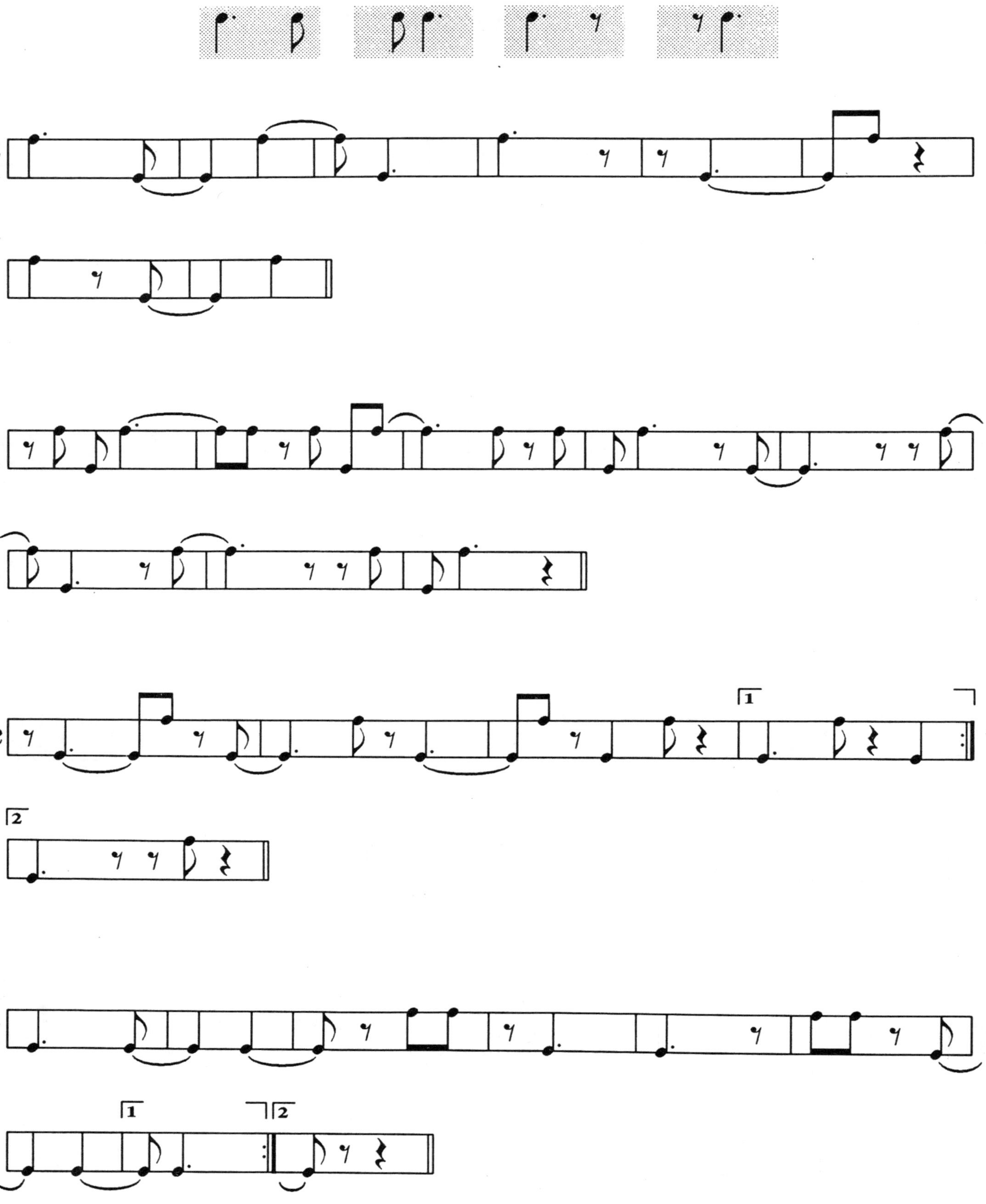

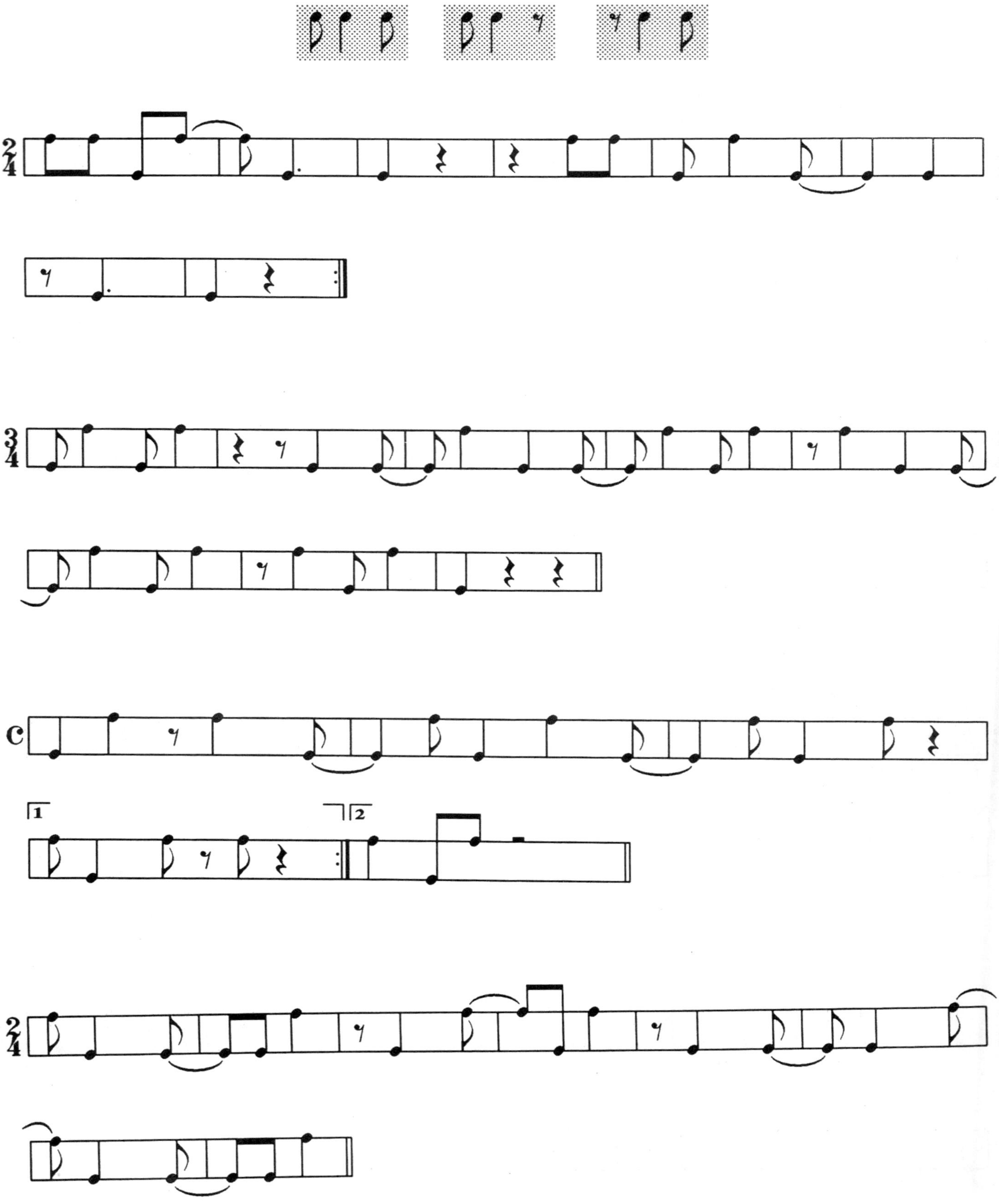

Leitura a duas vozes simultâneas
Reading in two simultaneous voices

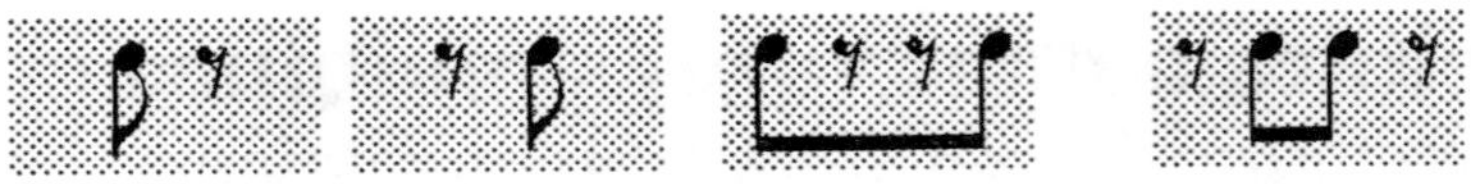

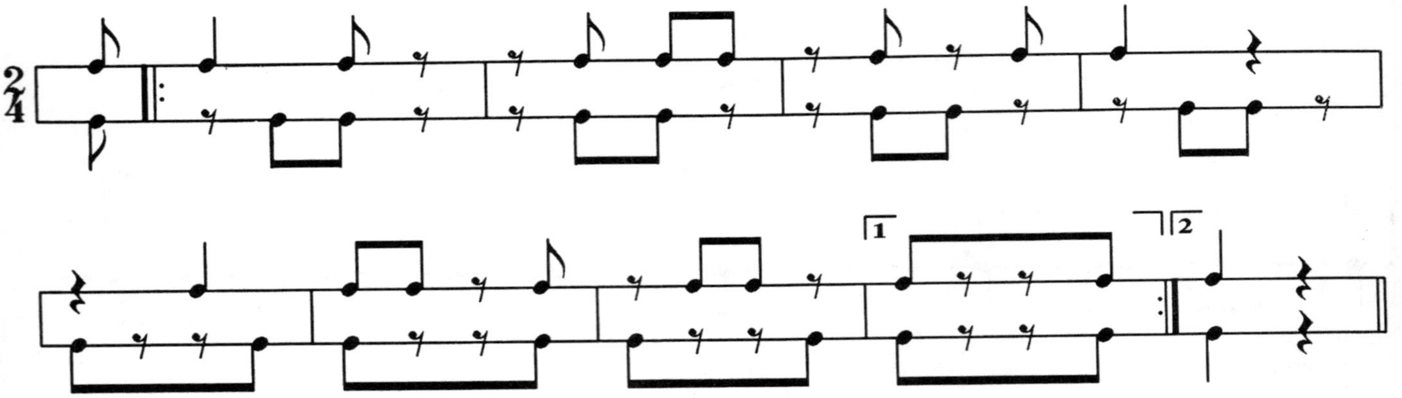

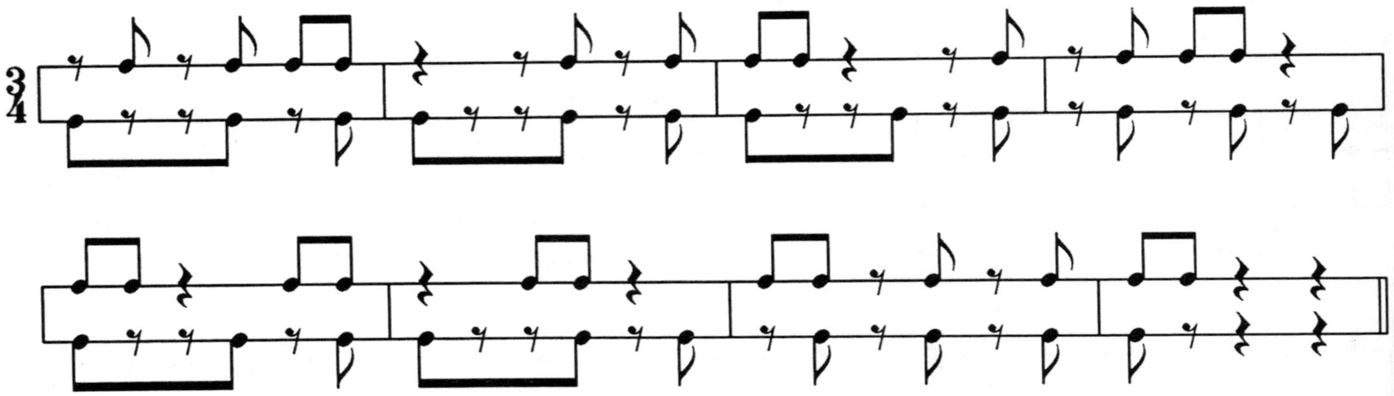

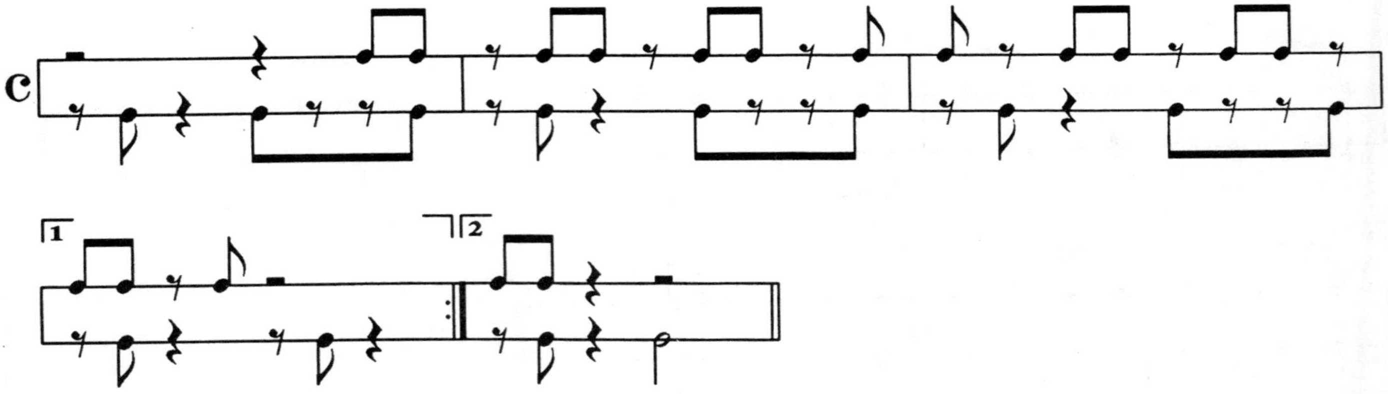

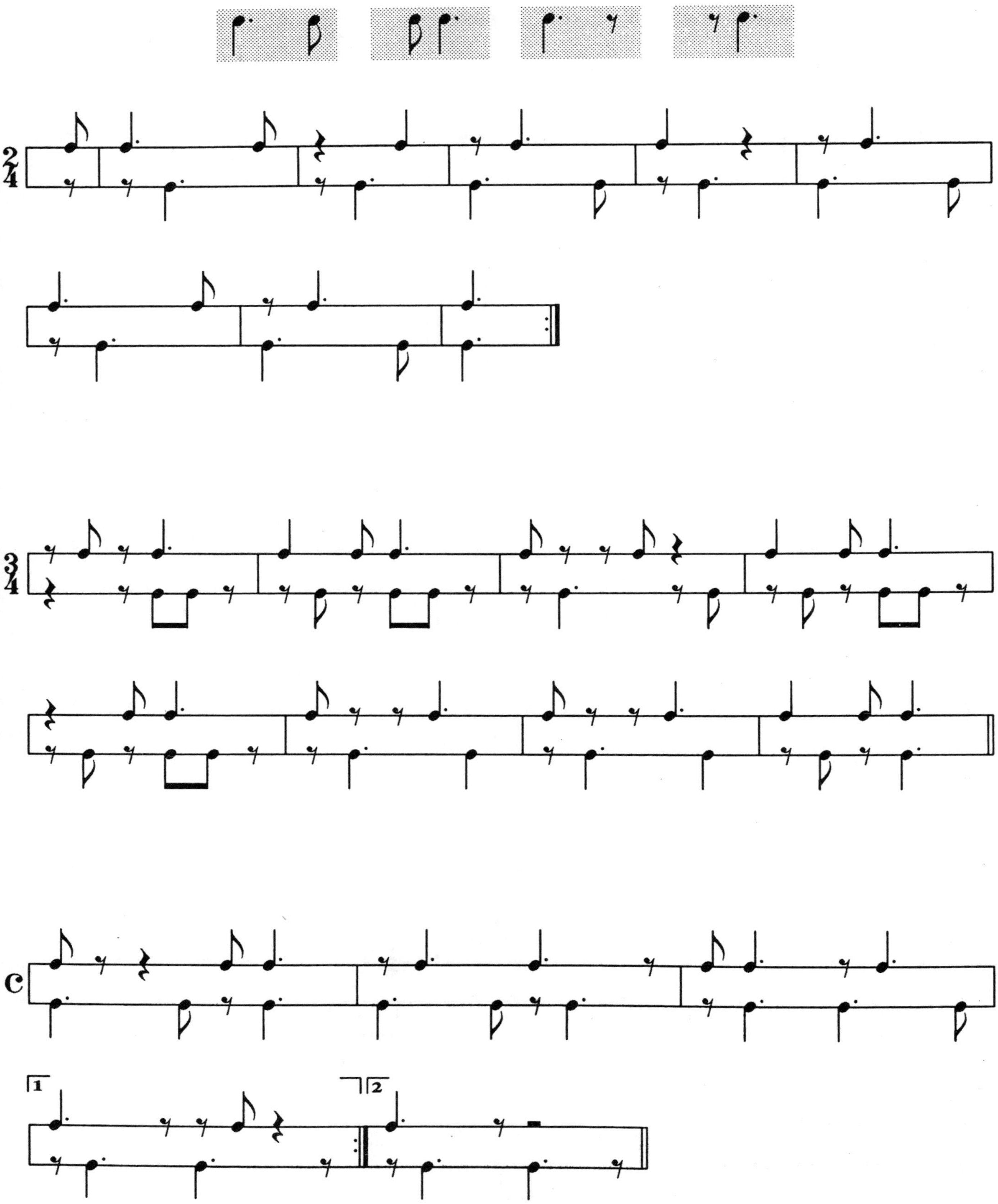

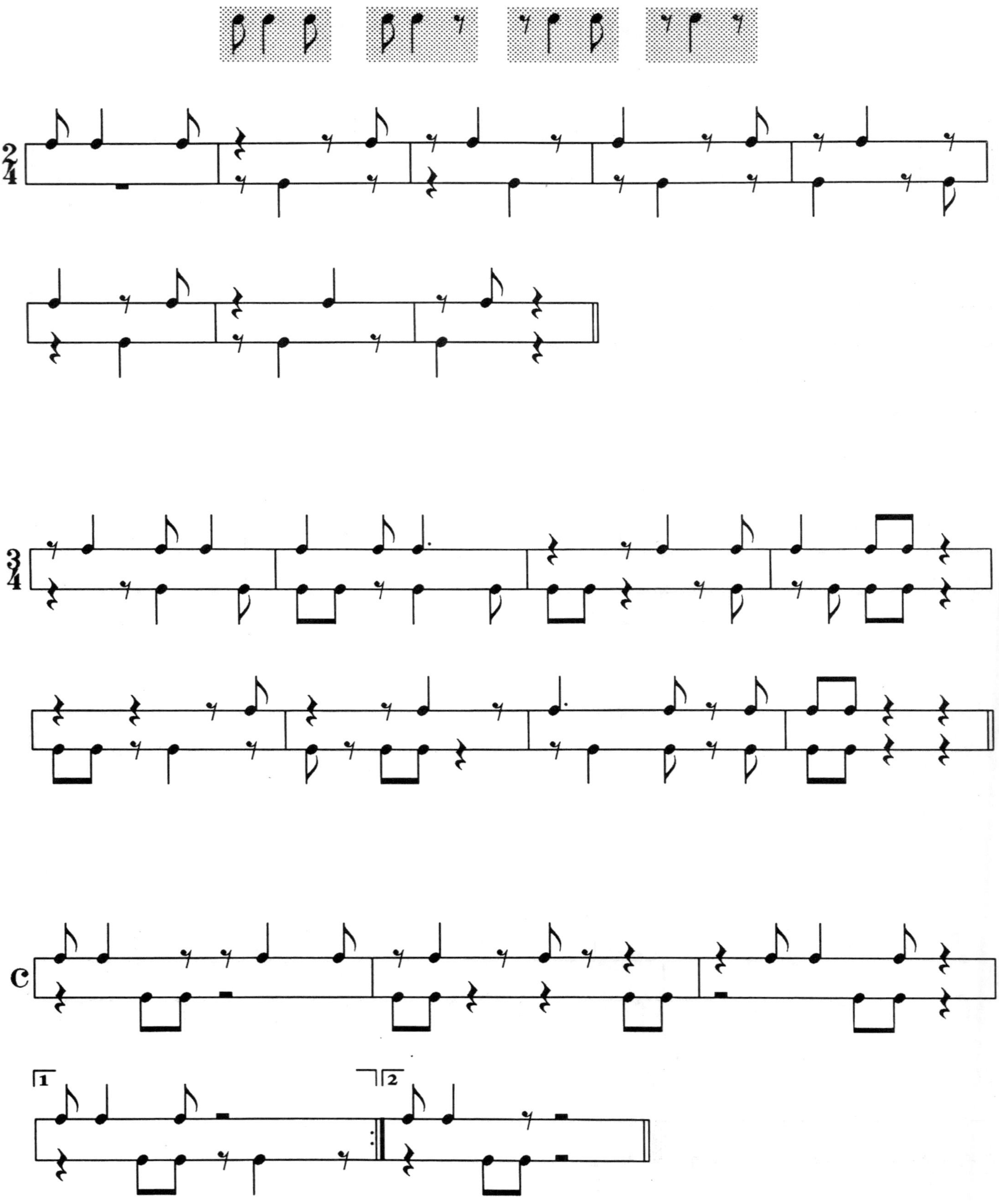

Com ligaduras
With slurs

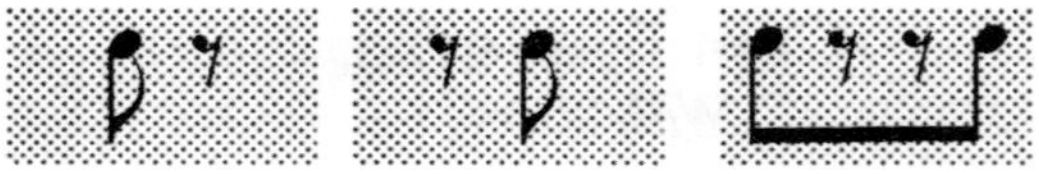

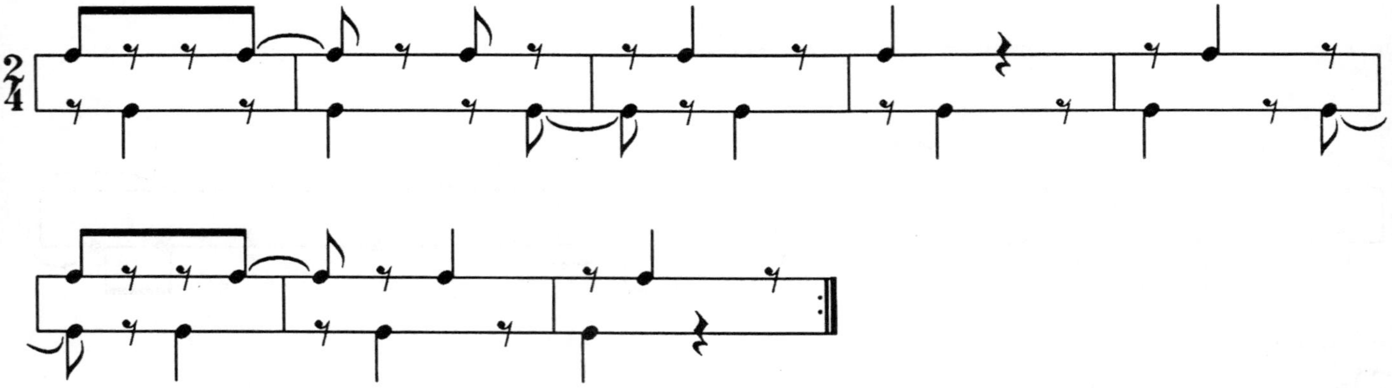

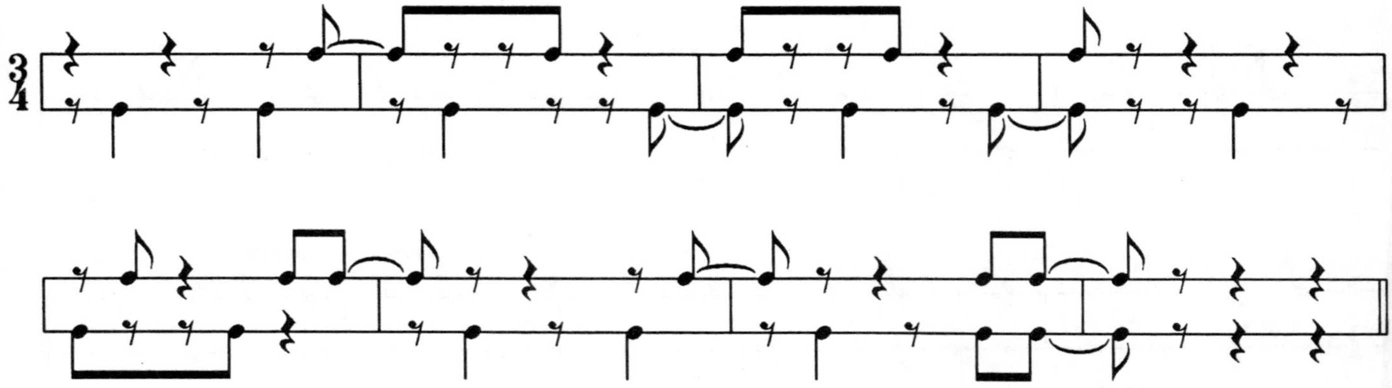

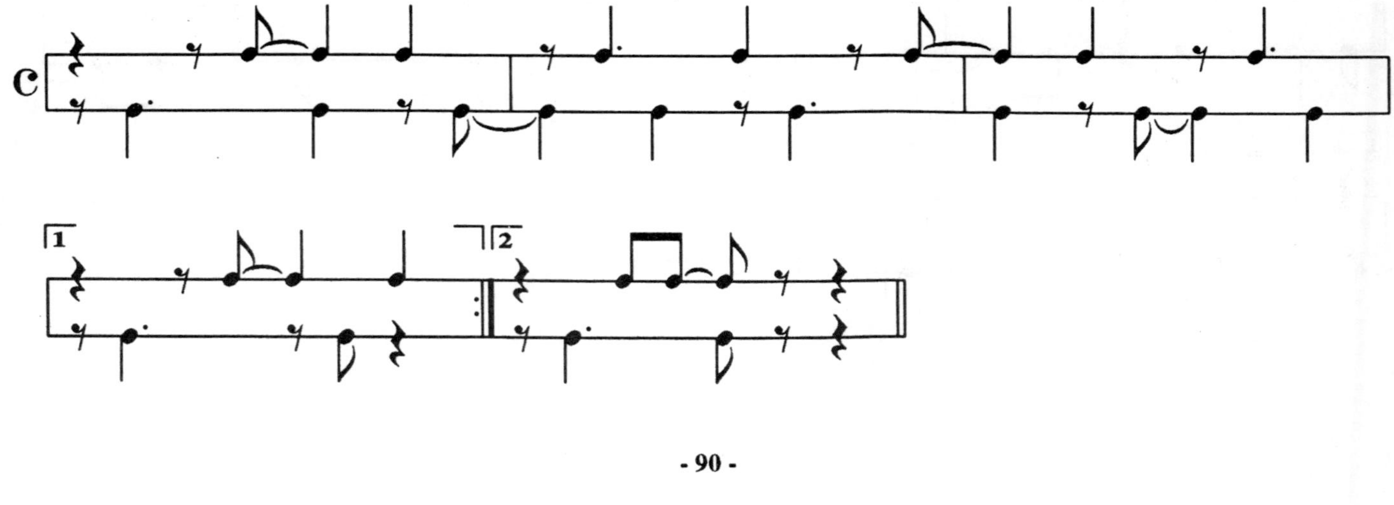

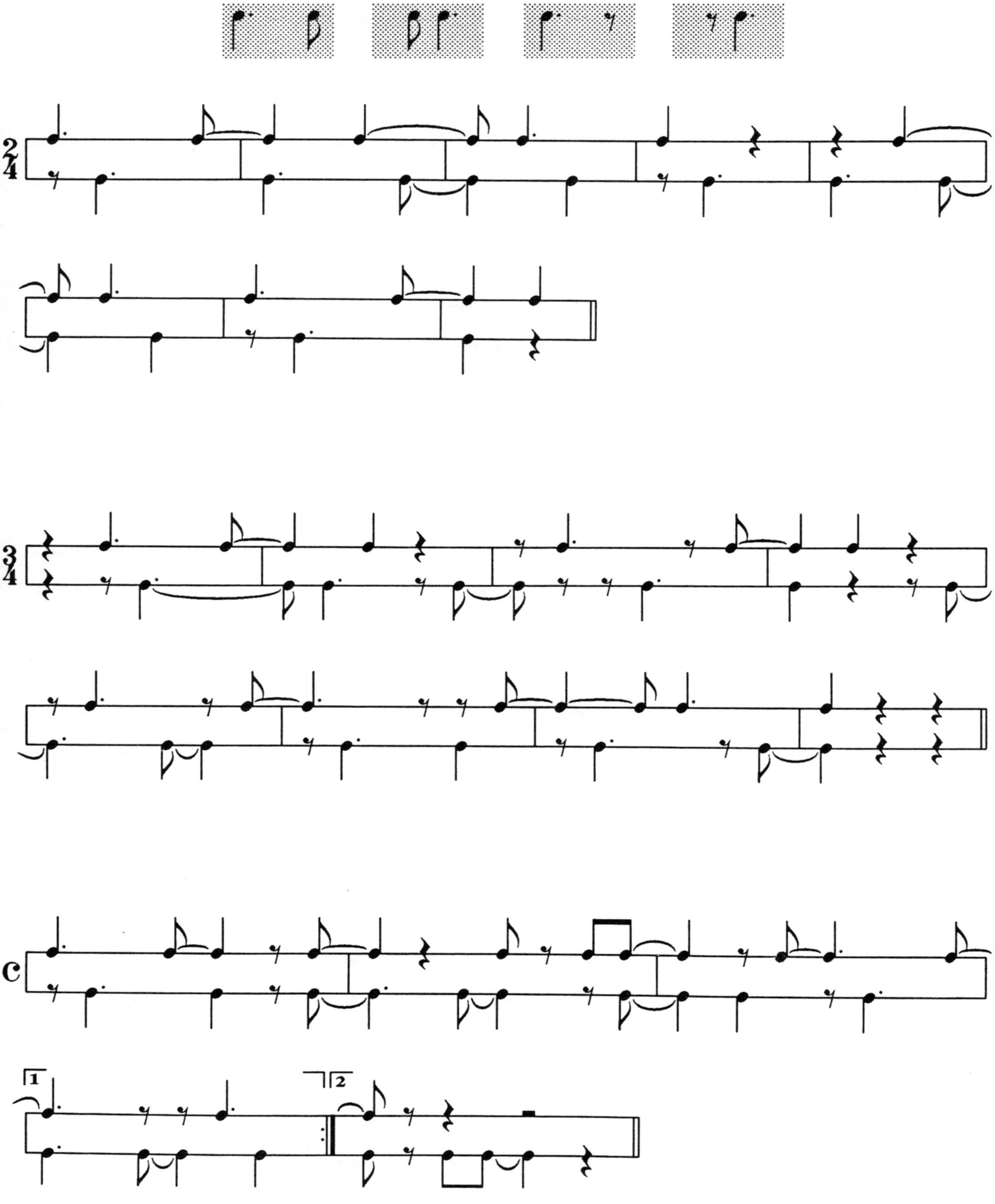

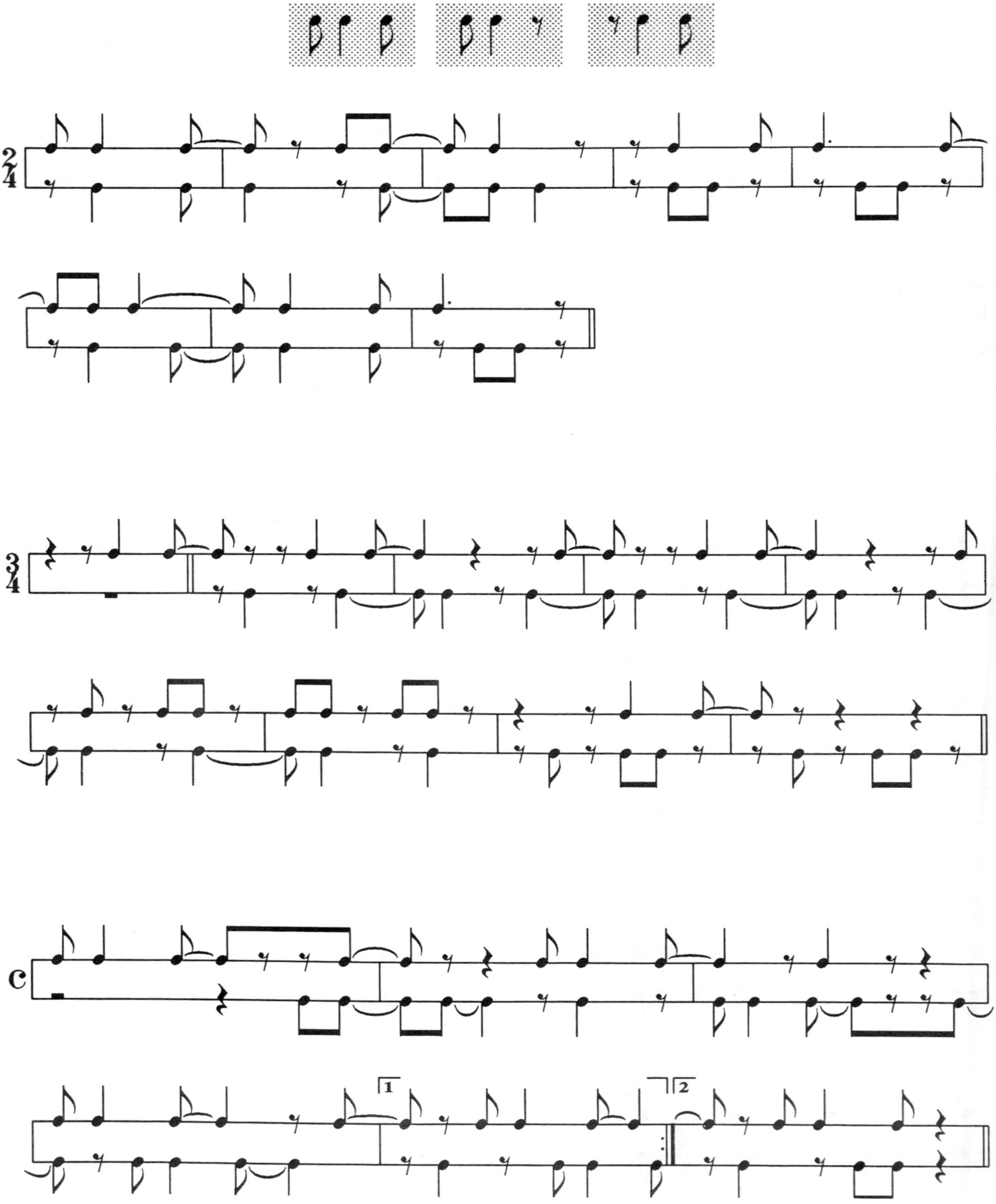

Percepção a uma voz
Ear-training in one voice

Professor: executa
Aluno: ouve, memoriza, repete e escreve

Teacher: plays
Student: listens, memorizes, repeats and then writes

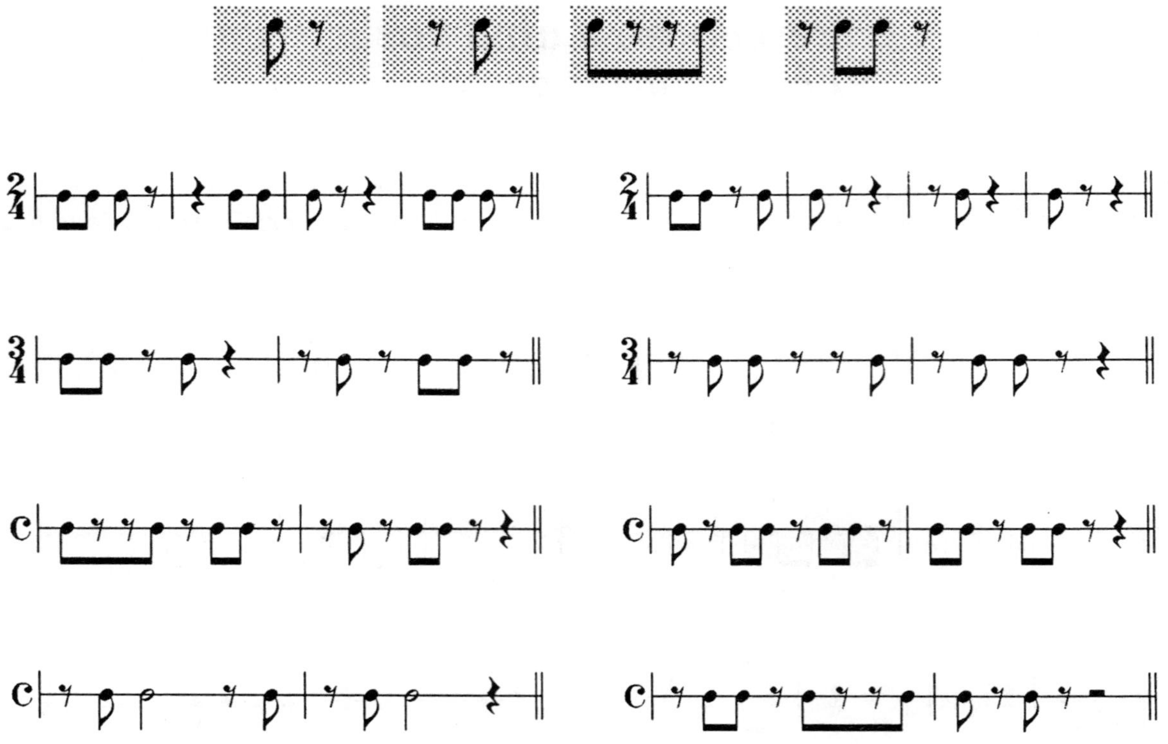

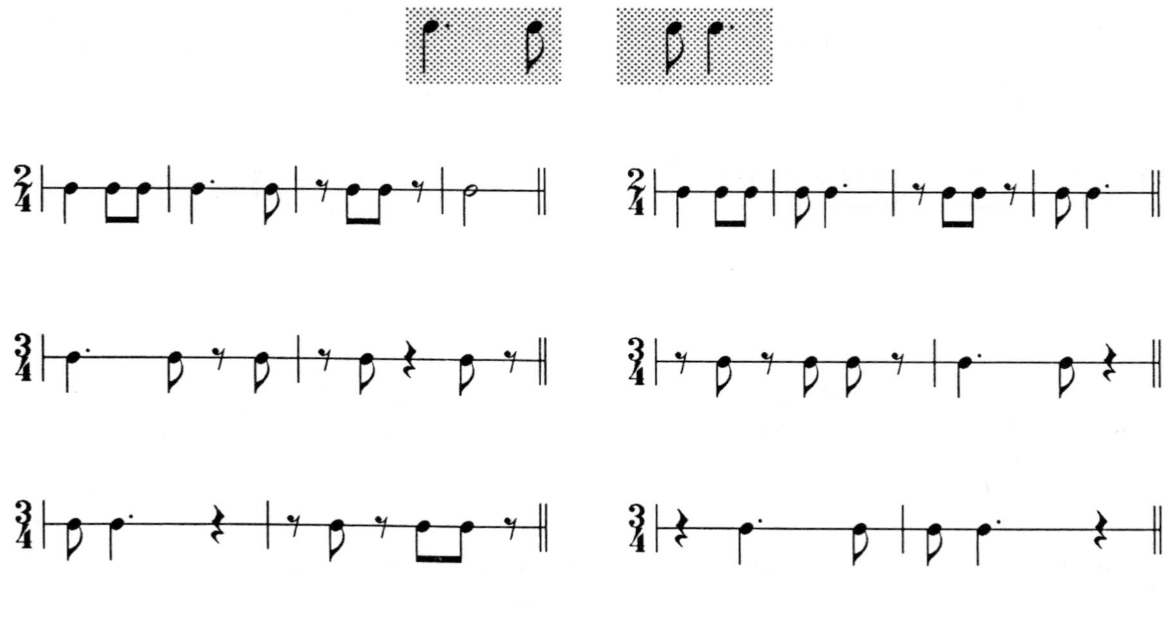

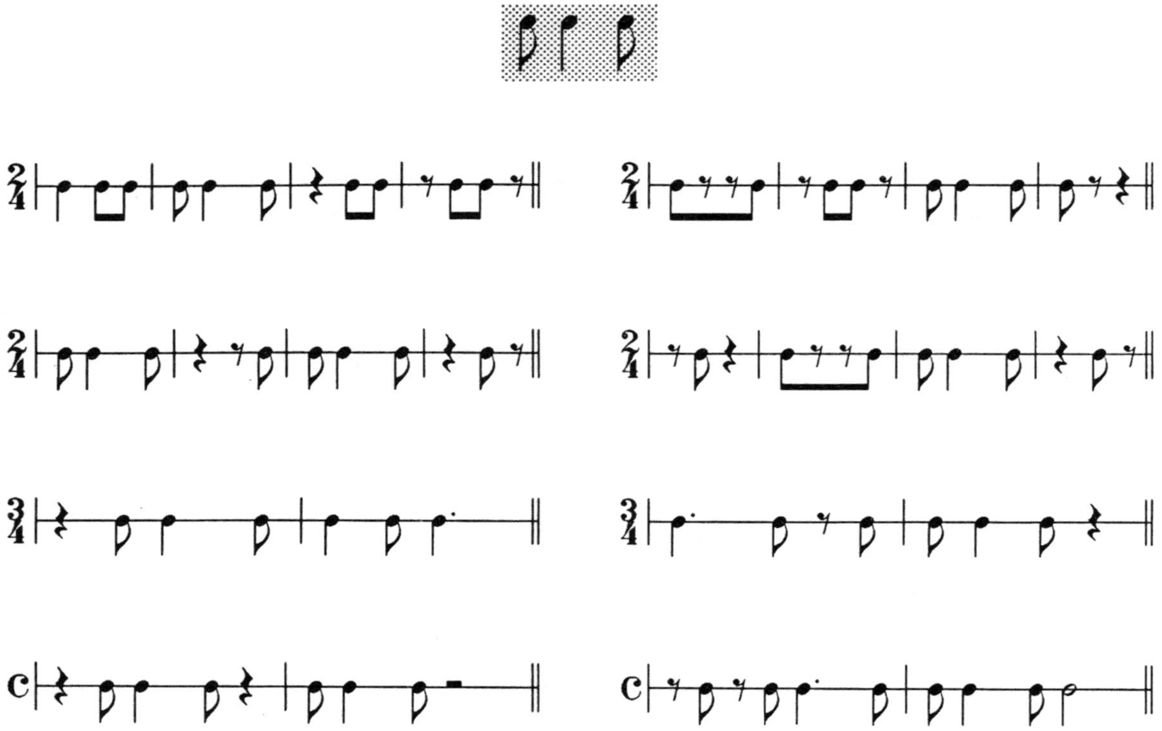

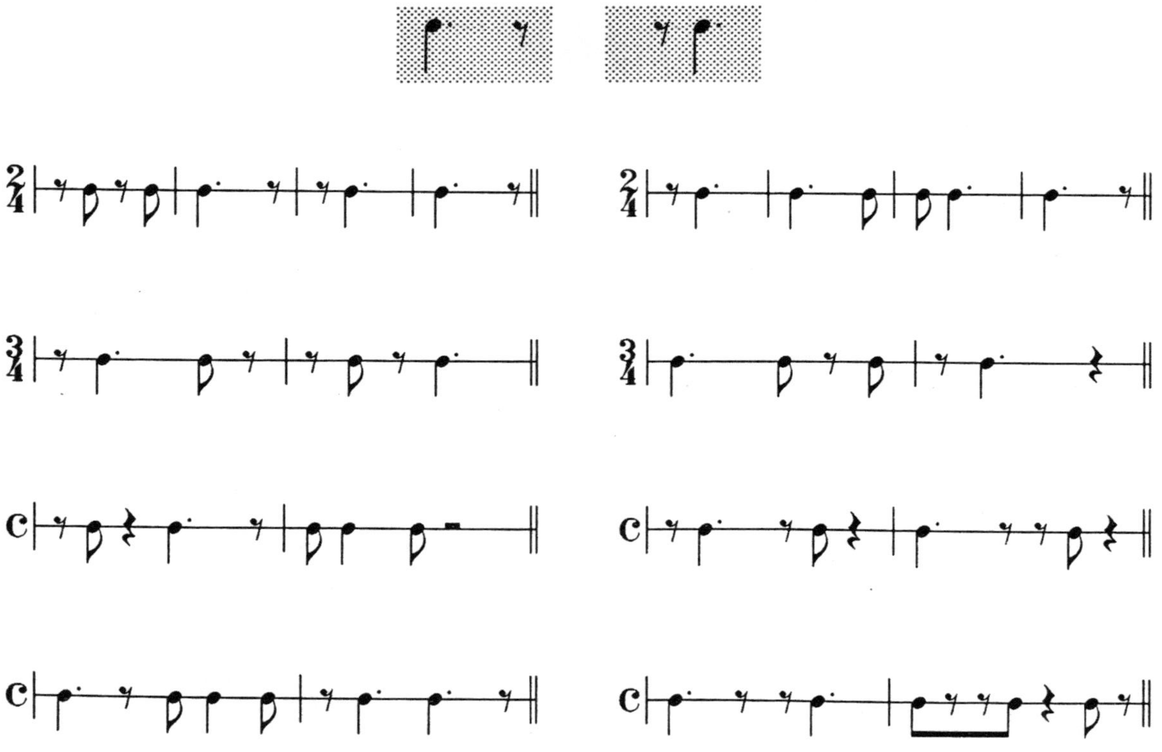

Com ligaduras
With slurs

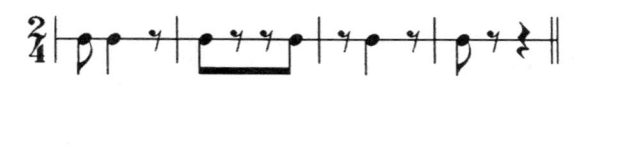

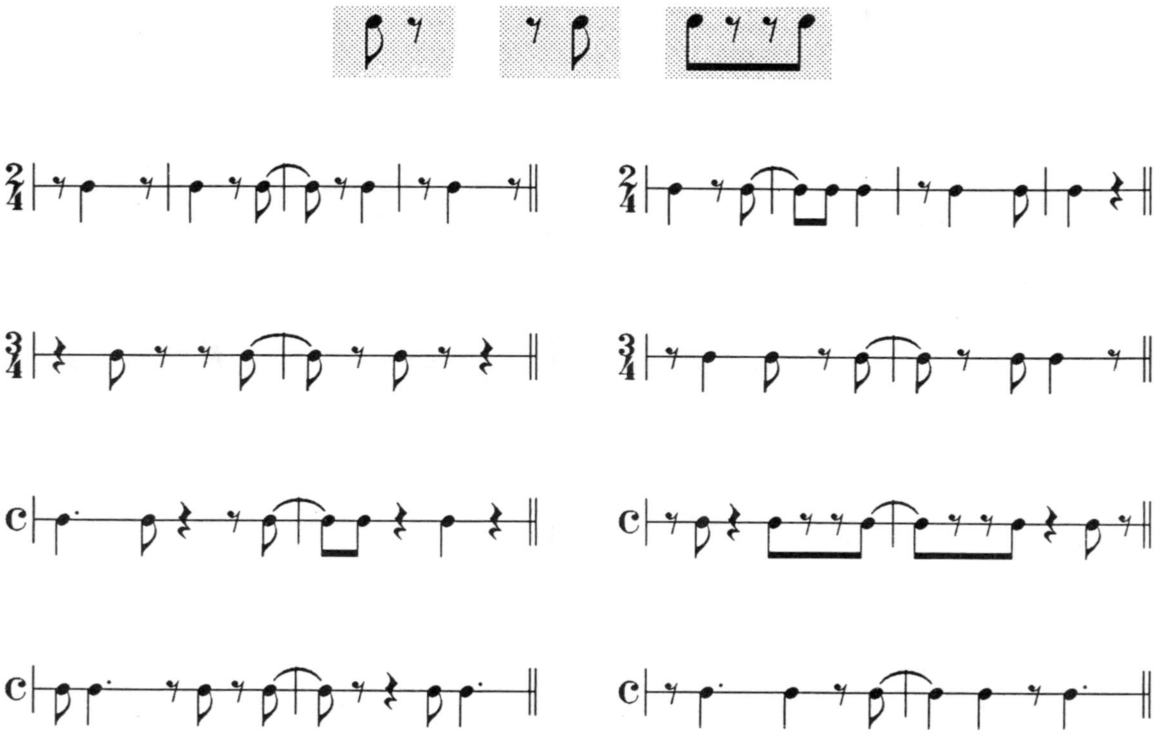

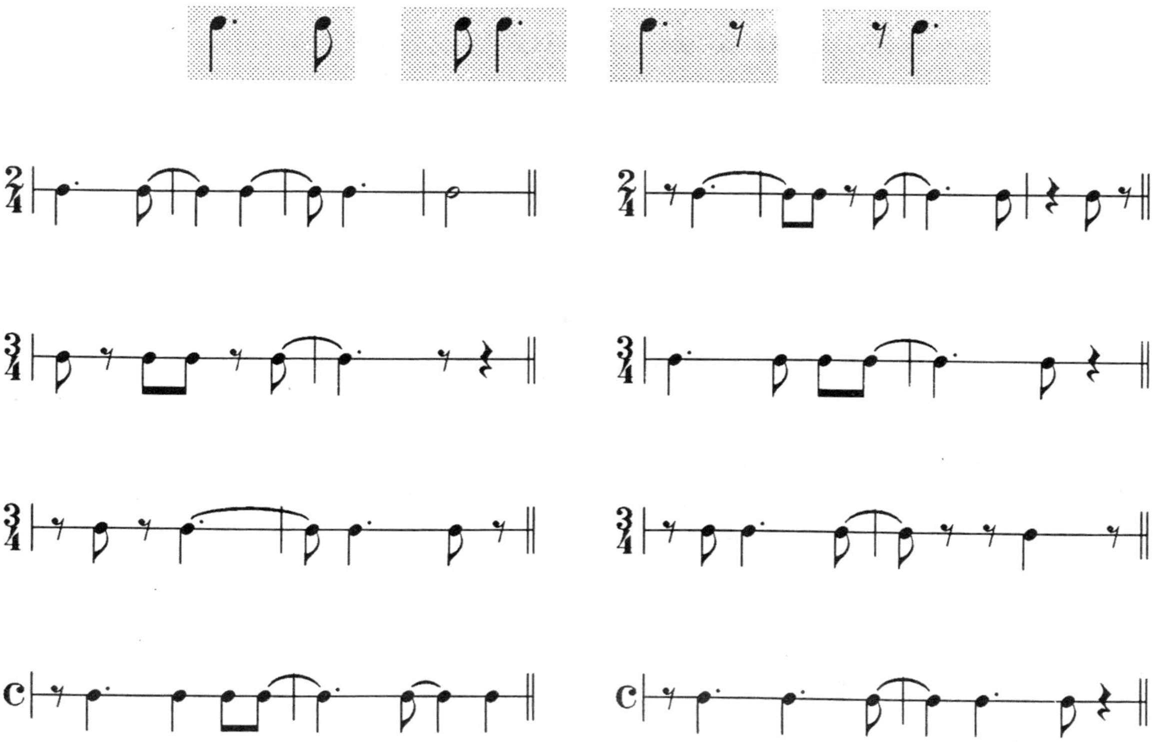

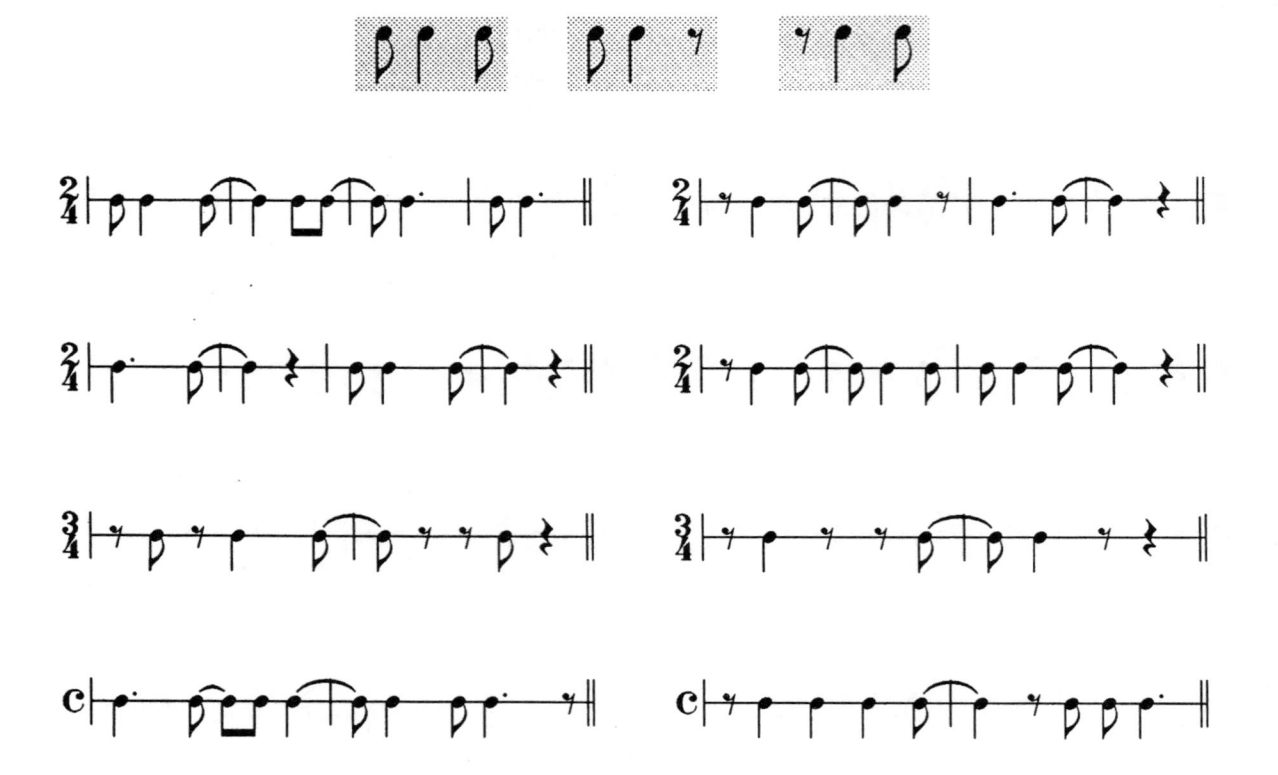

Percepção a duas vozes alternadas
Ear-training in two alternated voices

Professor: executa
Aluno: ouve, memoriza, repete e escreve

Teacher: plays
Student: listens, memorizes, repeats and then writes

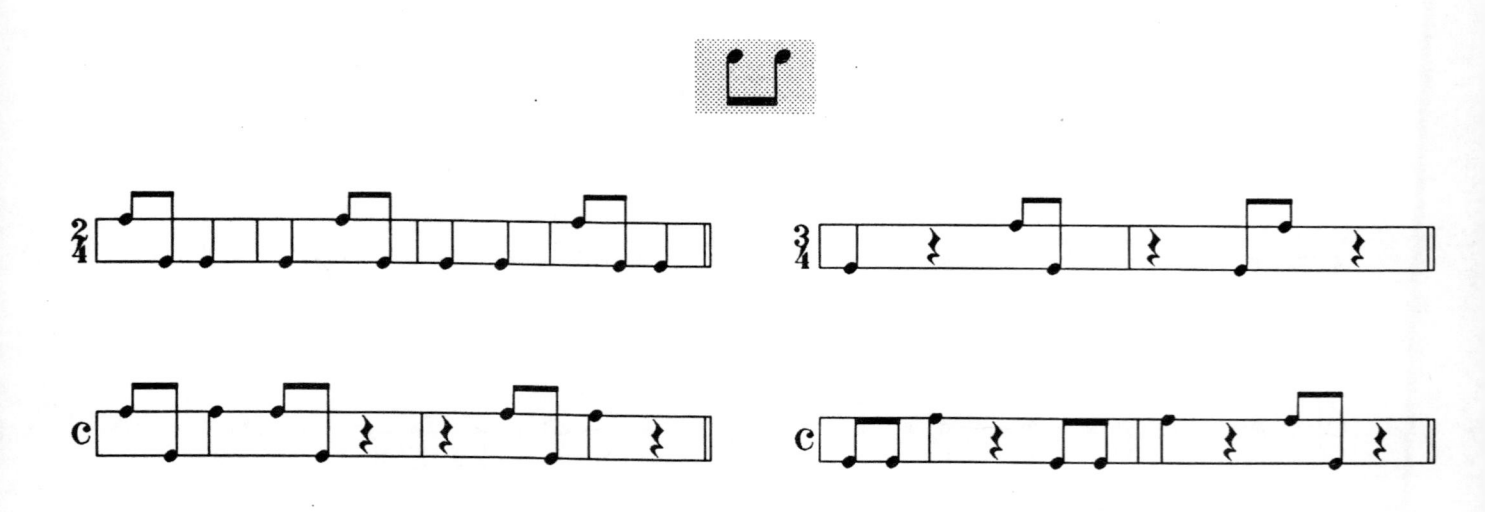

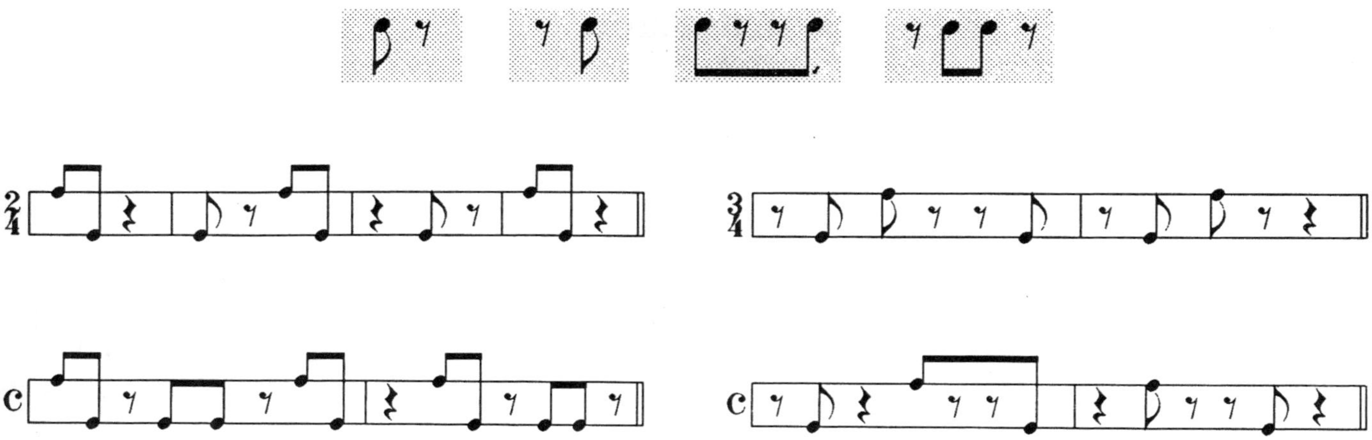

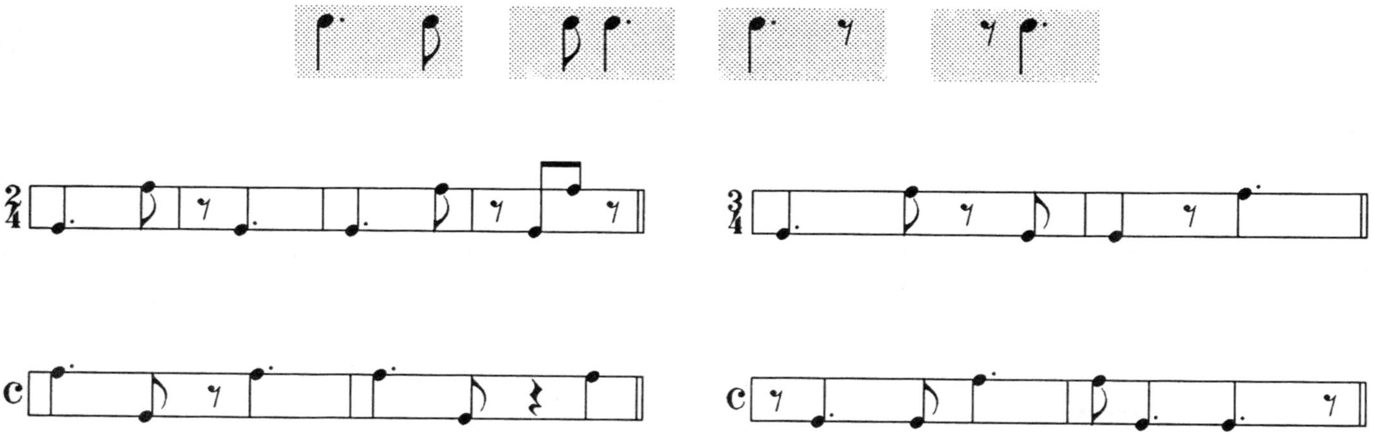

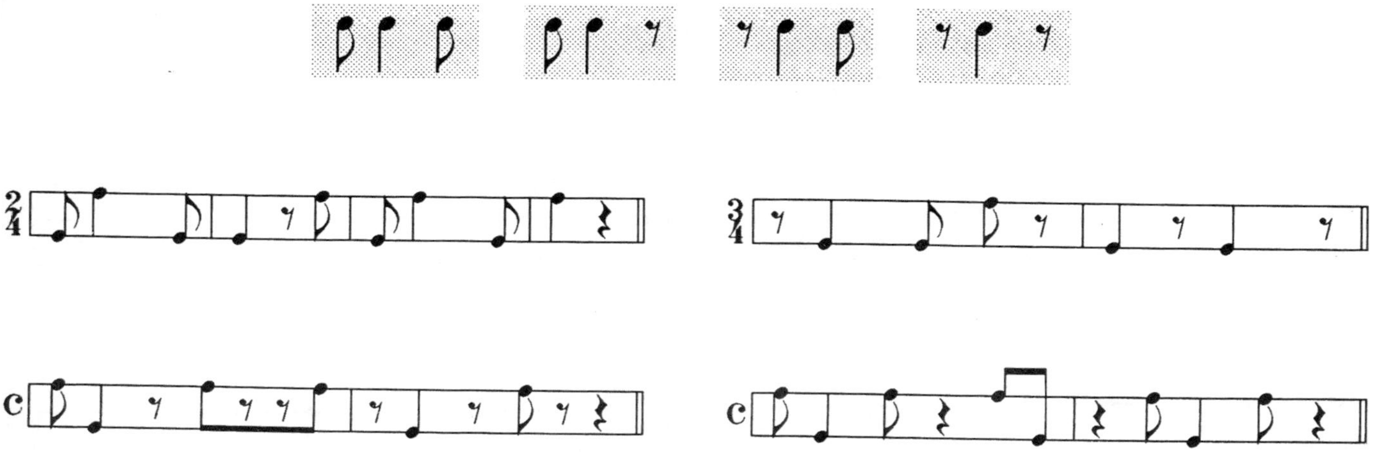

Com ligaduras
With slurs

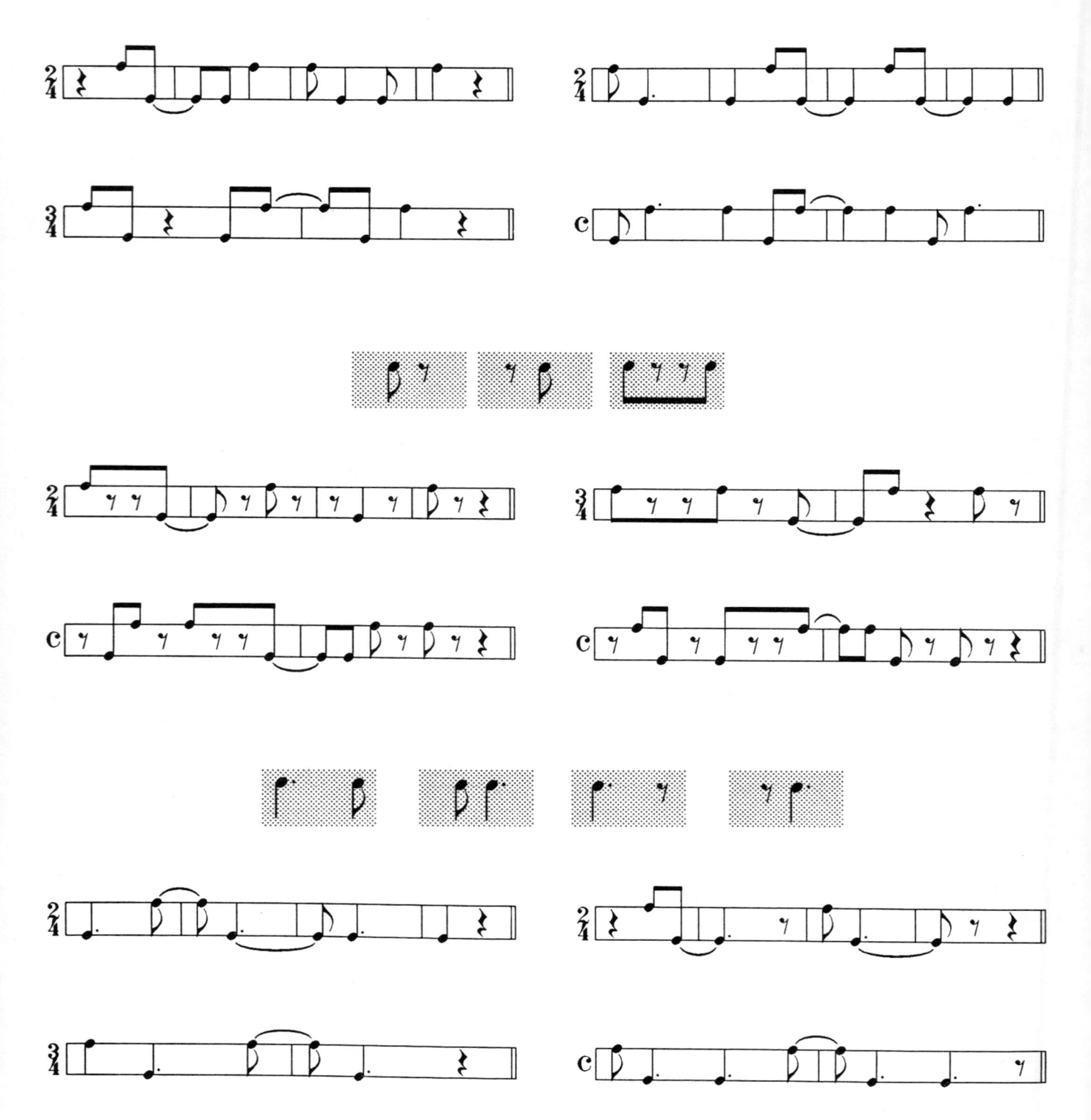

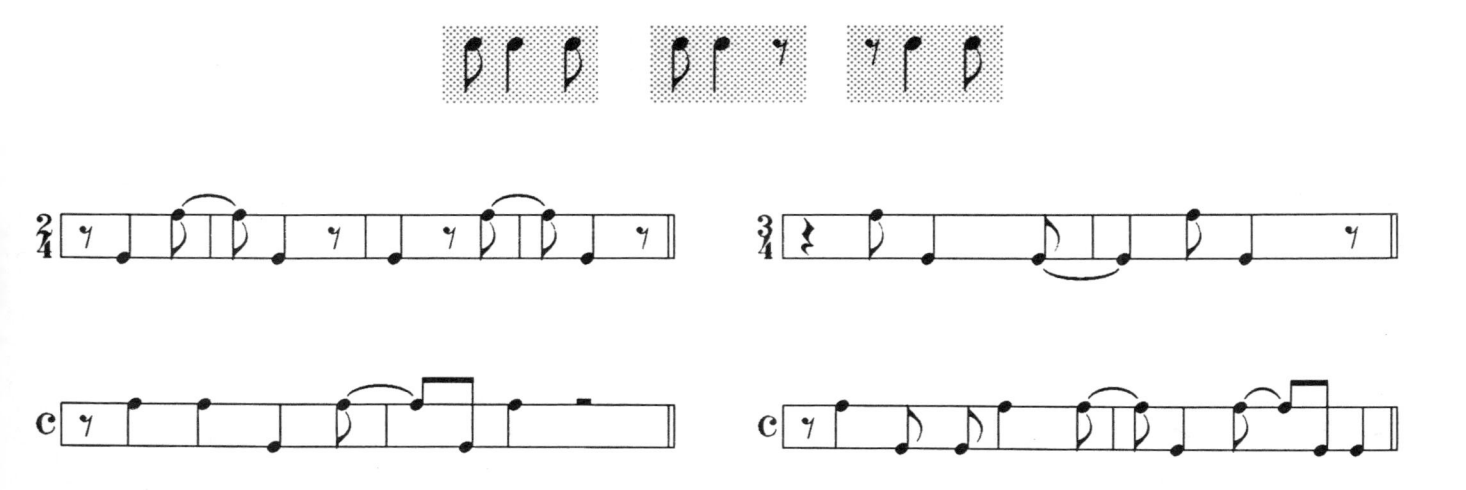

Percepção a duas vozes simultâneas
Ear-training in two simultaneous voices

Professor: executa (sempre simultaneamente)
Aluno: ouve, memoriza, repete e escreve primeiramente a voz de cima e posteriormente a voz de baixo

Teacher: plays (always simultaneously)
Student: listens, memorizes, repeats and then writes the first voice, followed by the second voice

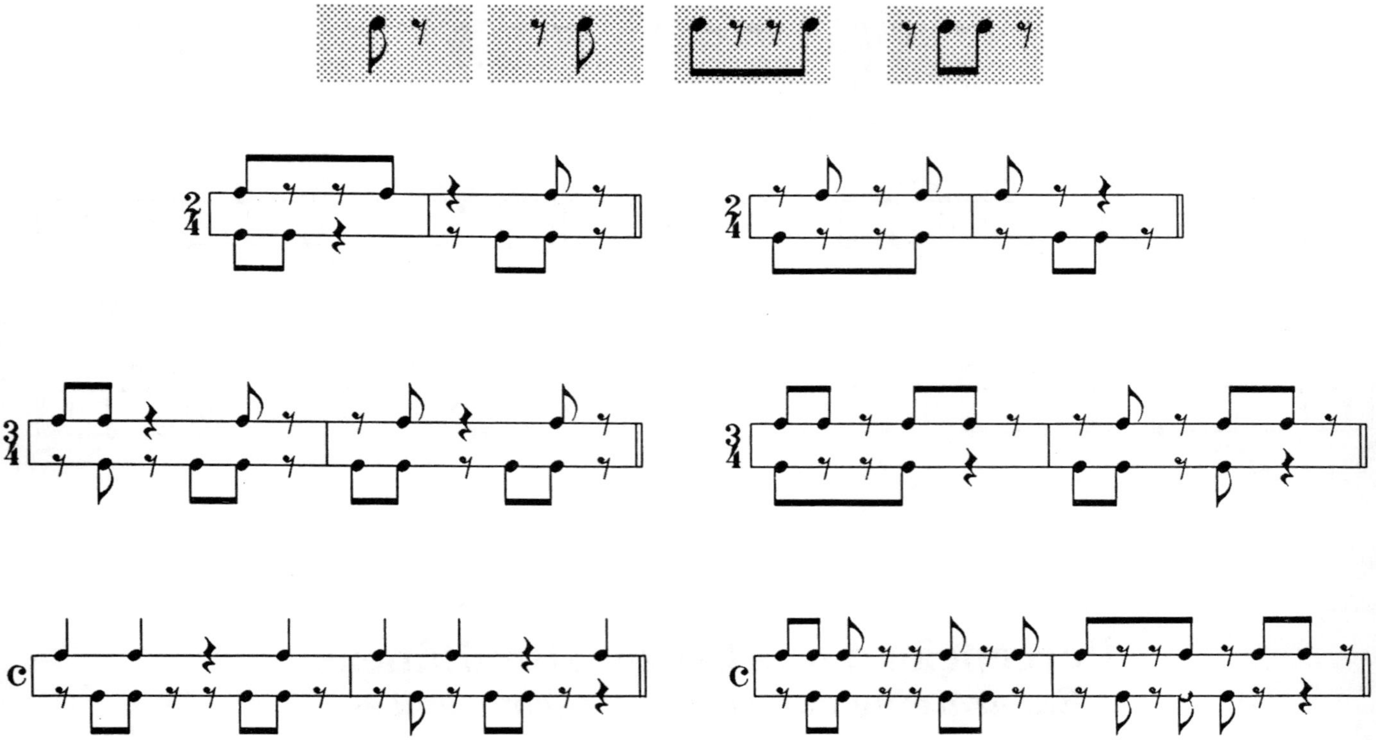

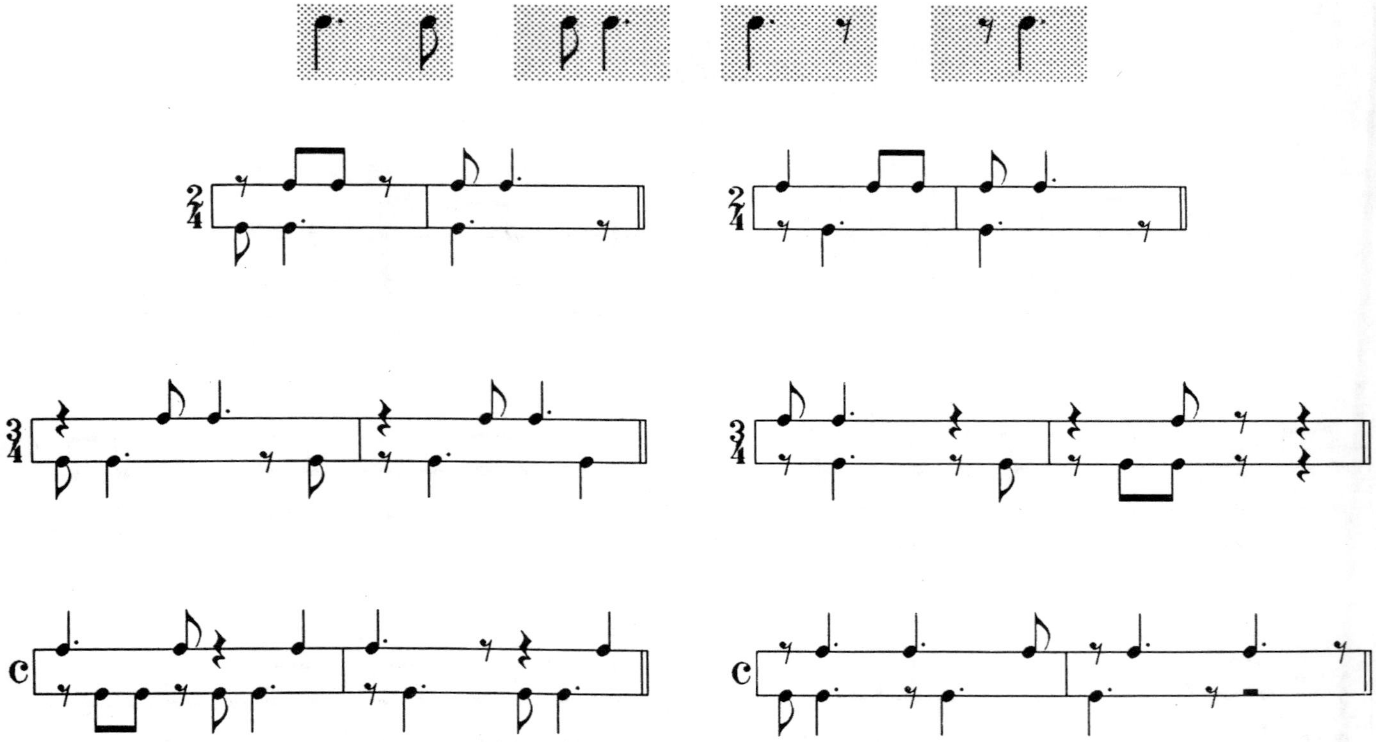

Com ligaduras
With slurs

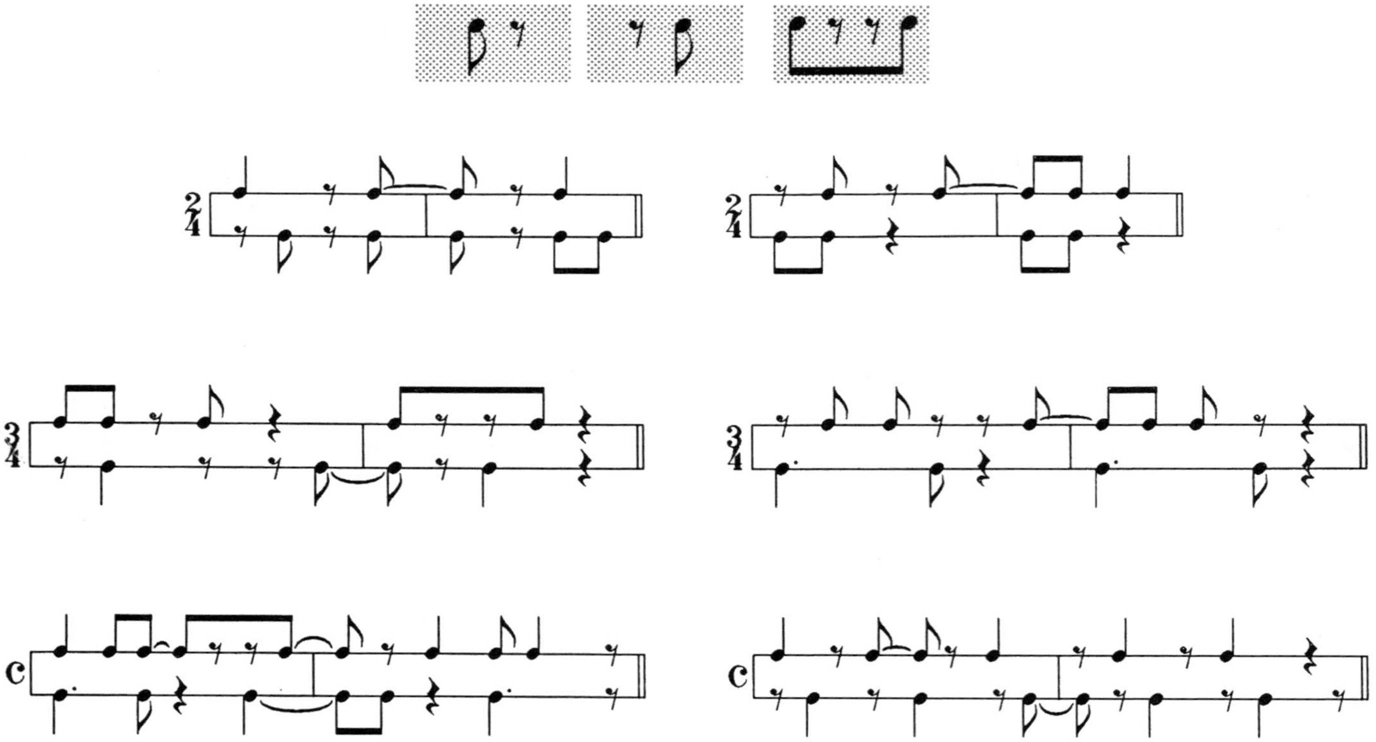

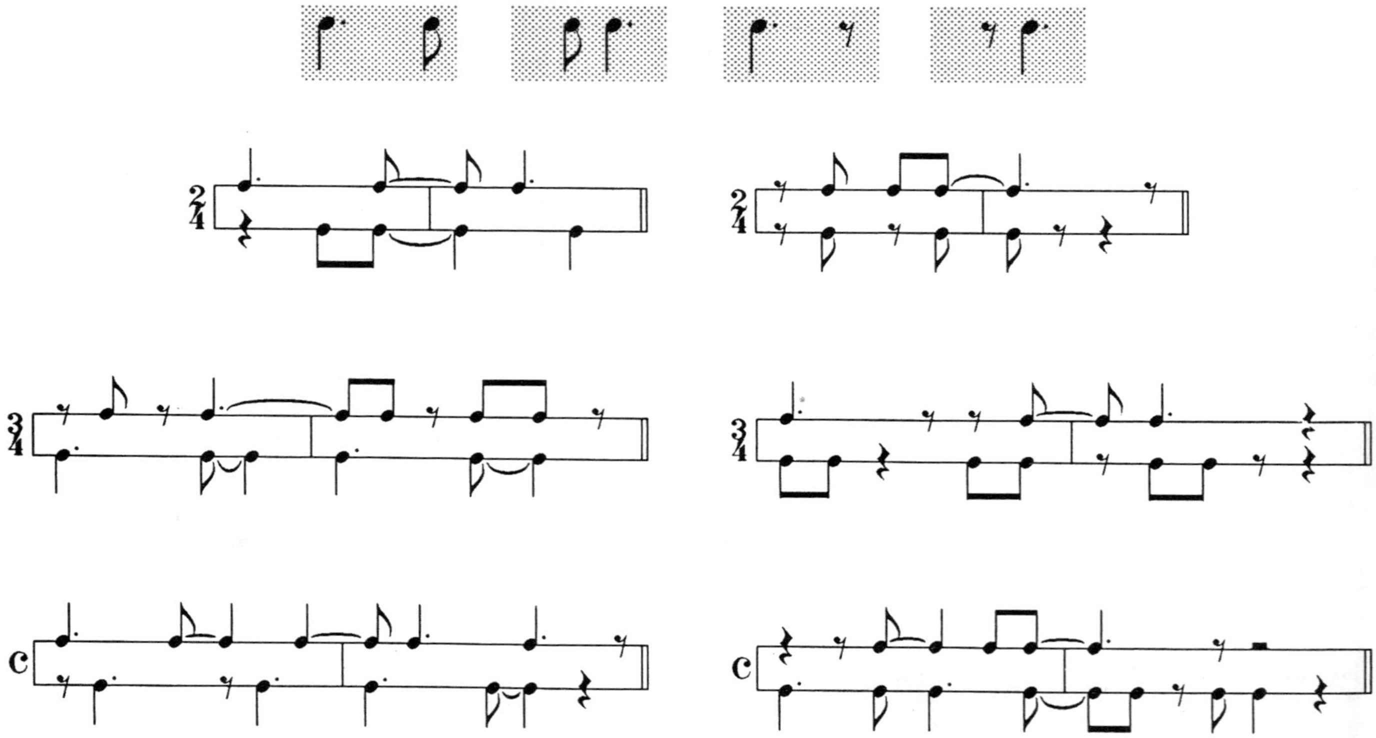

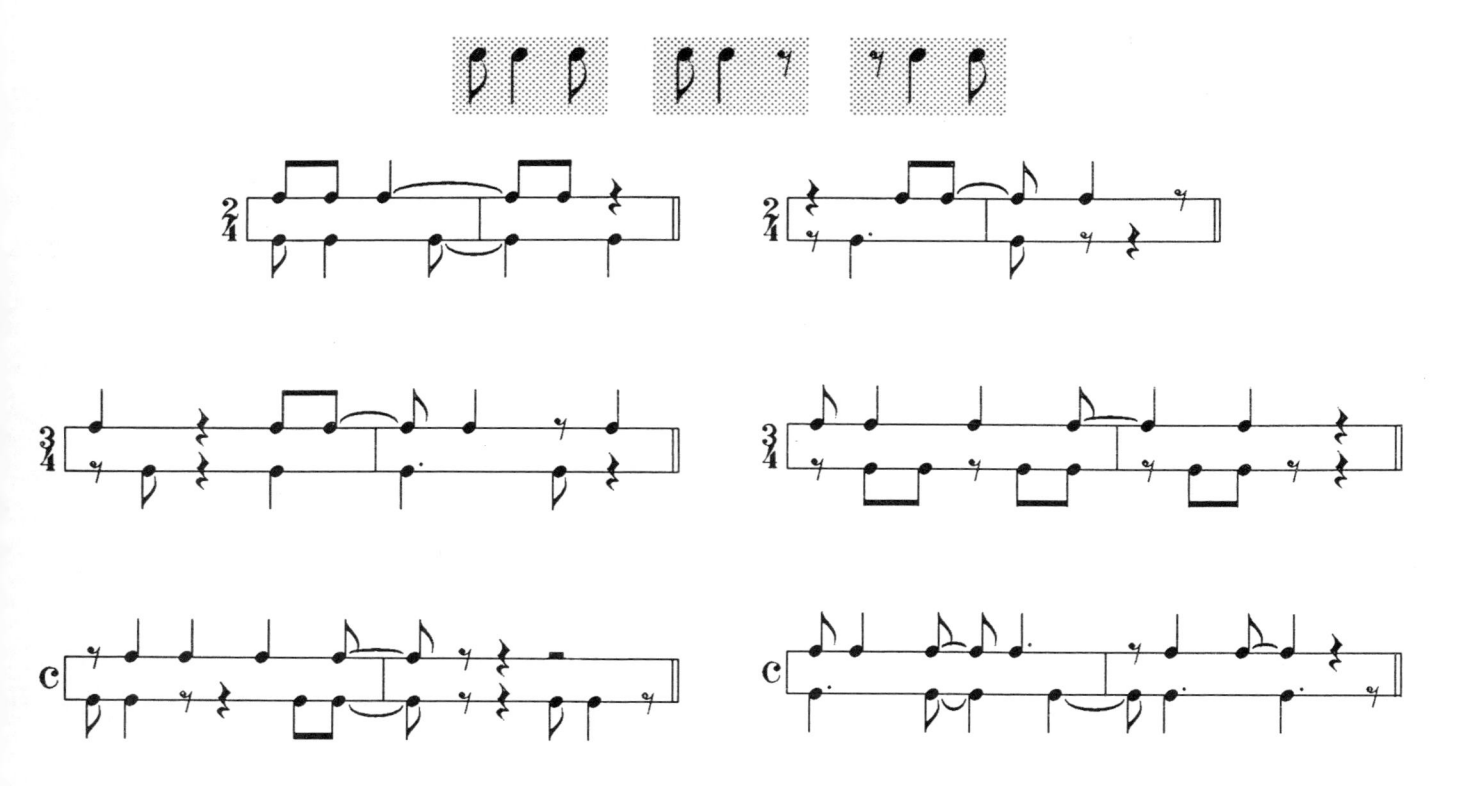

Terceira parte
Part three

em / *in*

| 2/4 | 3/4 | C |

Sugestões para a pronúncia dos clichês visuais
Suggestions for pronouncing the visual clichés

Ligaduras: tã ou cã, de acordo com a última sílaba do clichê.
Slurs: tun or kun, according to the last syllable of the visual cliché.

Exemplos:
Examples:

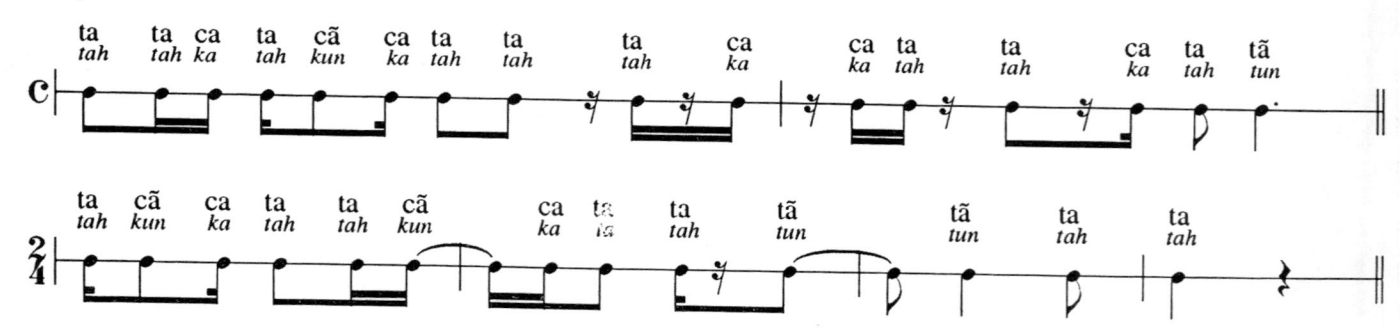

Leitura a uma voz
Reading in one voice

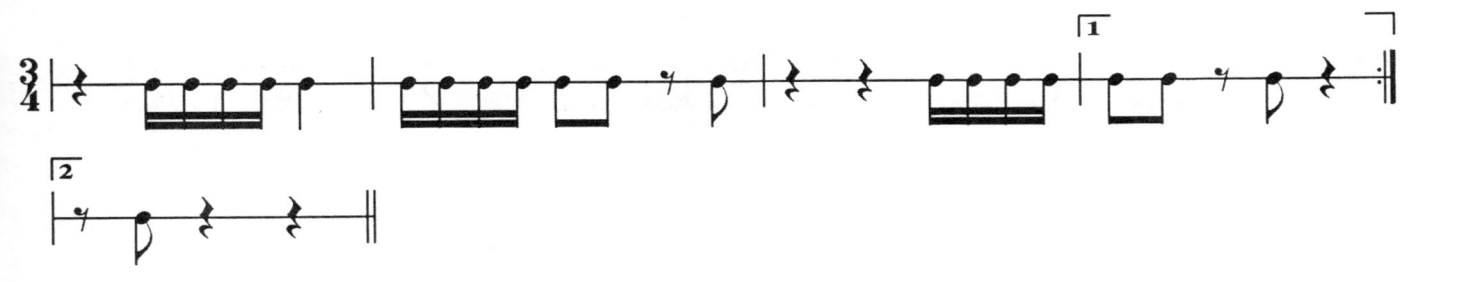

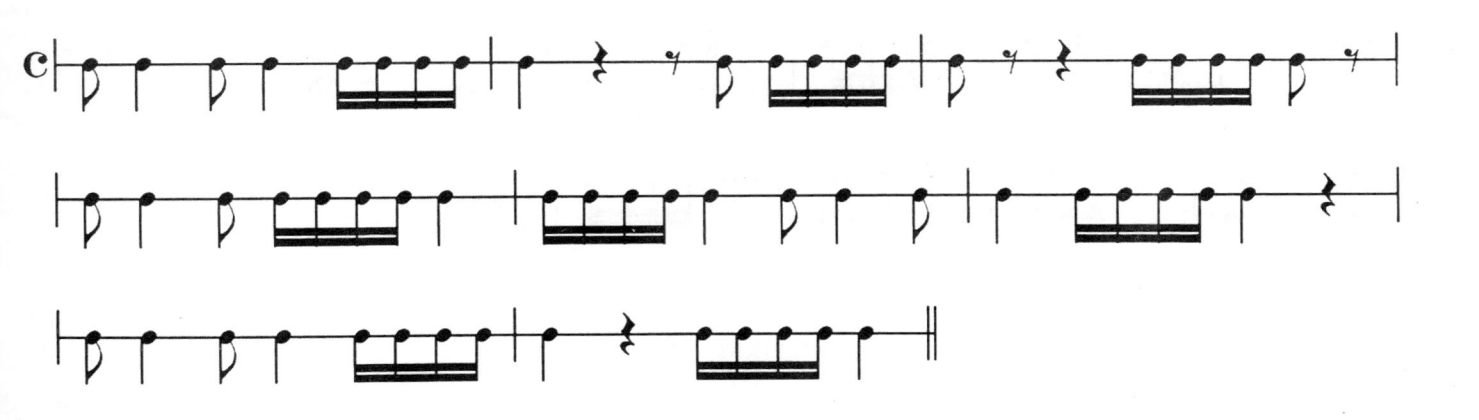

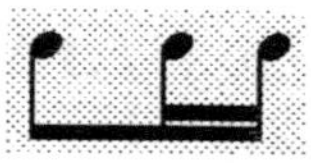

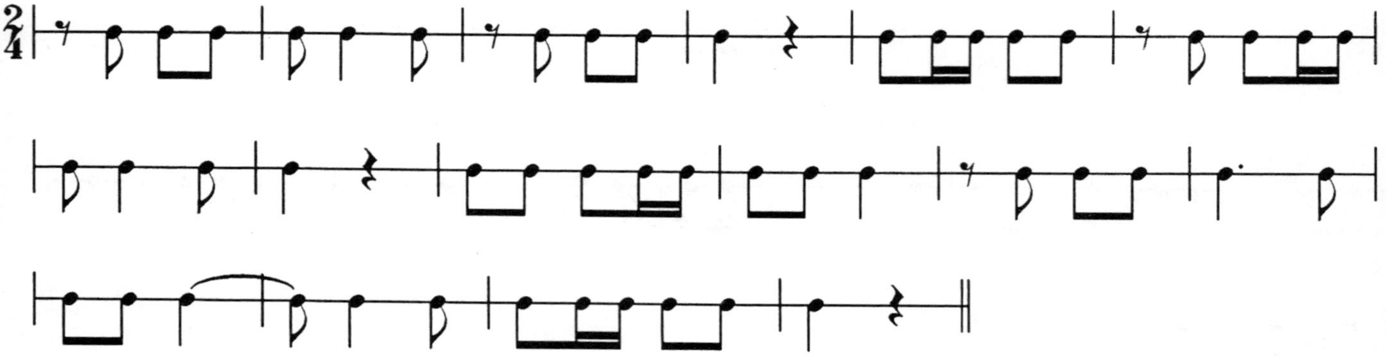

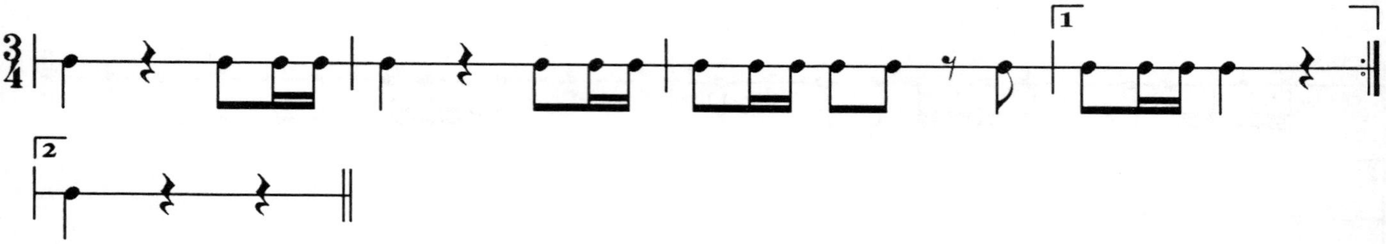

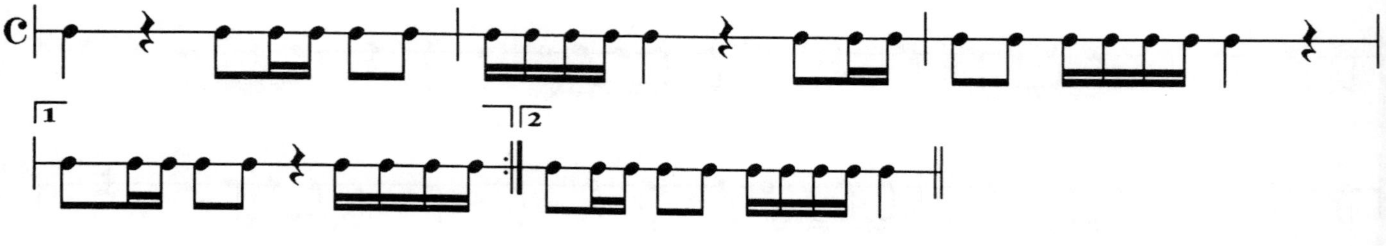

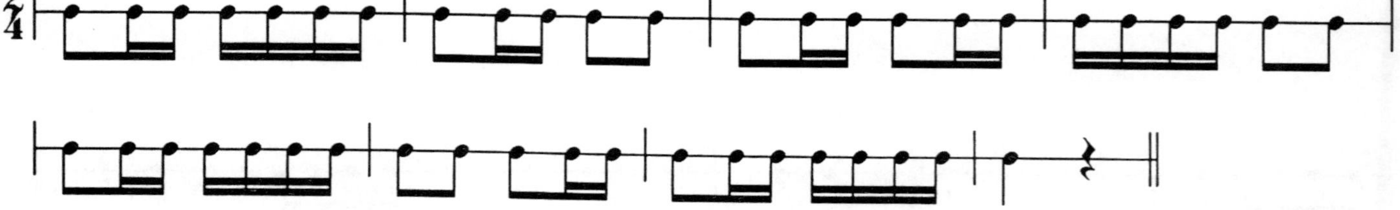

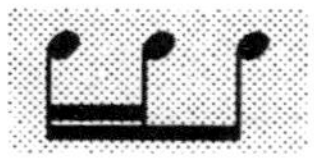

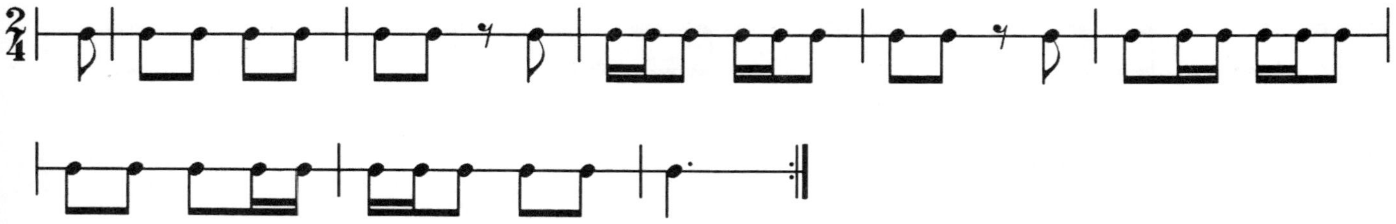

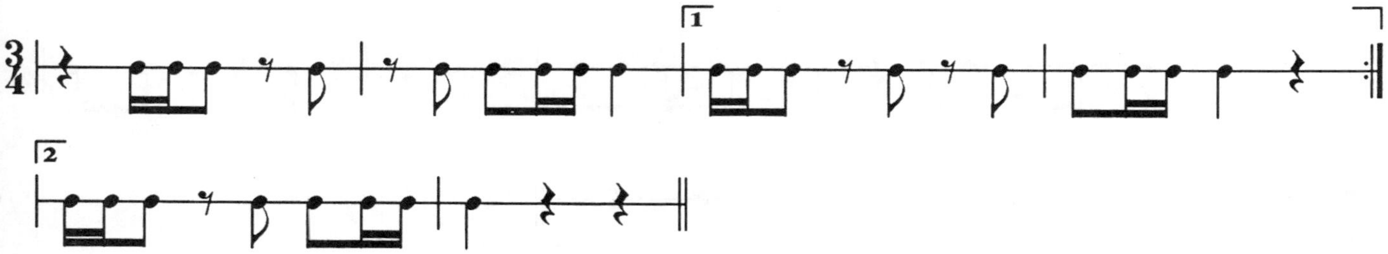
1
2

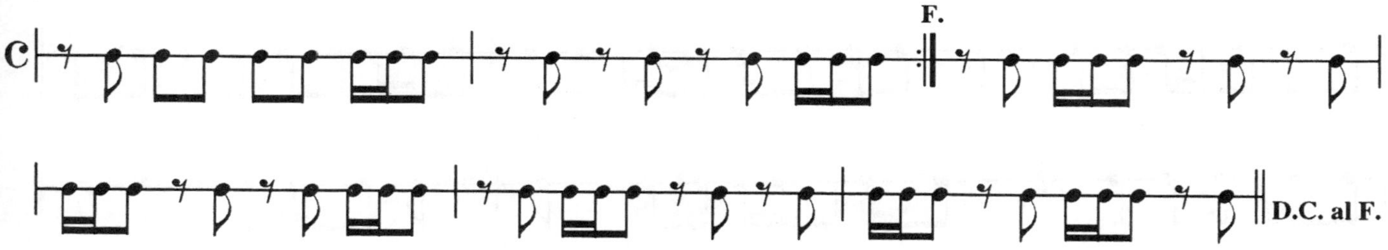
F.
D.C. al F.

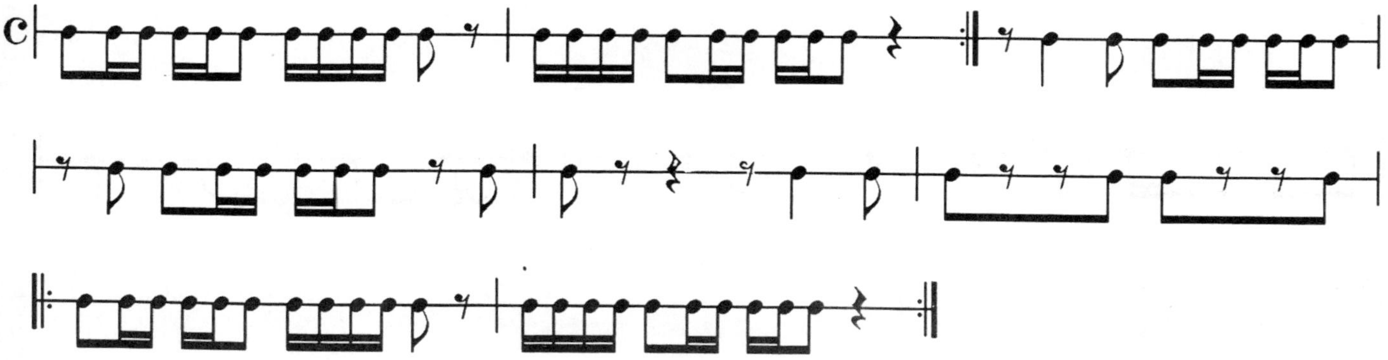

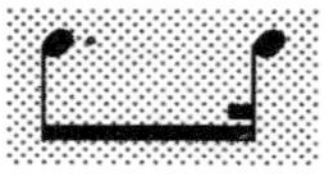

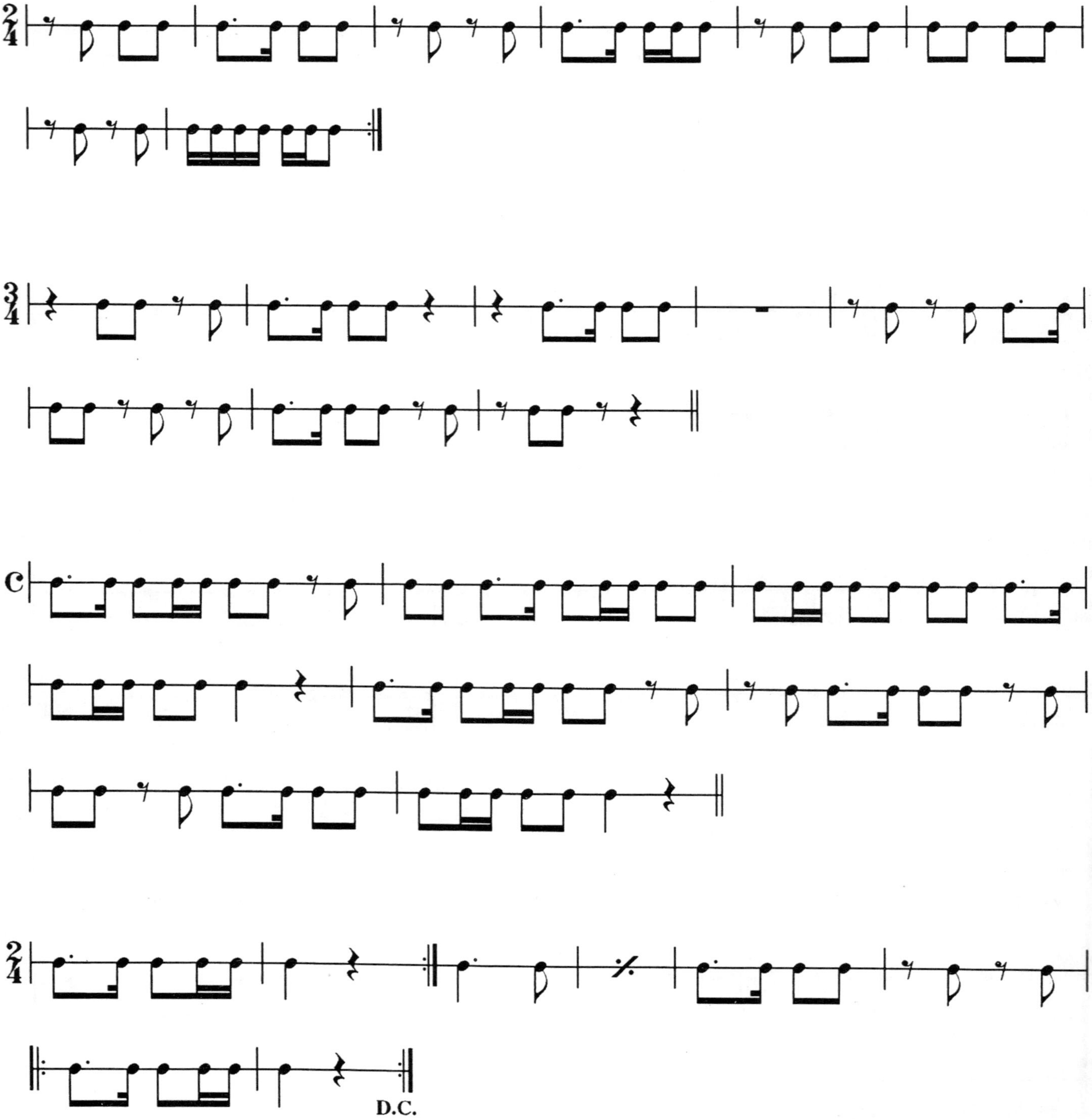
D.C.

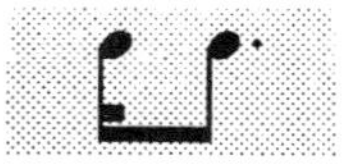

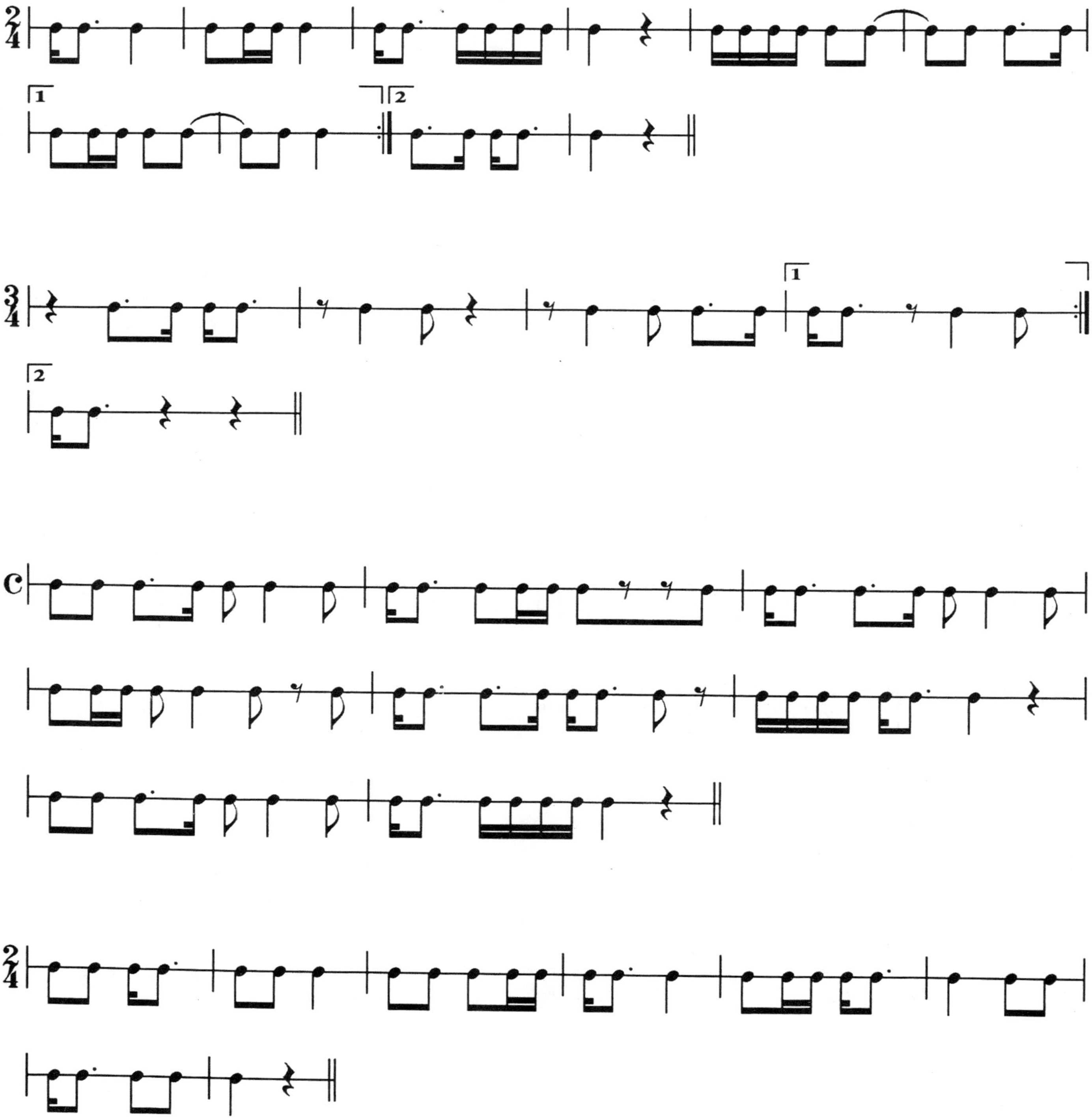

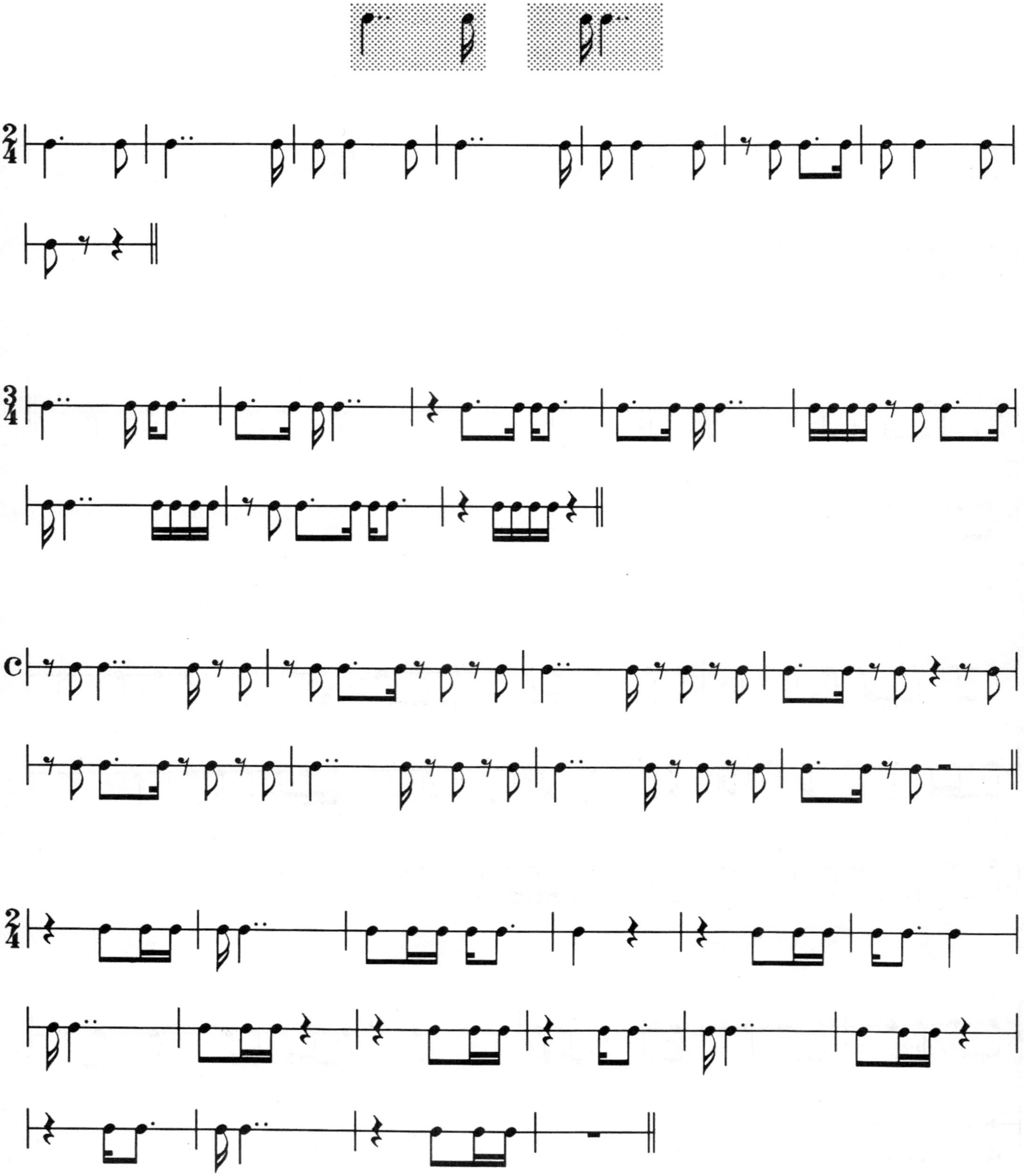

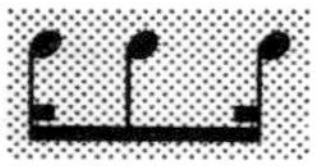

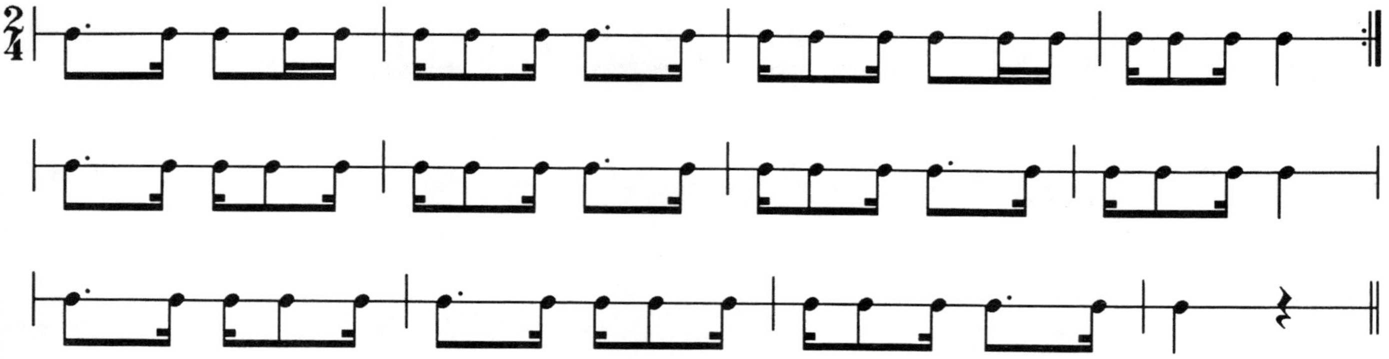

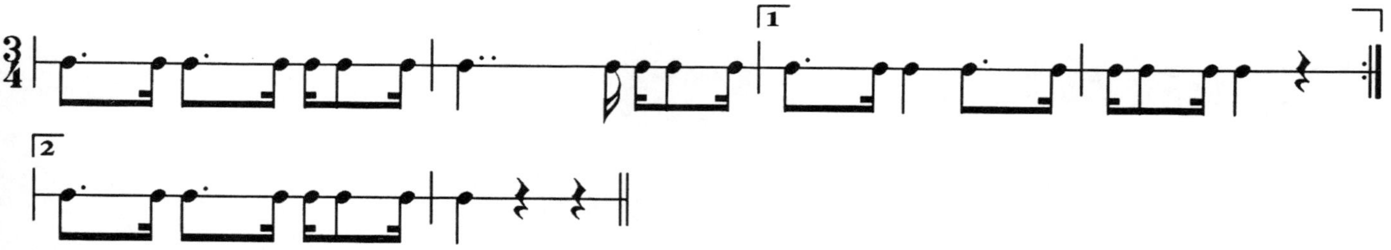

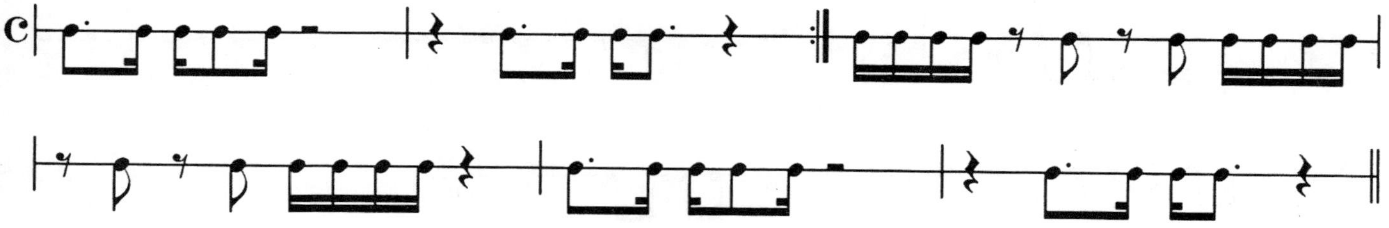

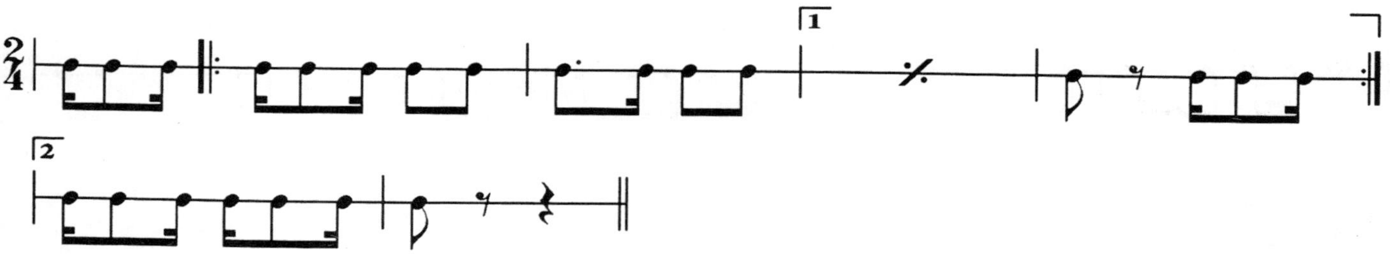

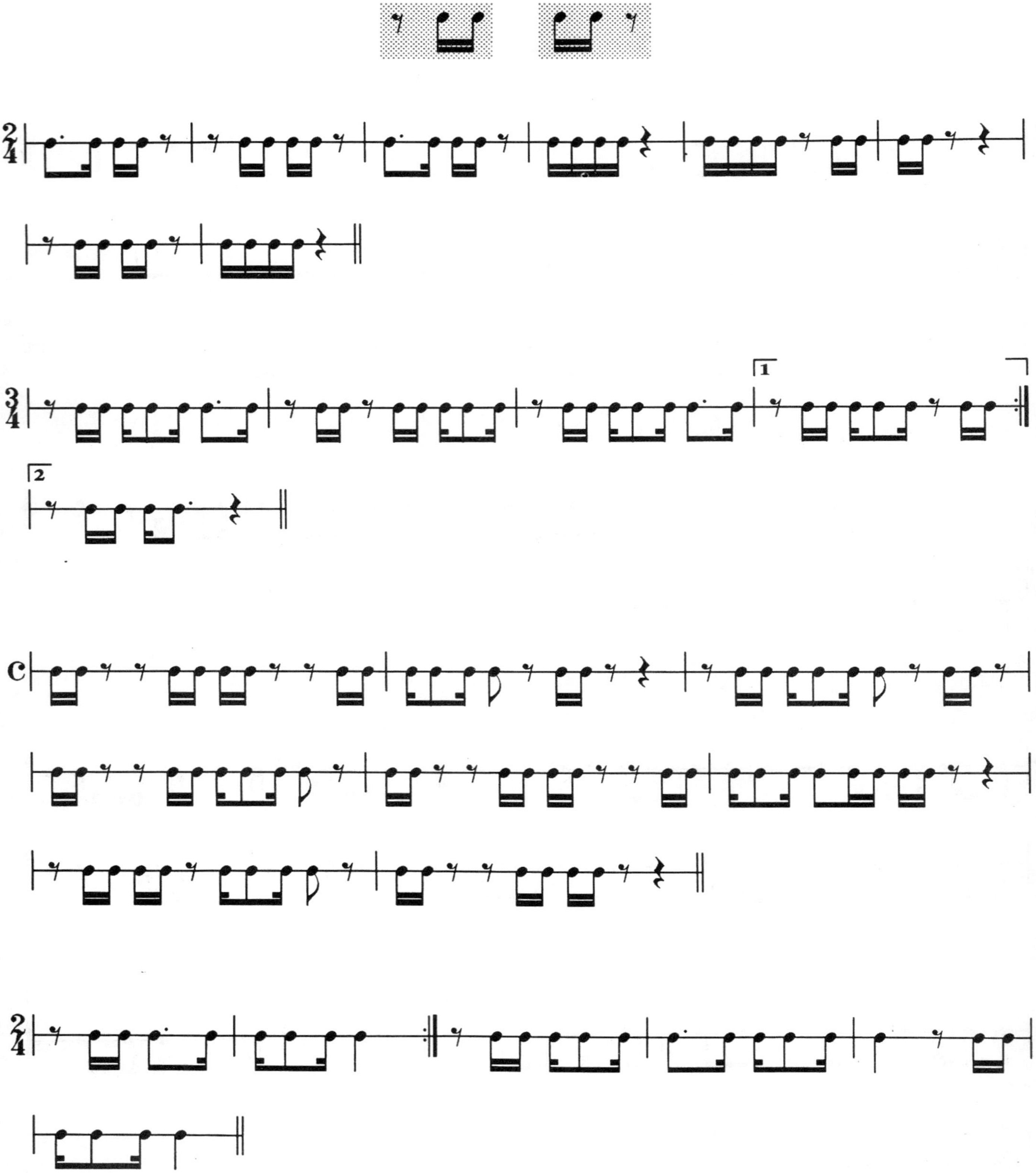

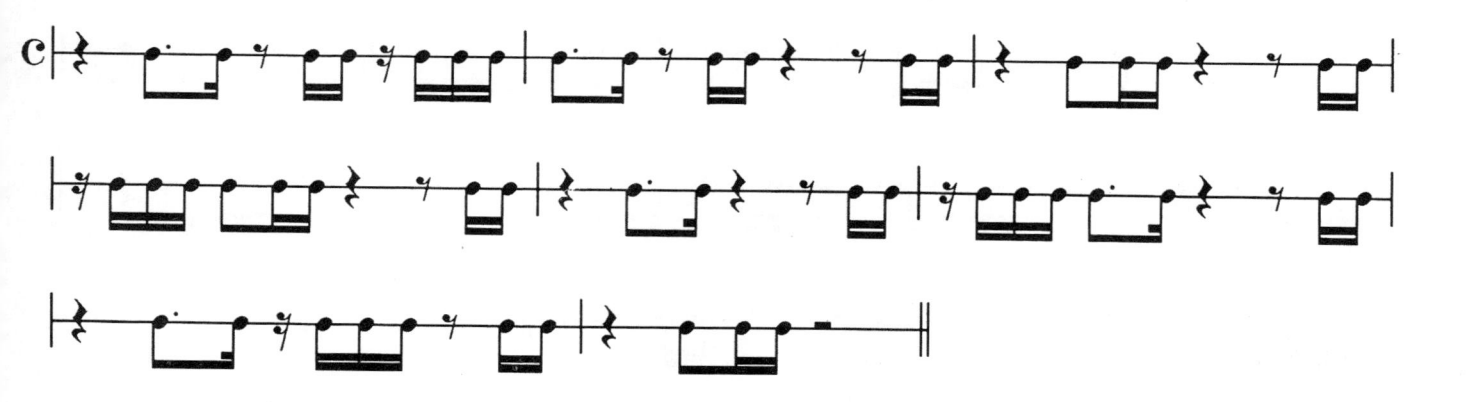

Método Prince • Leitura e Percepção - Ritmo / *The Prince Method* • *Reading and Ear-training - Rhythm*

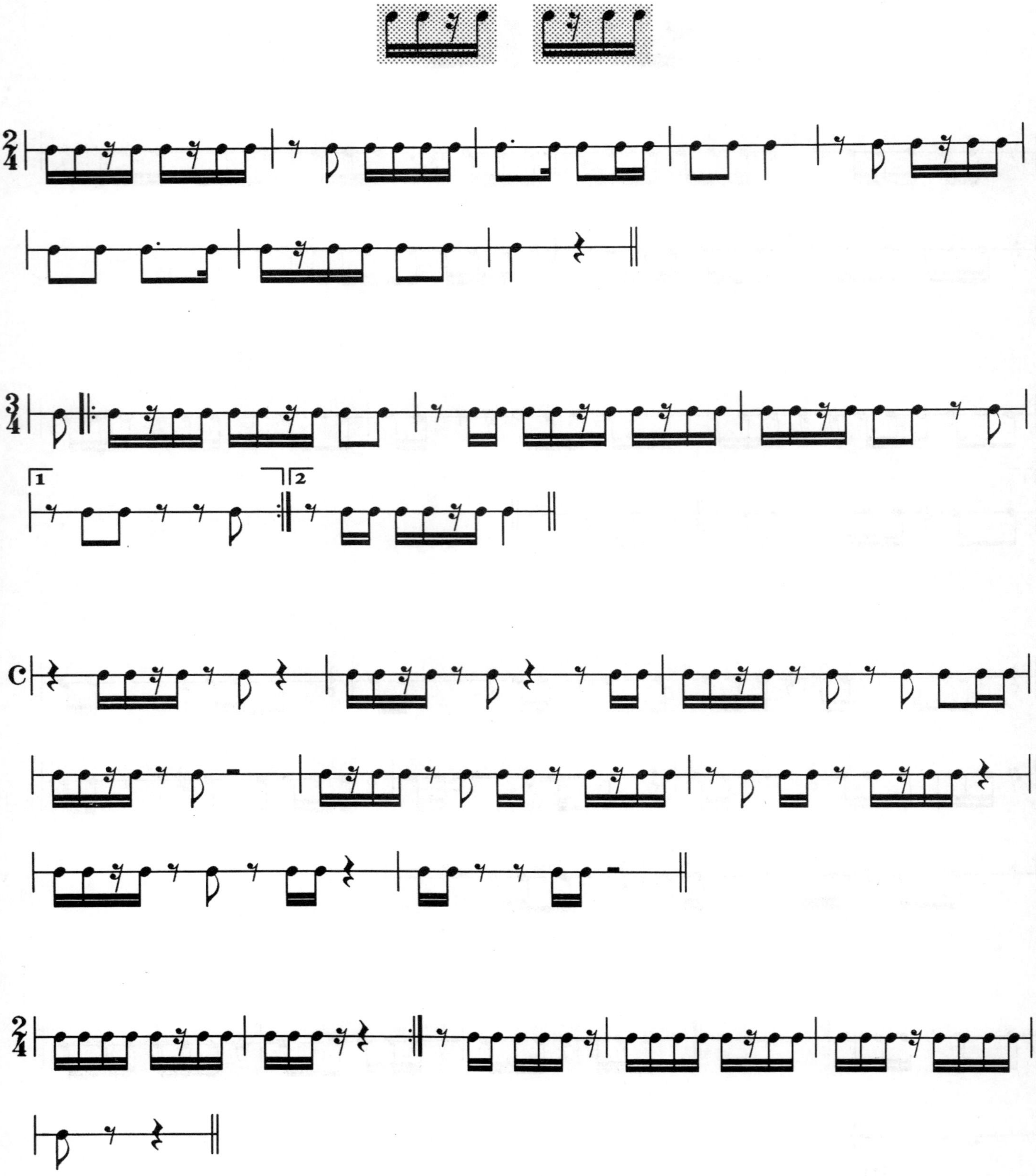

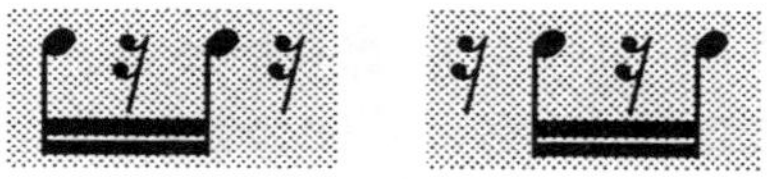

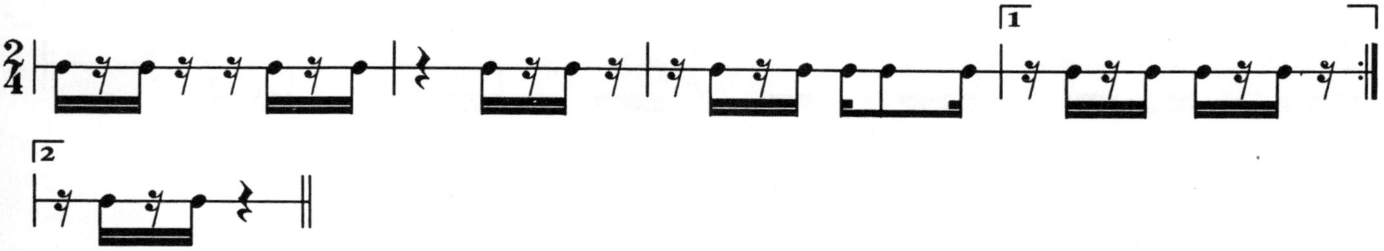

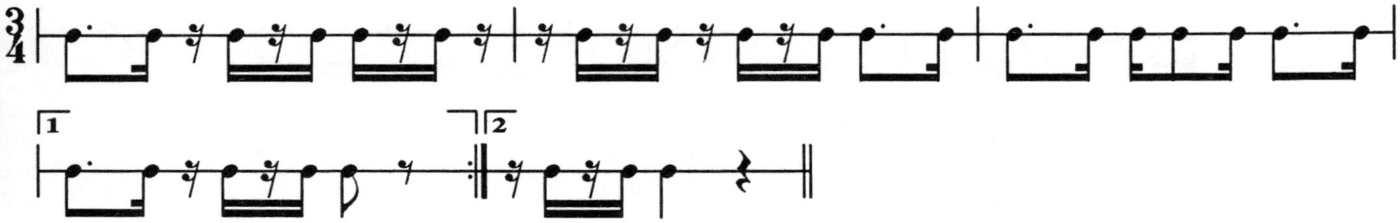

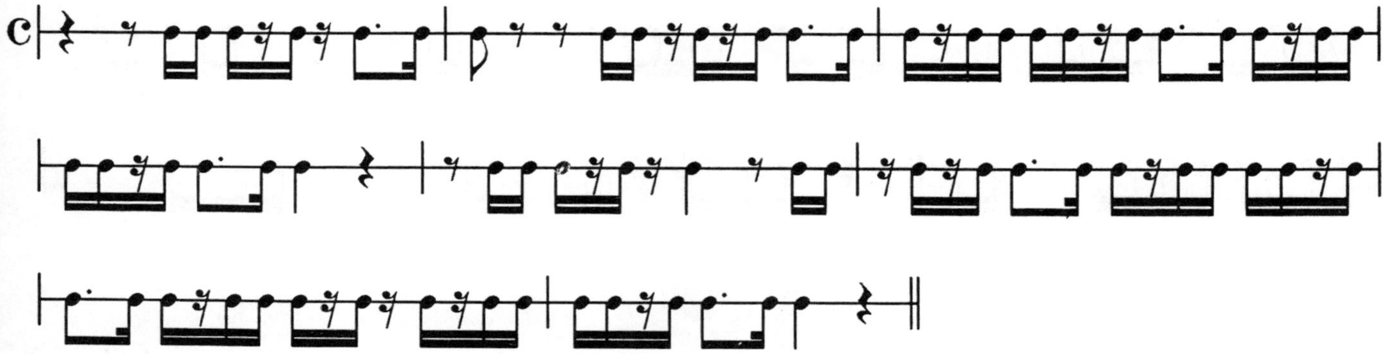

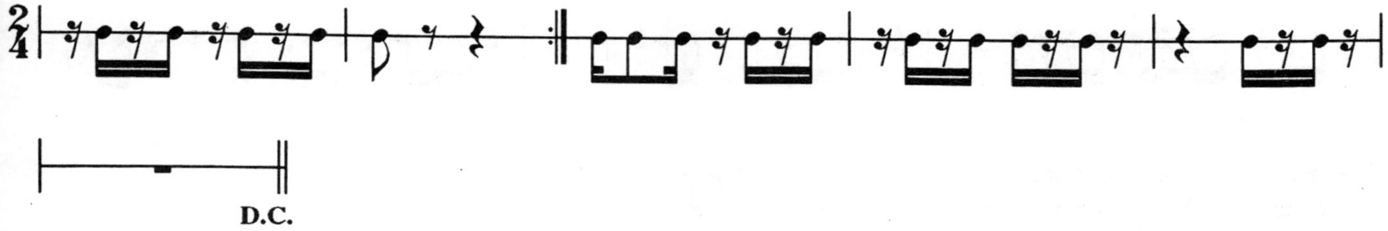
D.C.

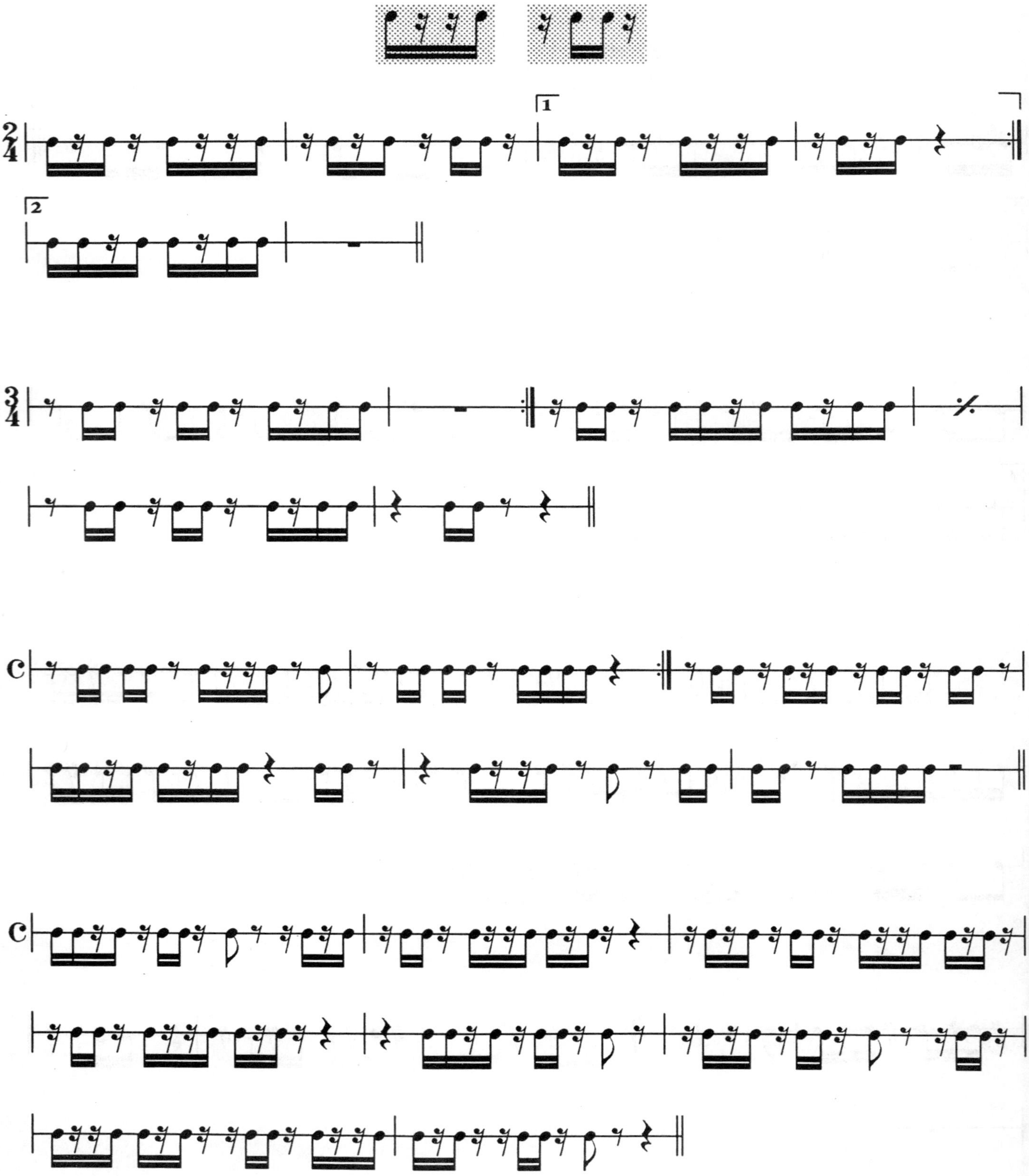

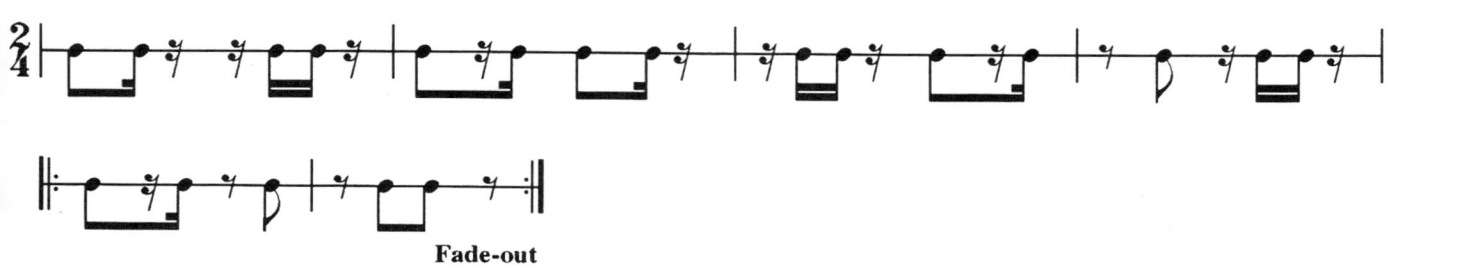

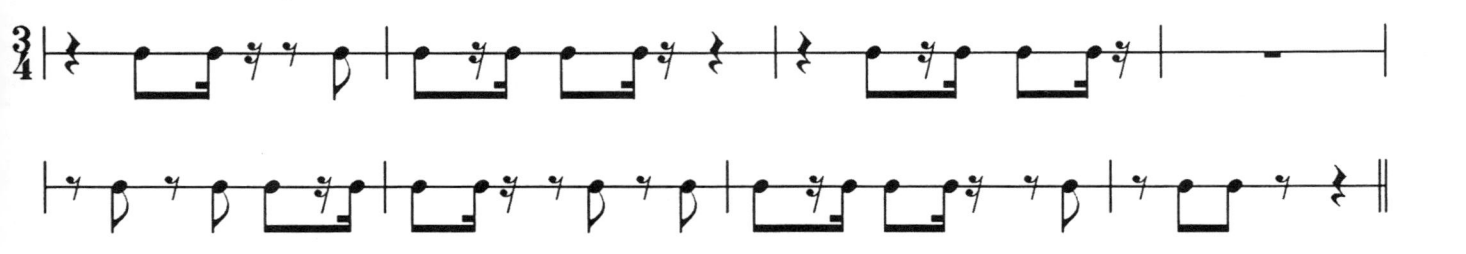

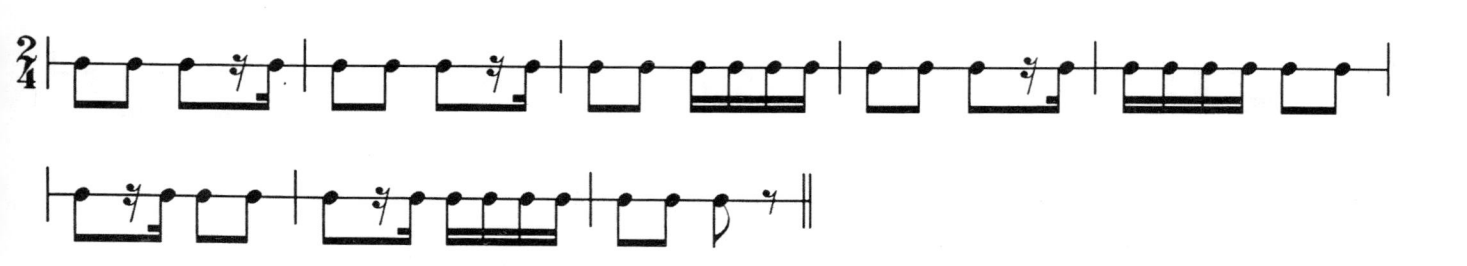

Método Prince • Leitura e Percepção - Ritmo / The Prince Method • Reading and Ear-training - Rhythm

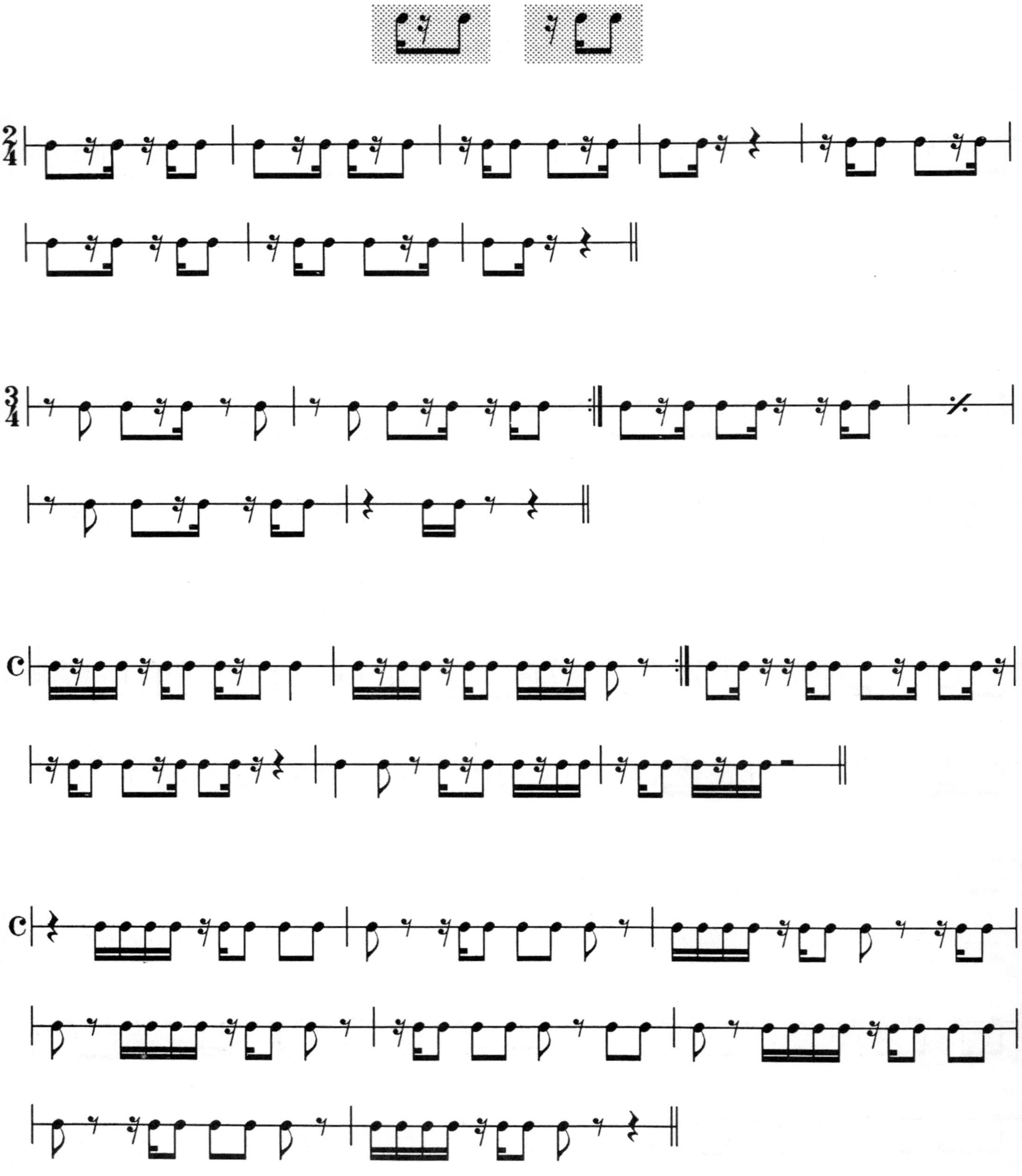

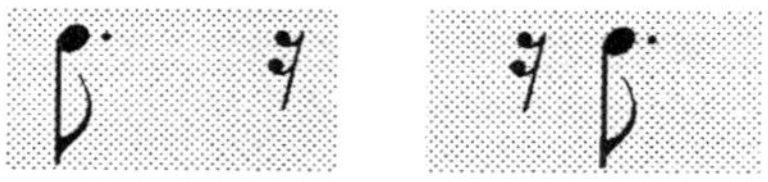

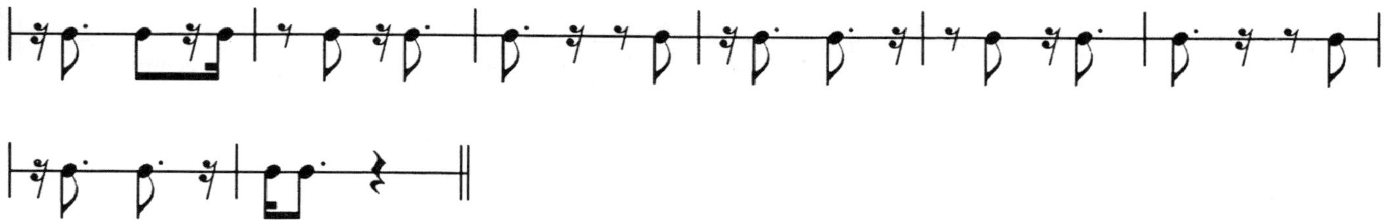

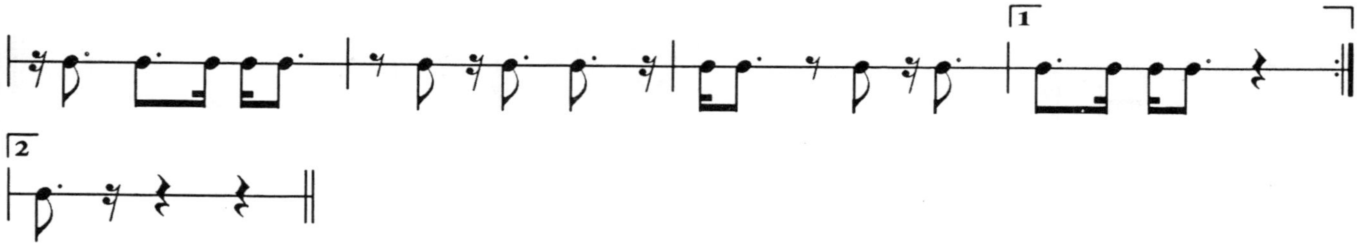

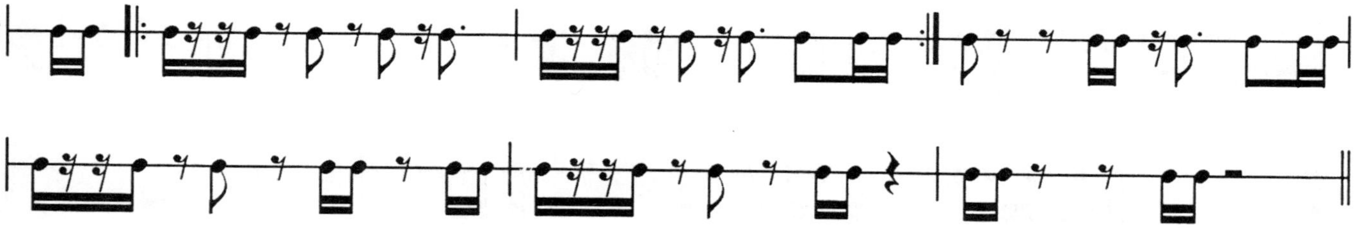

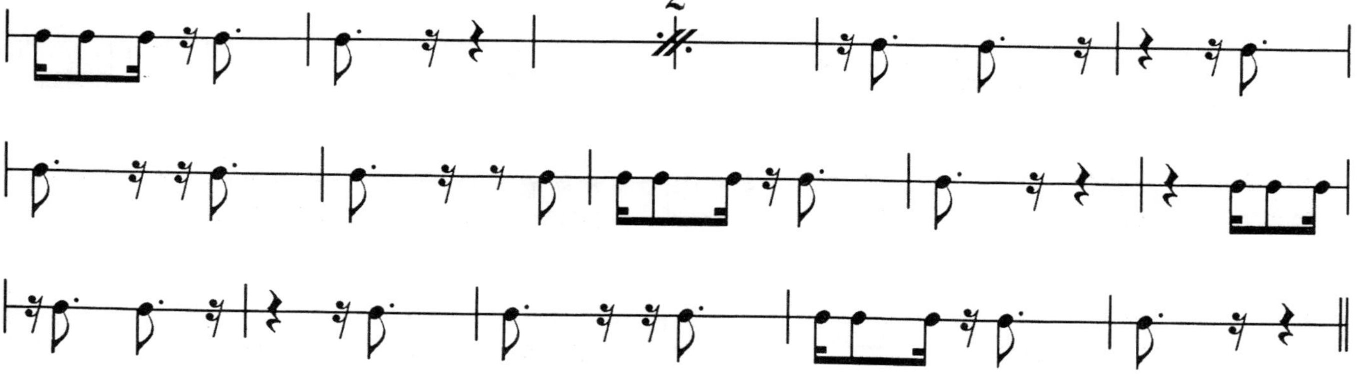

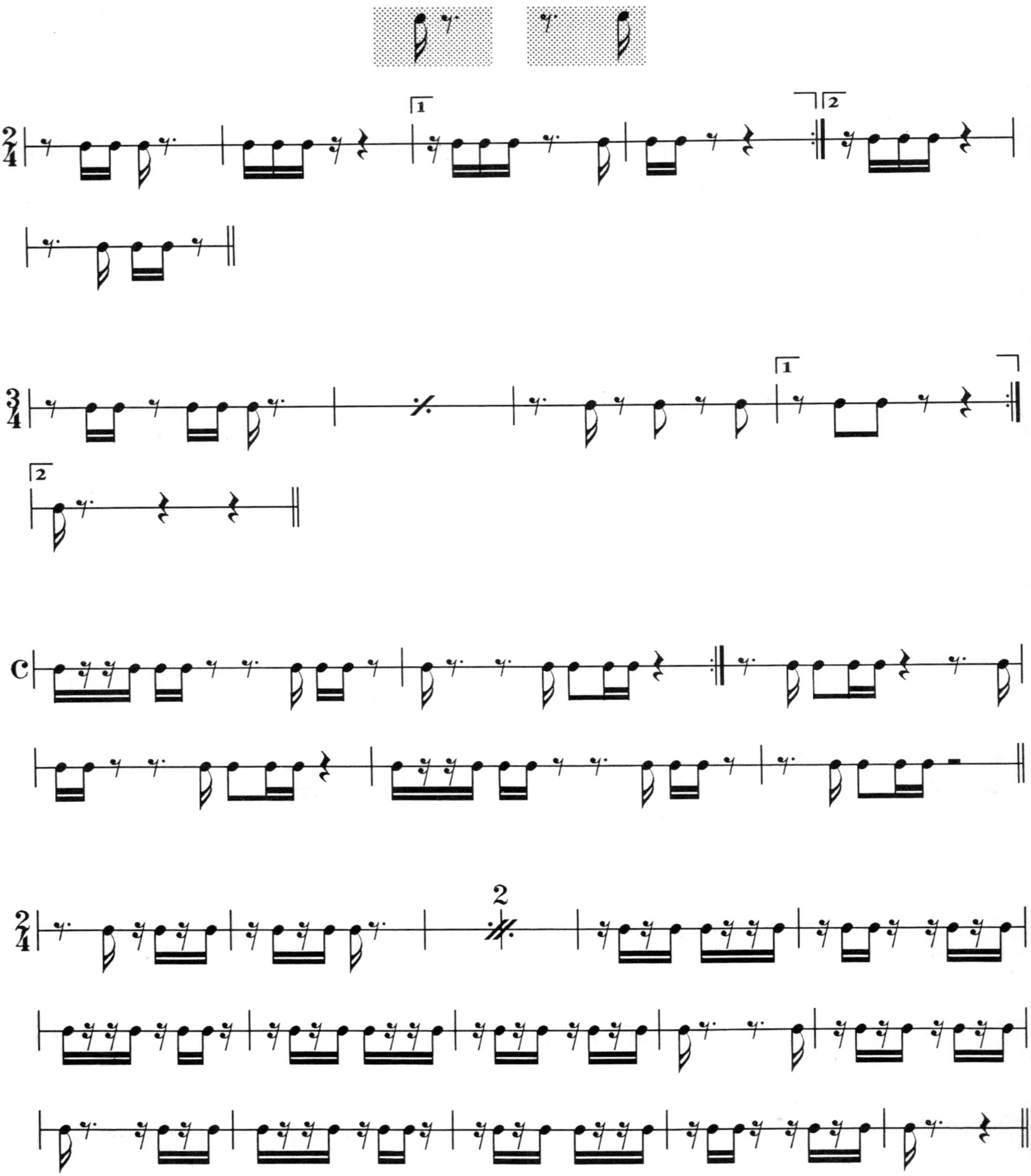

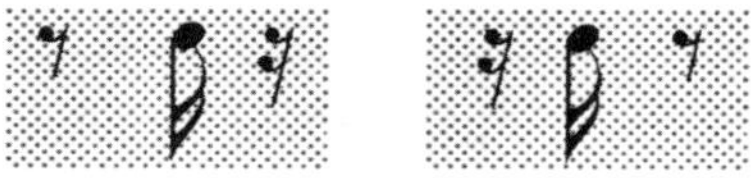

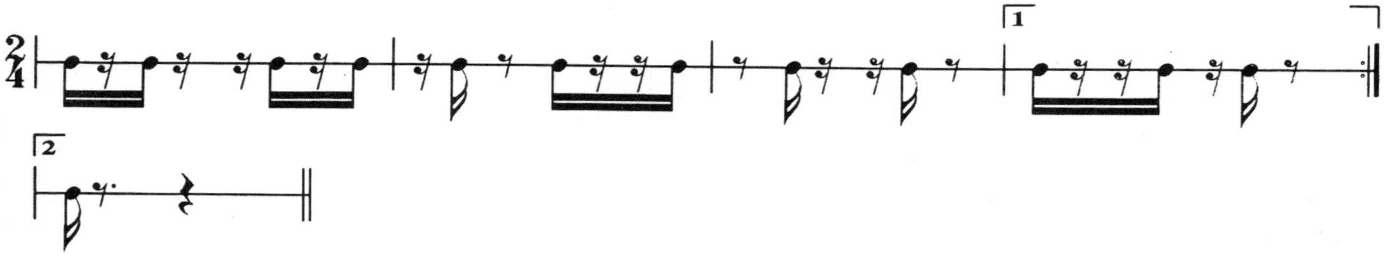

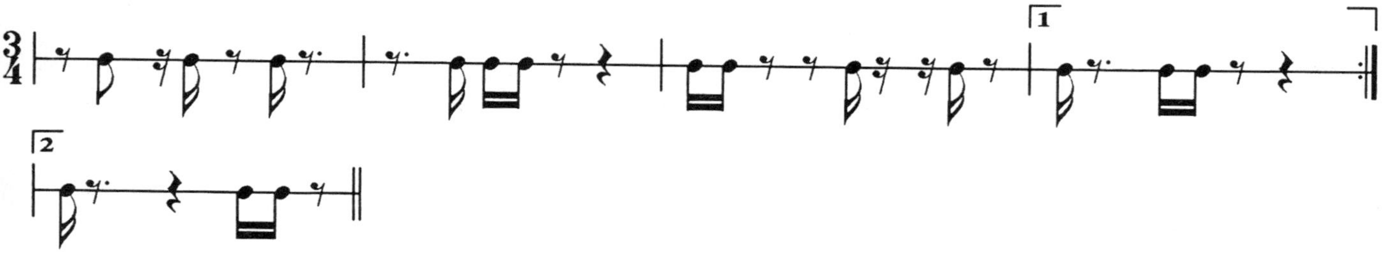

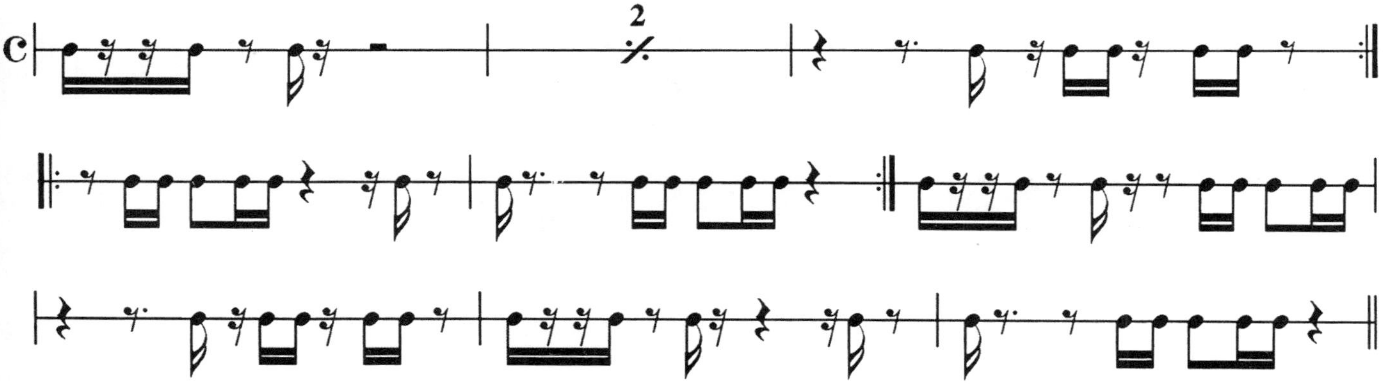

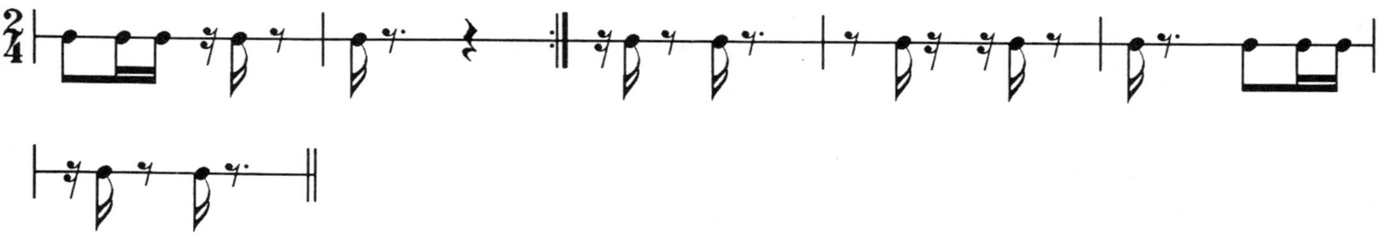

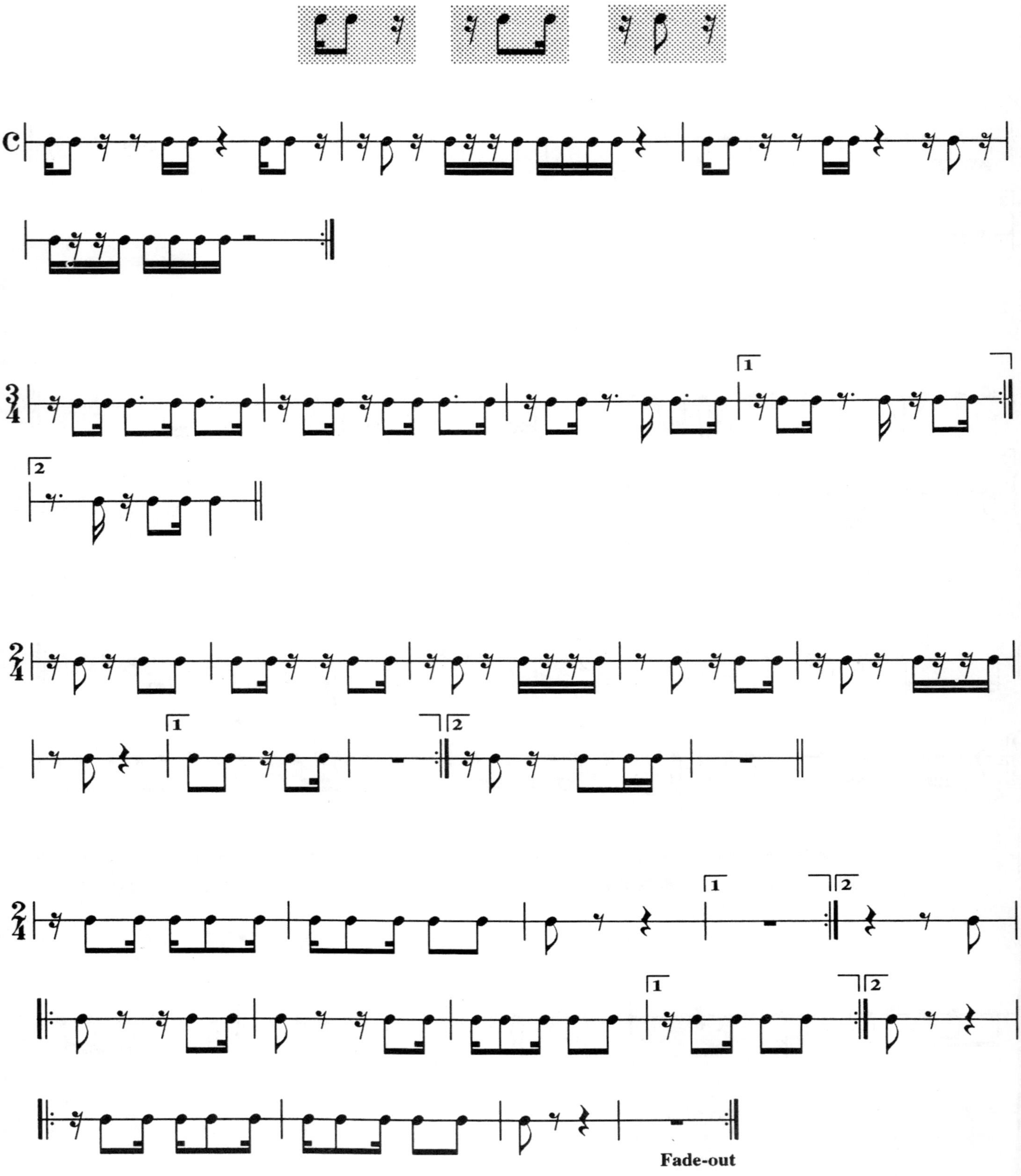
Fade-out

Com ligaduras
With slurs

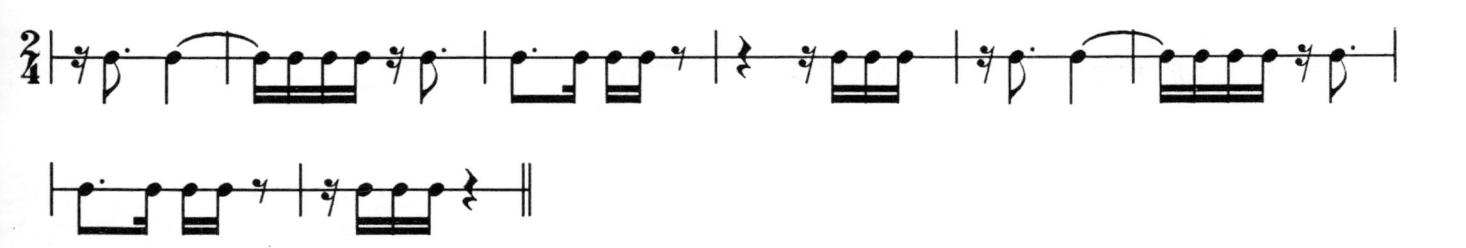

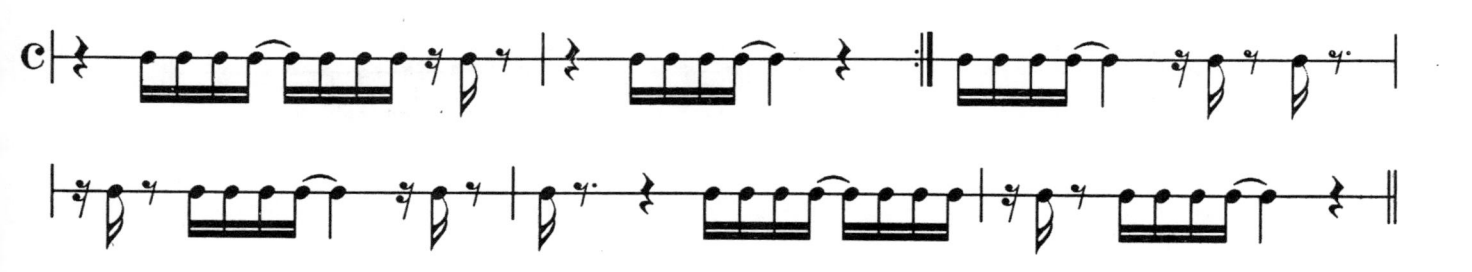

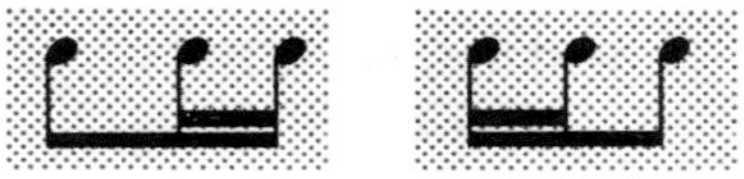

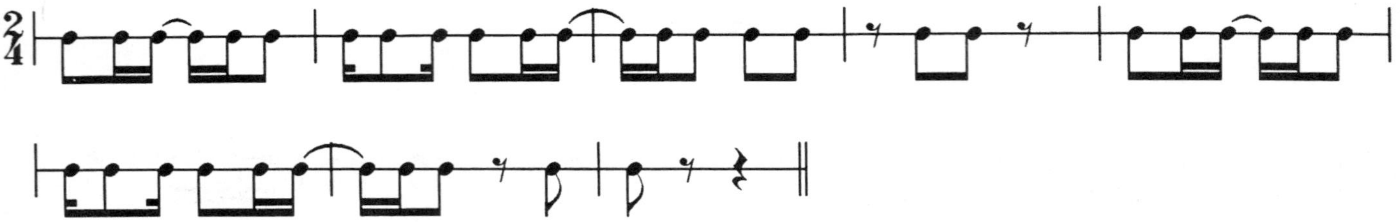

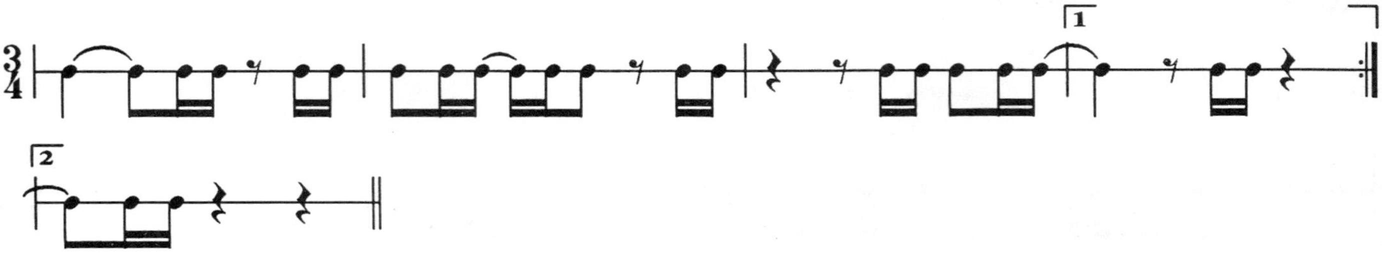
1
2

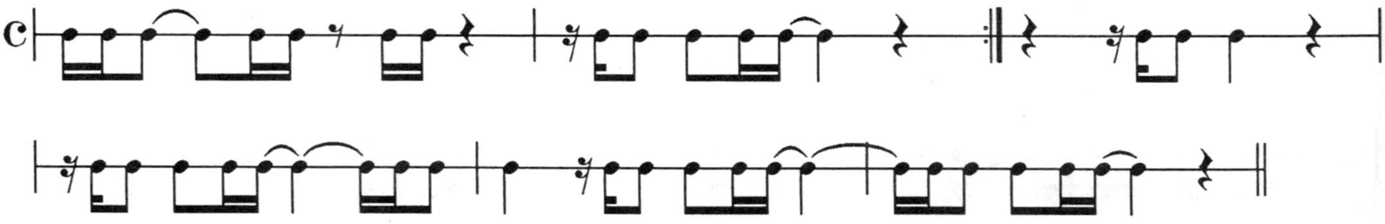

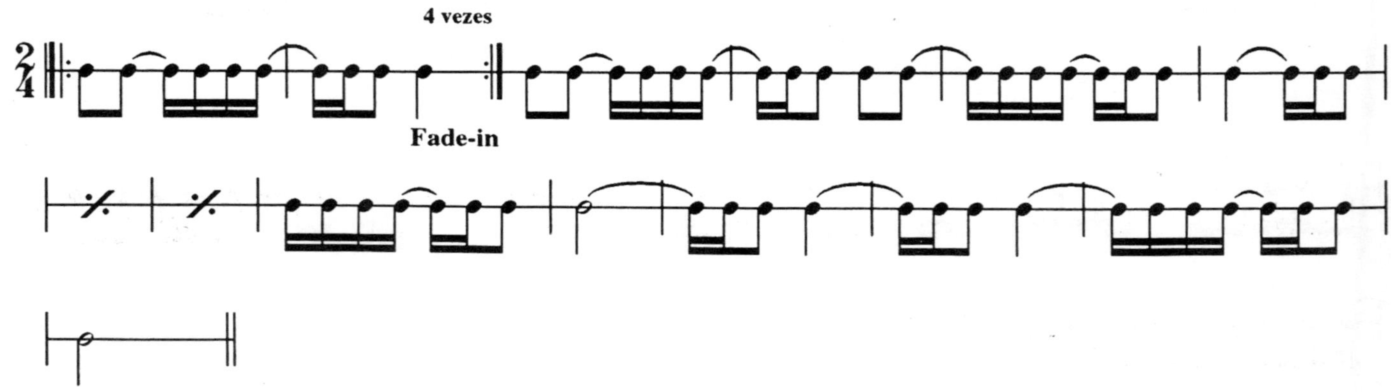
4 vezes
Fade-in

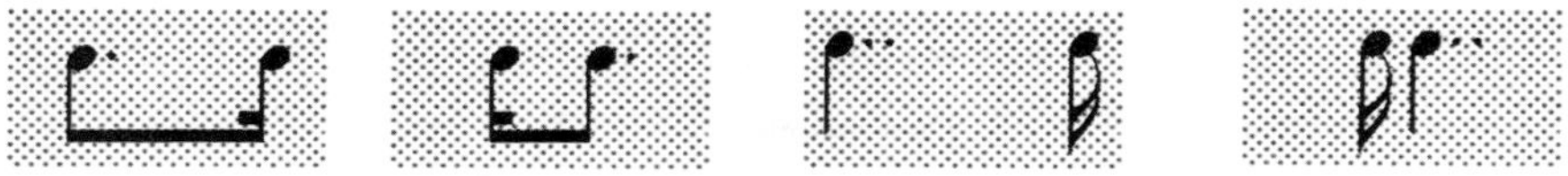

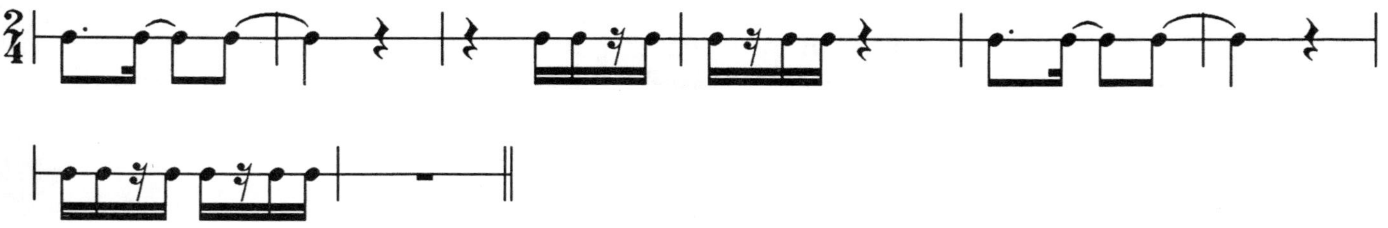

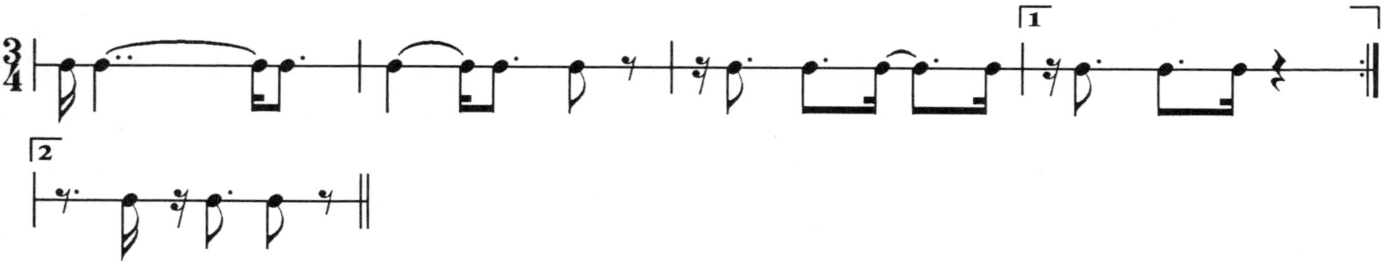

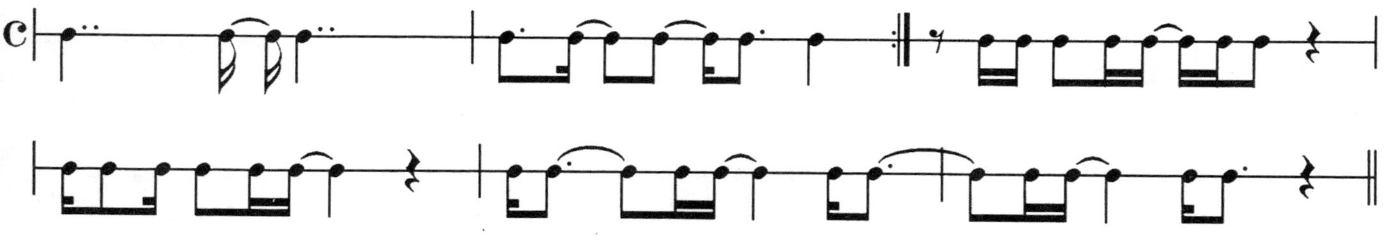

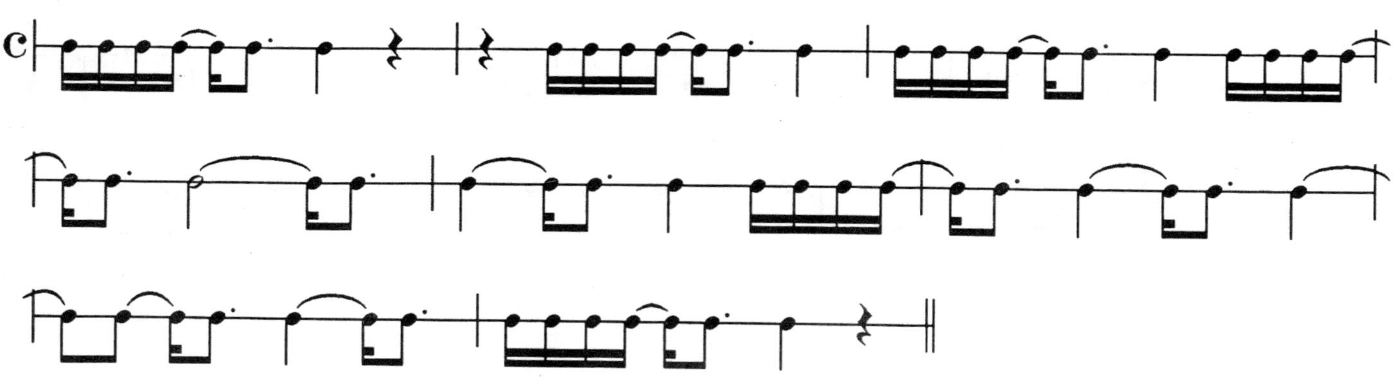

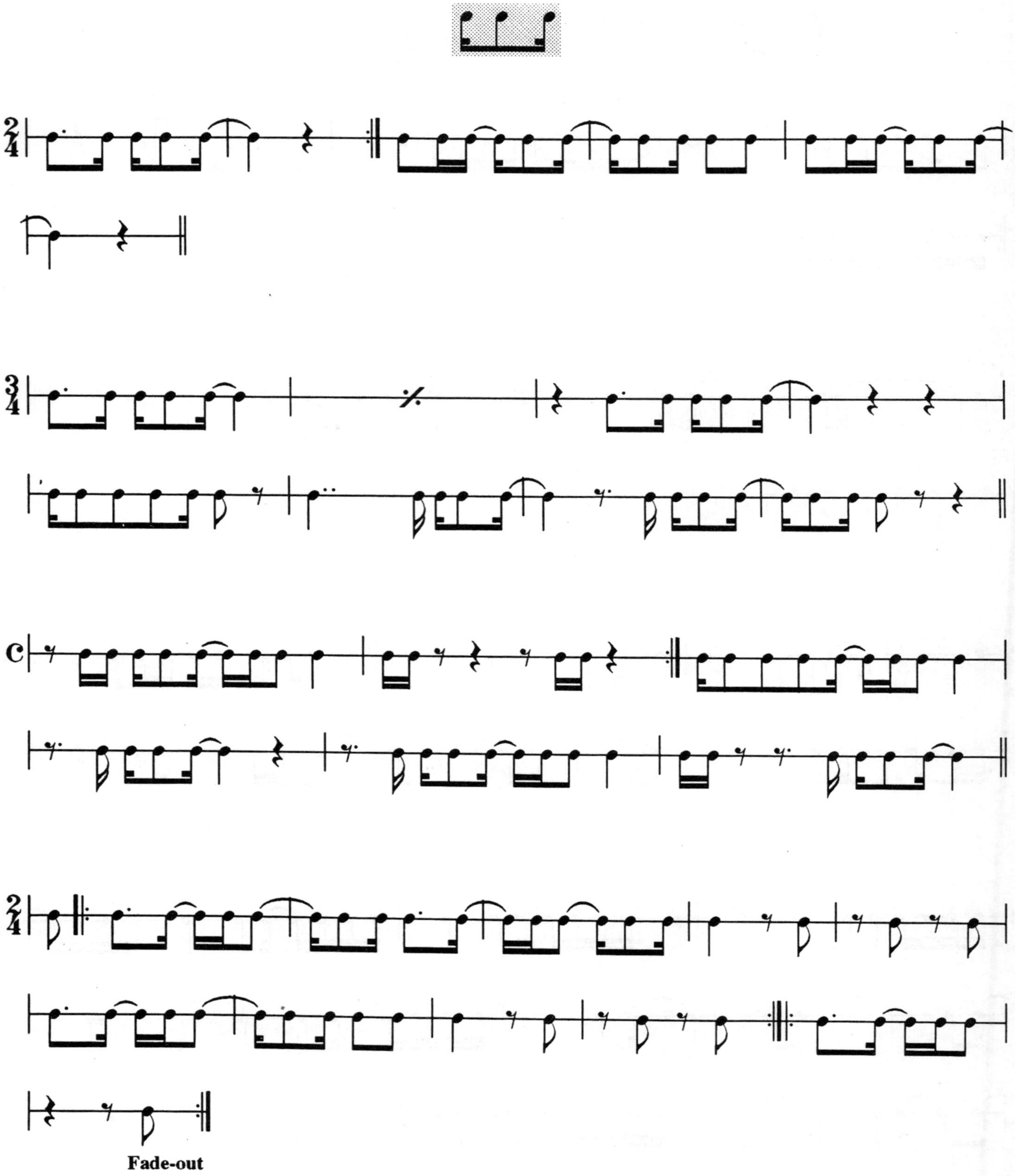
Fade-out

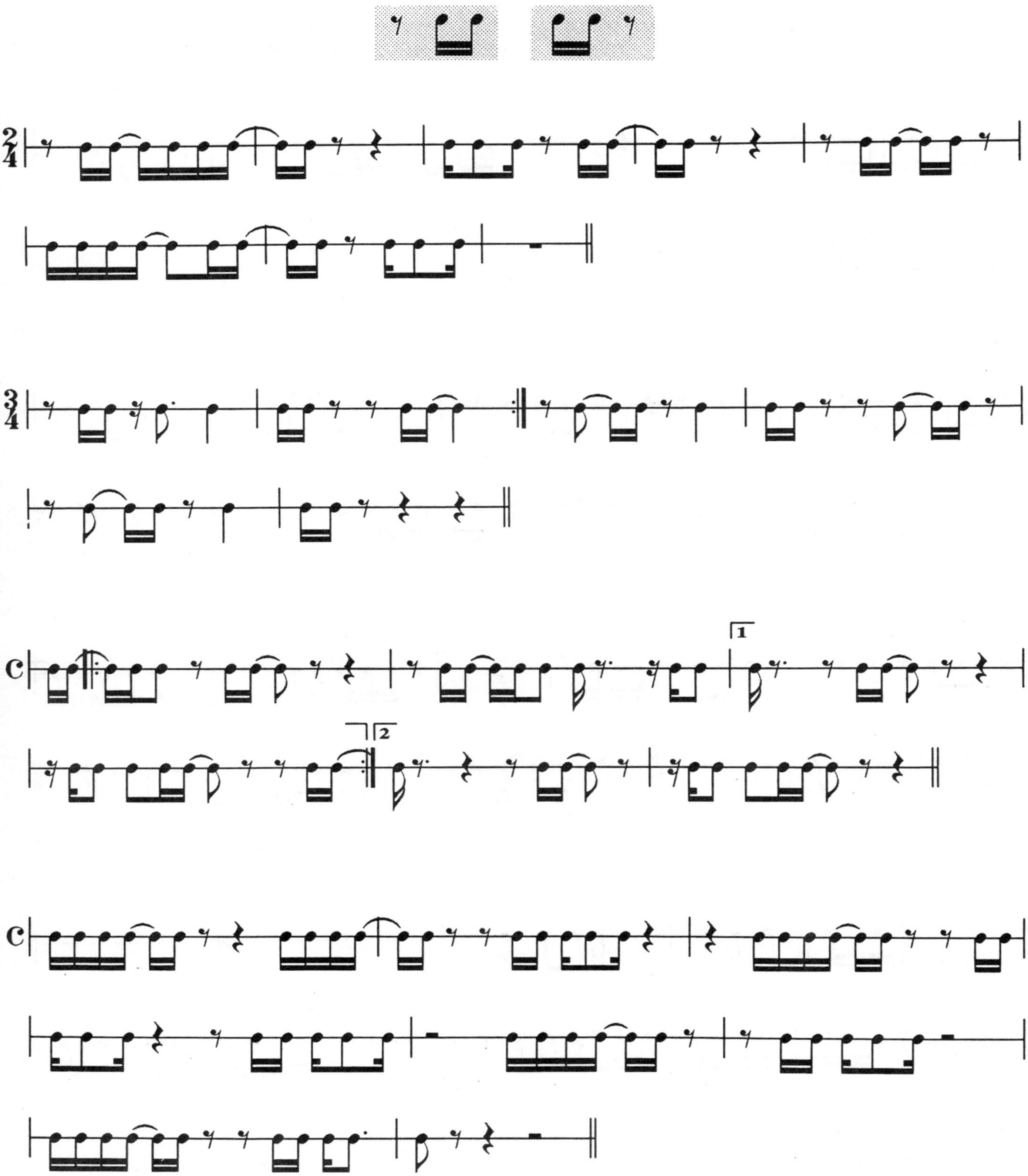

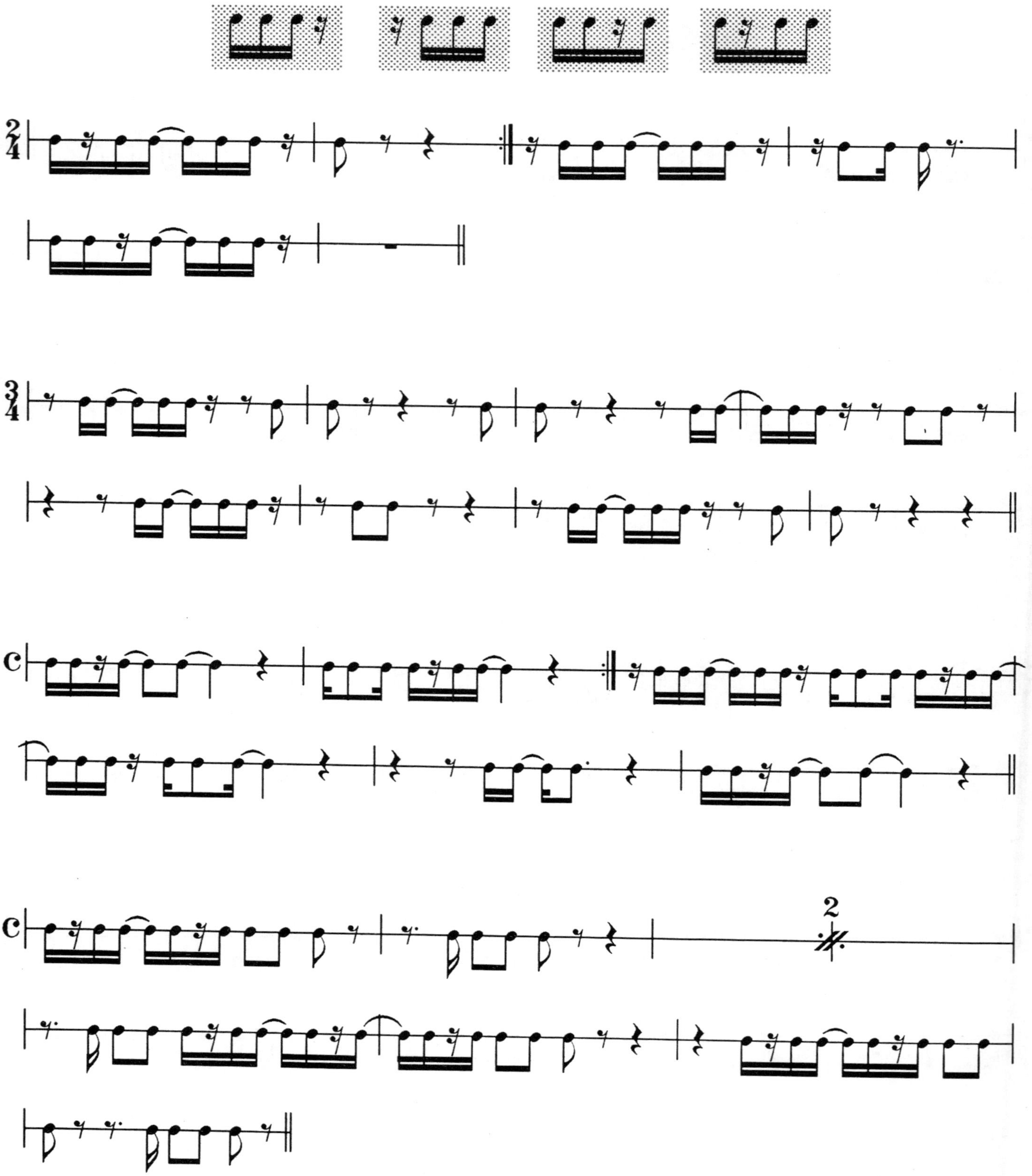

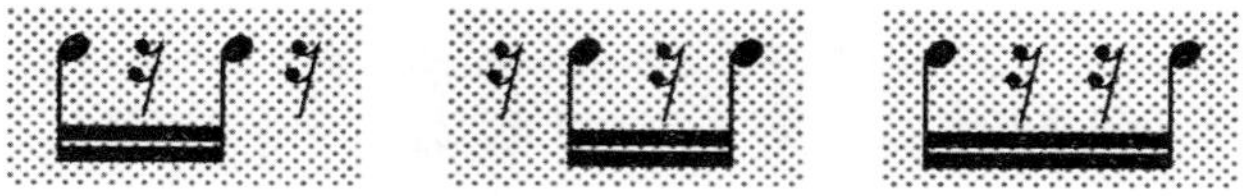

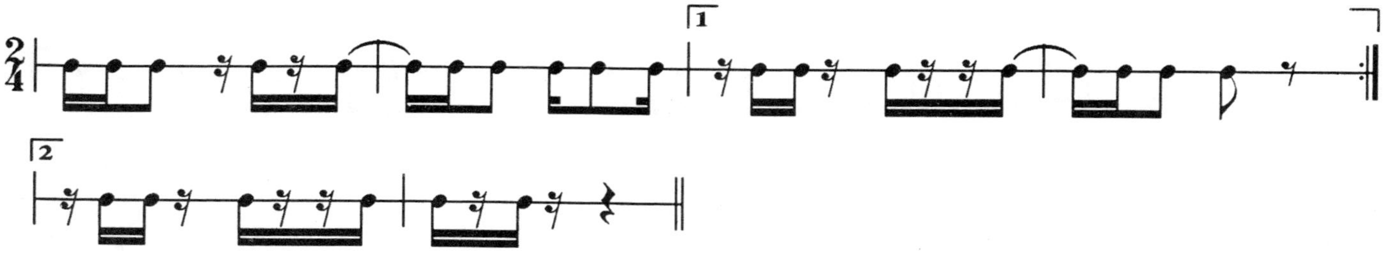

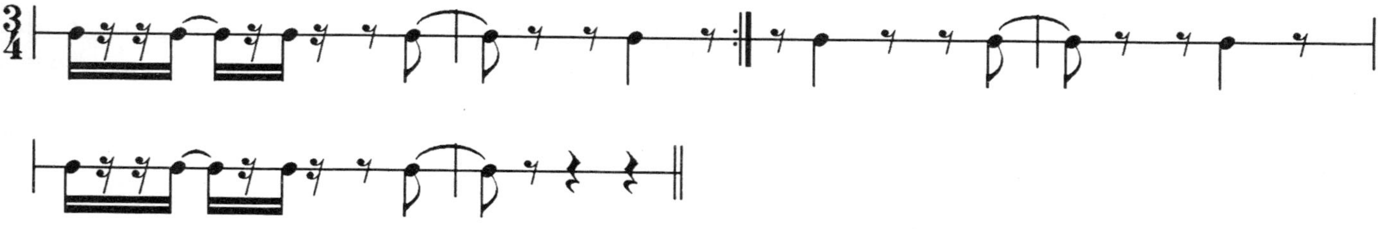

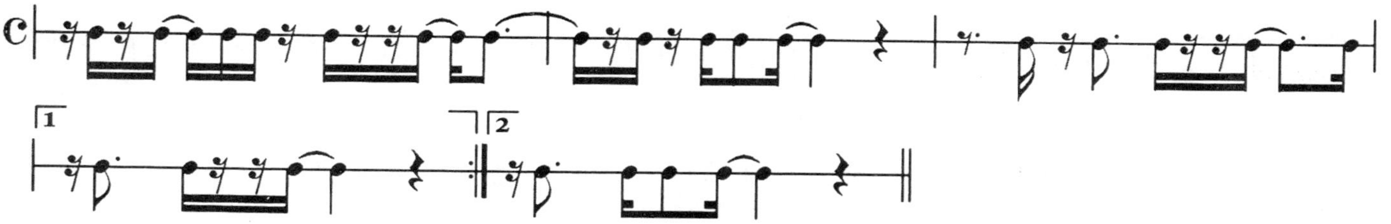

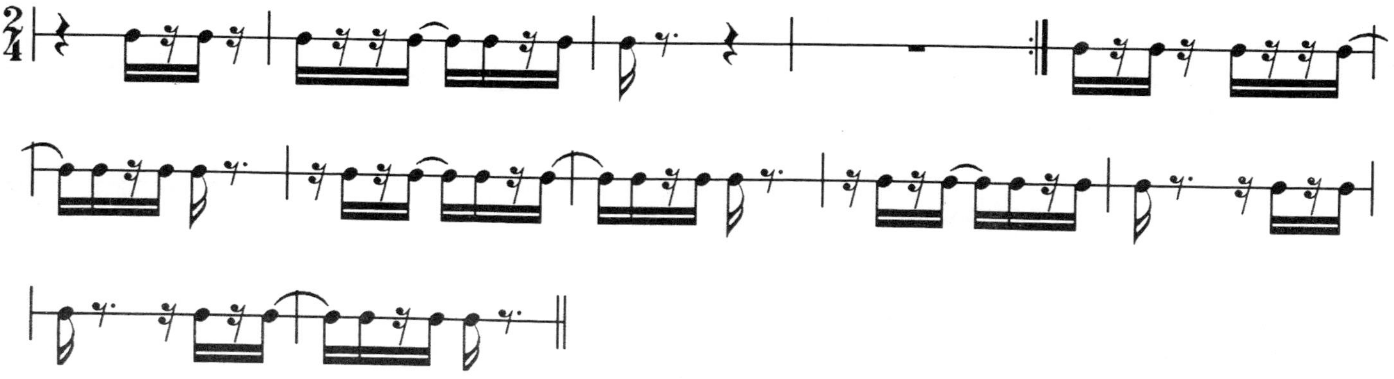

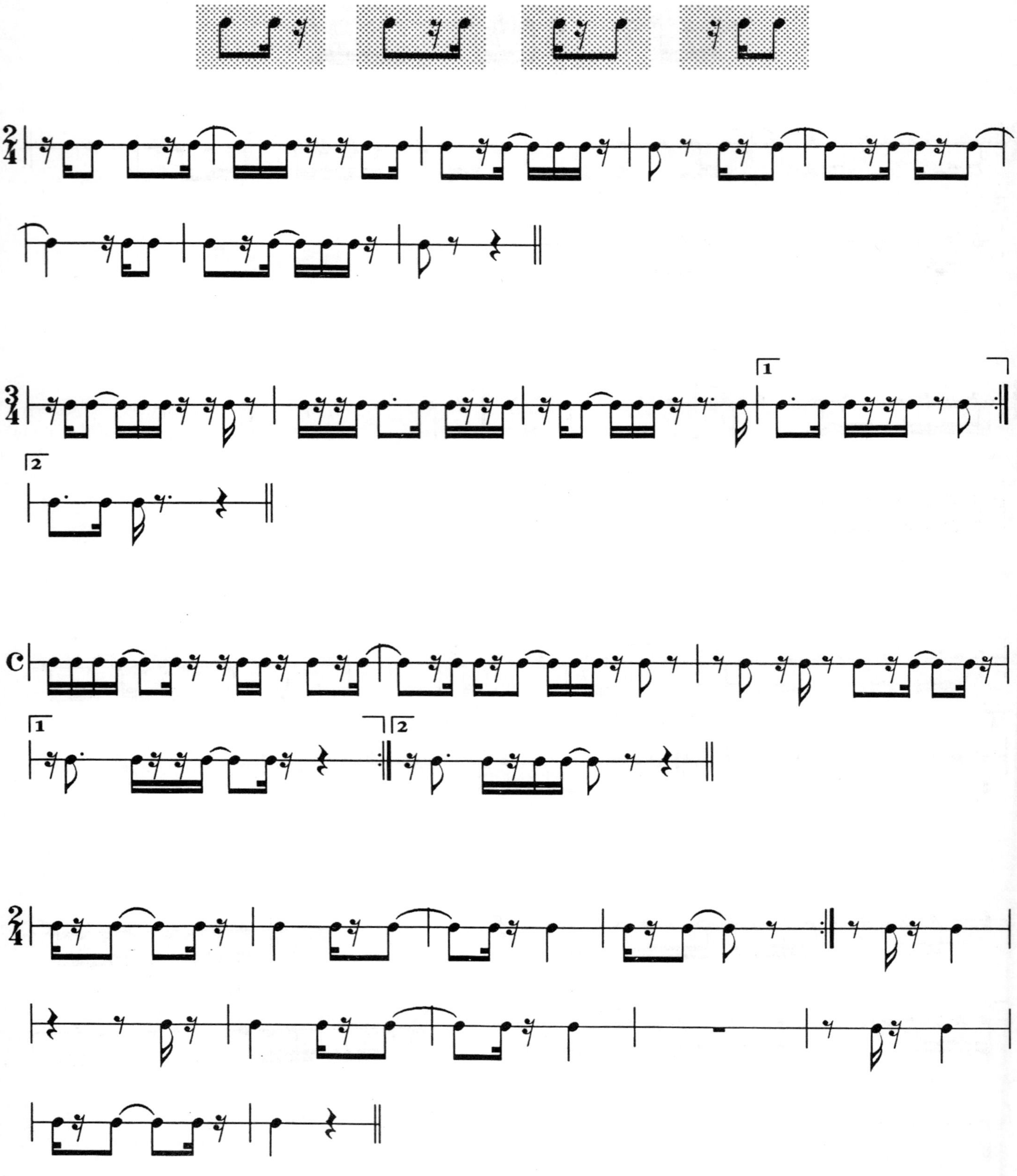

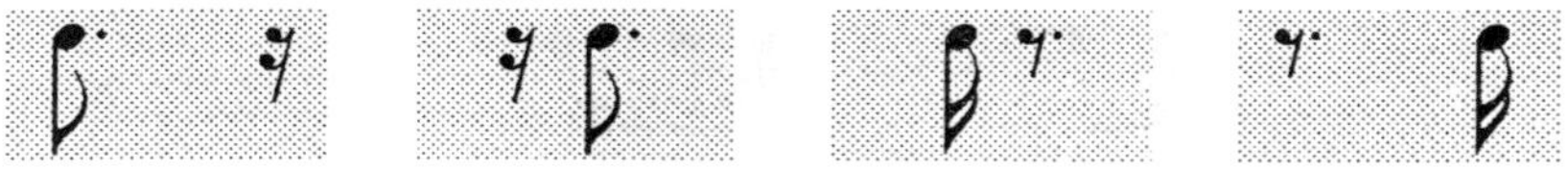

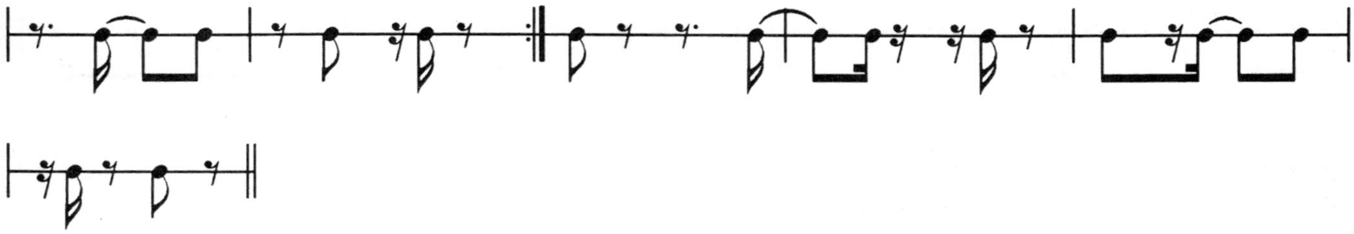

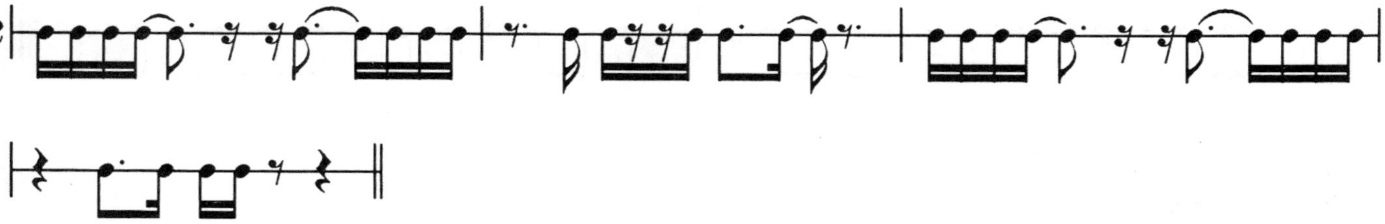

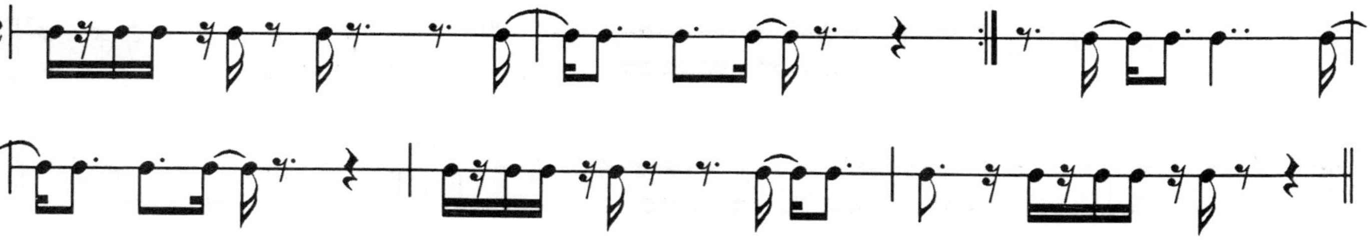

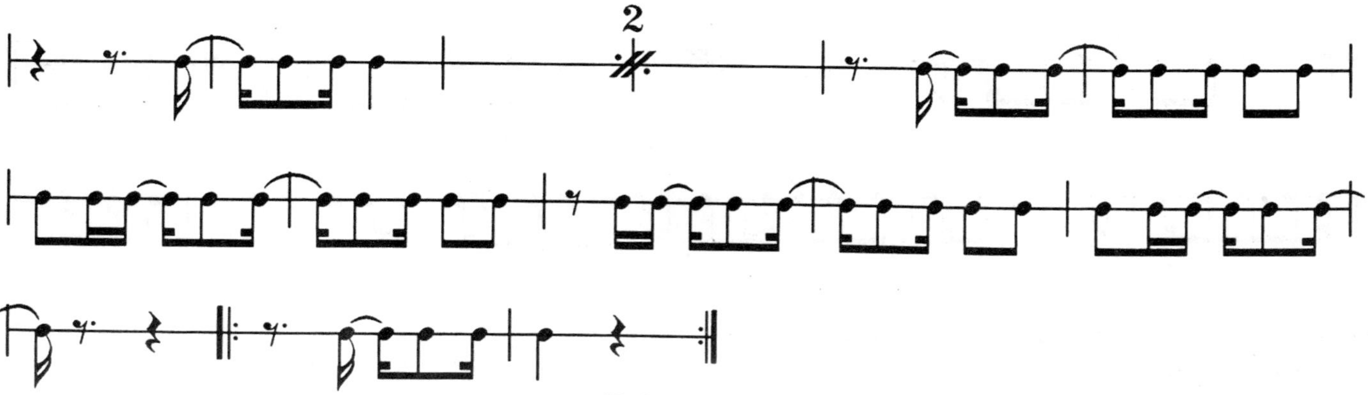

Fade-out

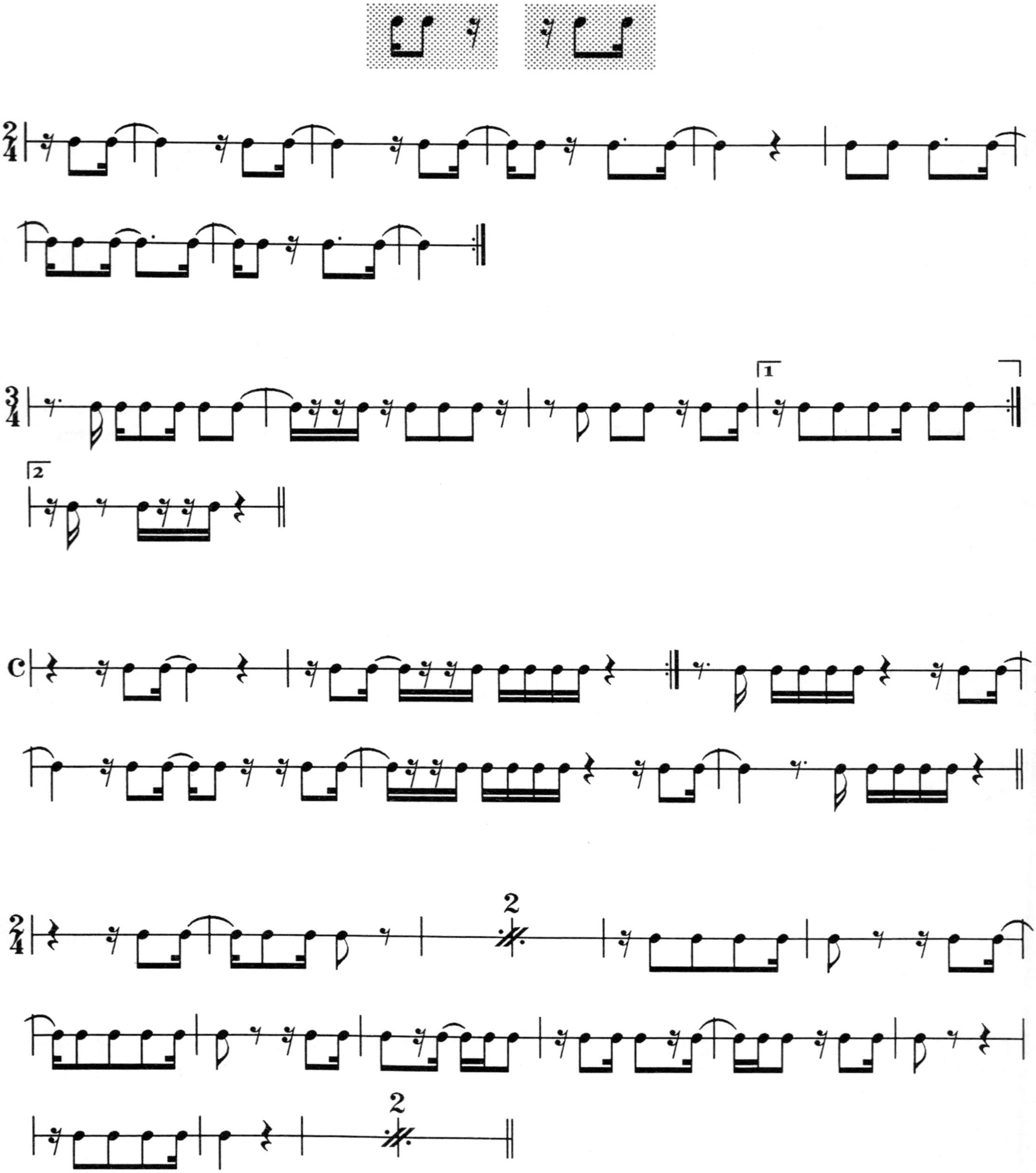

Leitura a duas vozes alternadas
Reading in two alternated voices

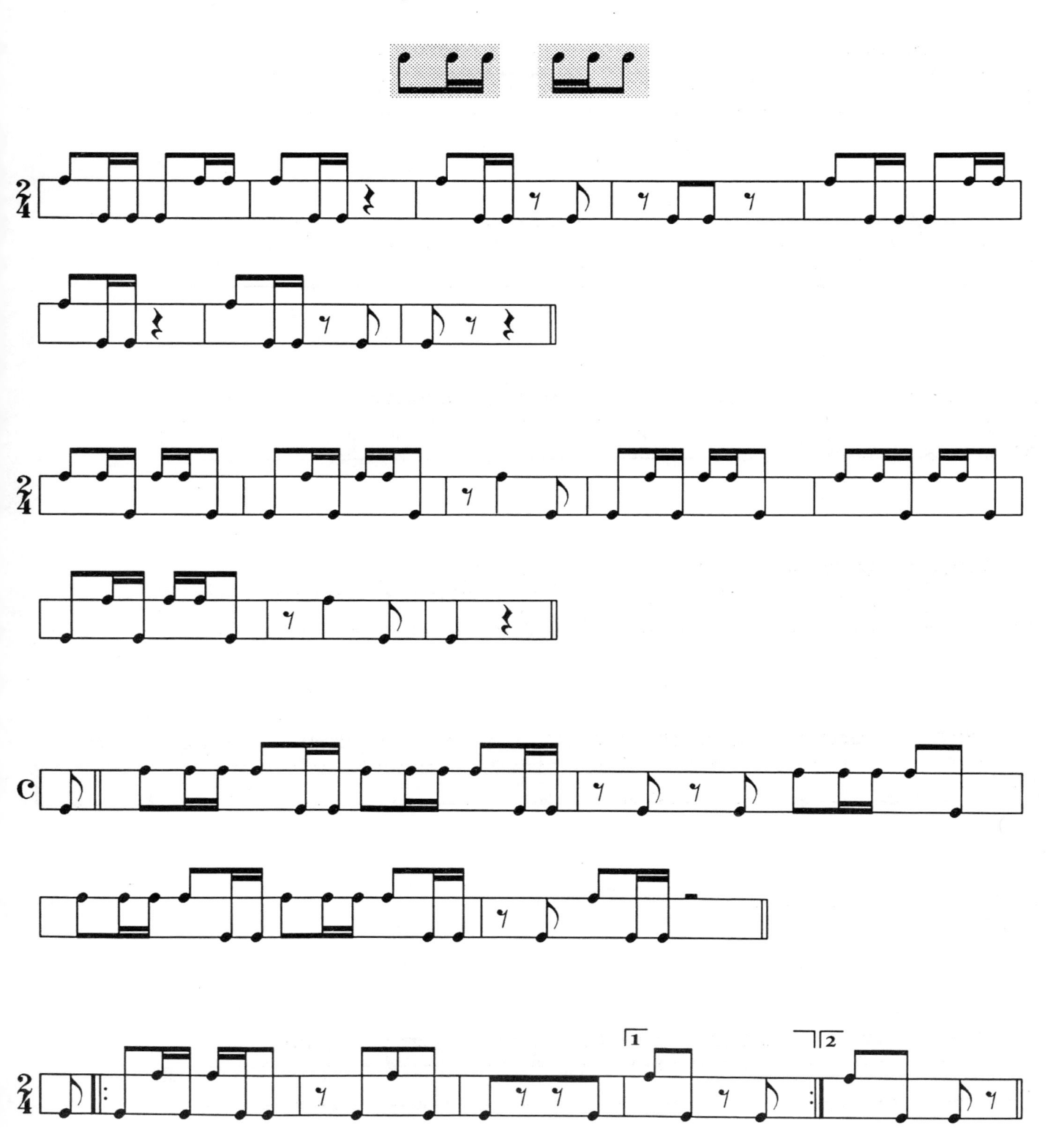

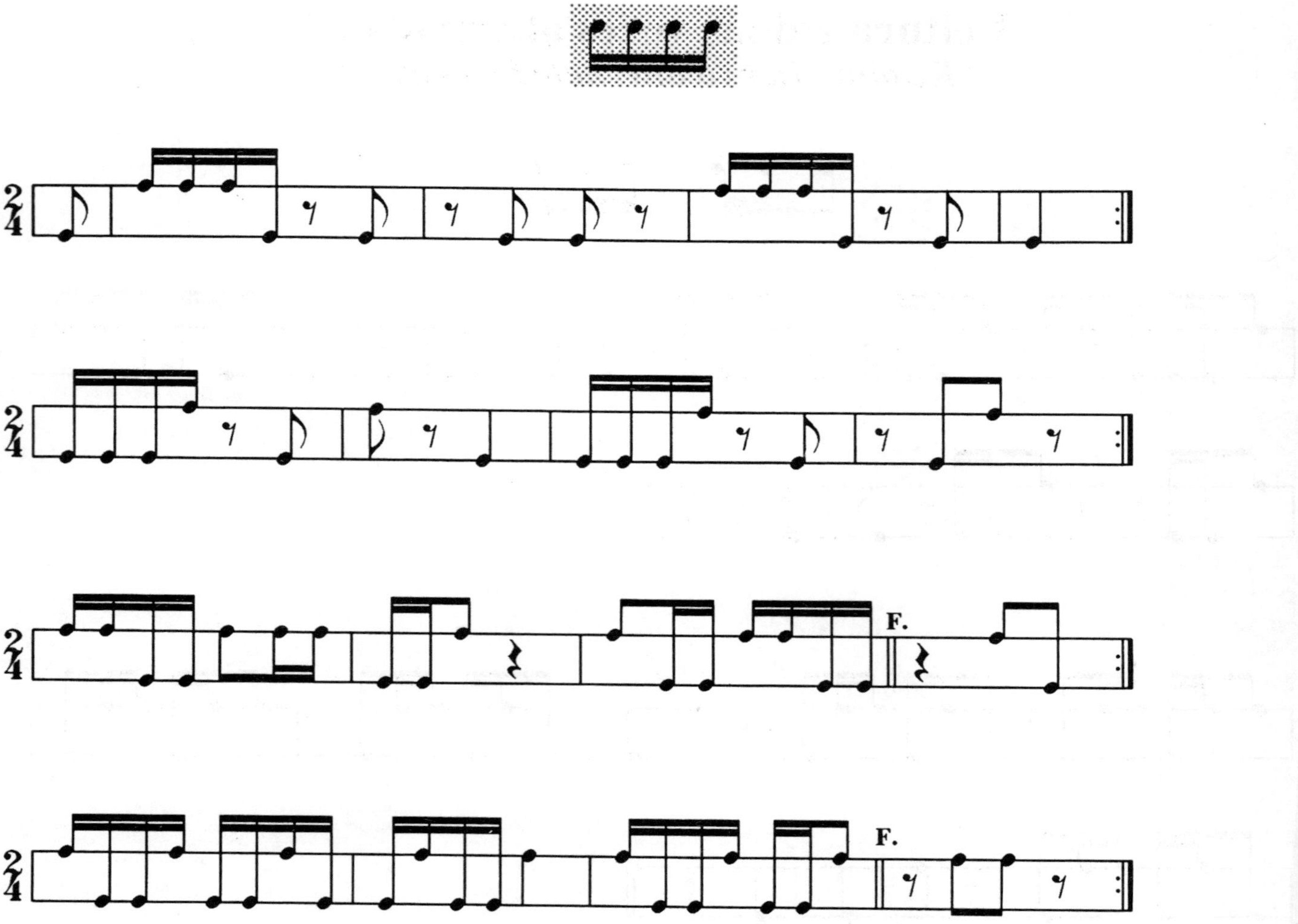
F.
F.
1
2

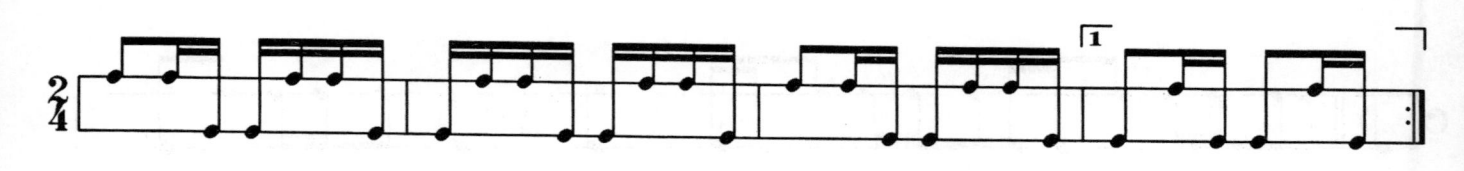

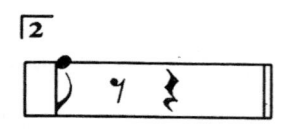

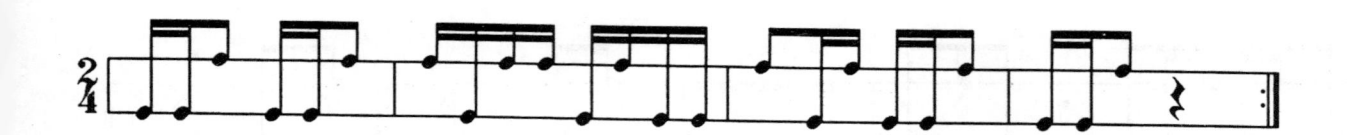

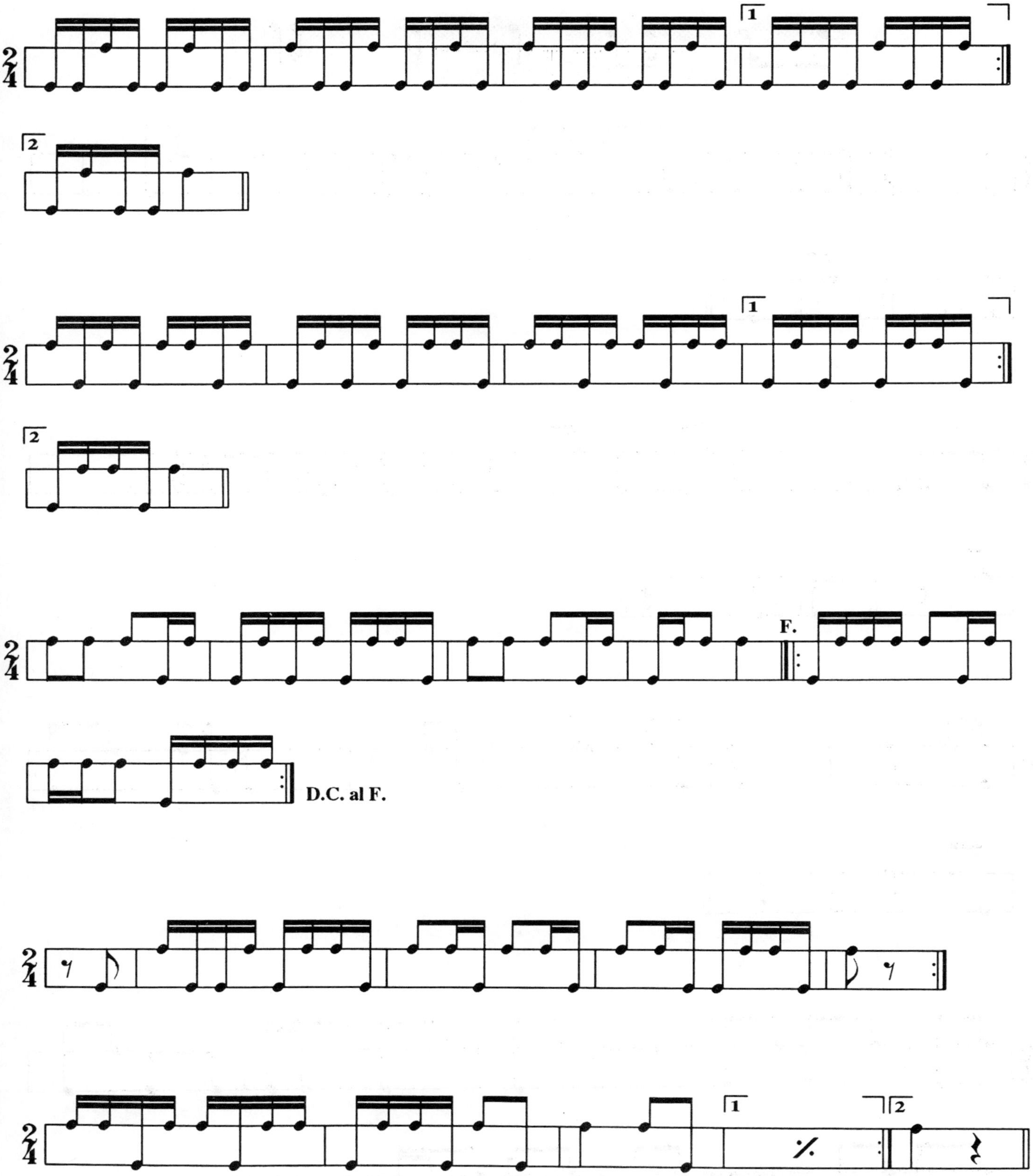
1
2
1
2
F.
D.C. al F.
1
2

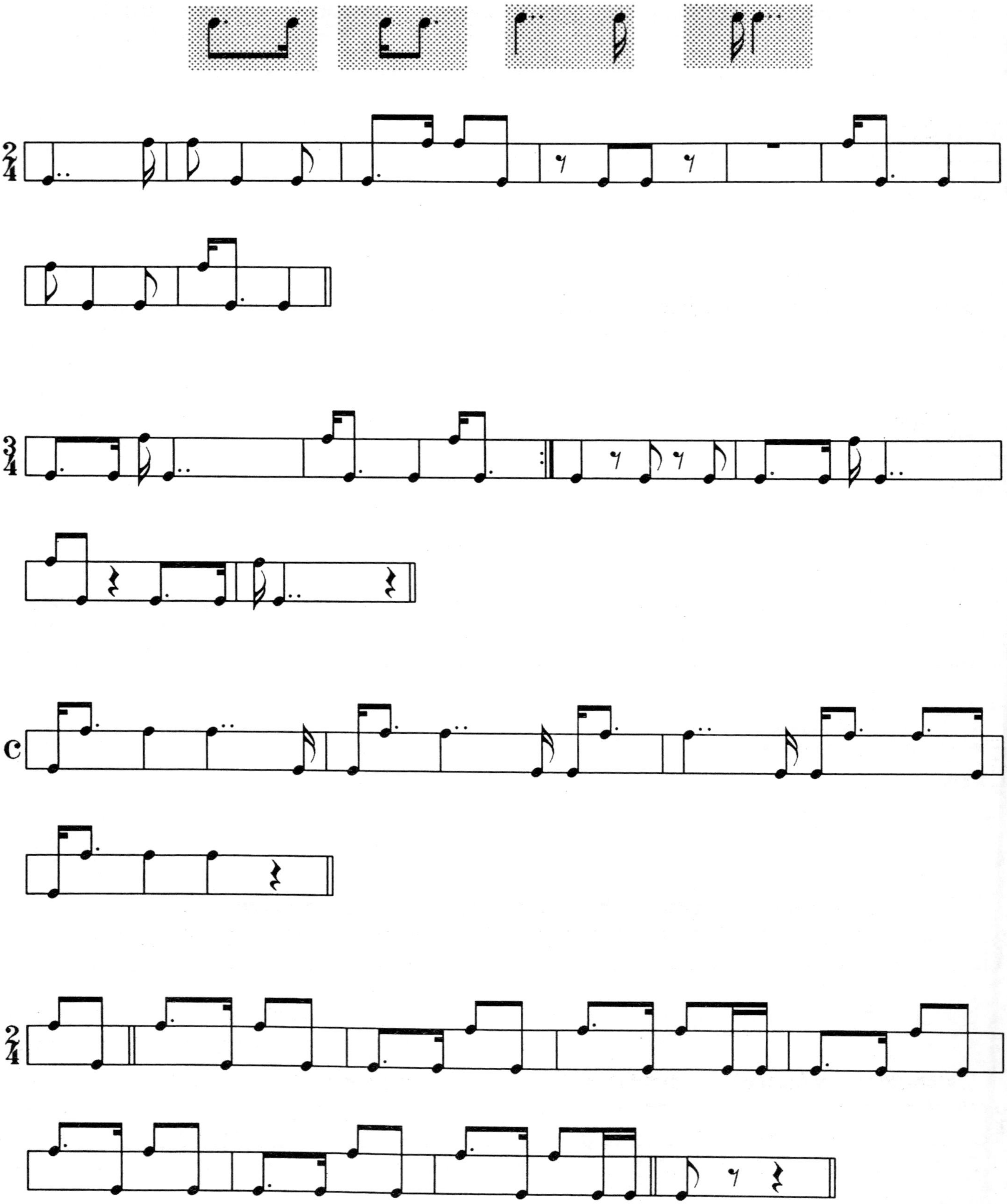

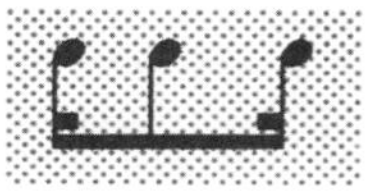

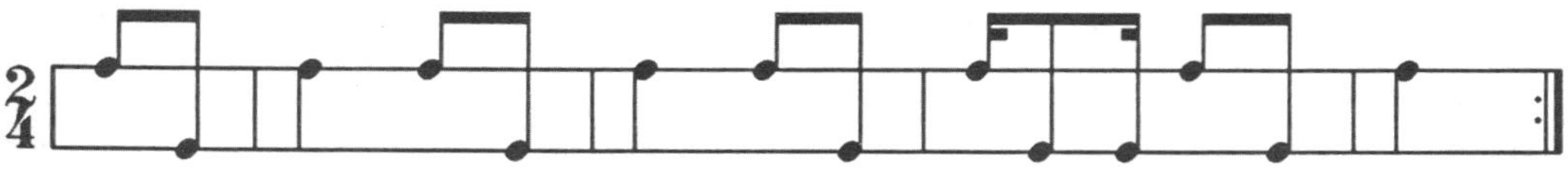

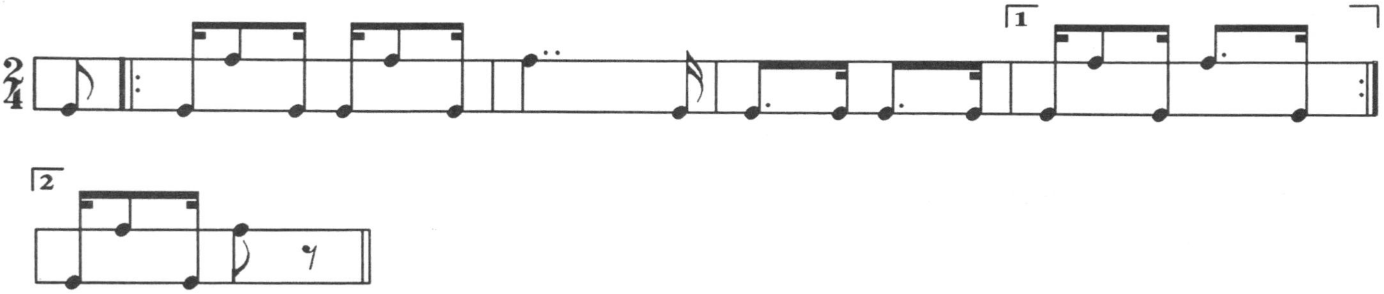

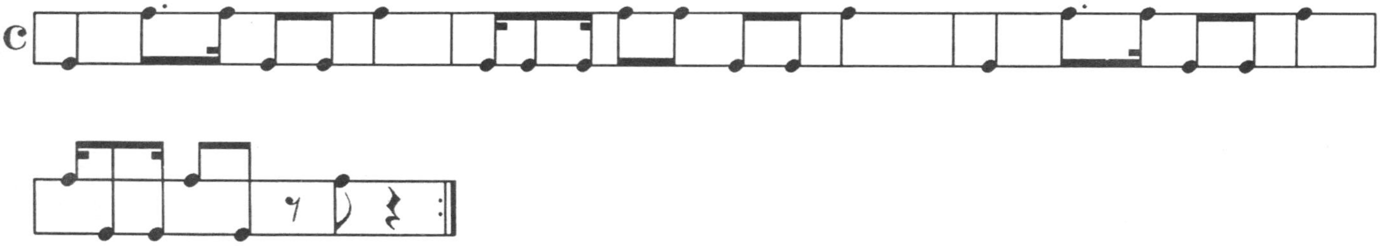

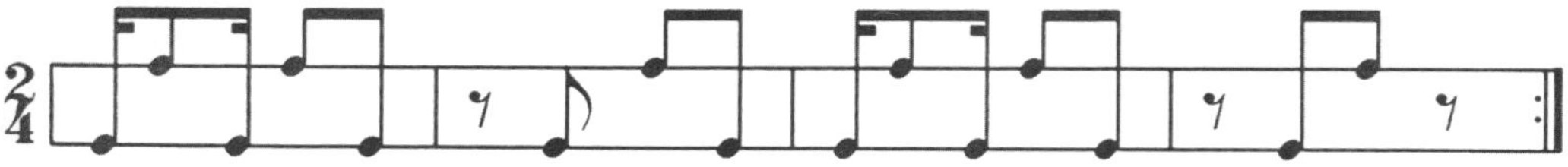

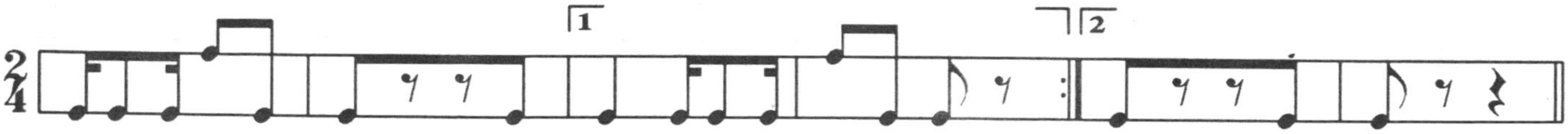

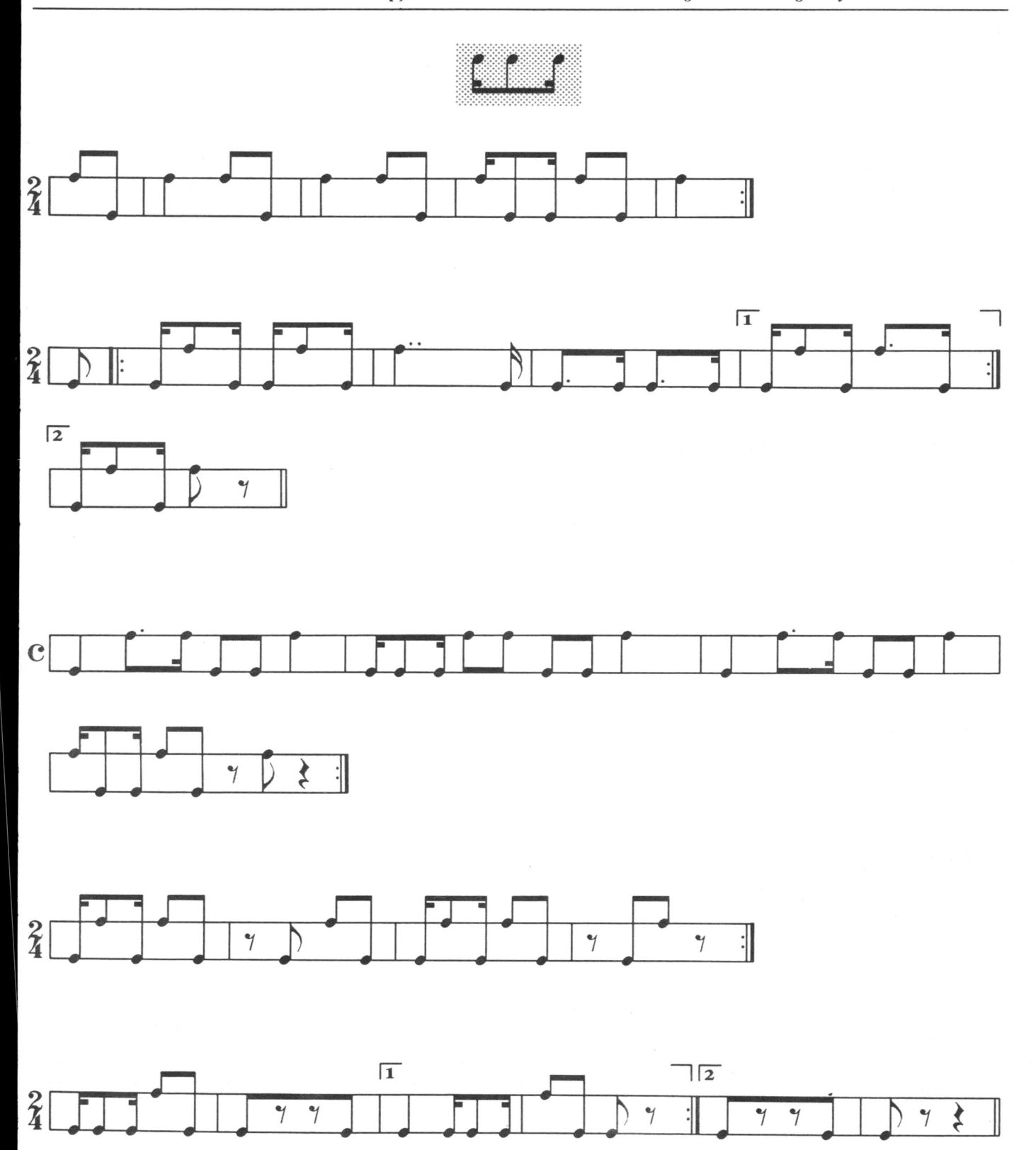

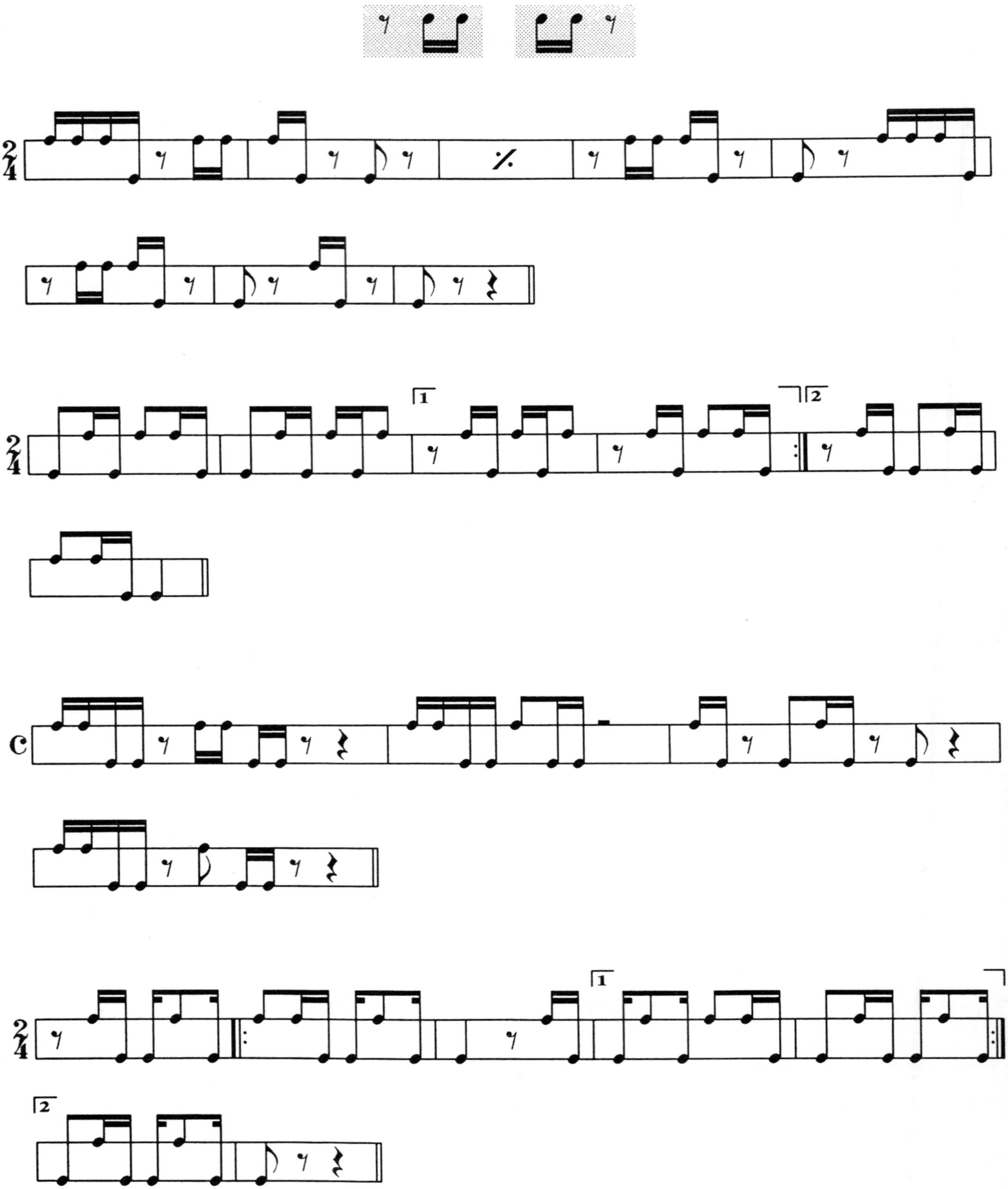

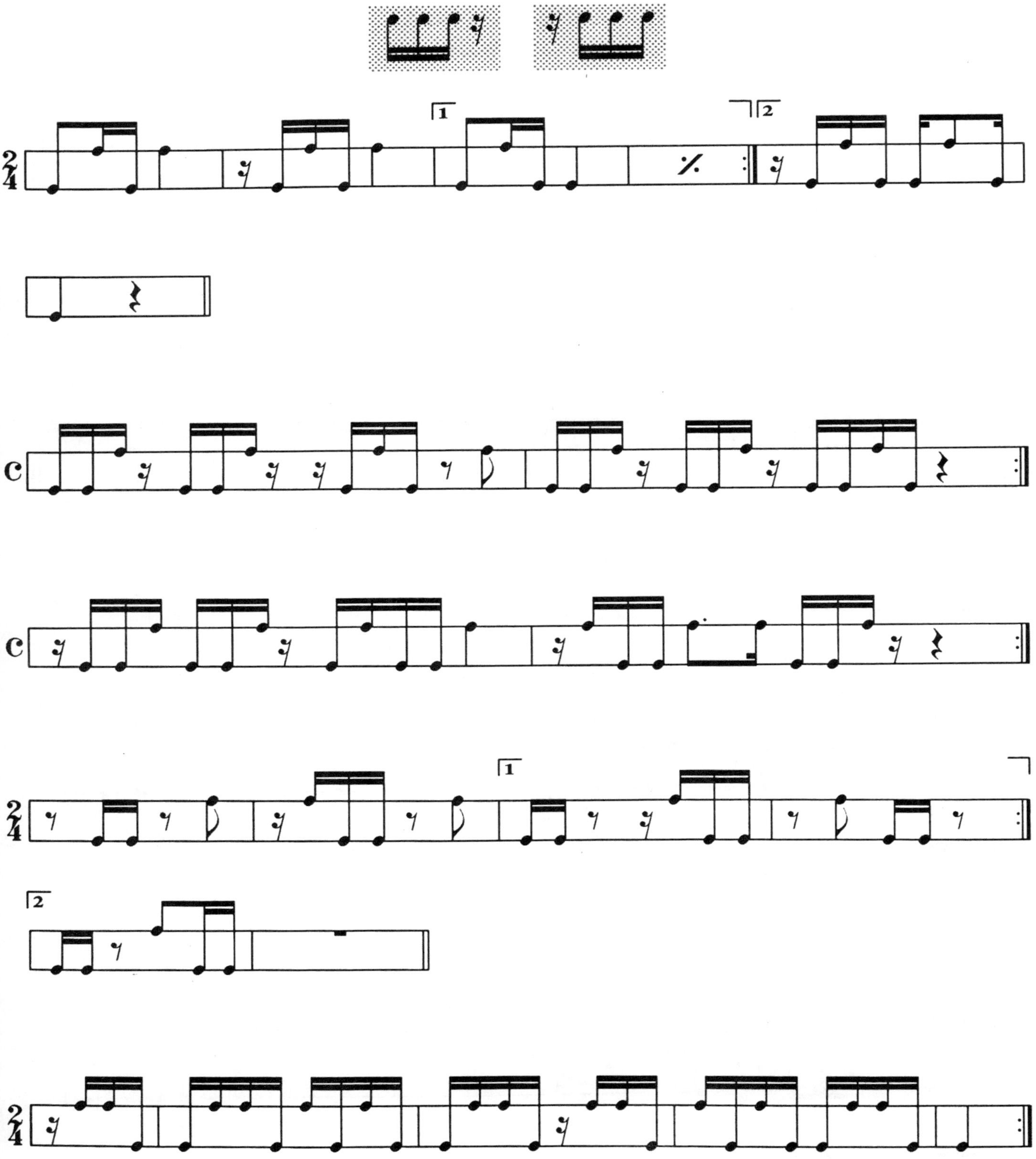

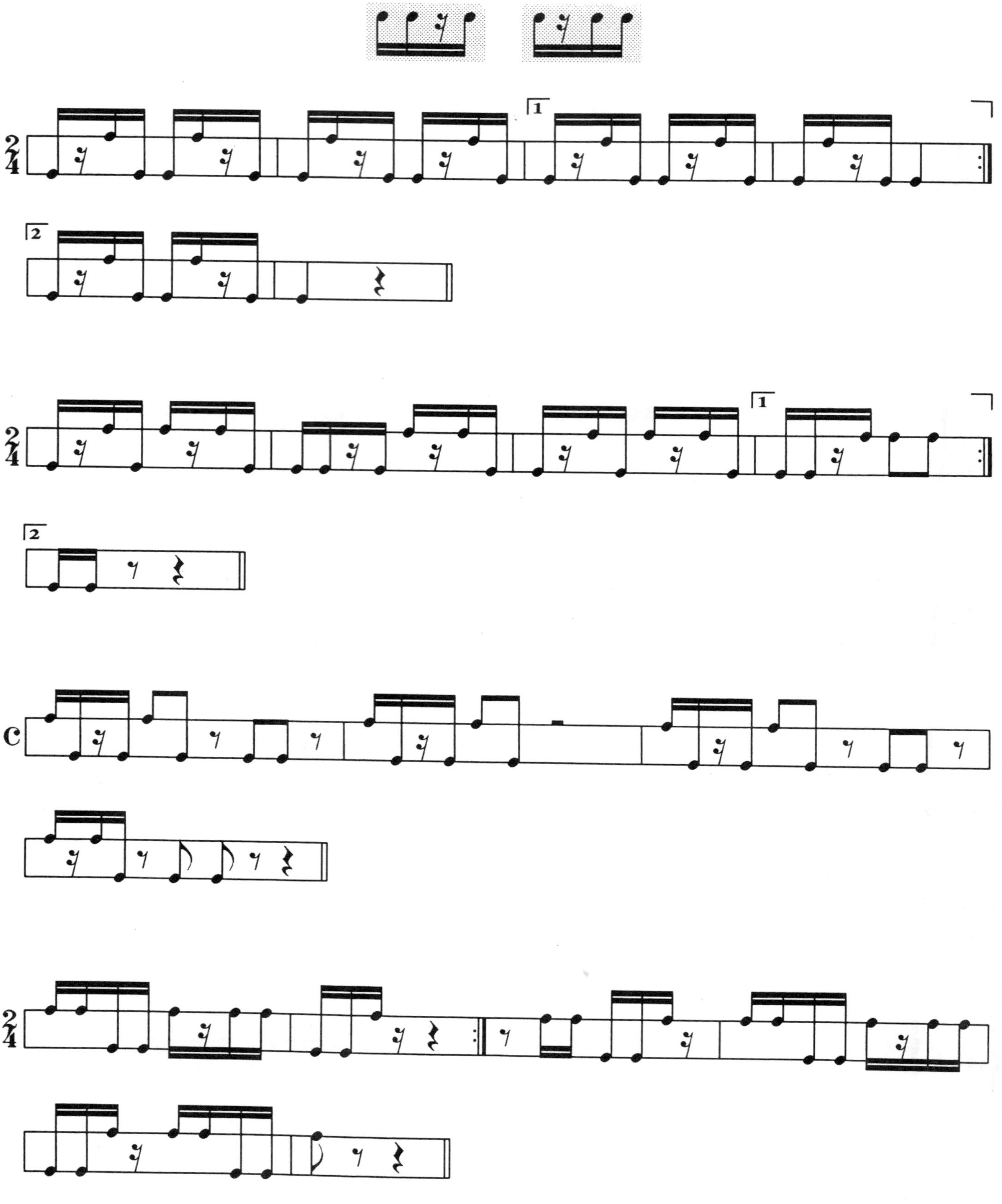

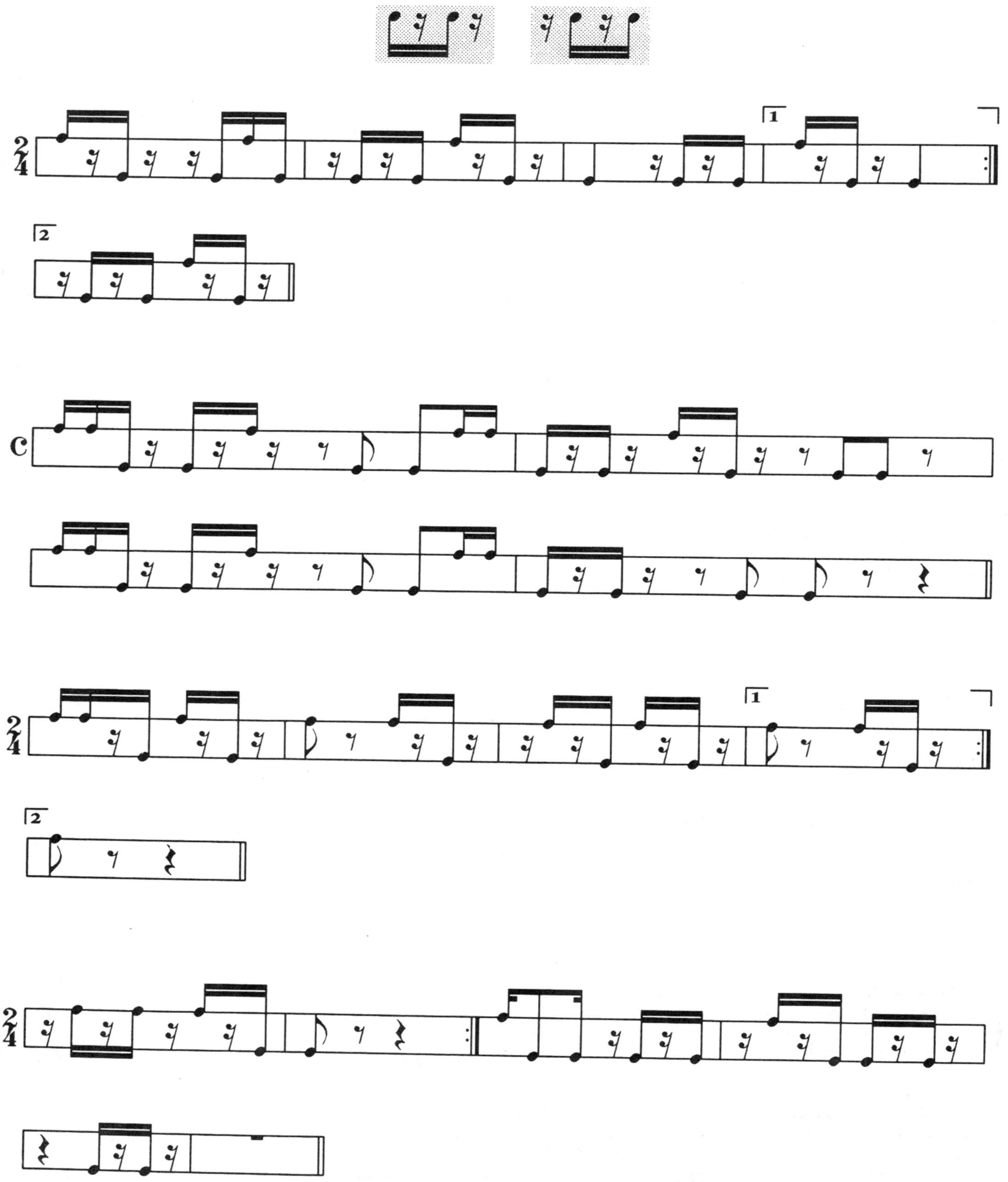

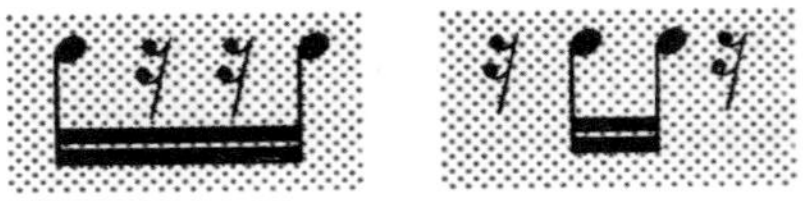

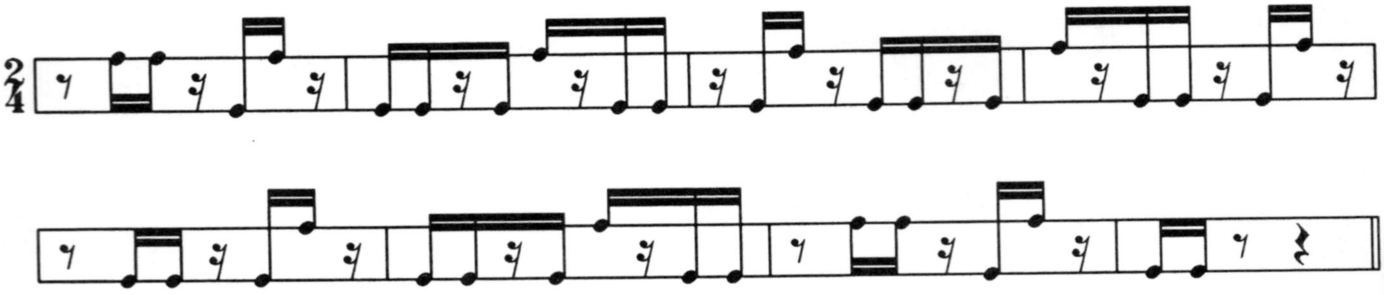

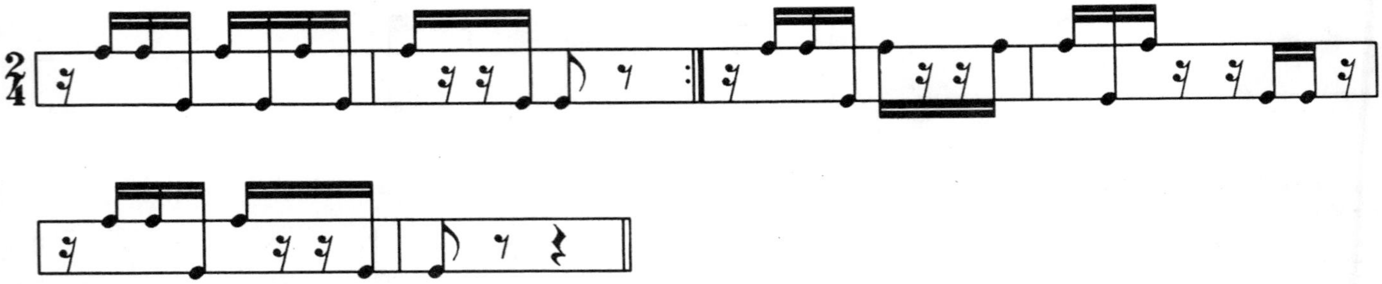

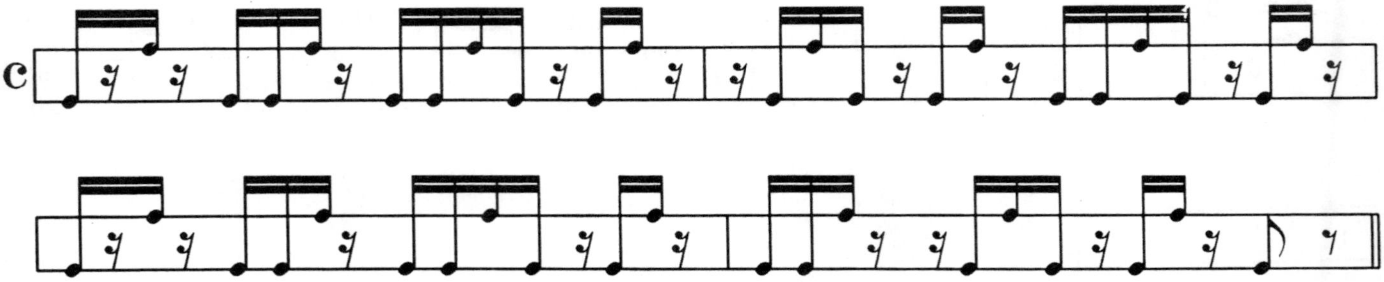

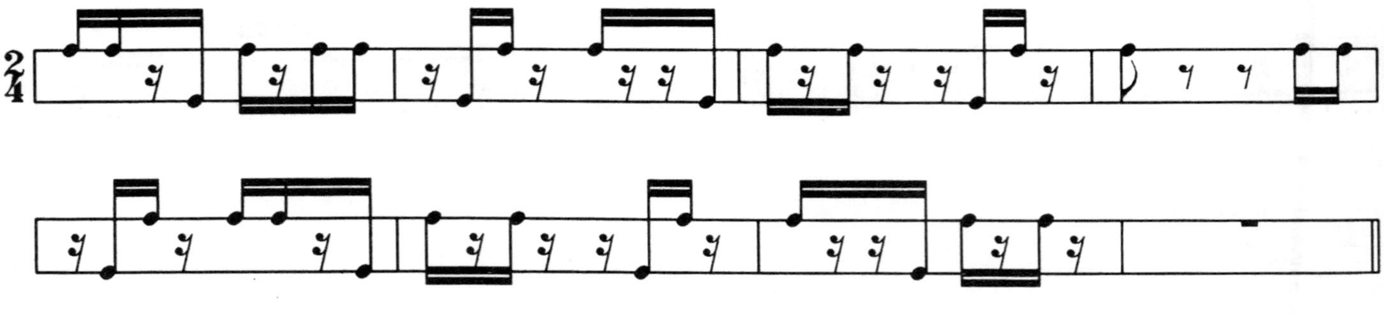

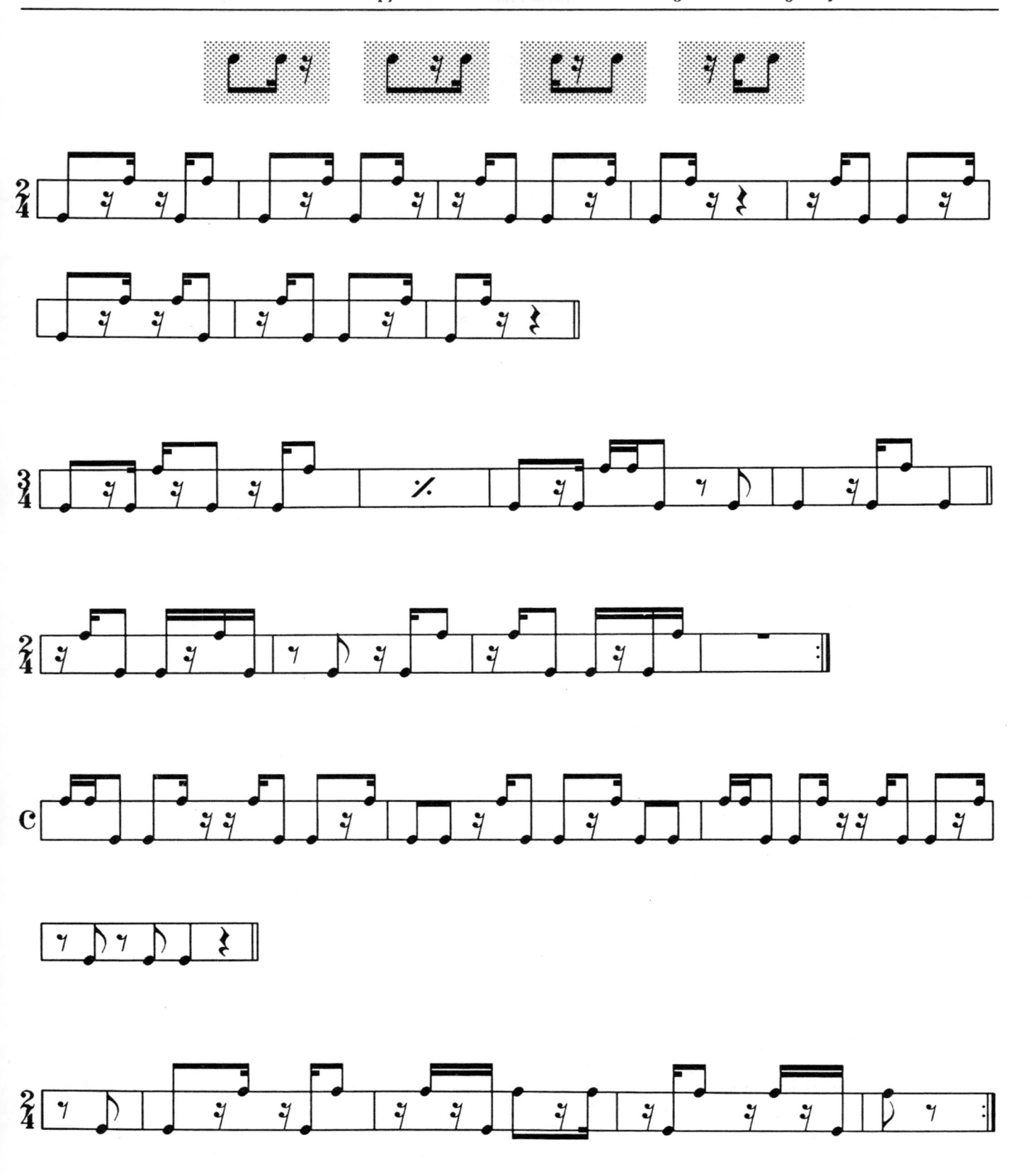

Método Prince • Leitura e Percepção - Ritmo / The Prince Method • Reading and Ear-training - Rhythm

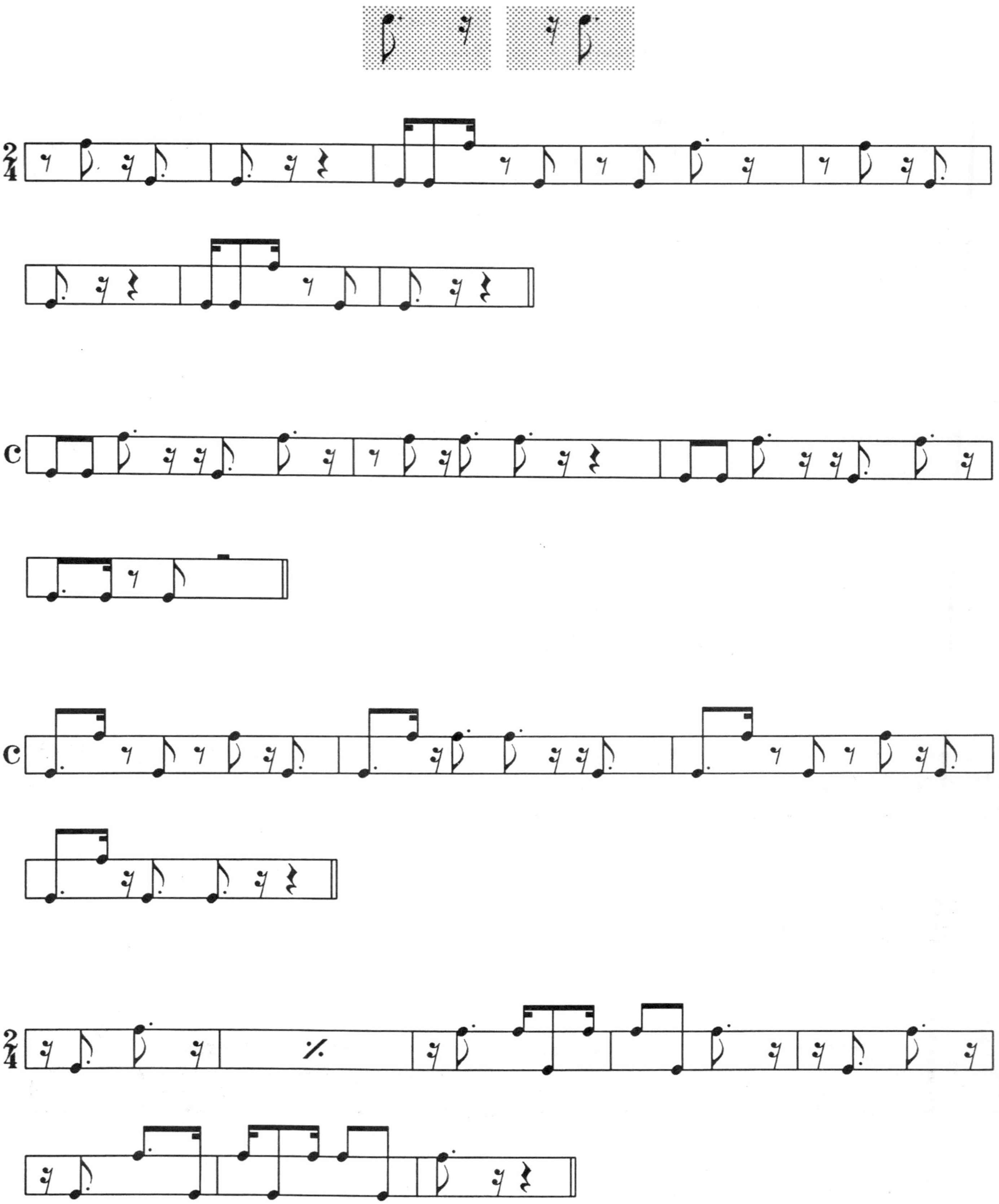

Método Prince • Leitura e Percepção - Ritmo / *The Prince Method* • *Reading and Ear-training - Rhythm*

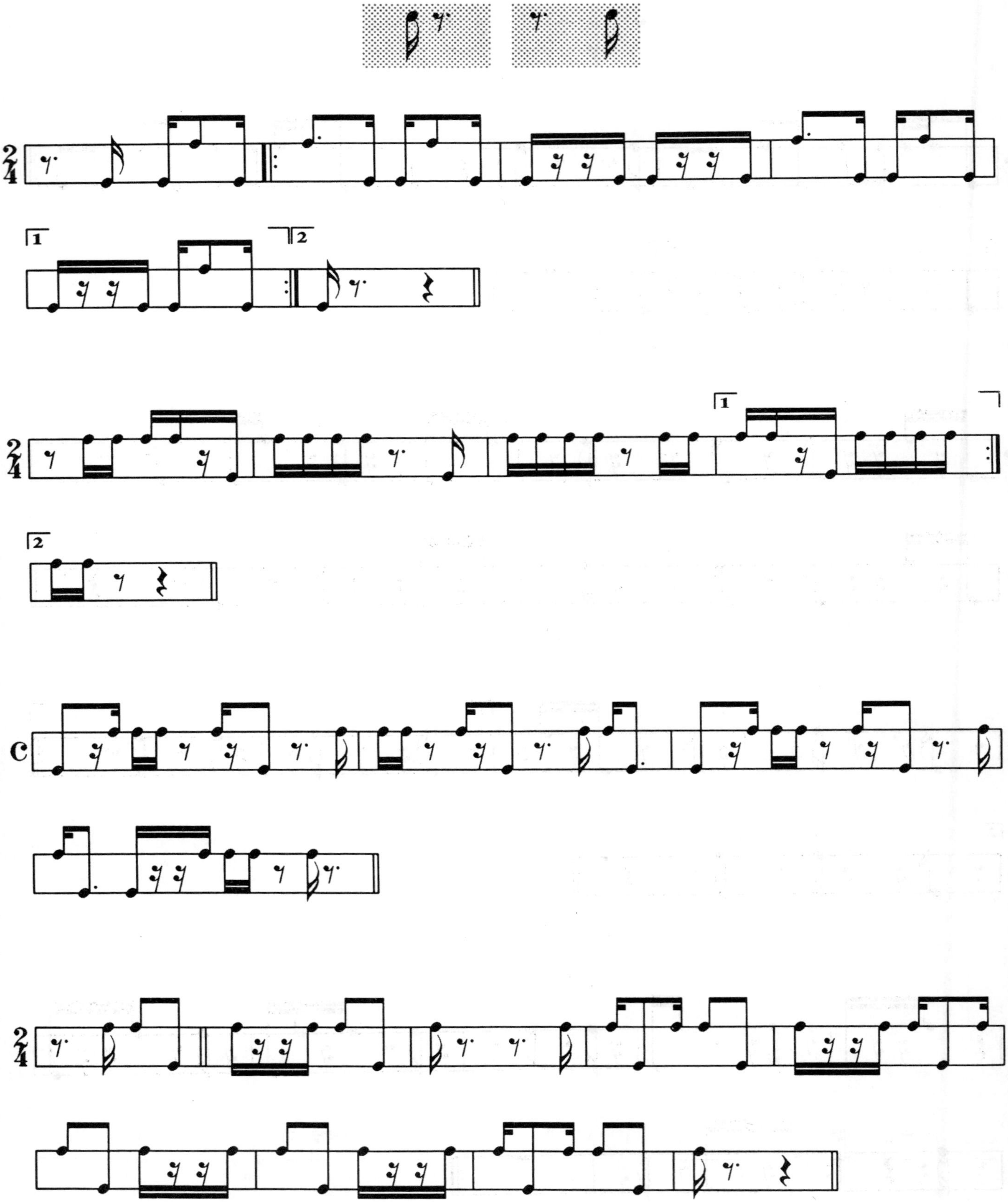

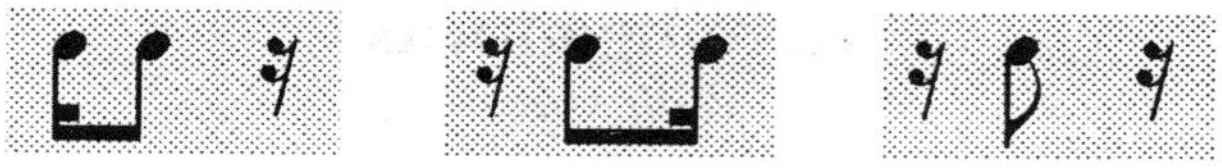

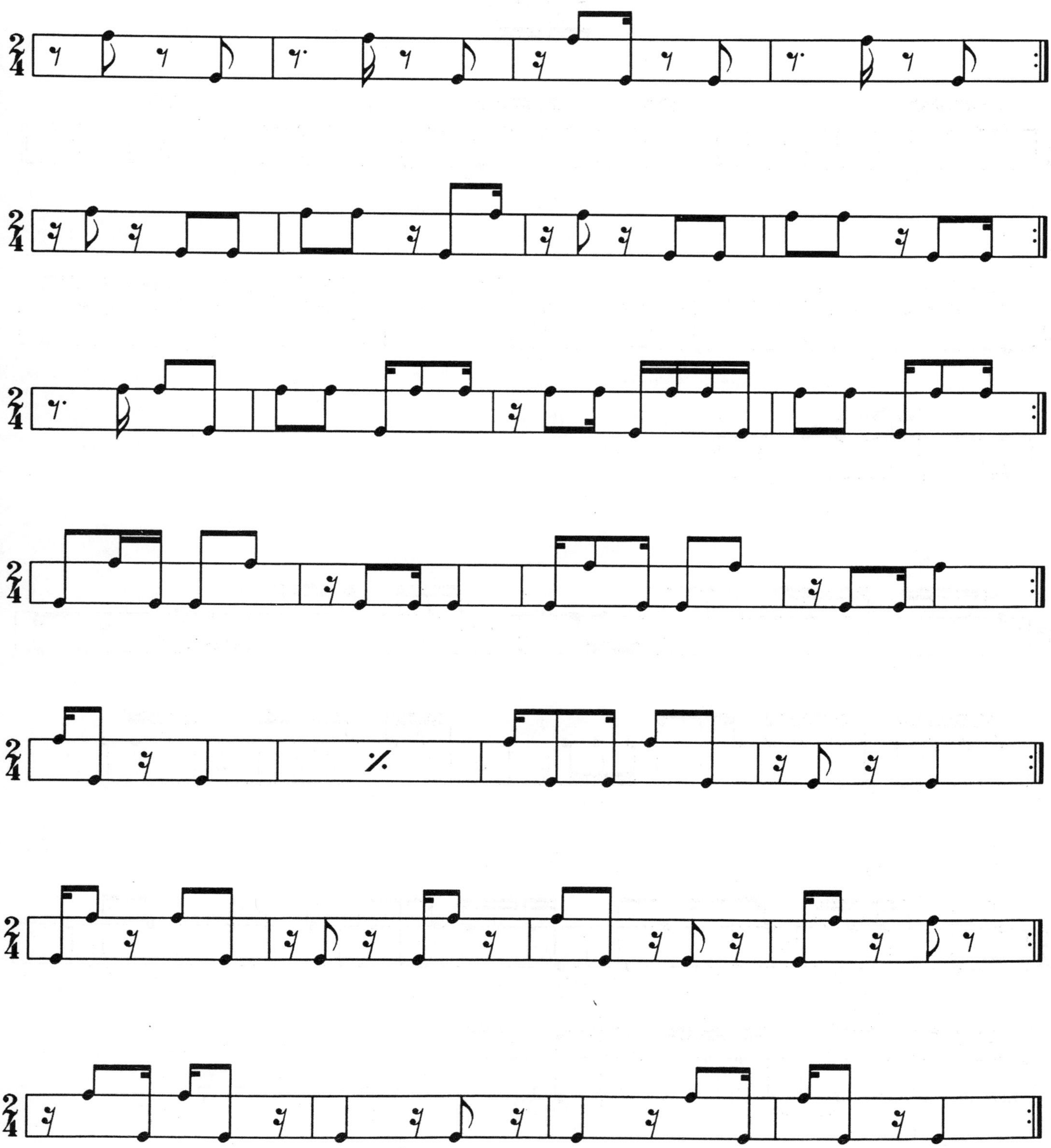

Com ligaduras
With slurs

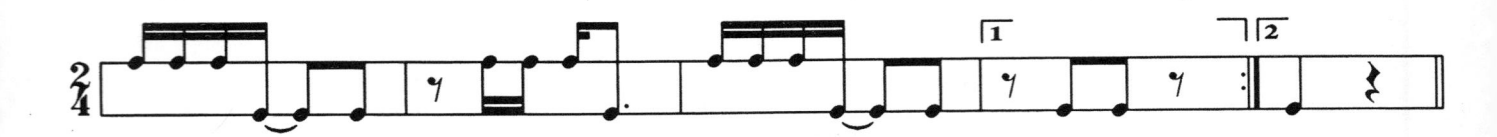

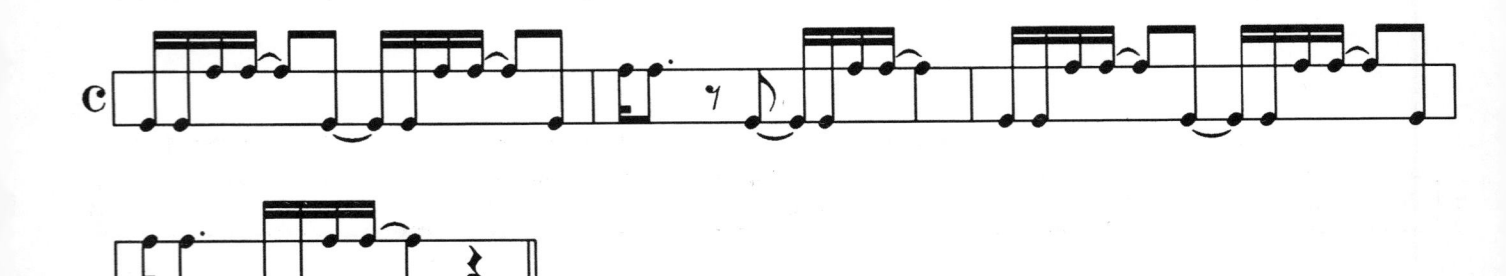

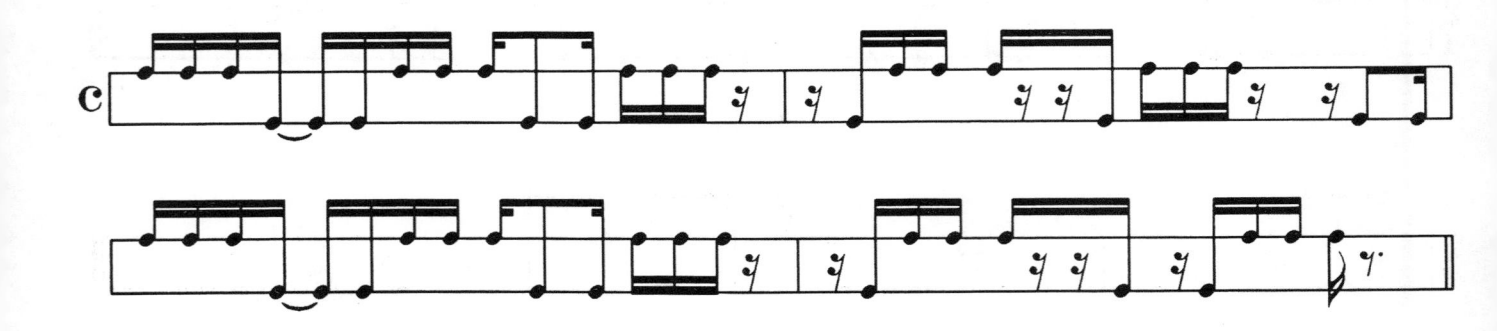

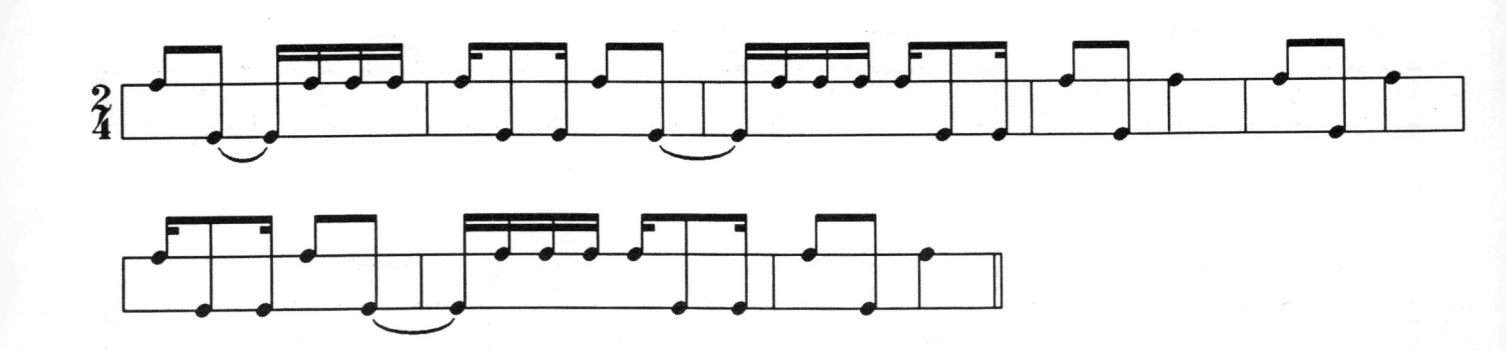

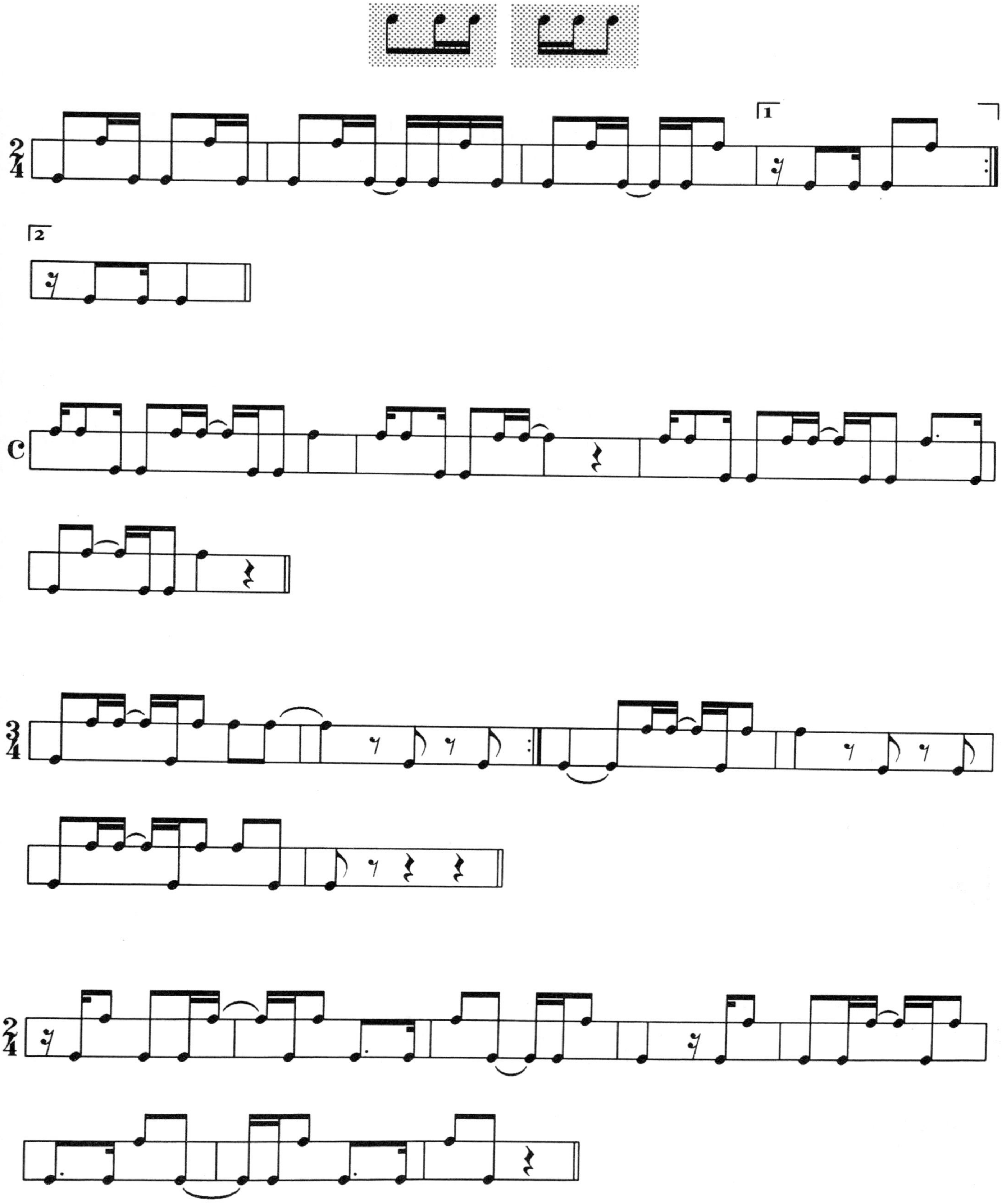

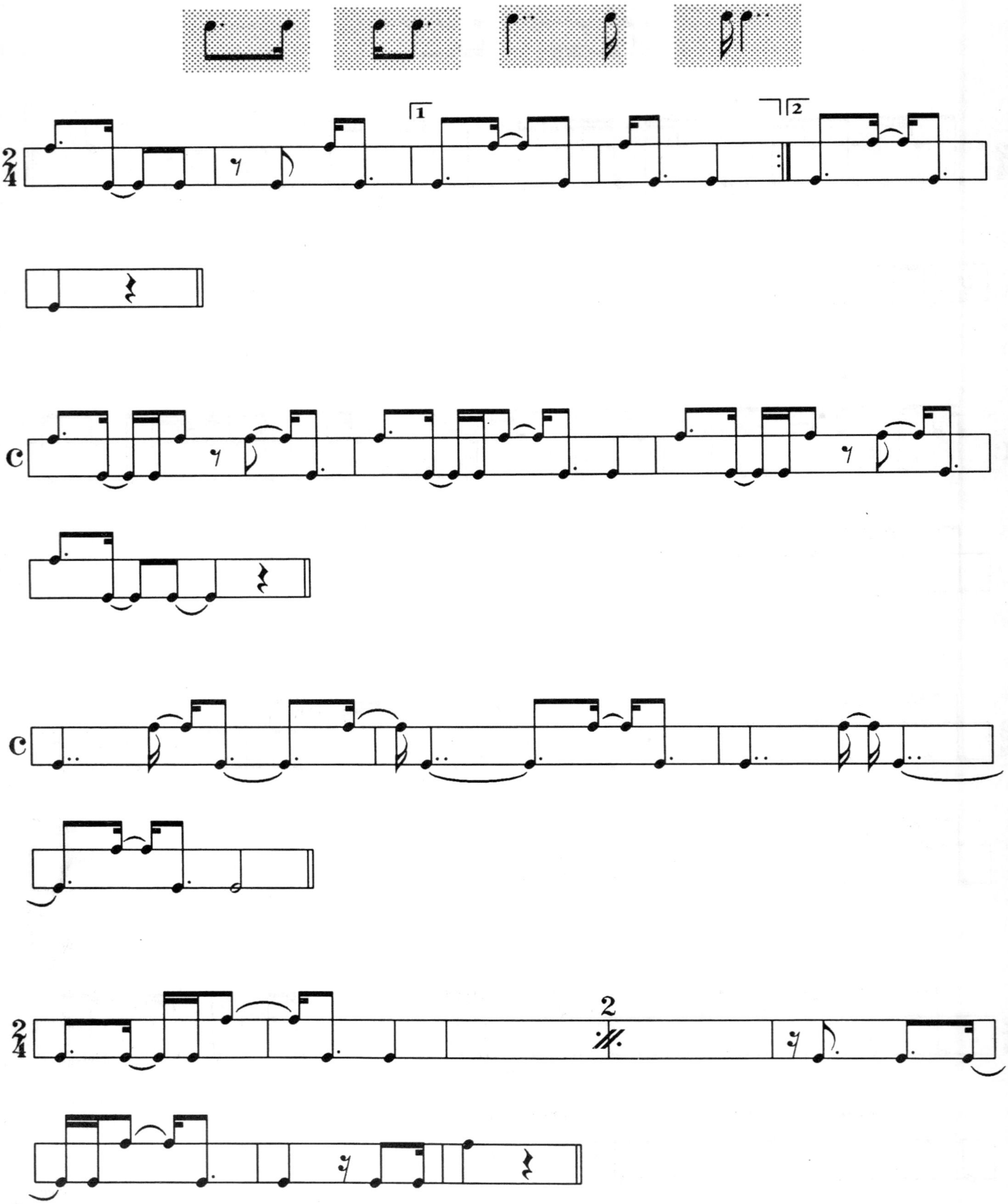

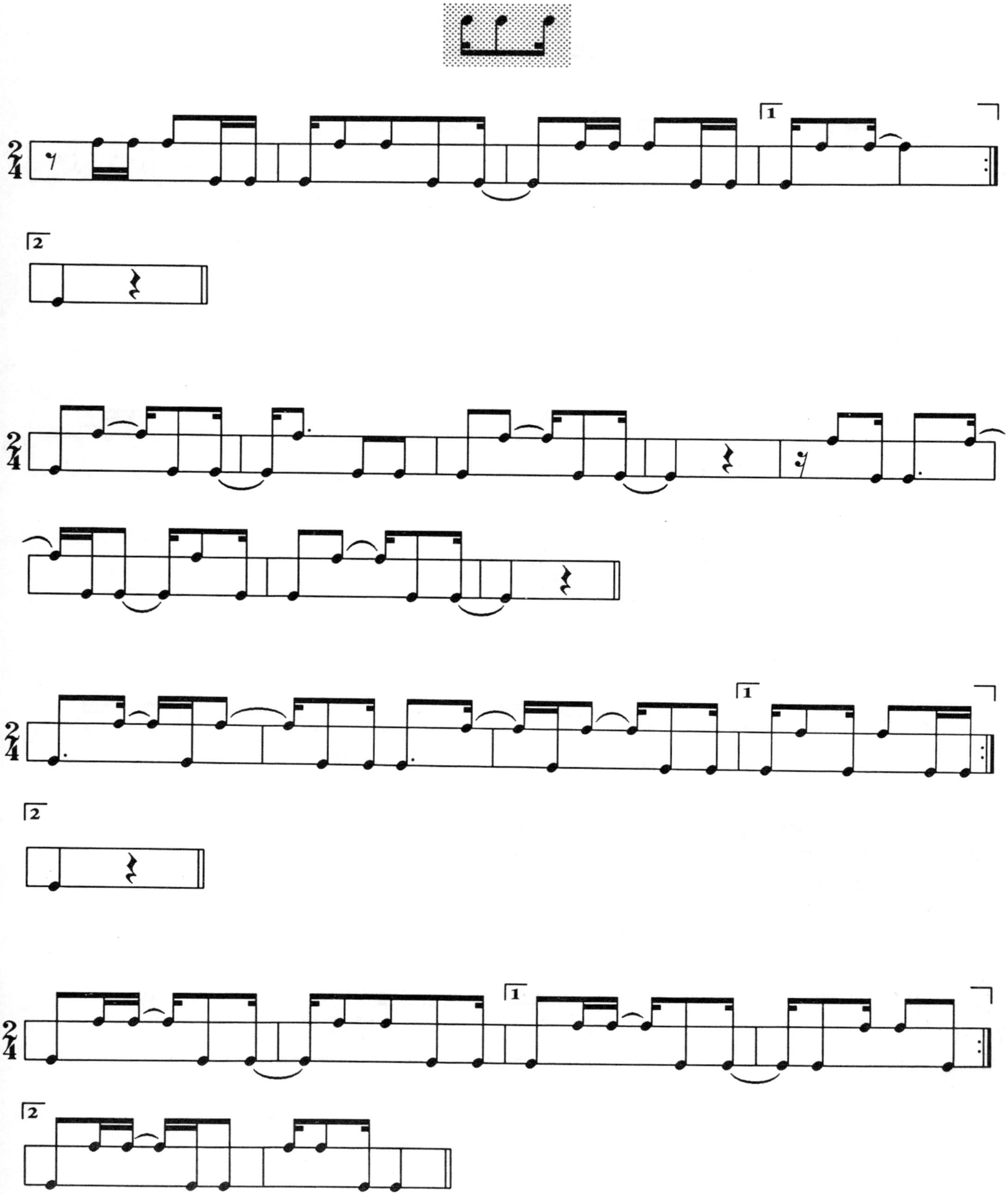

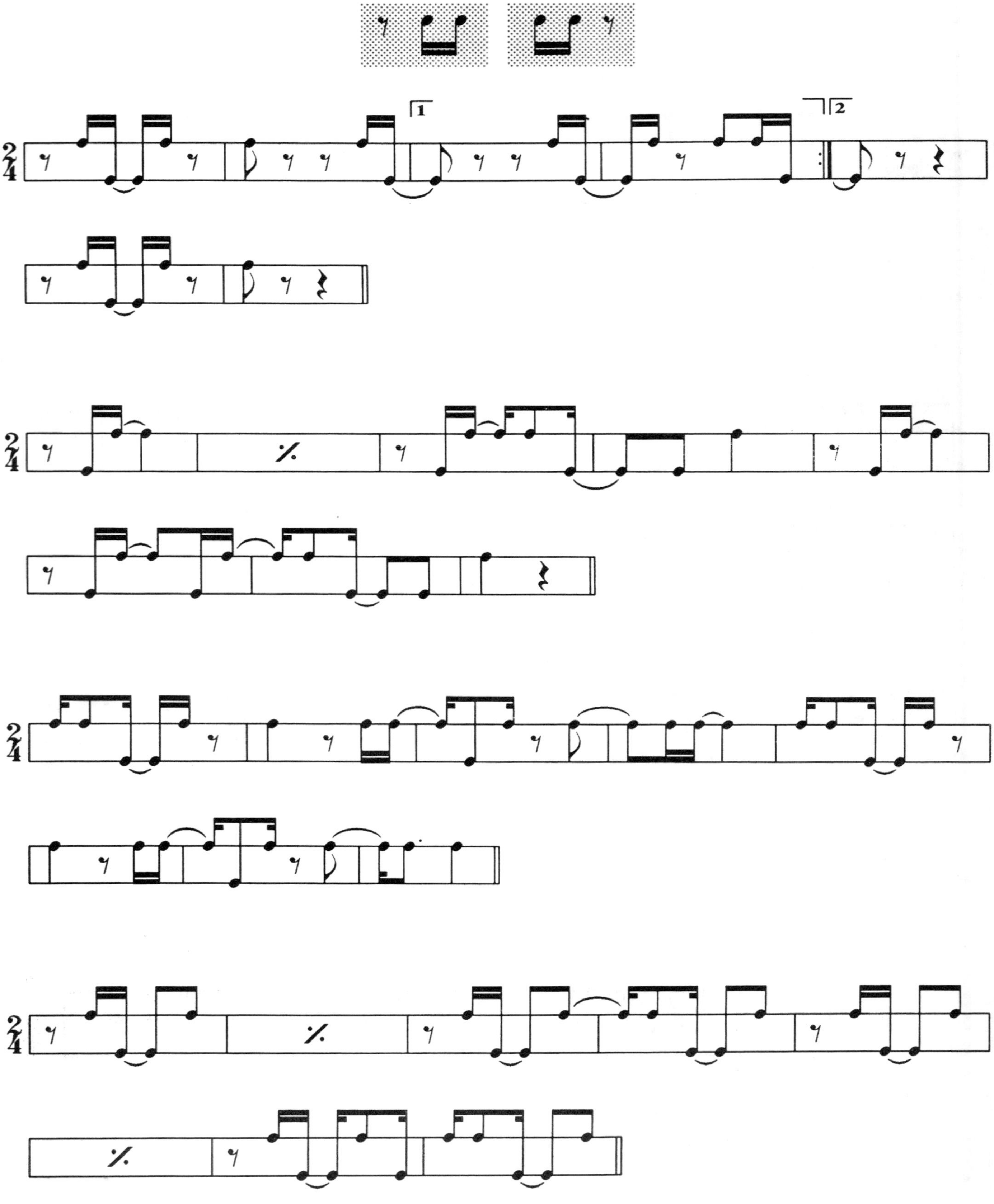

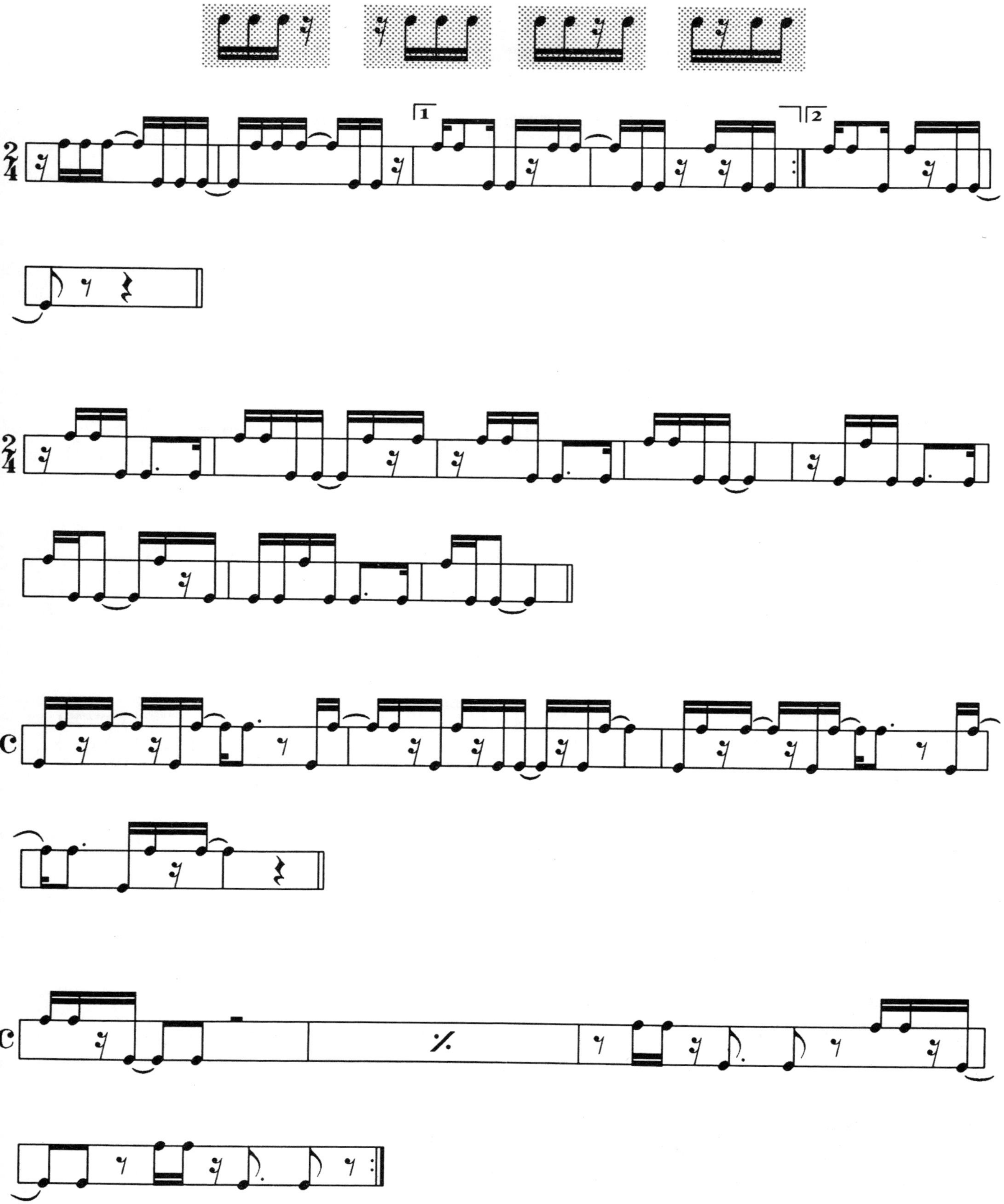

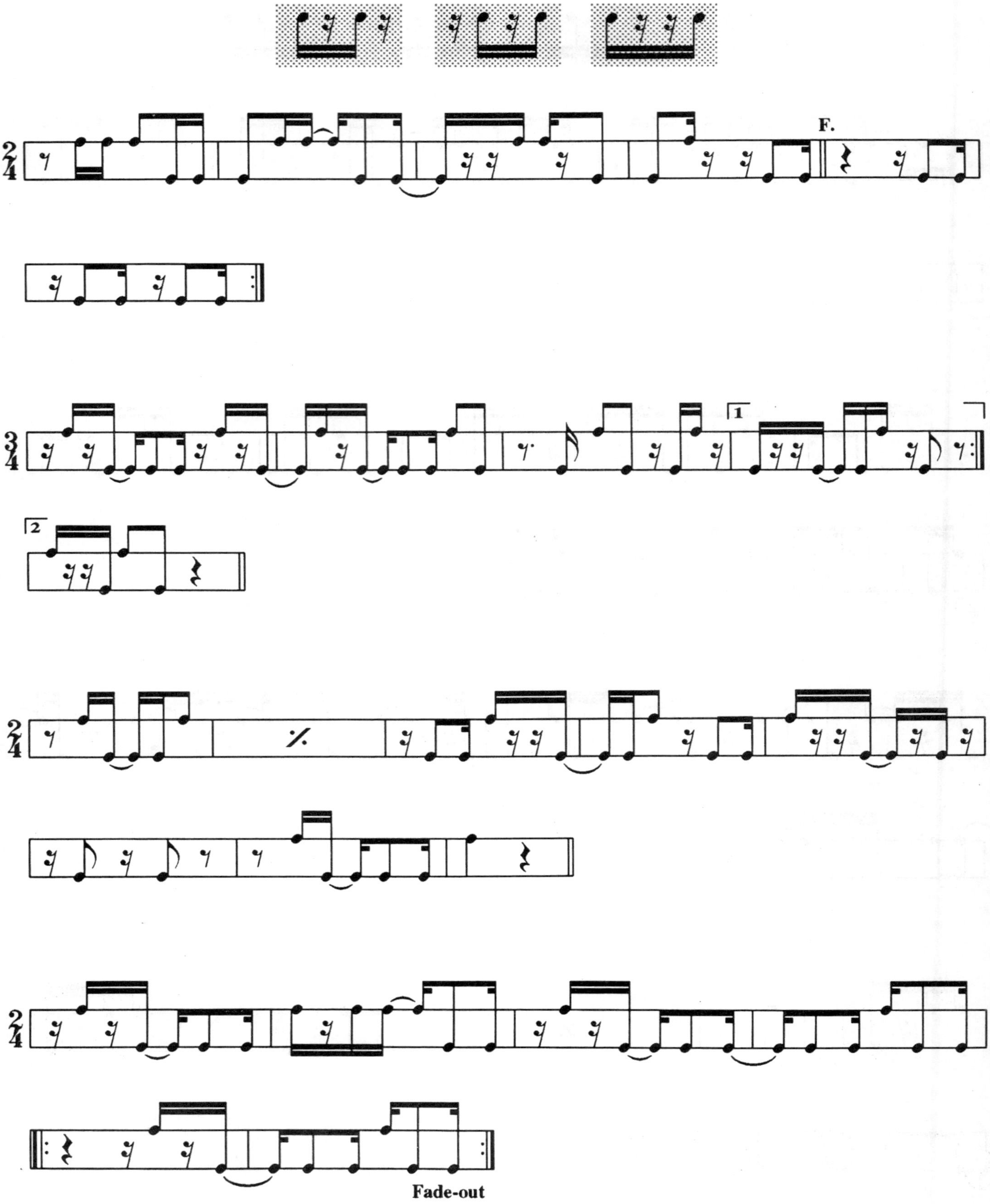
F.
1
2
Fade-out

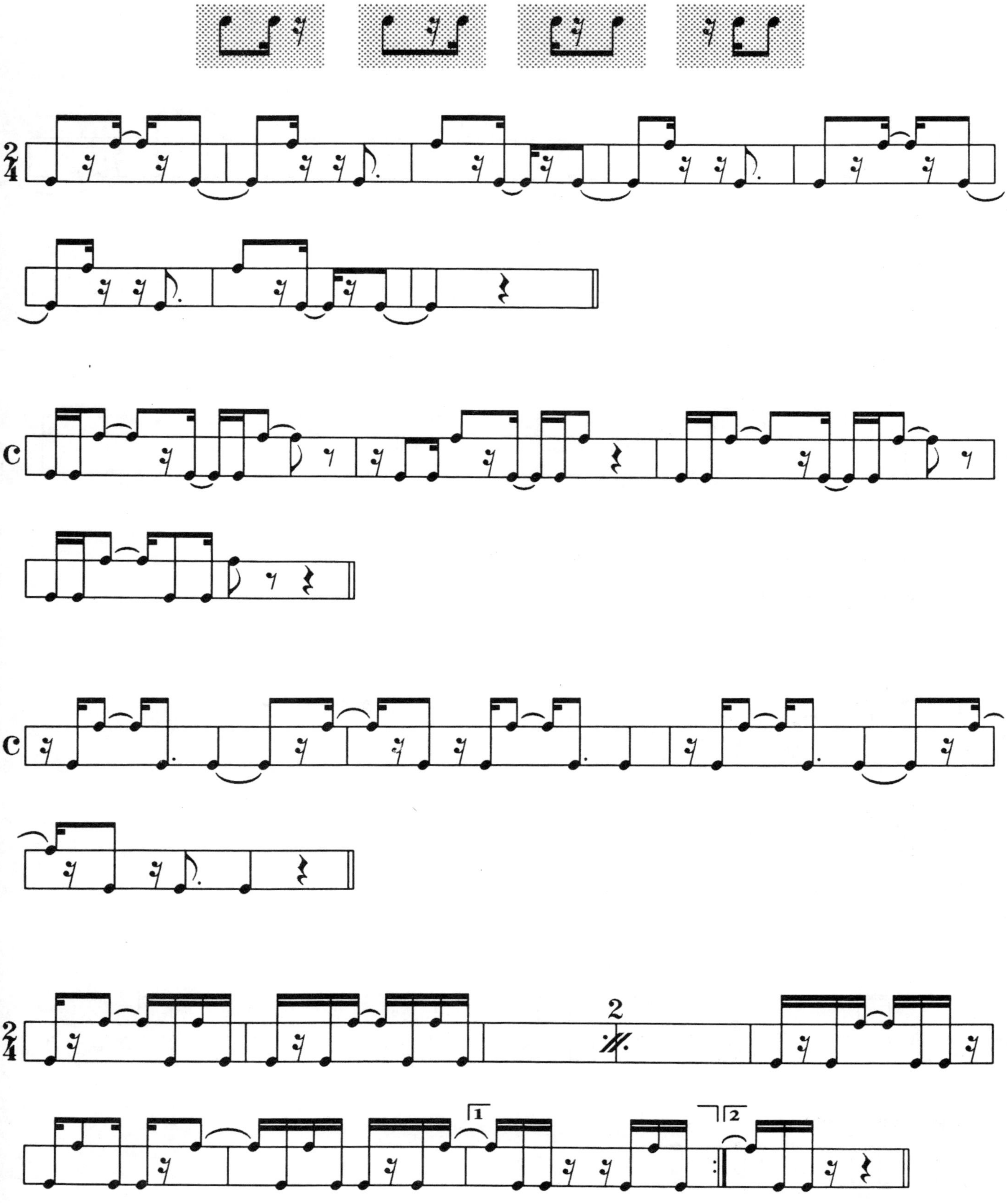

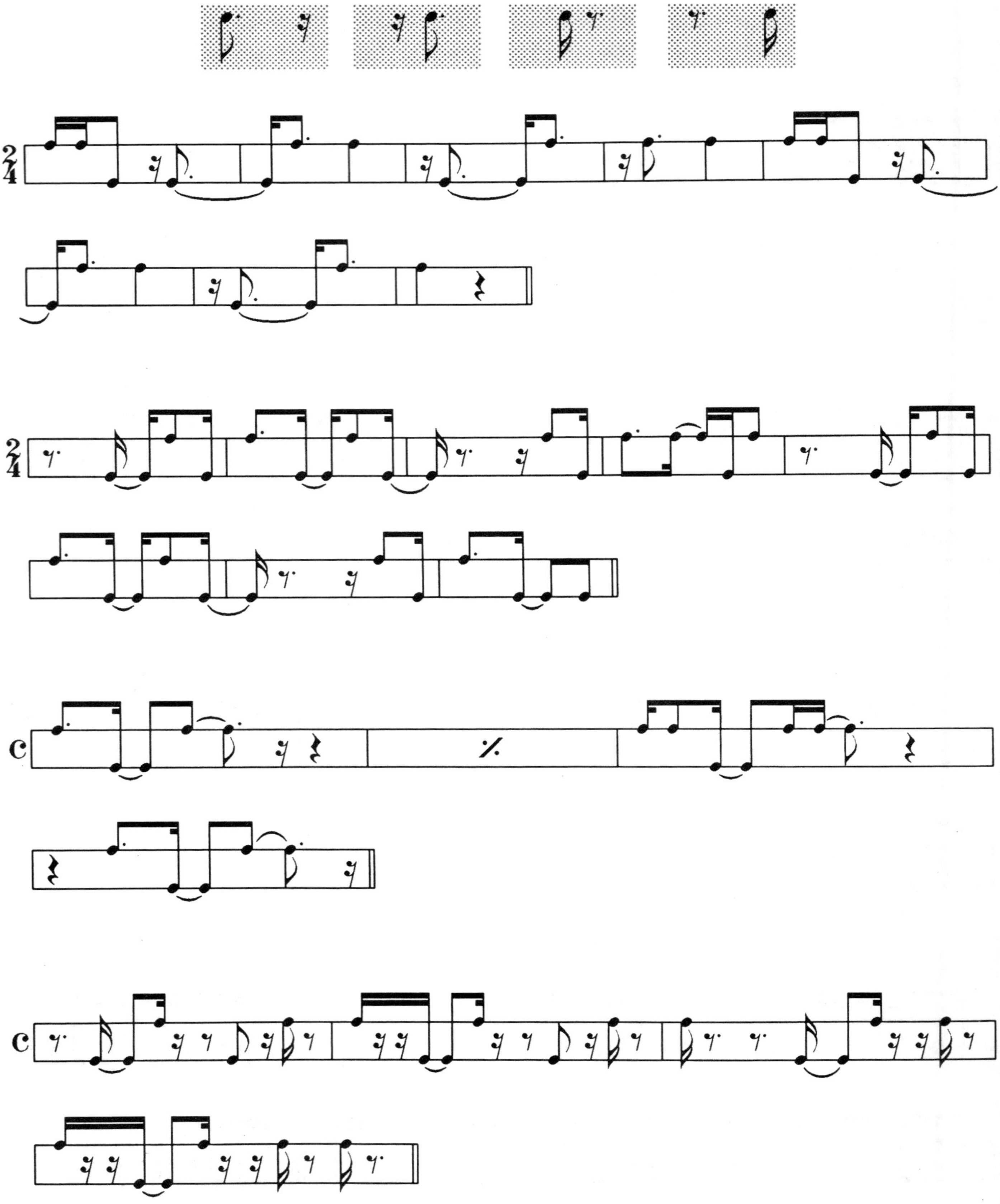

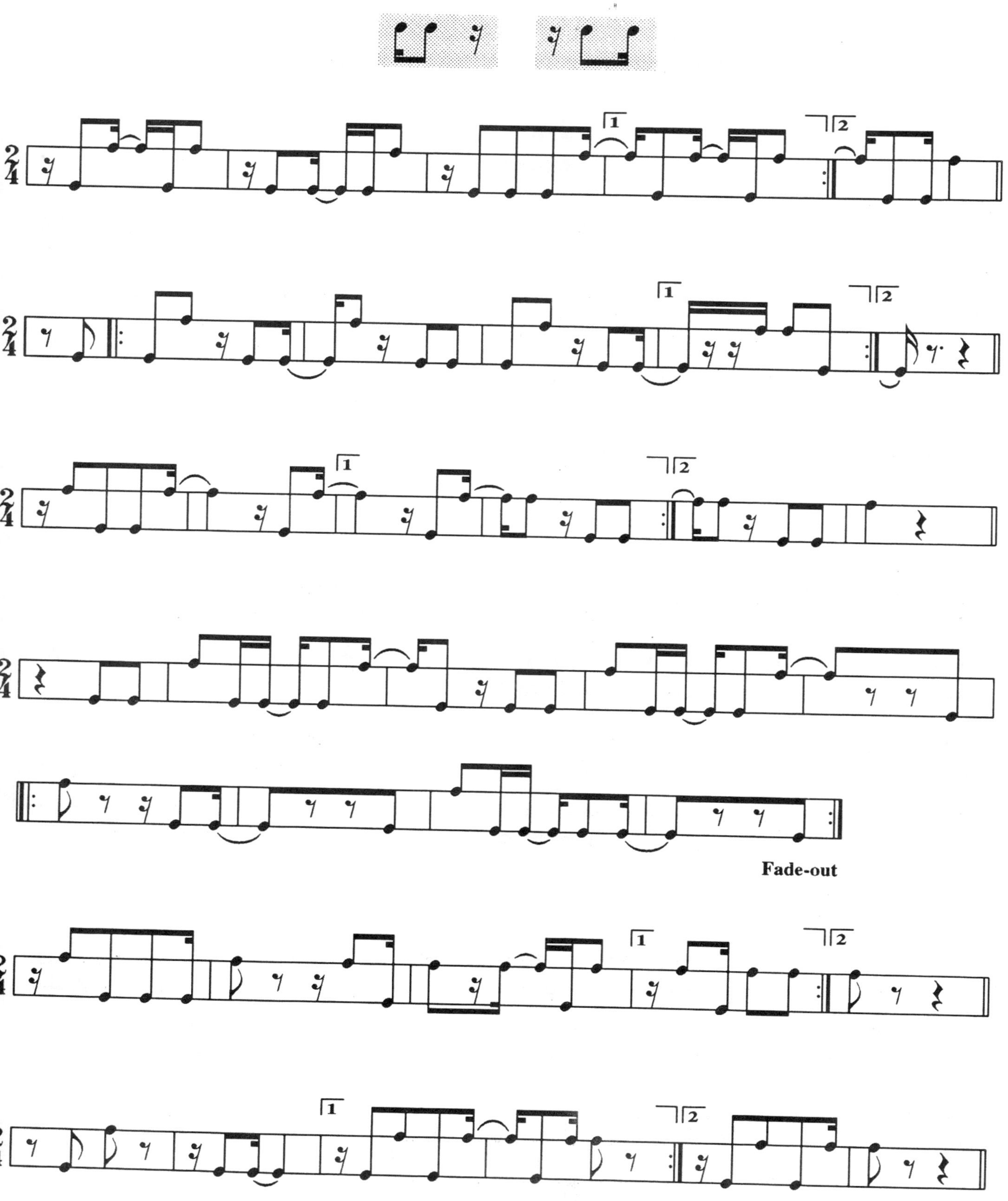
Fade-out

Leitura a duas vozes simultâneas
Reading in two simultaneous voices

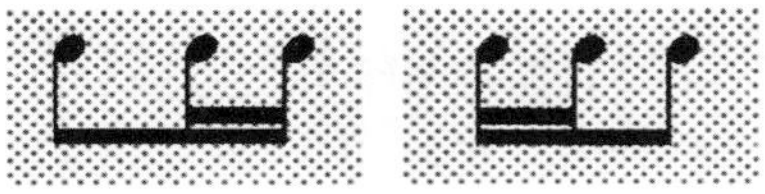

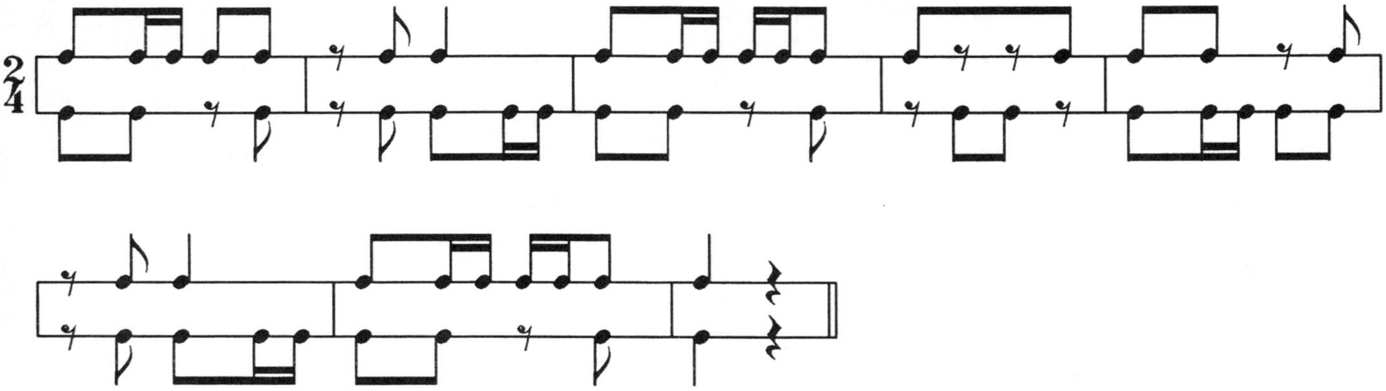

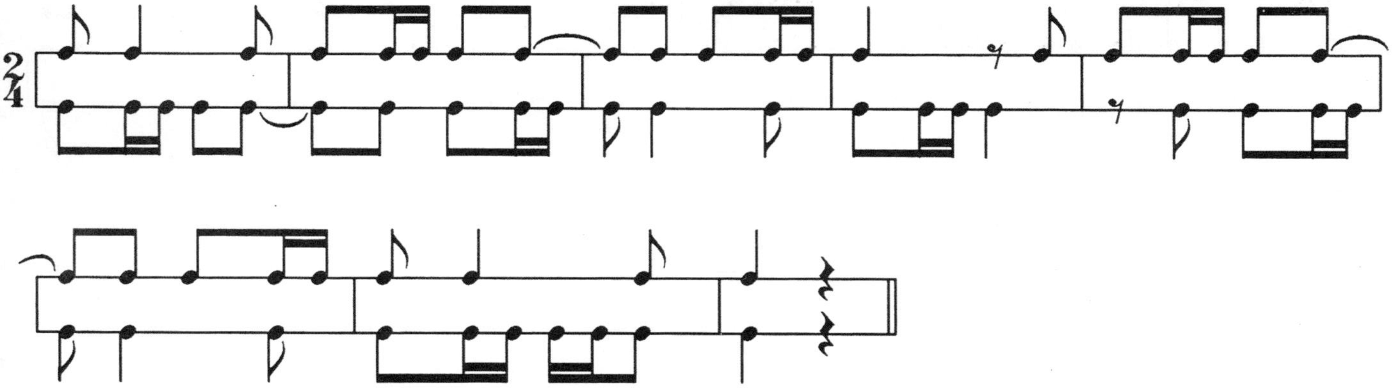

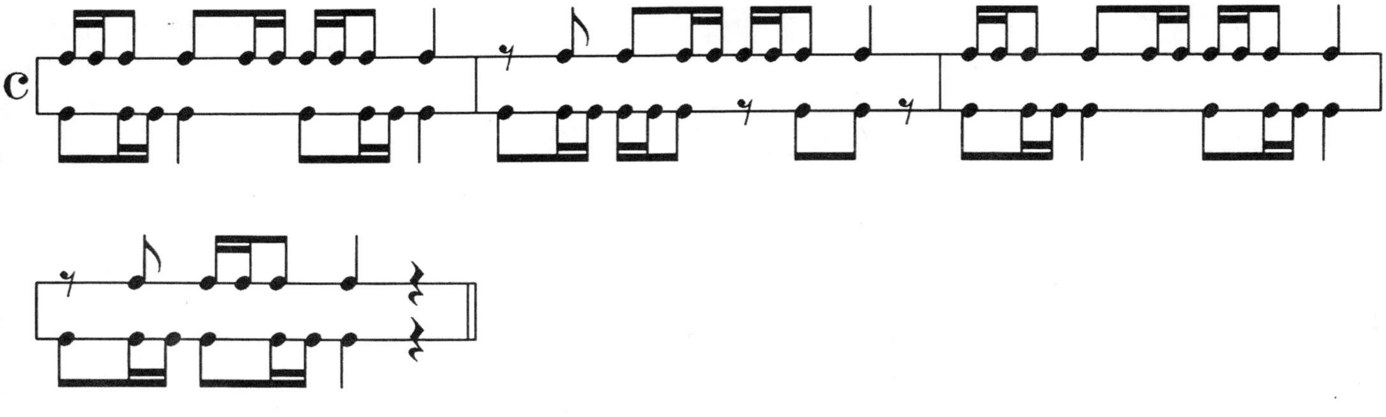

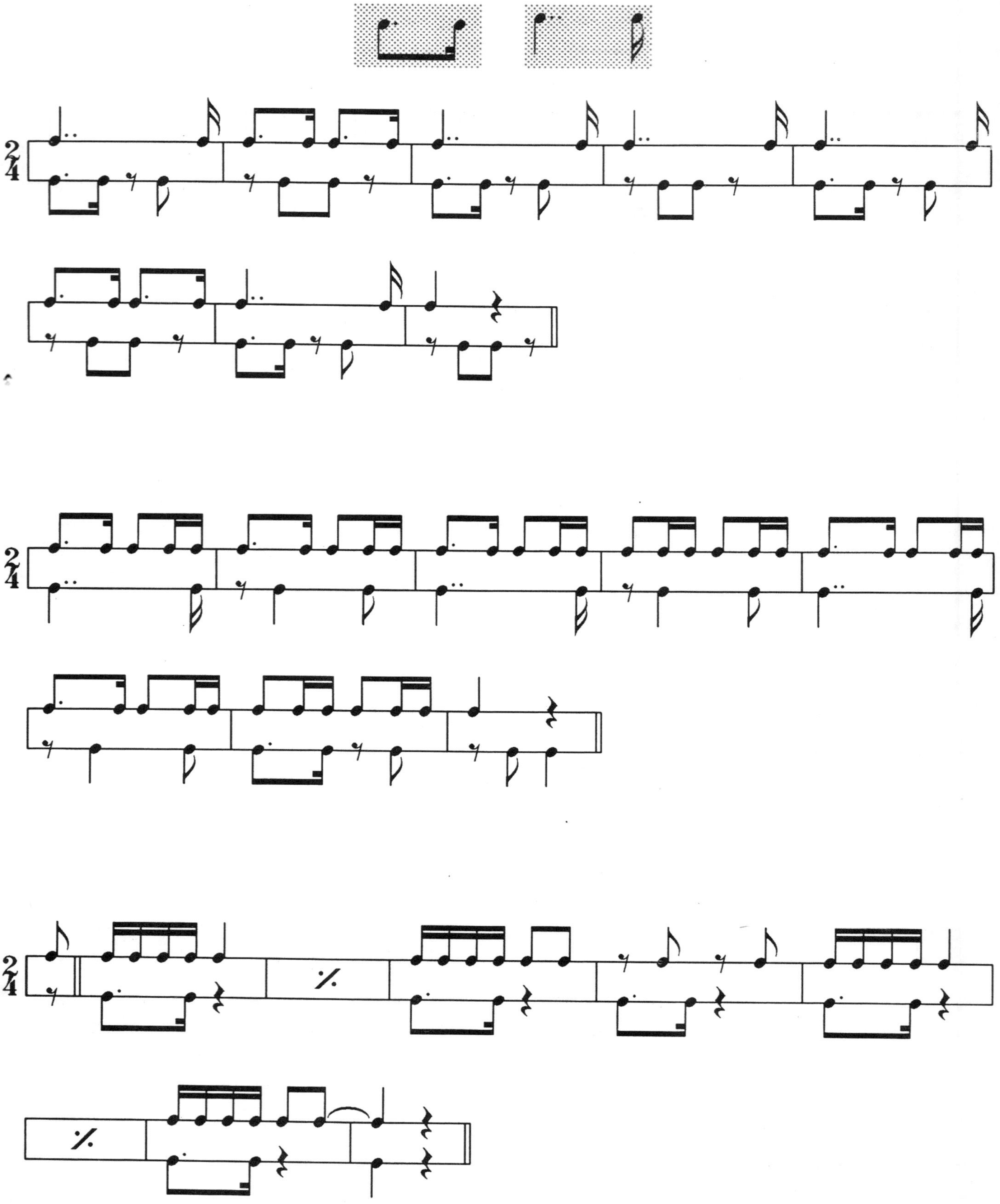

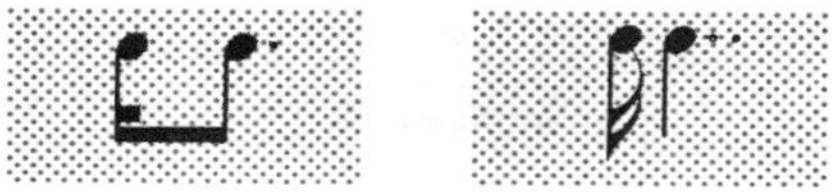

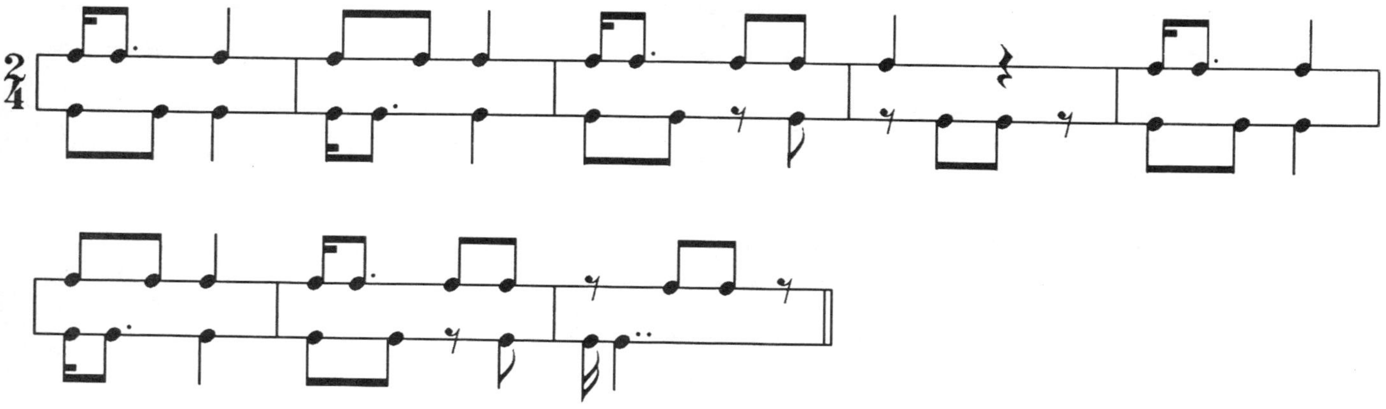

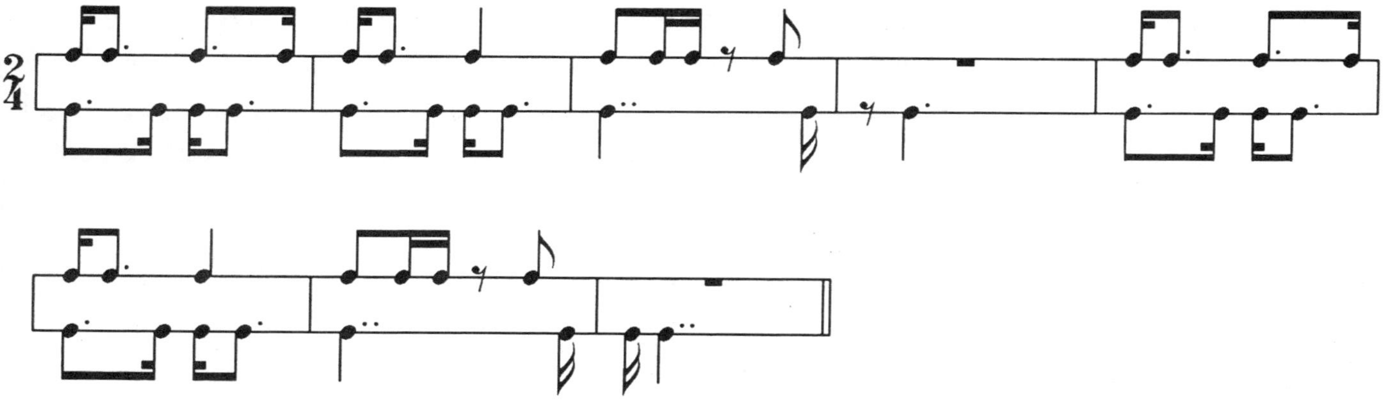

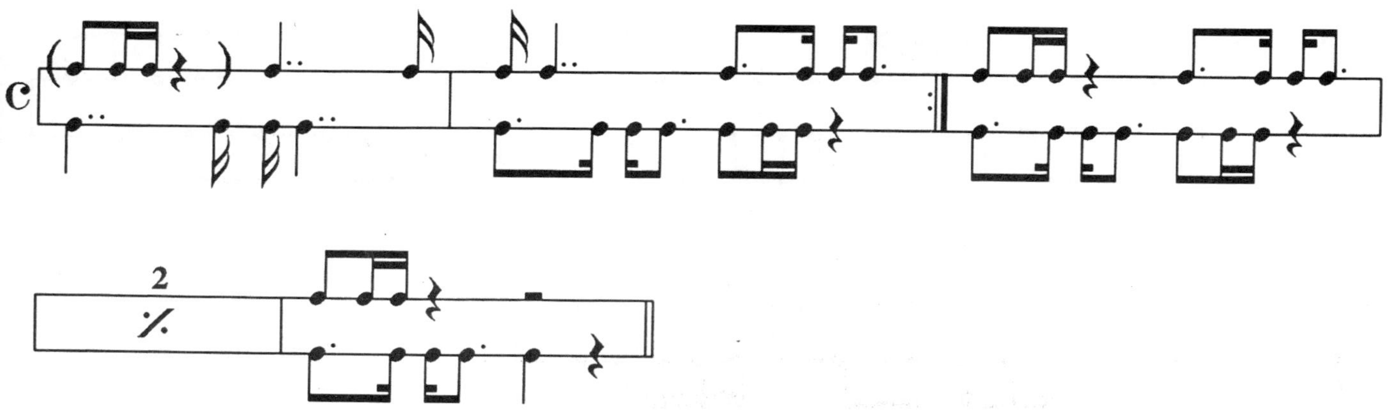

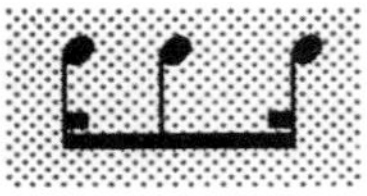

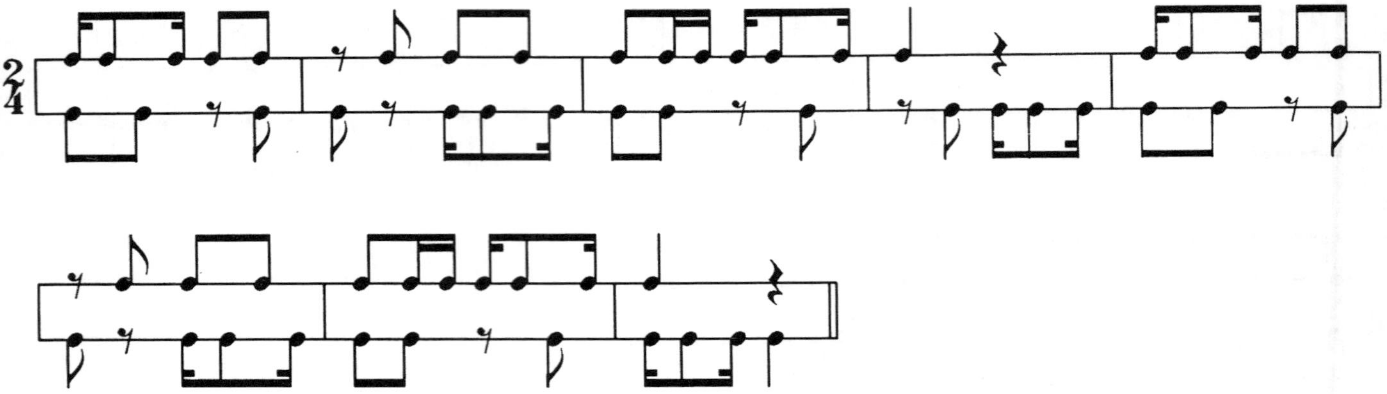

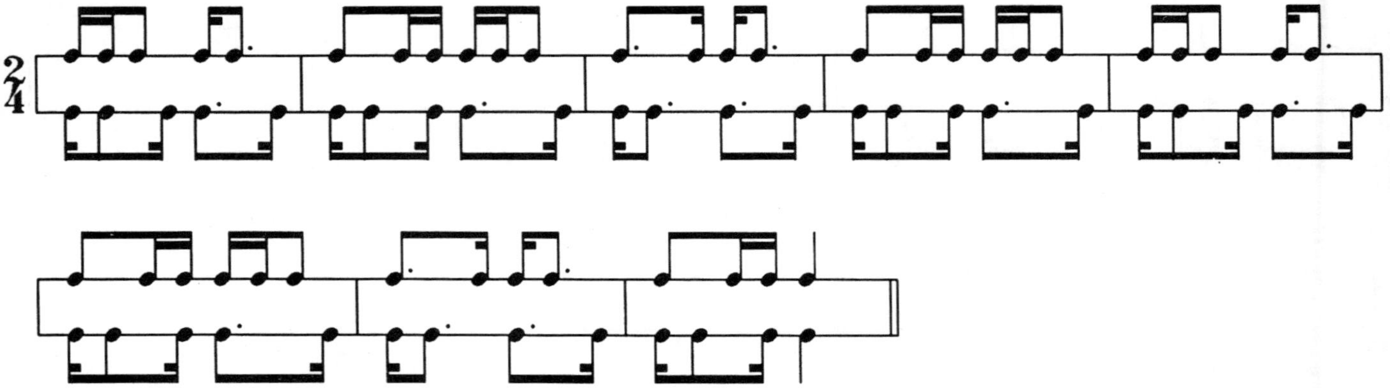

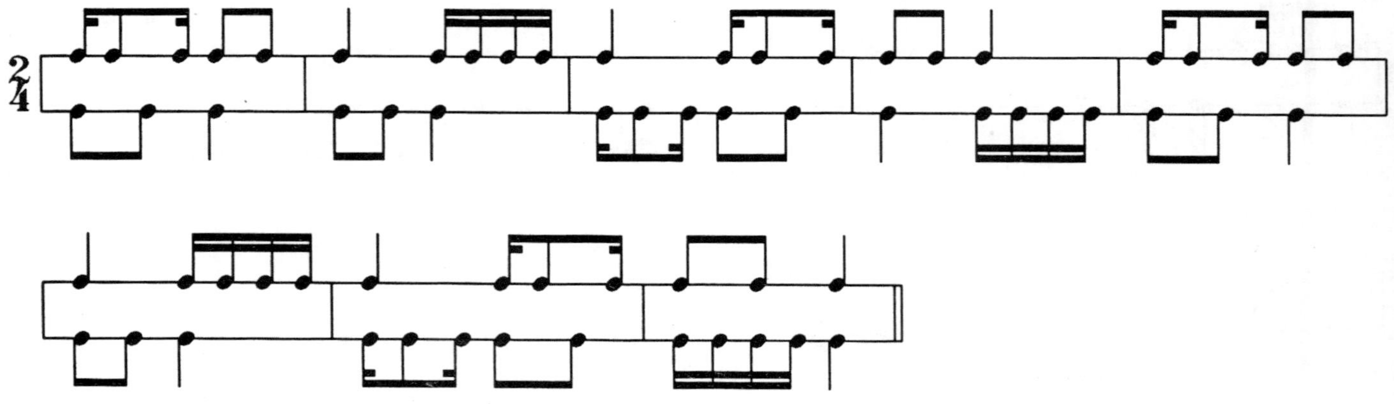

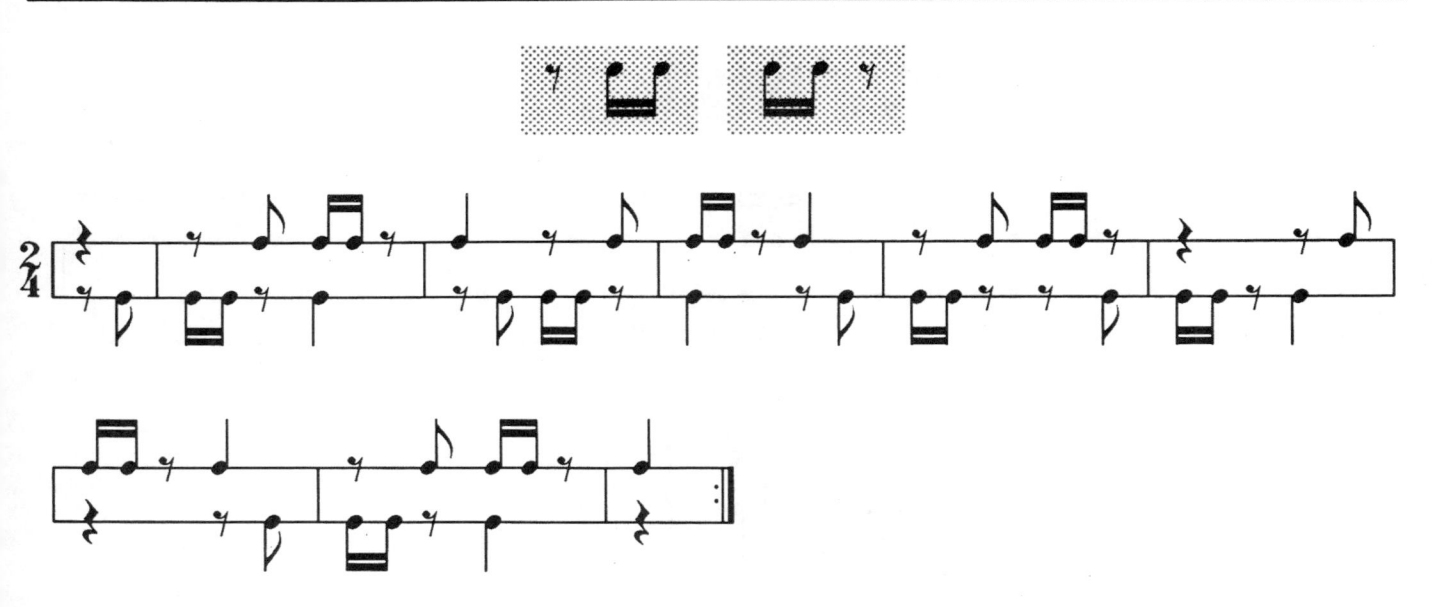

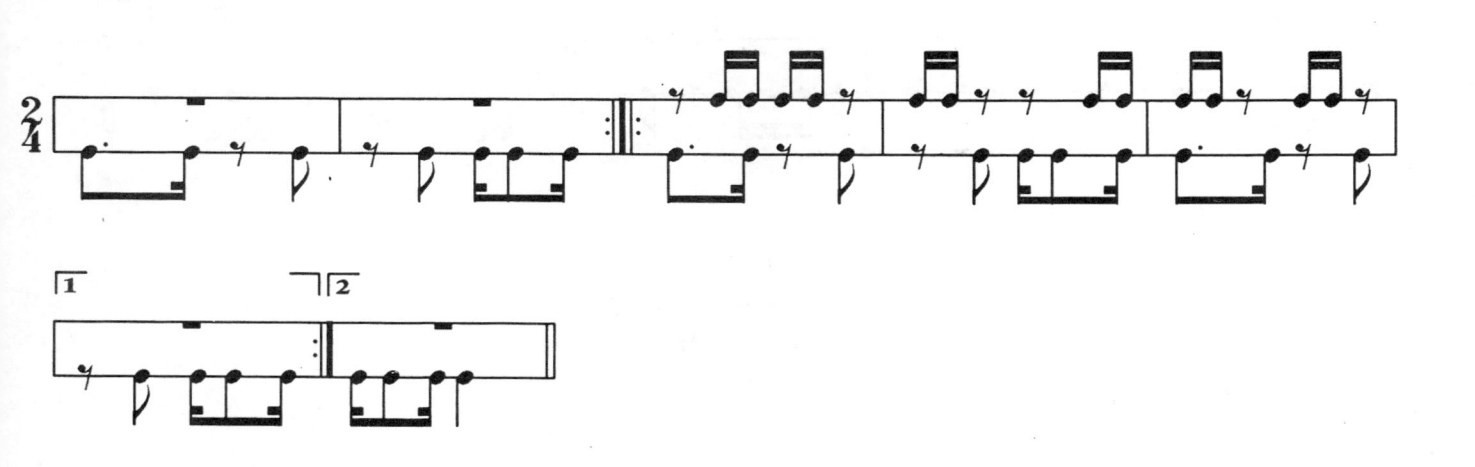

Método Prince • Leitura e Percepção - Ritmo / *The Prince Method* • *Reading and Ear-training - Rhythm*

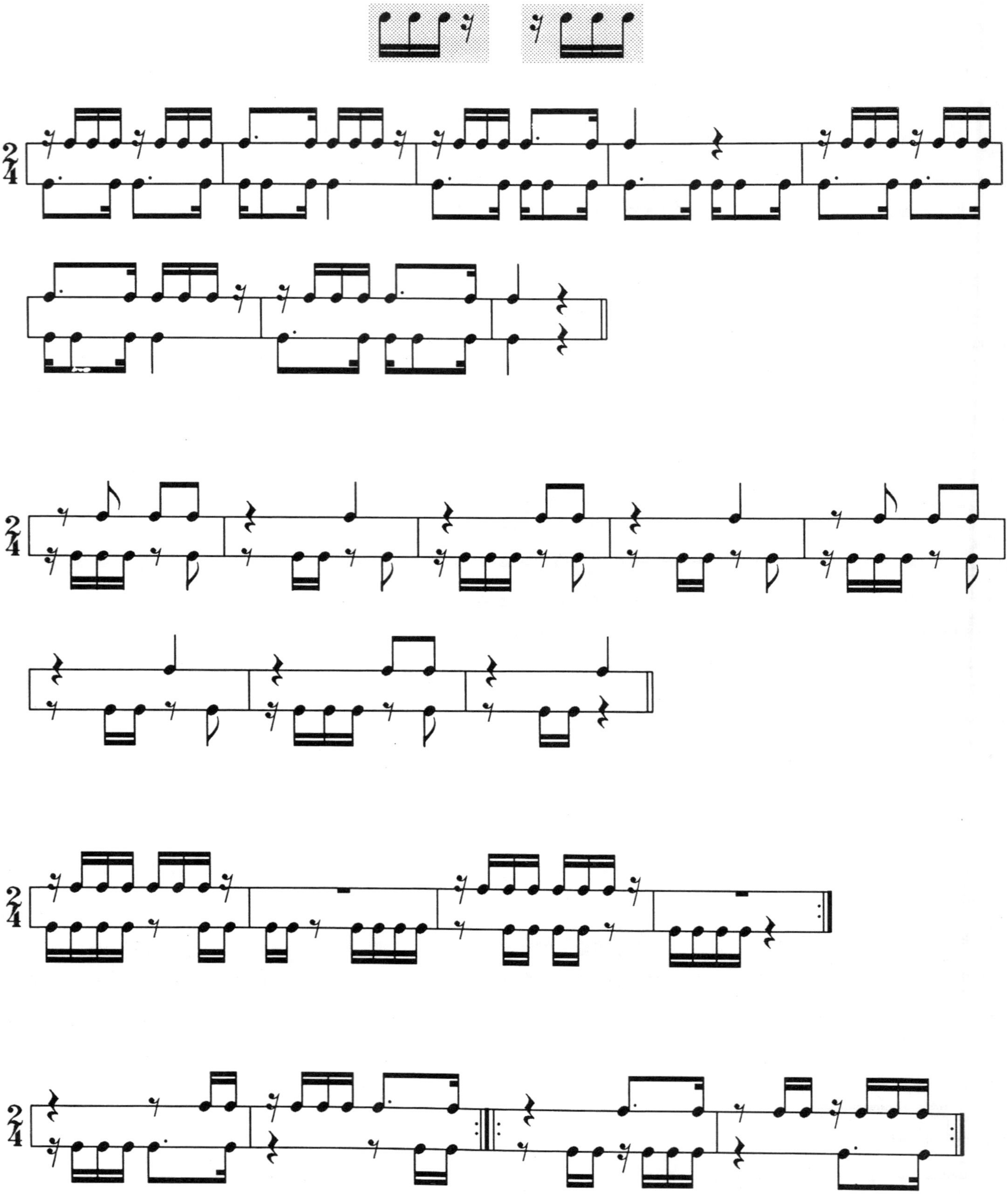

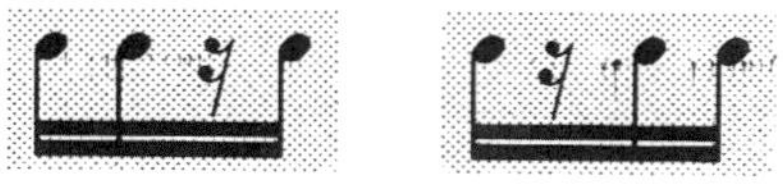

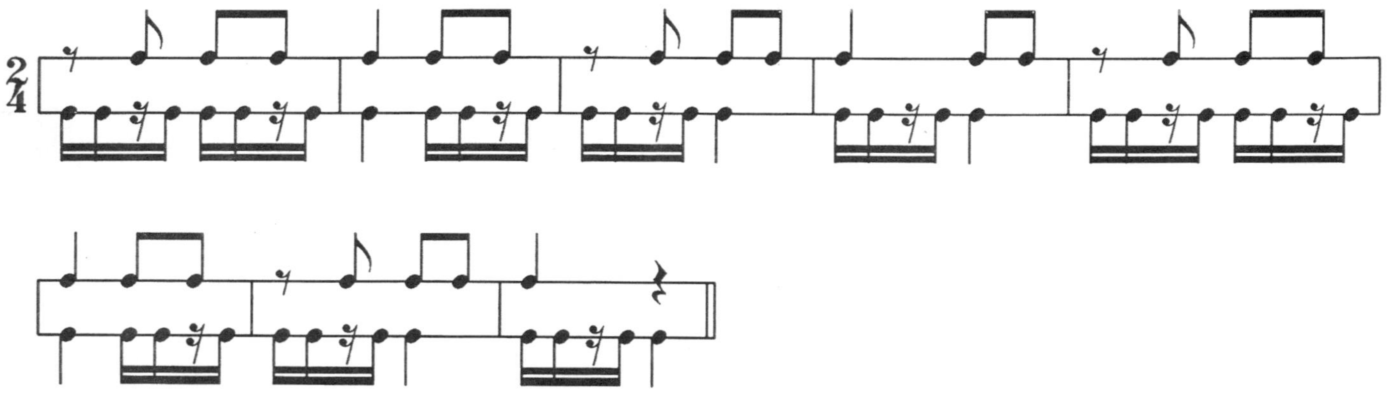

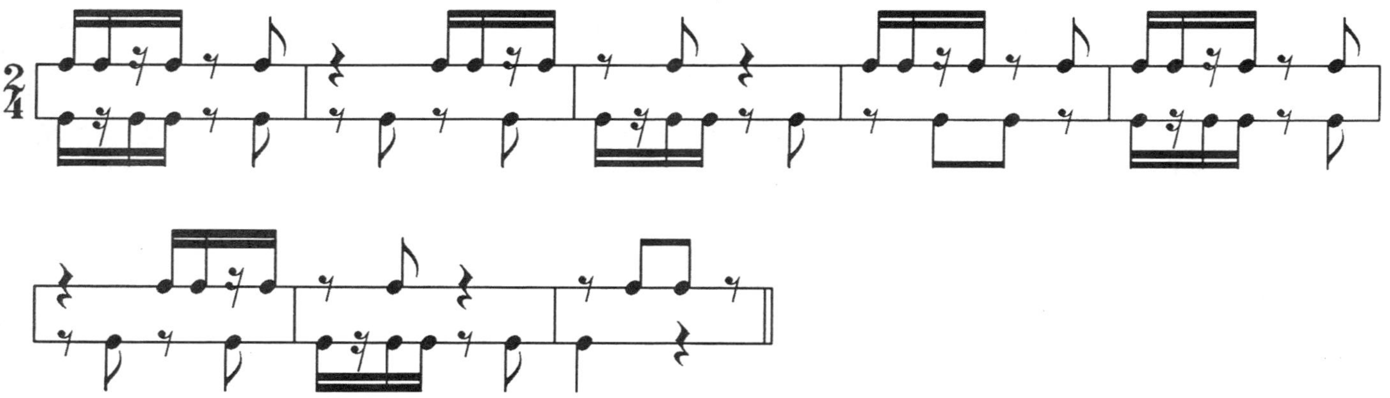

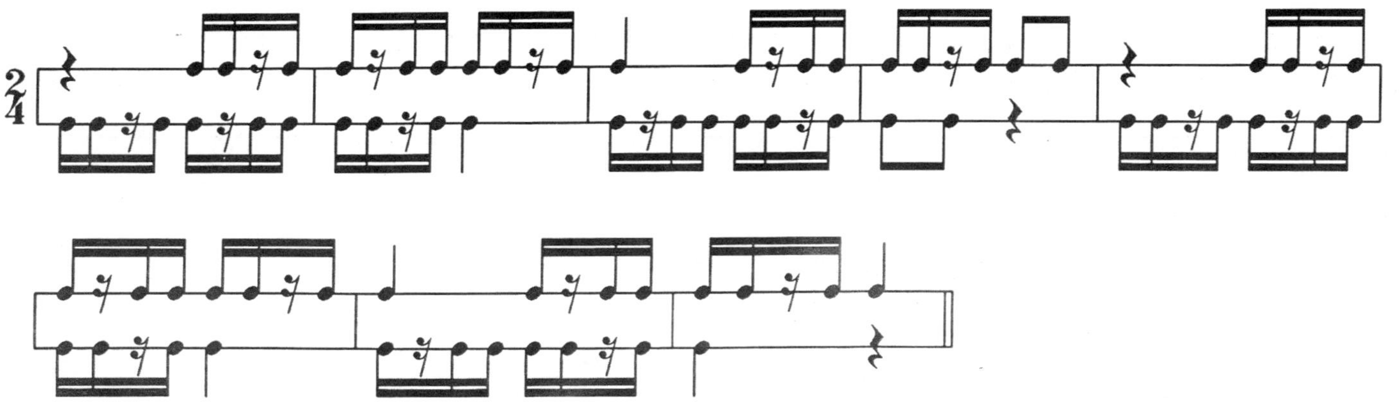

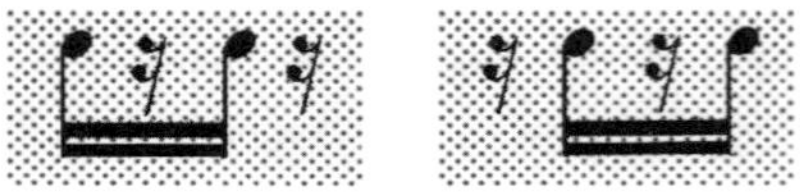

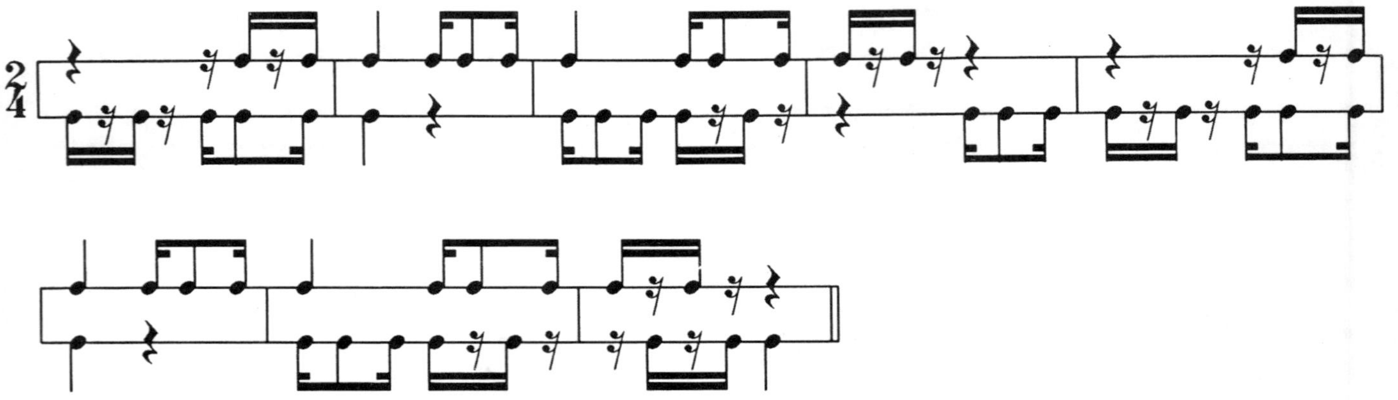

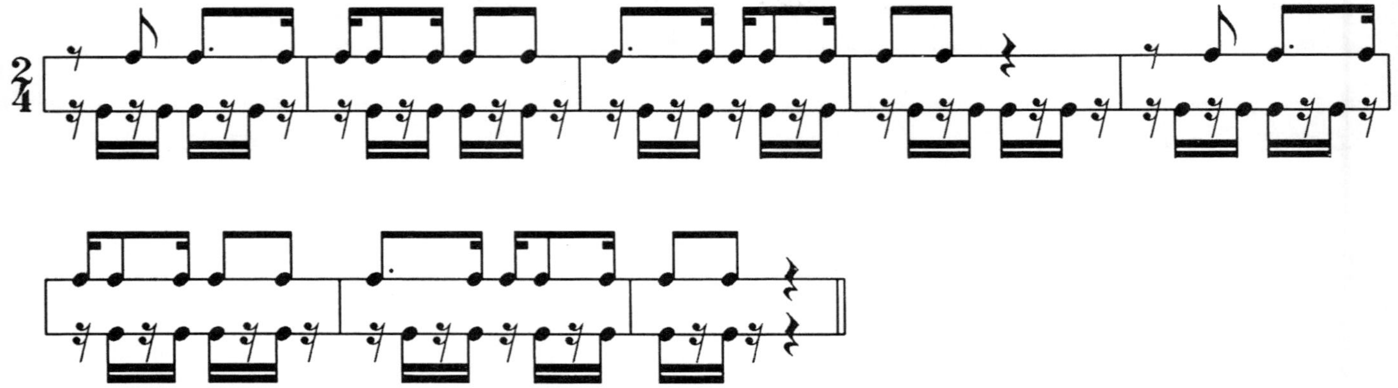

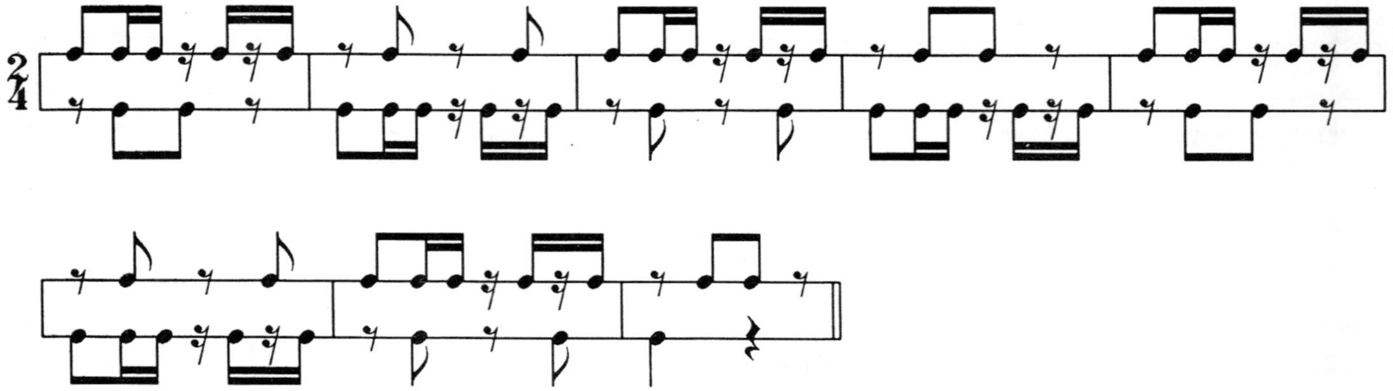

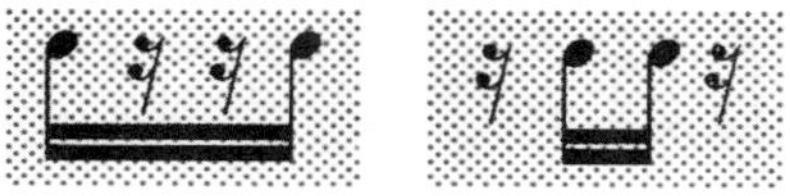

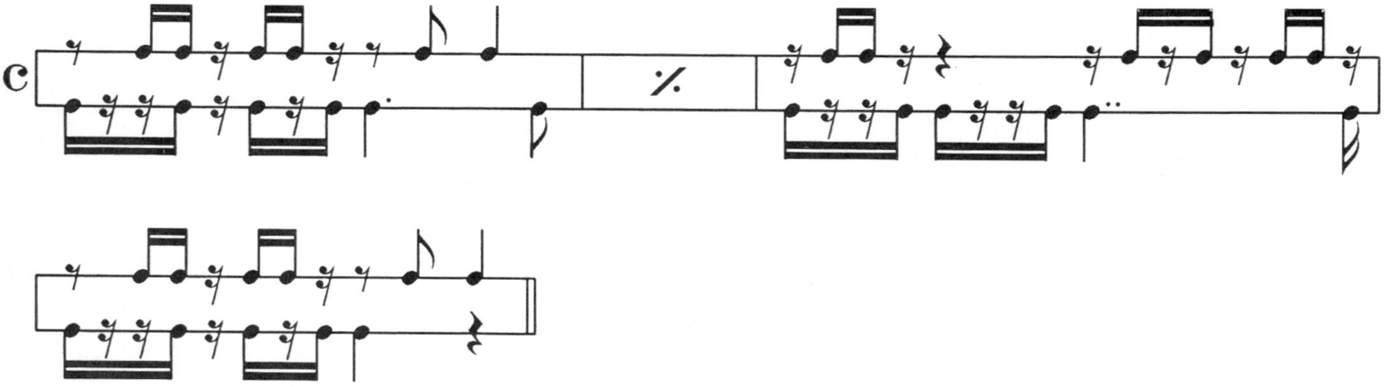

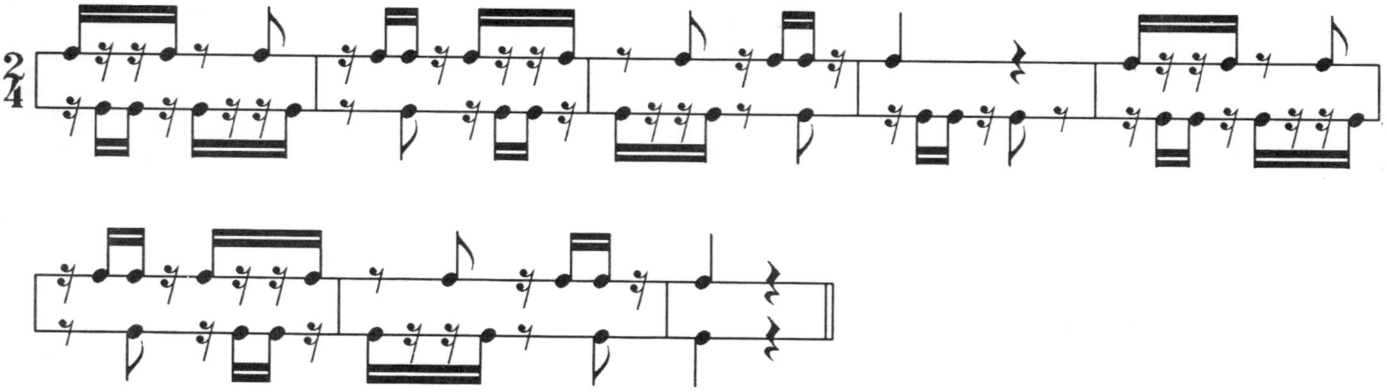

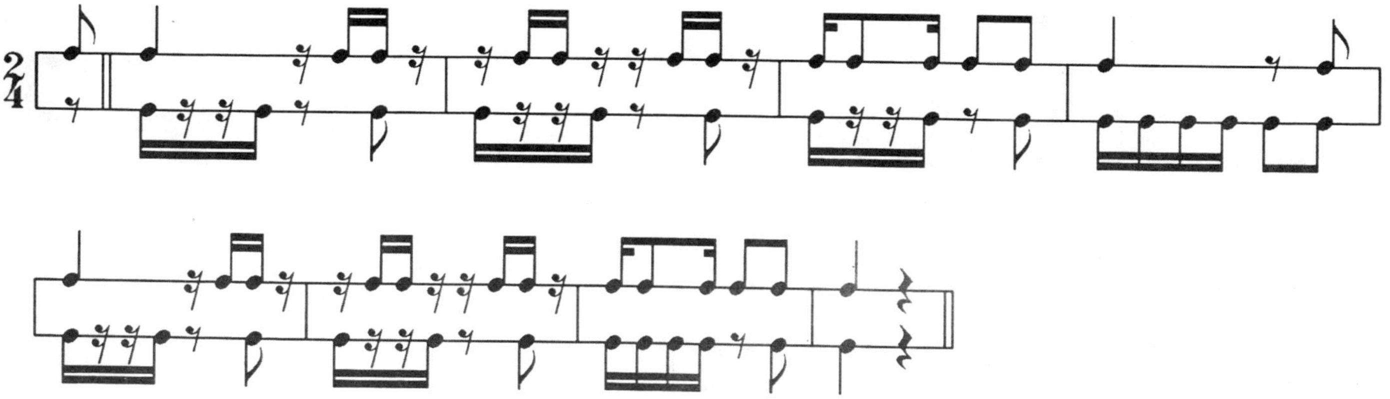

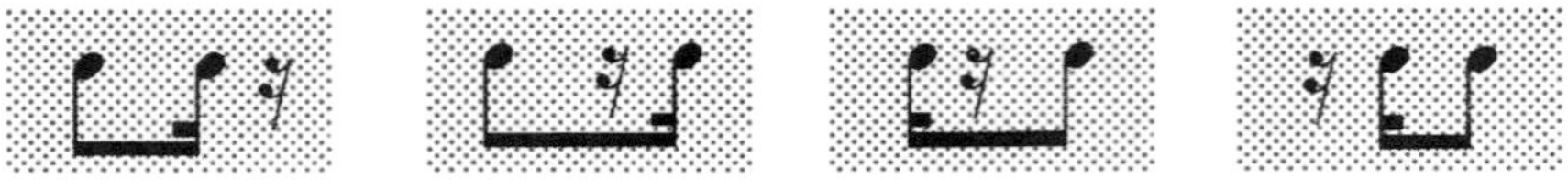

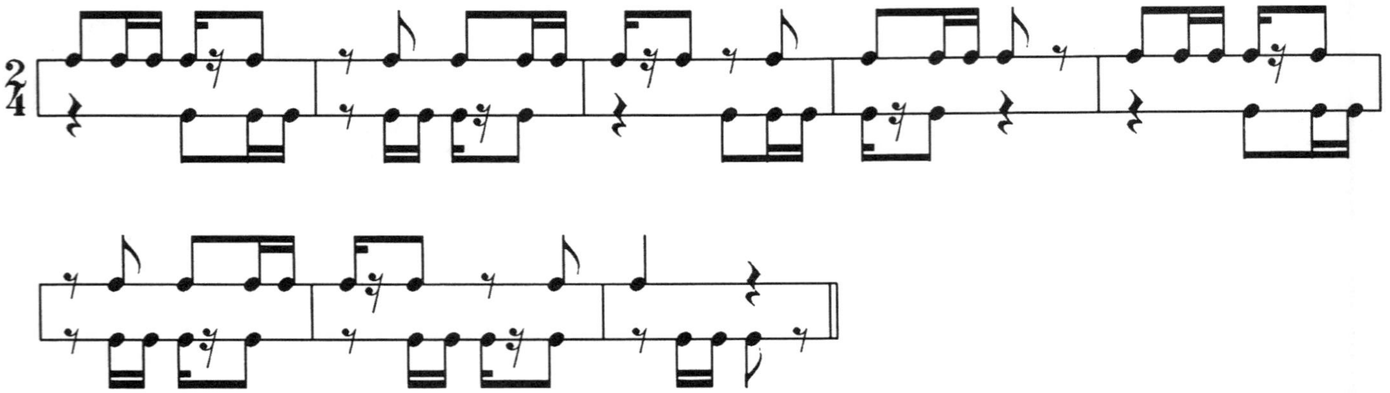

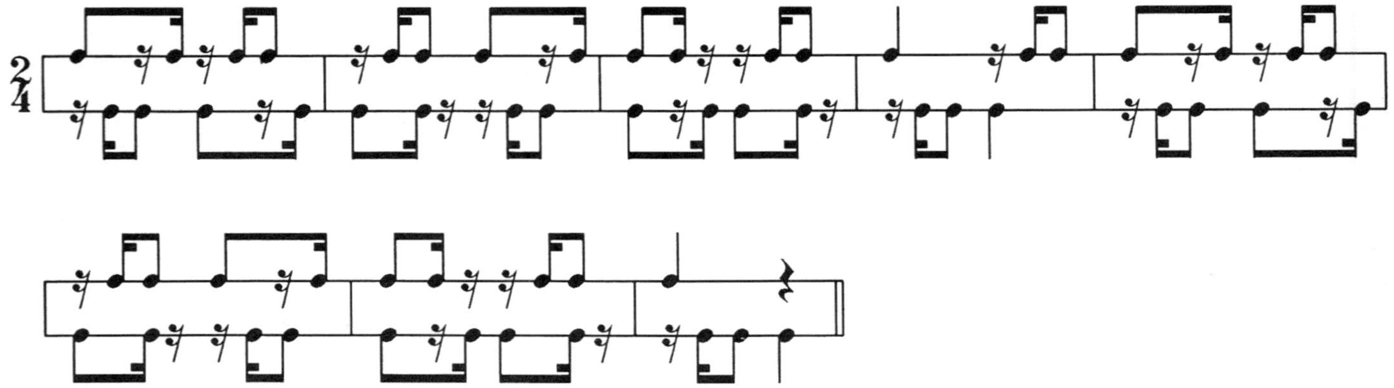

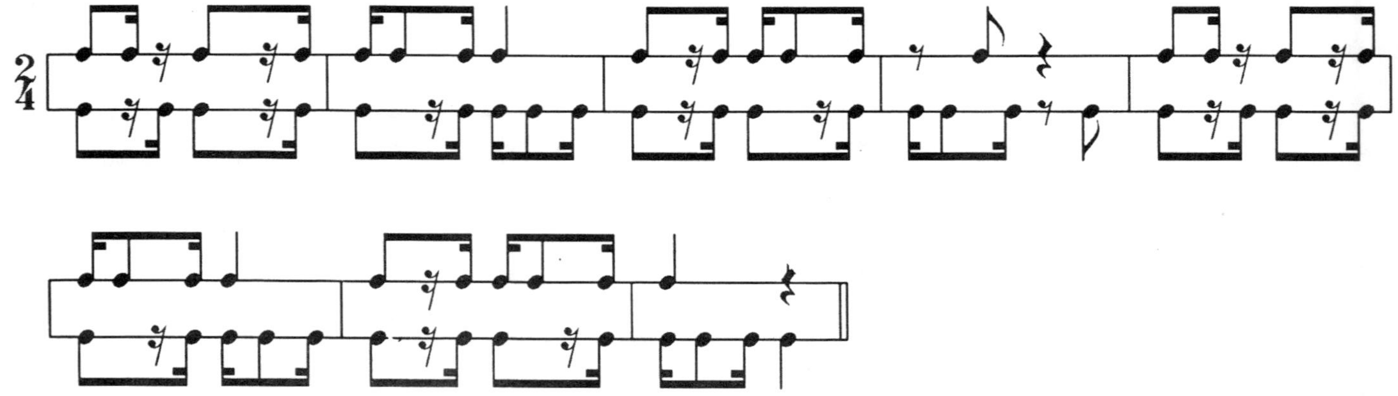

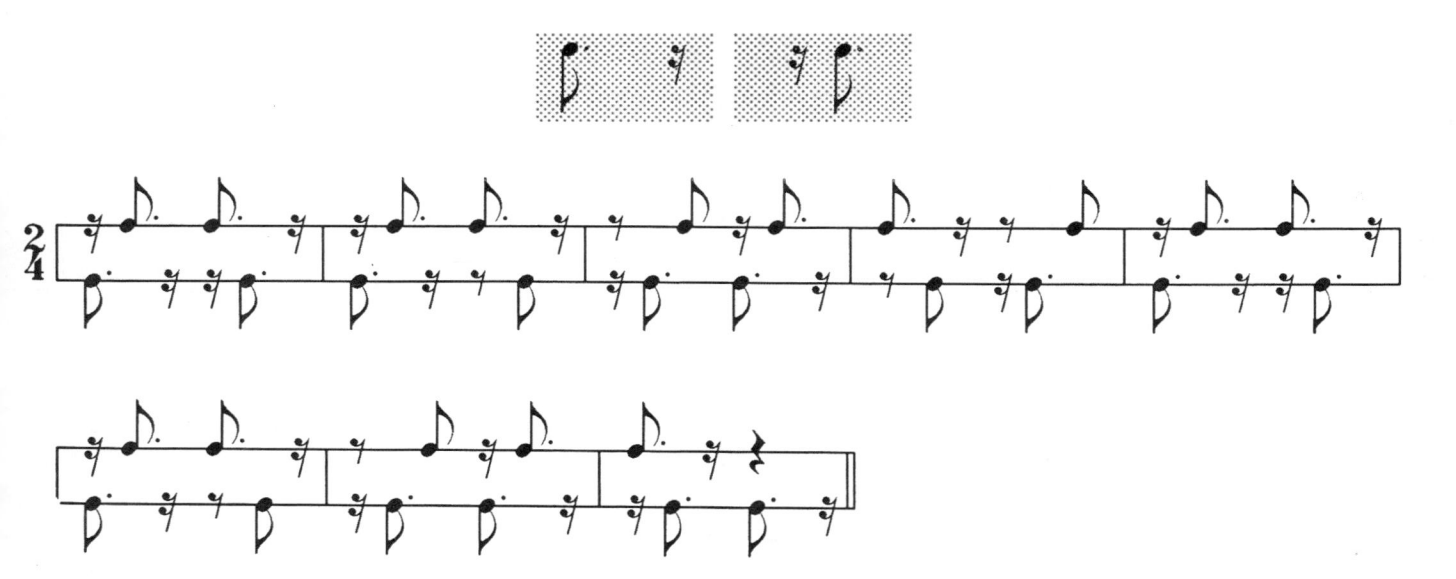

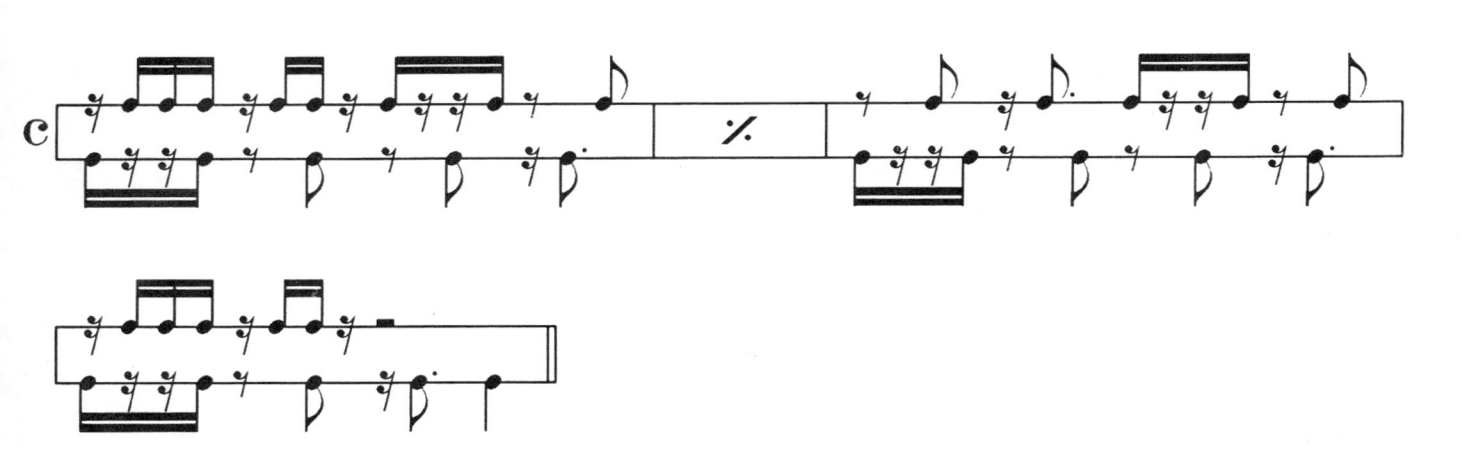

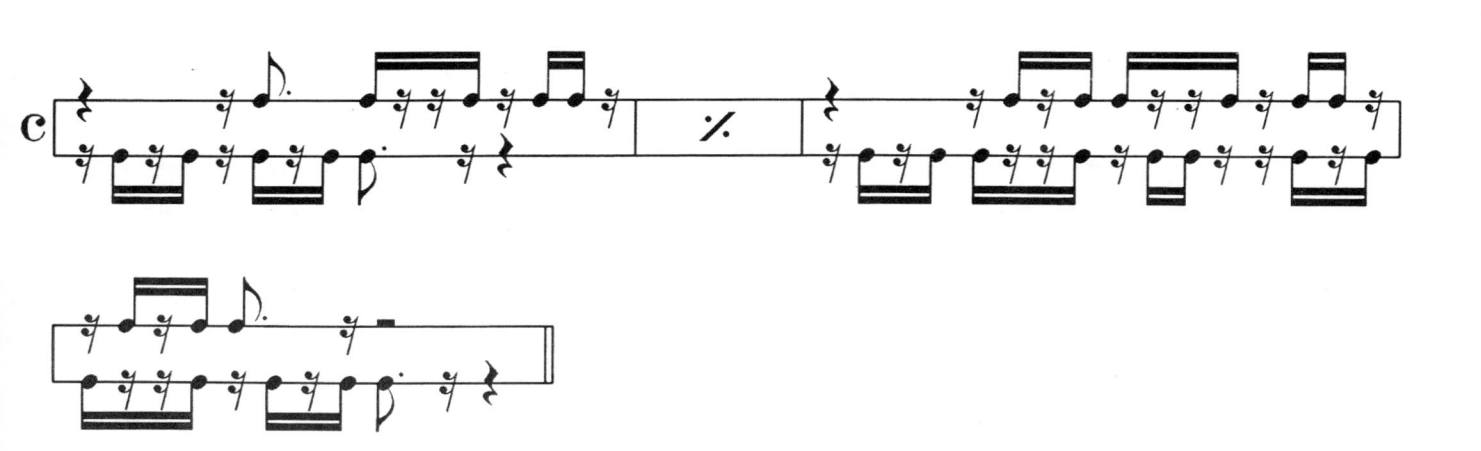

Método Prince • Leitura e Percepção - Ritmo / The Prince Method • Reading and Ear-training - Rhythm

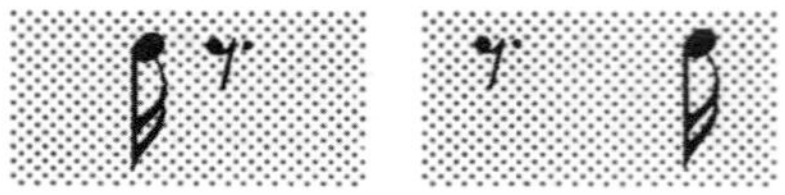

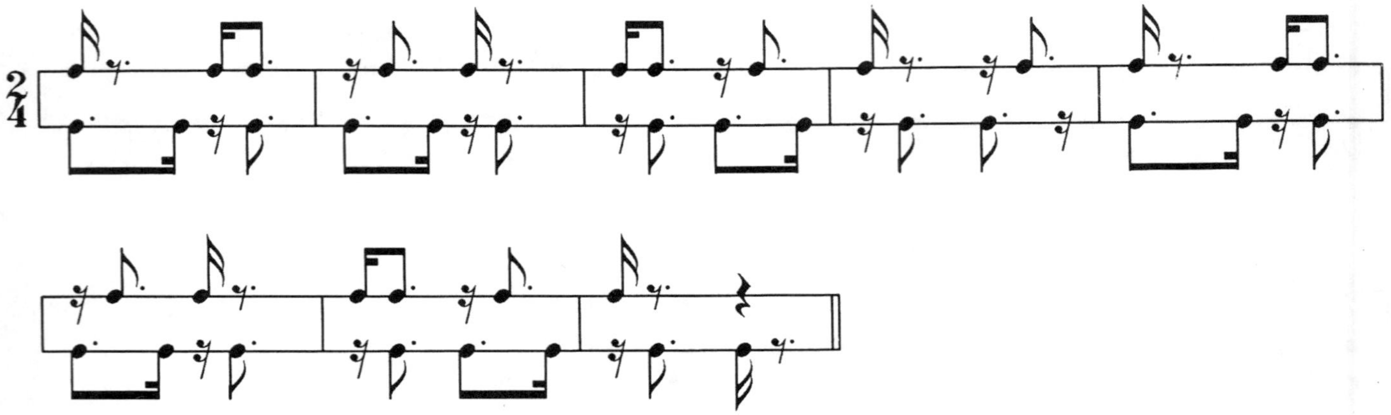

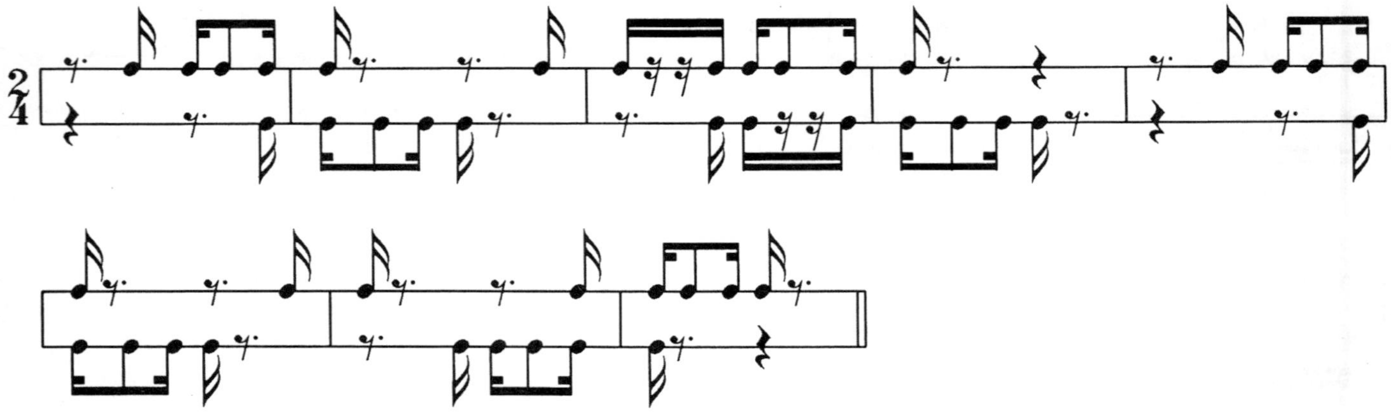

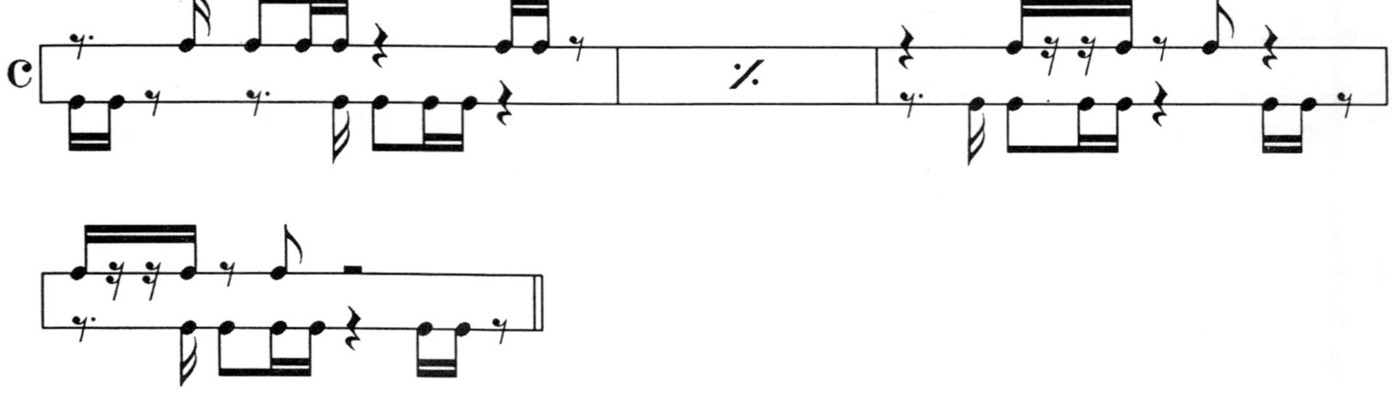

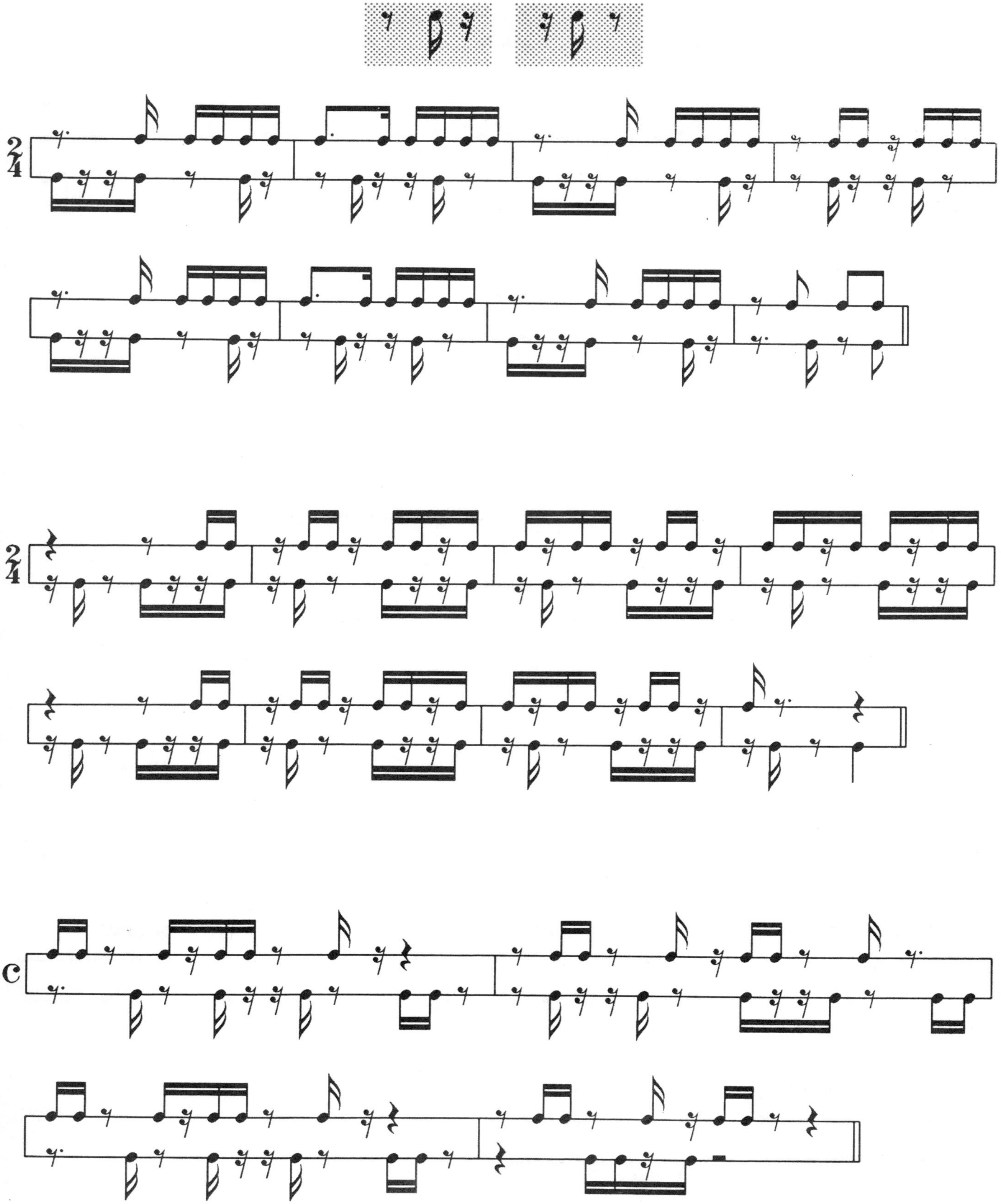

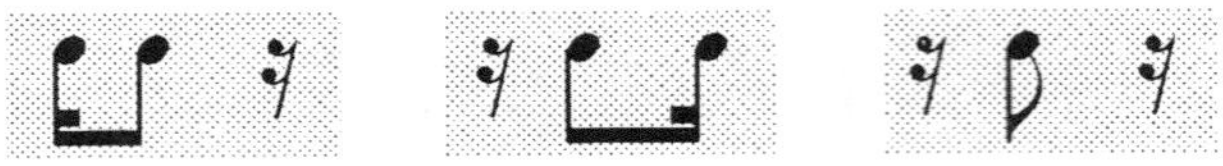

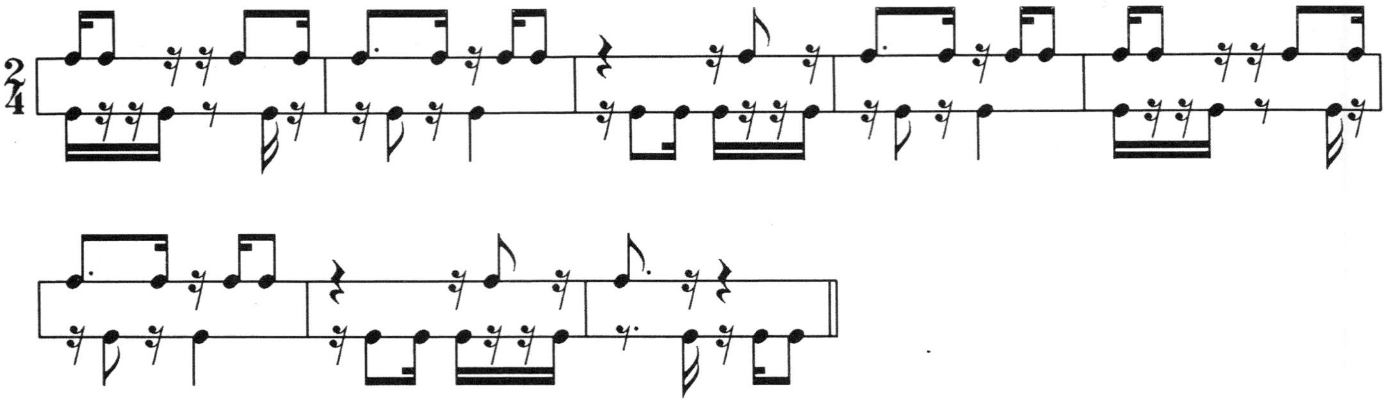

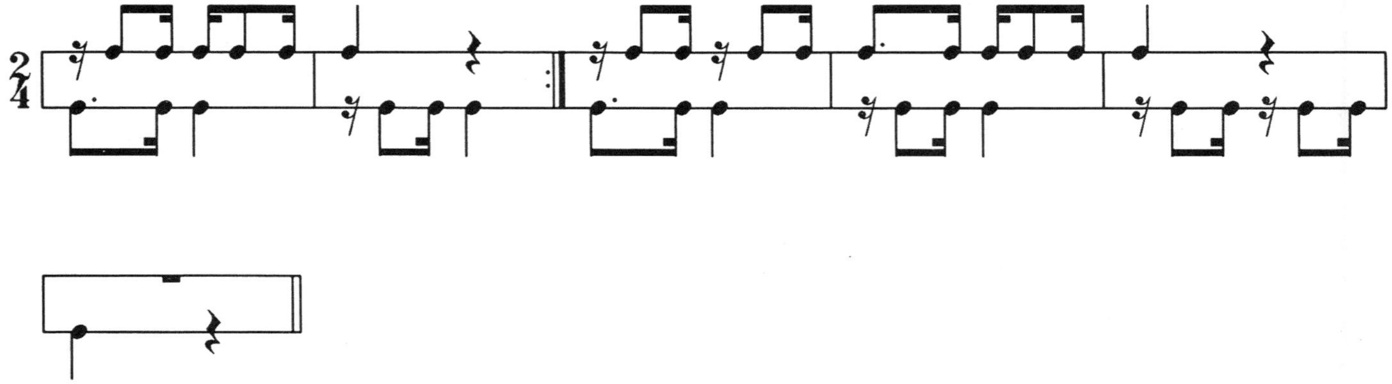

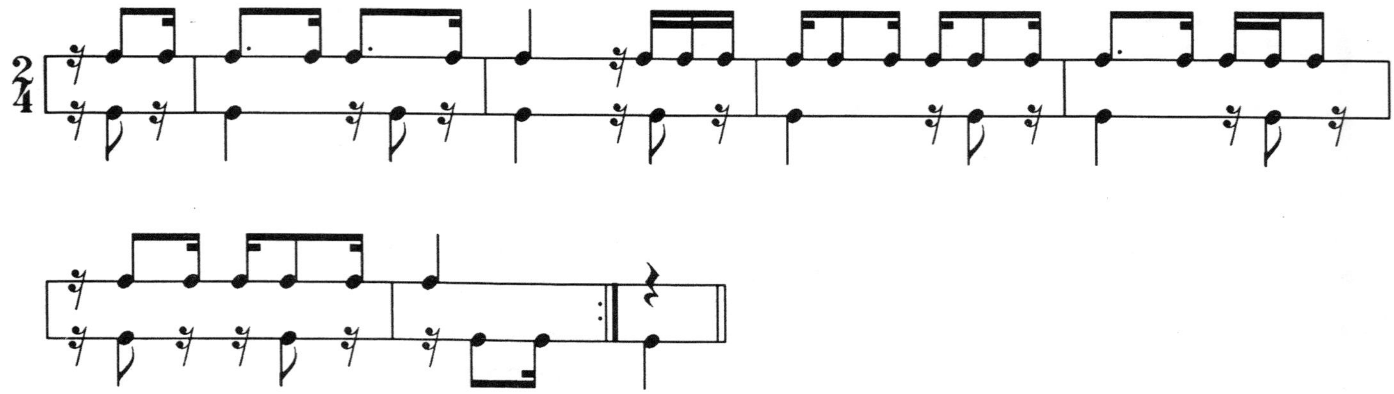

Com ligaduras
With slurs

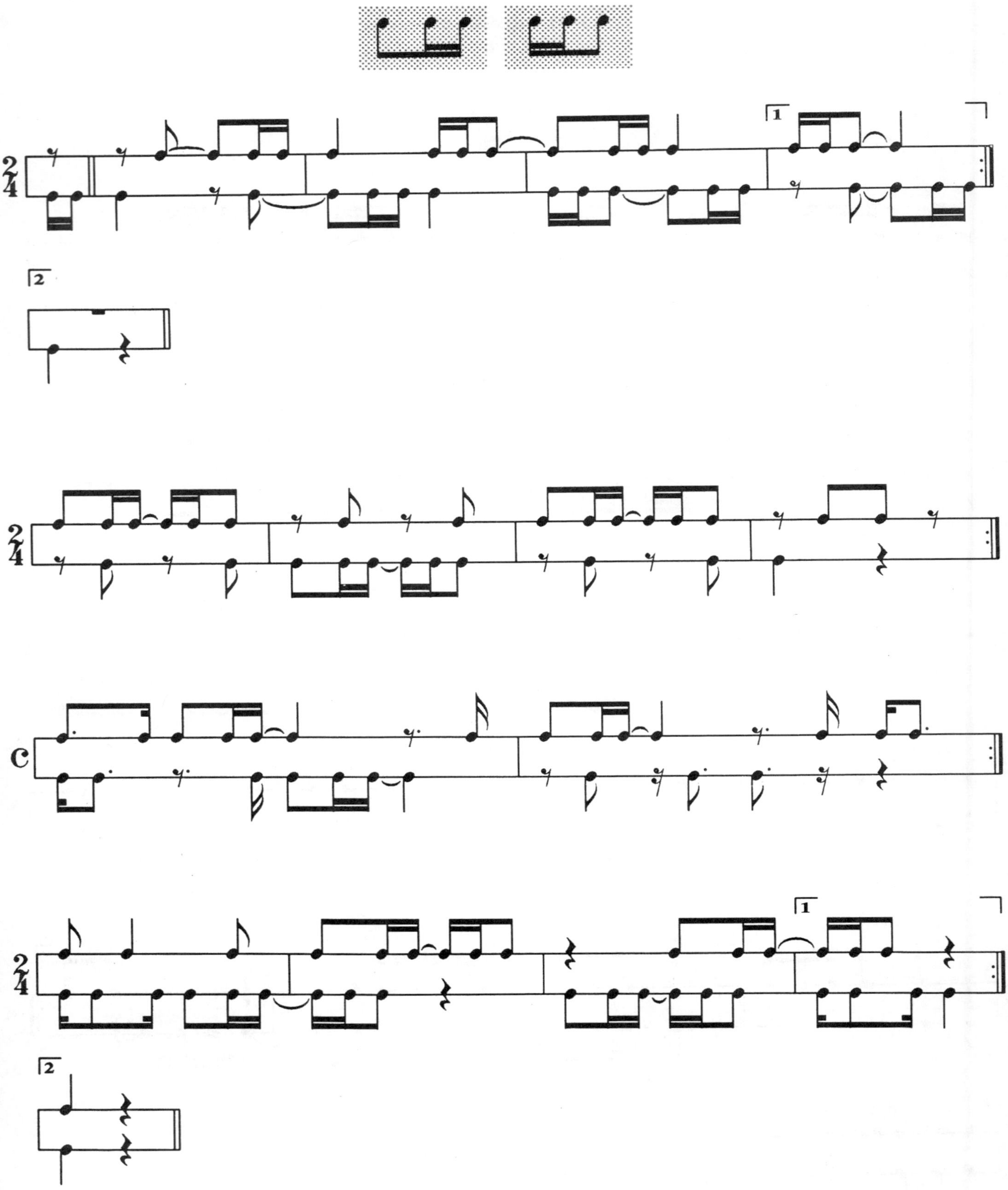

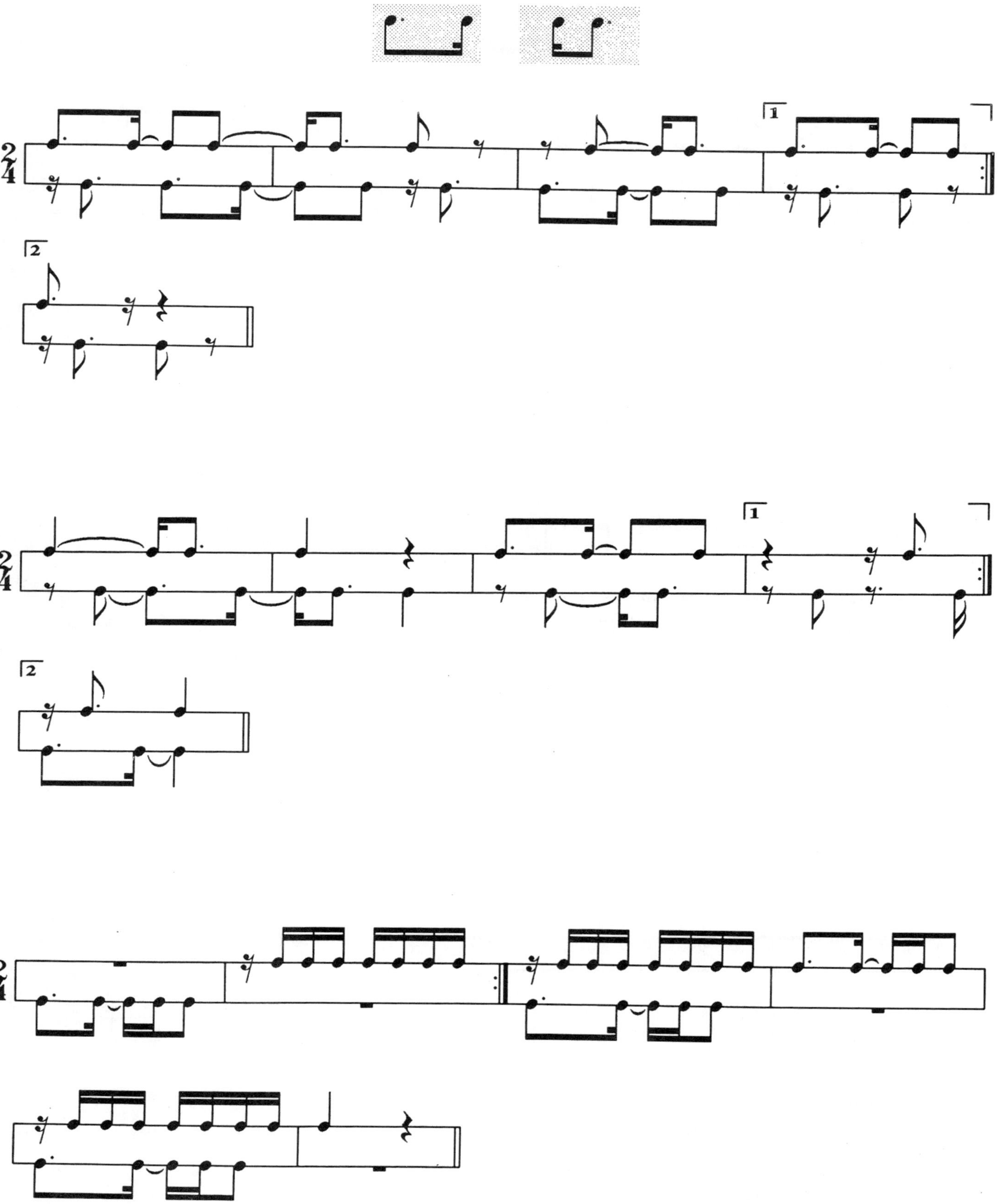
2
4
1
2
2
4
1
2
2
4

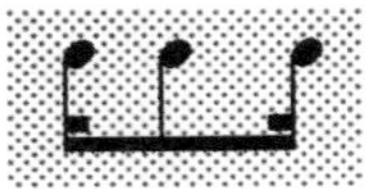

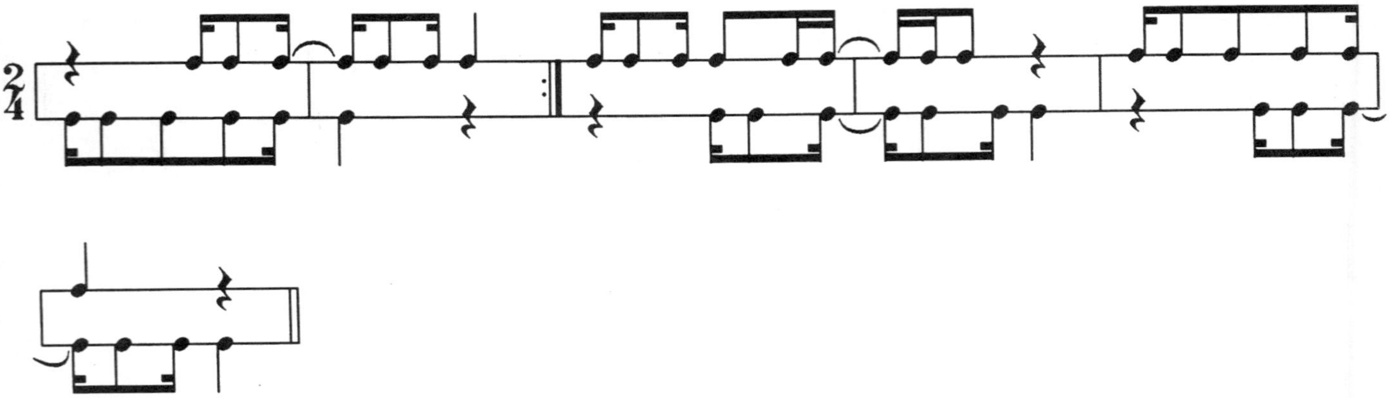

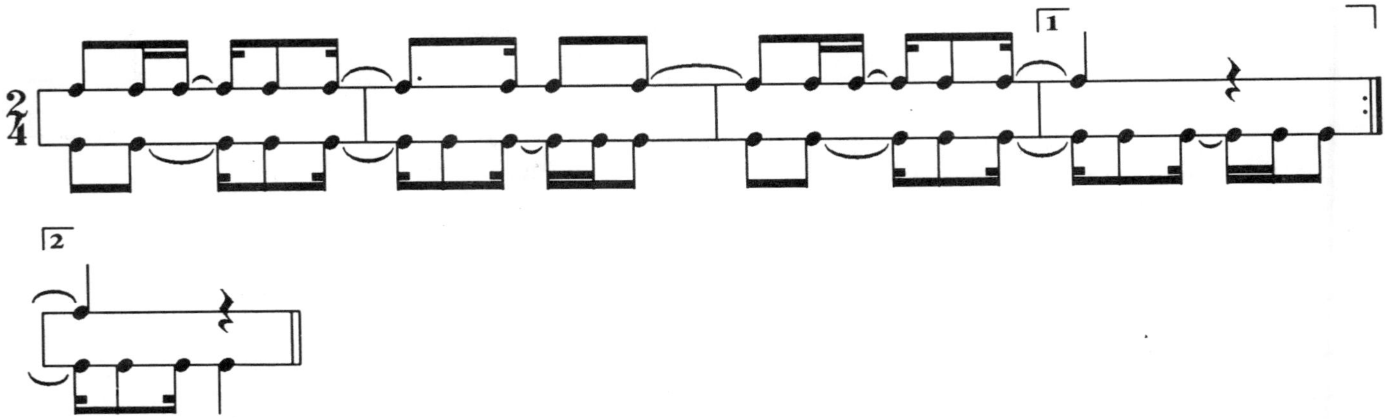

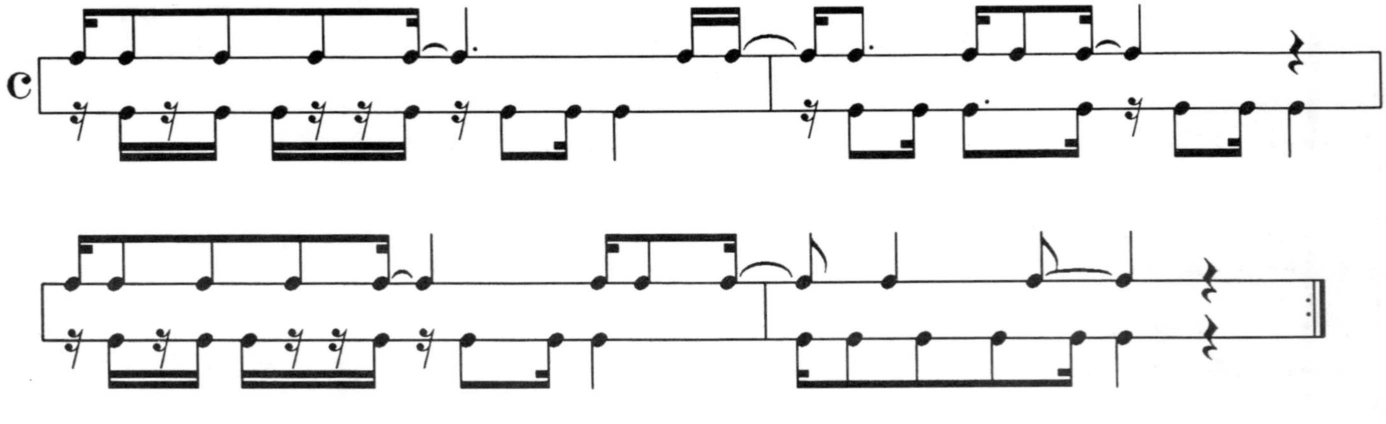

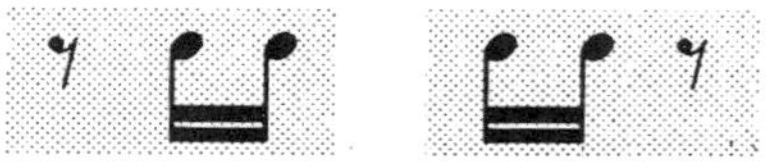

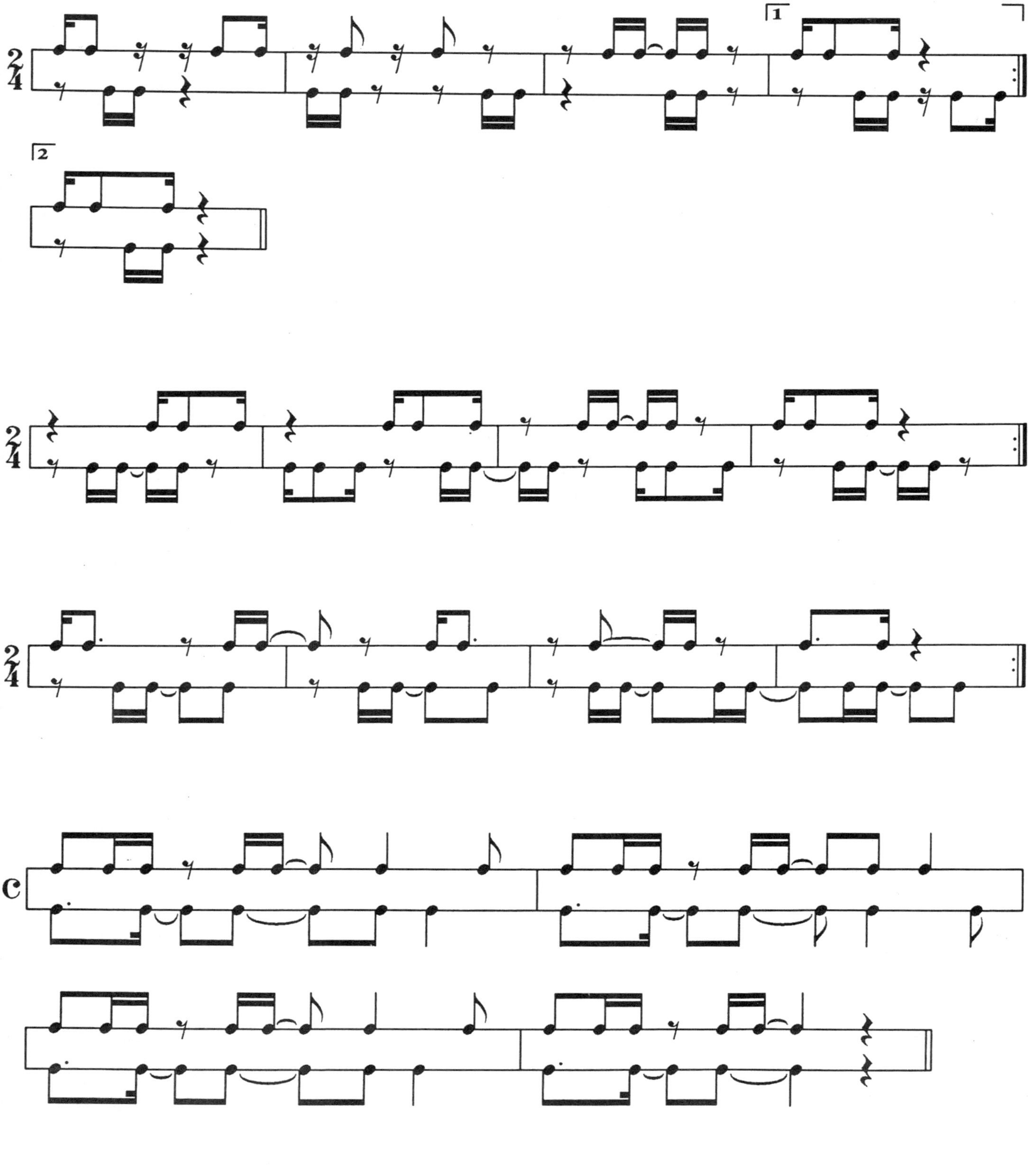

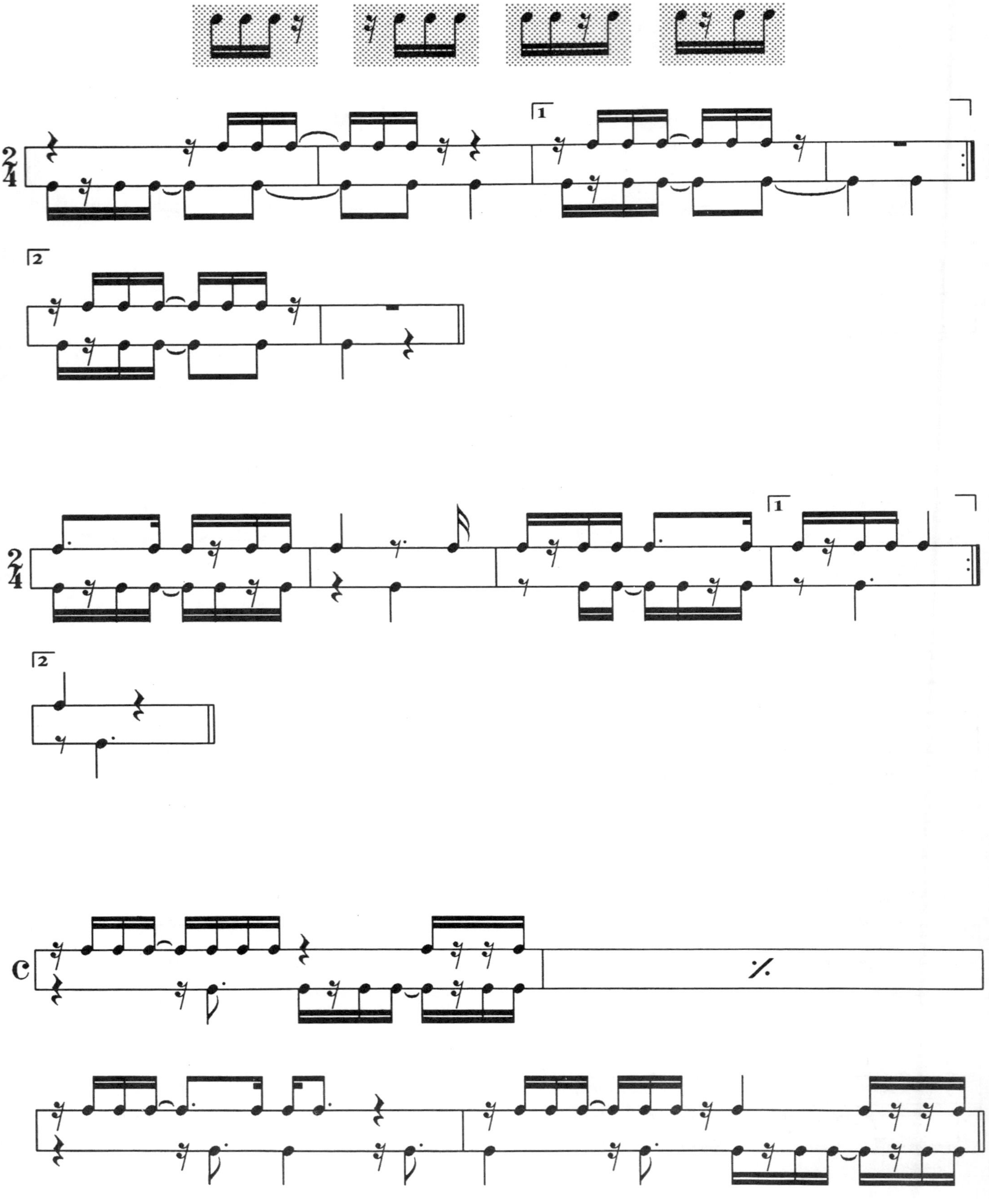

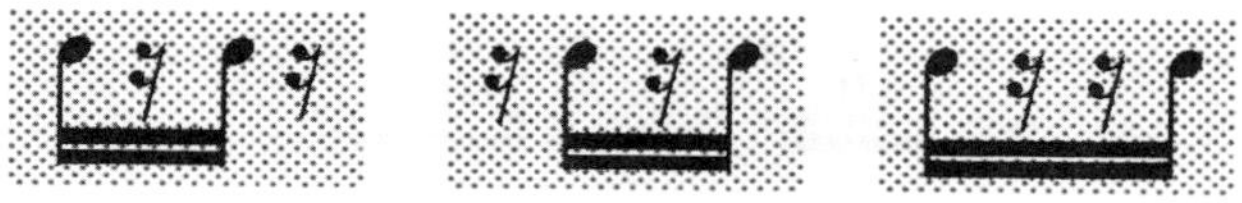

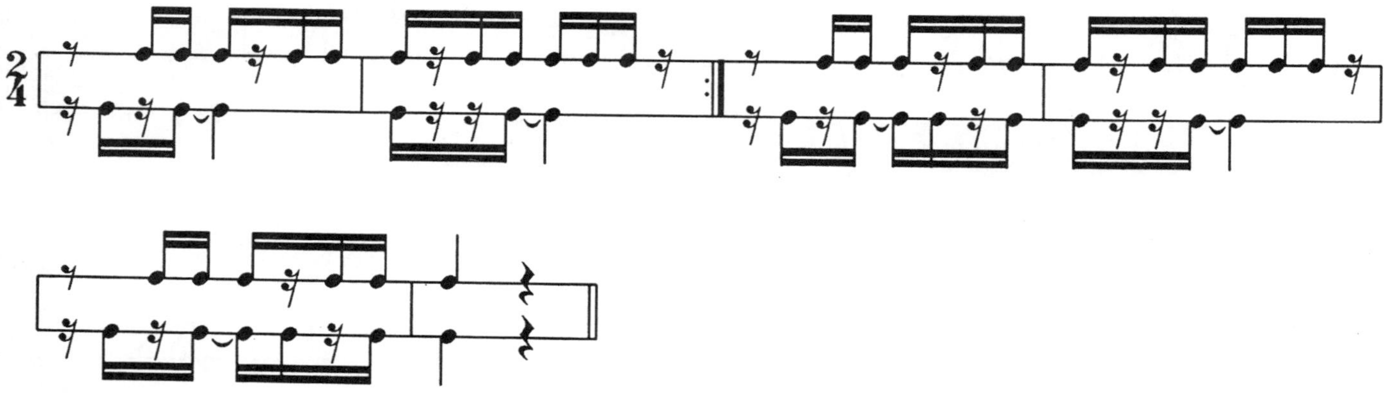

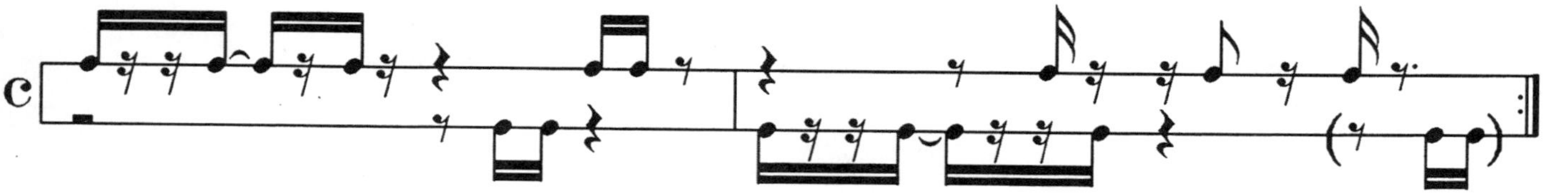

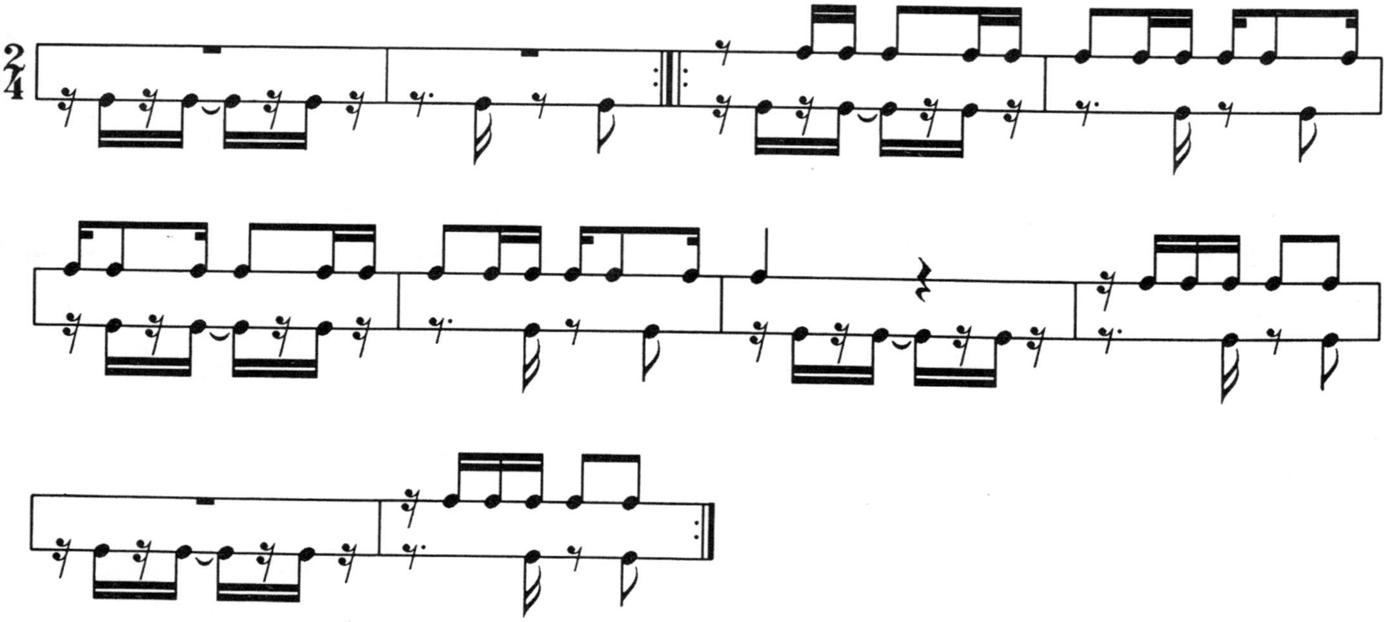

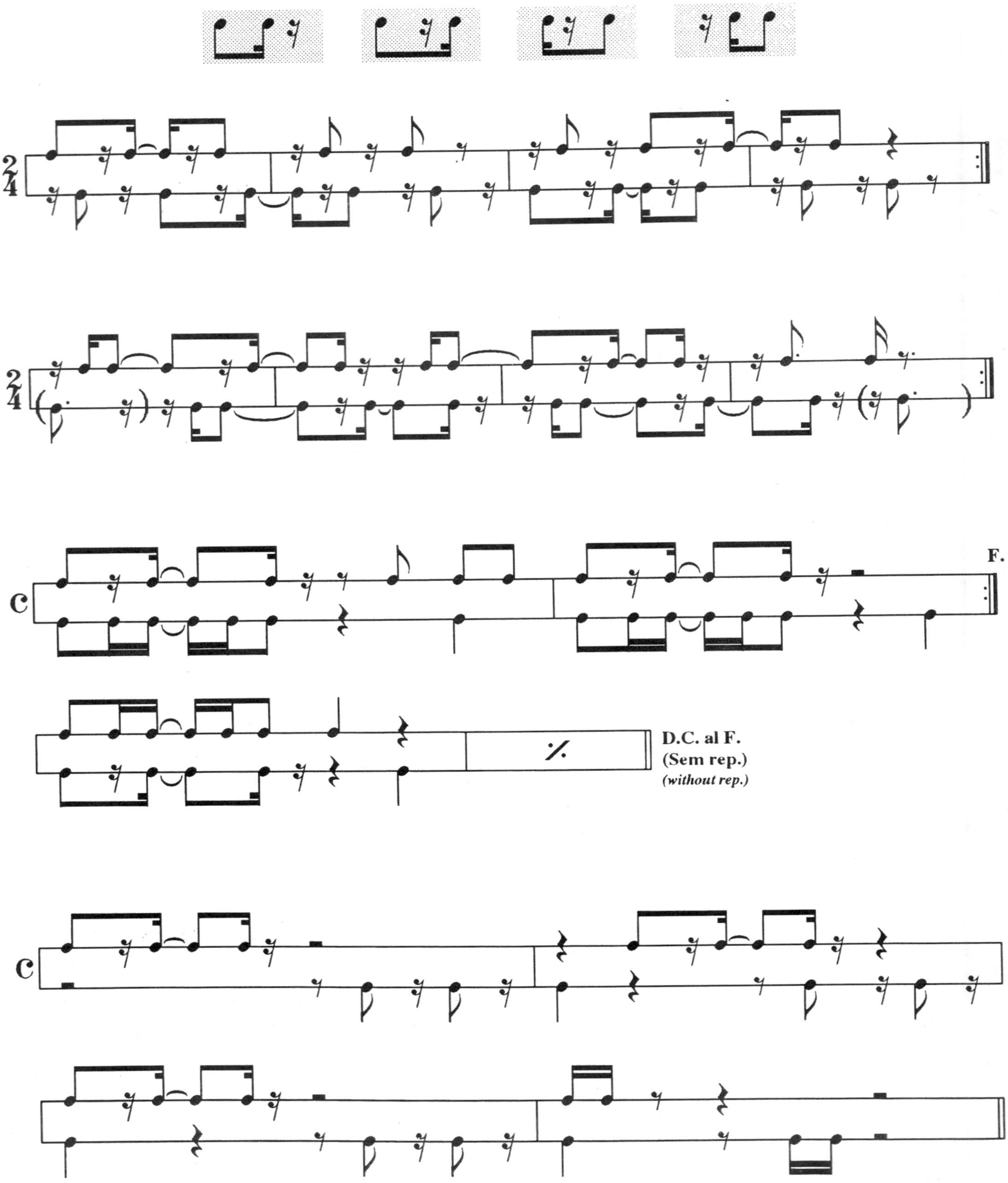
F.
D.C. al F.
(Sem rep.)
(without rep.)

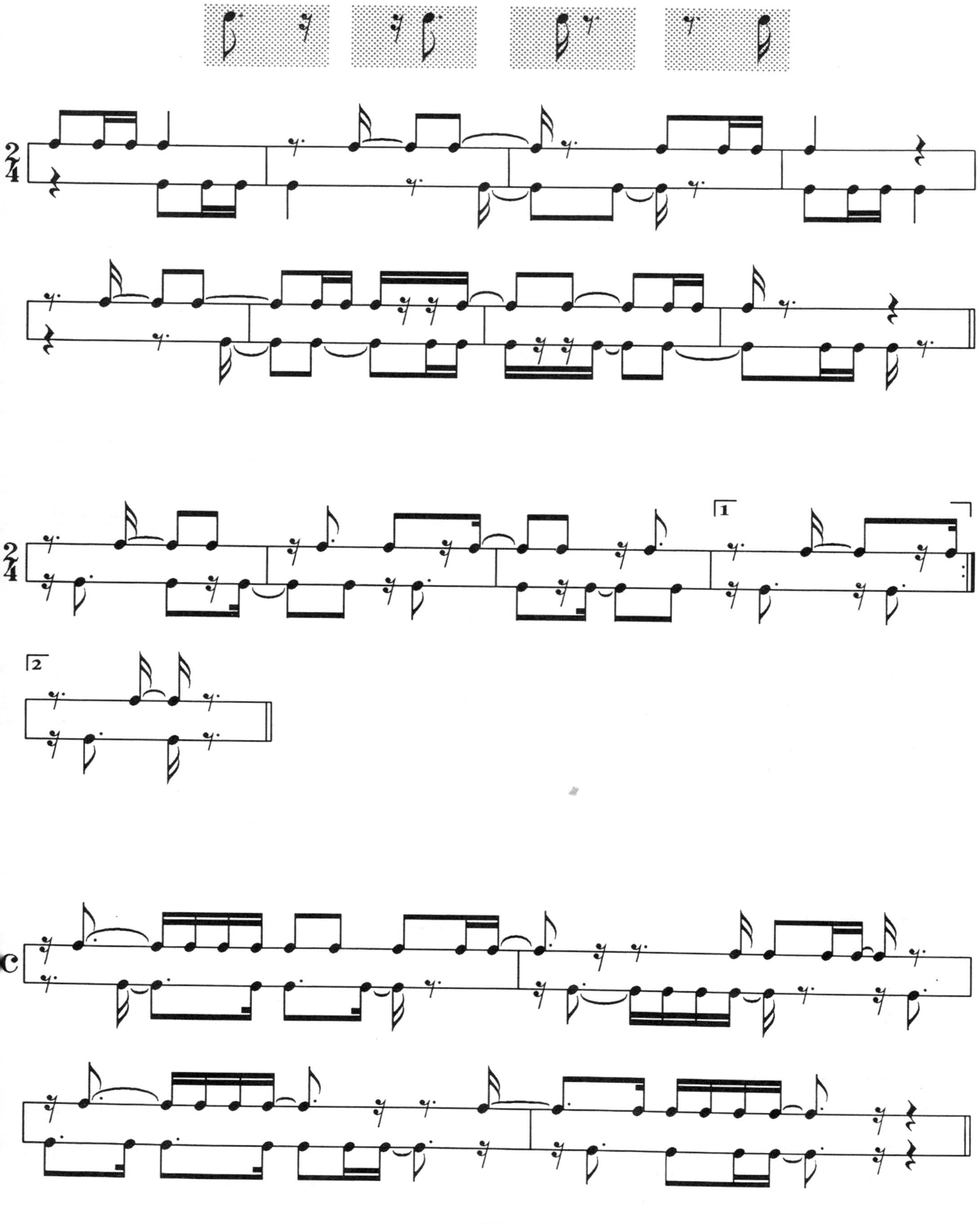

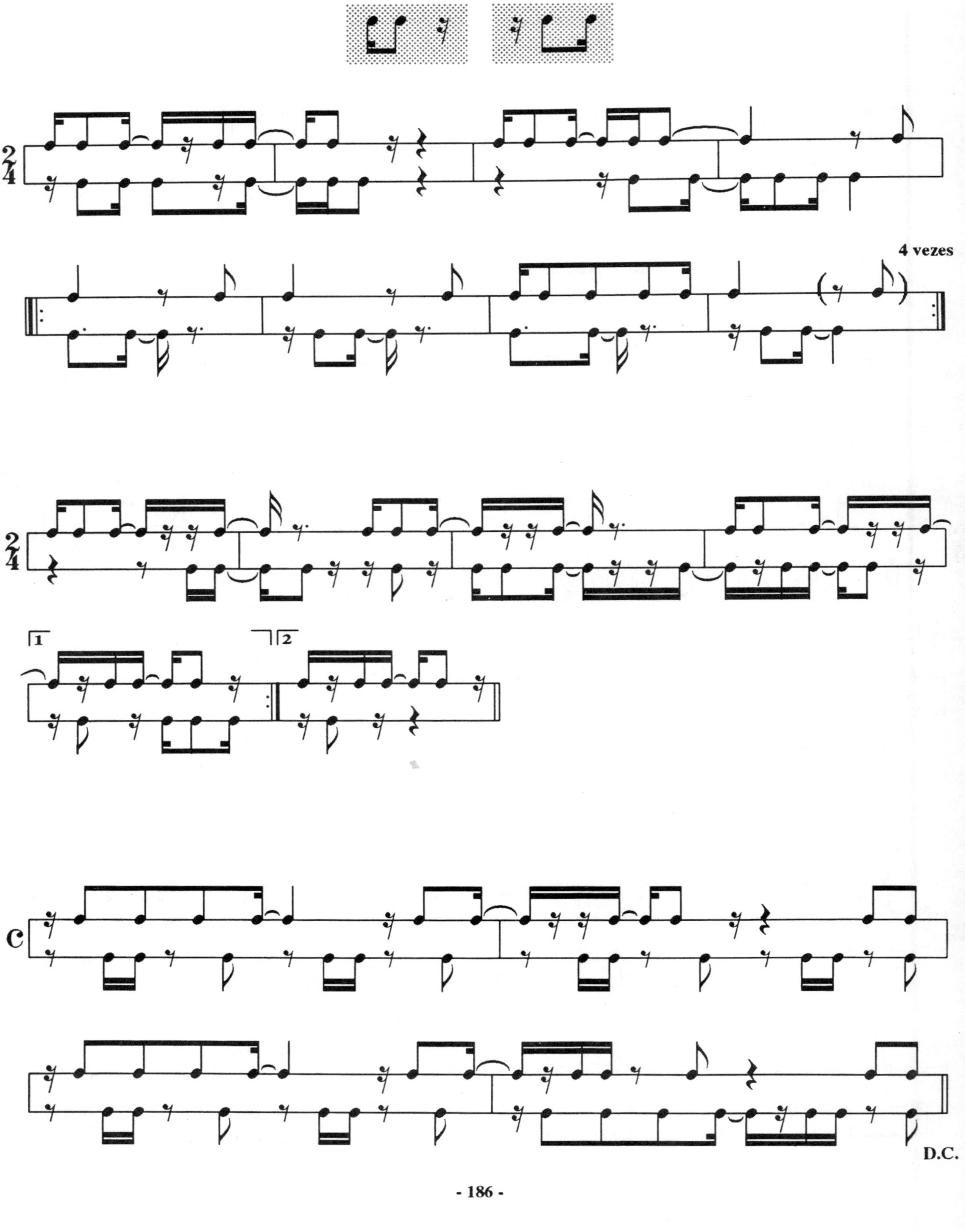
4 vezes
1
2
D.C.

Percepção a uma voz
Ear-training in one voice

Professor: executa
Aluno: ouve, memoriza, repete e escreve

Teacher: plays
Student: listens, memorizes, repeats and then writes

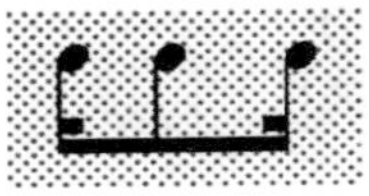

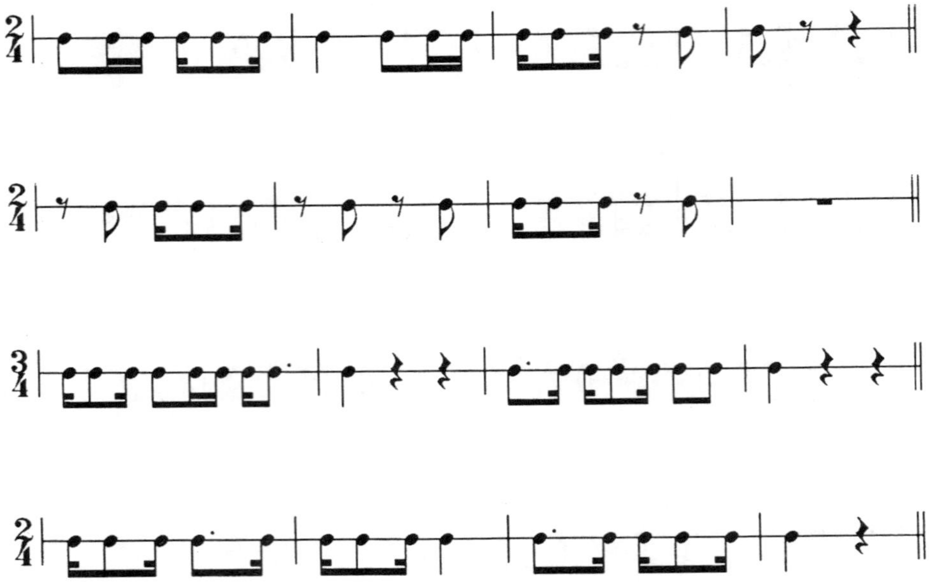

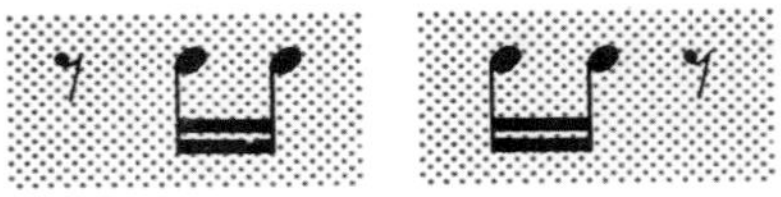

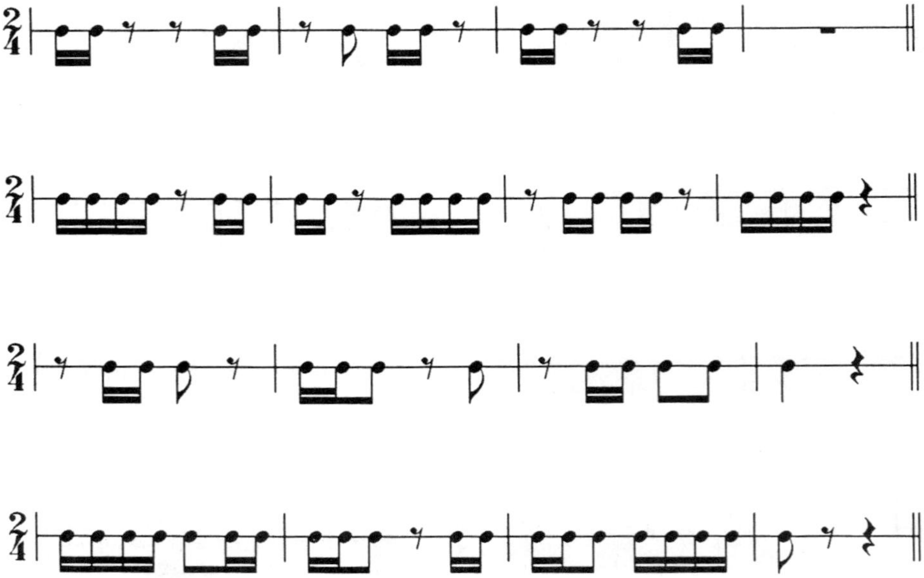

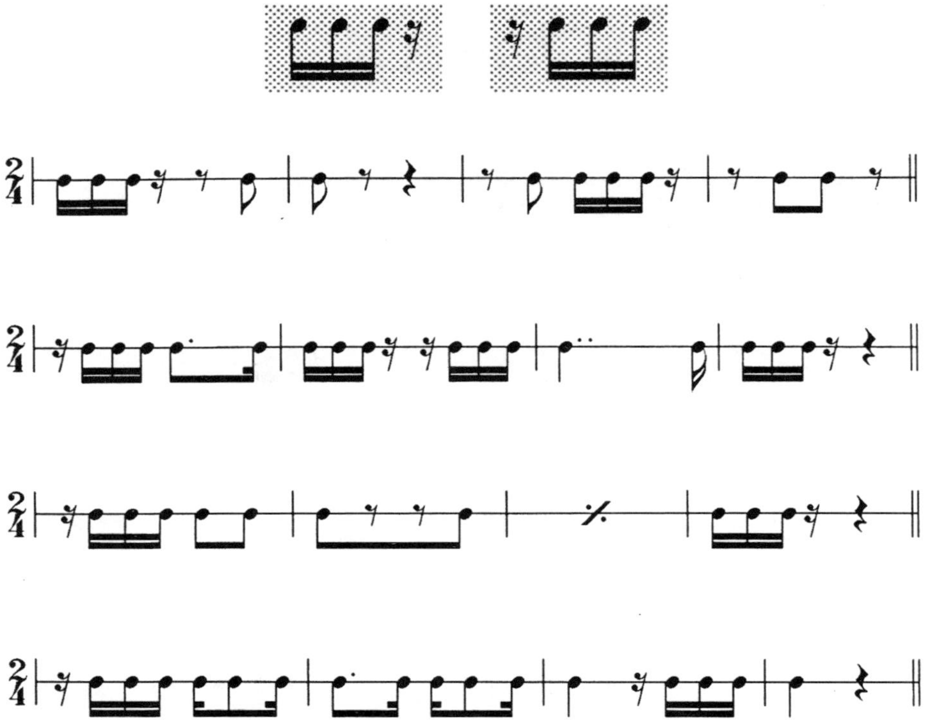

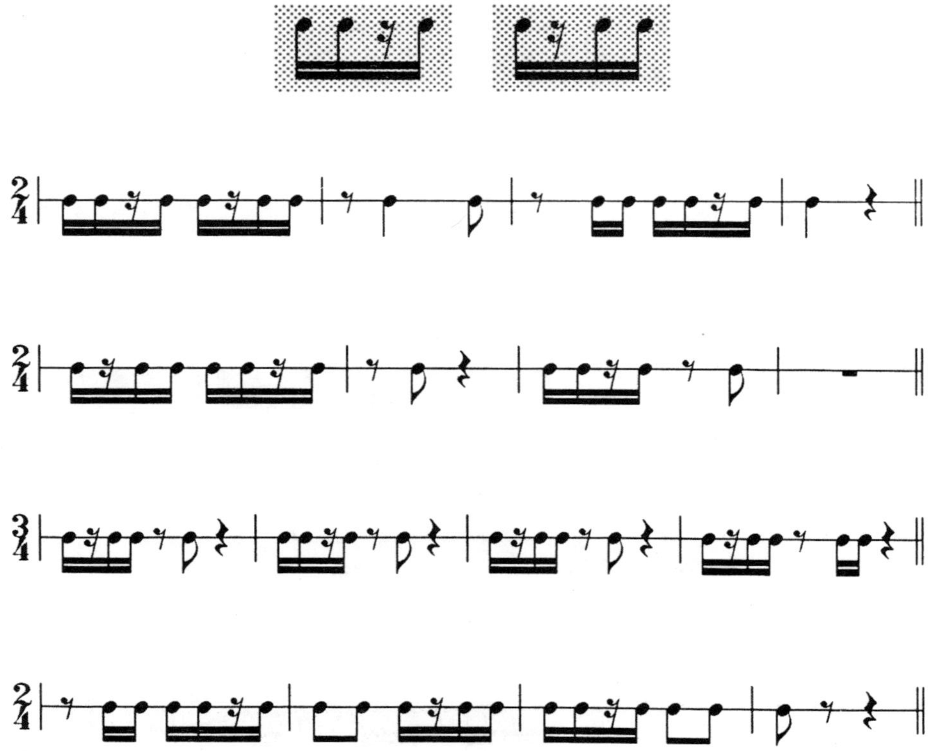

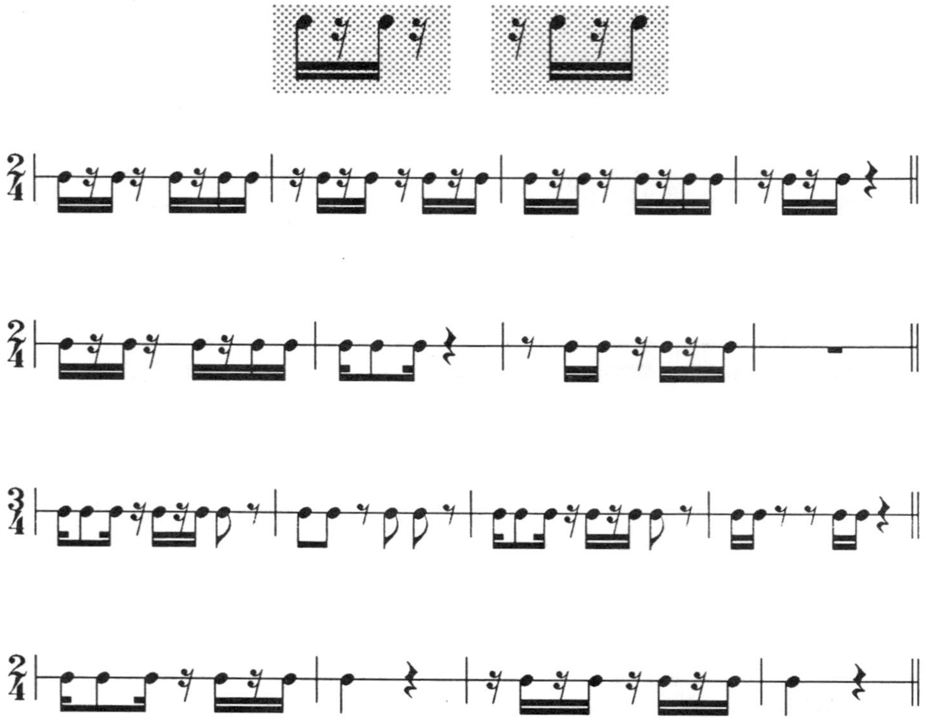

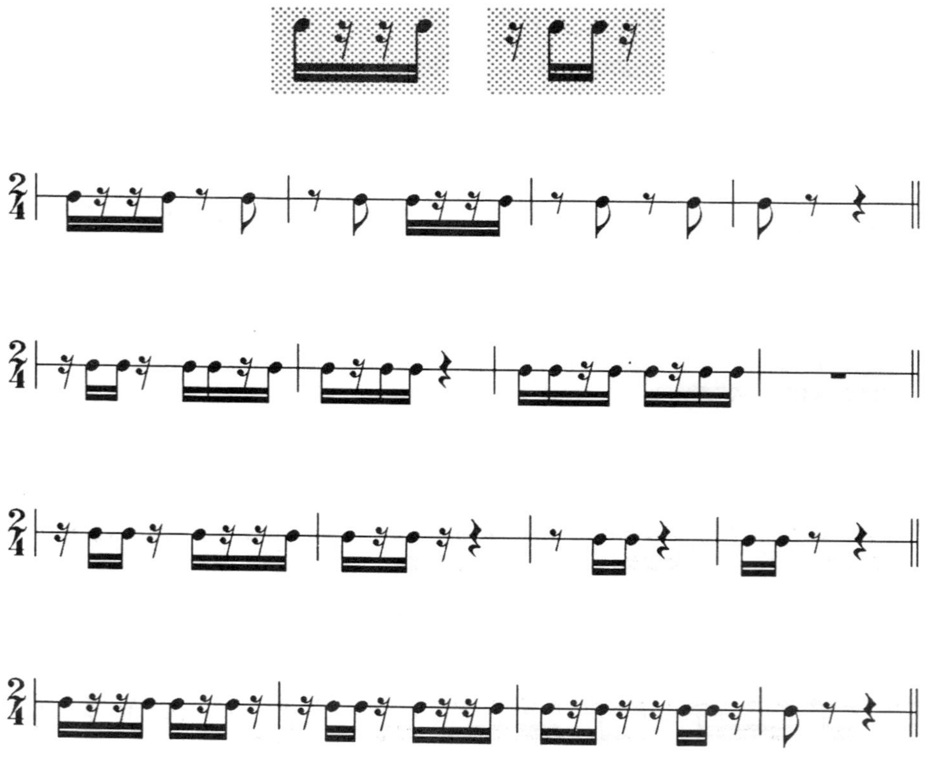

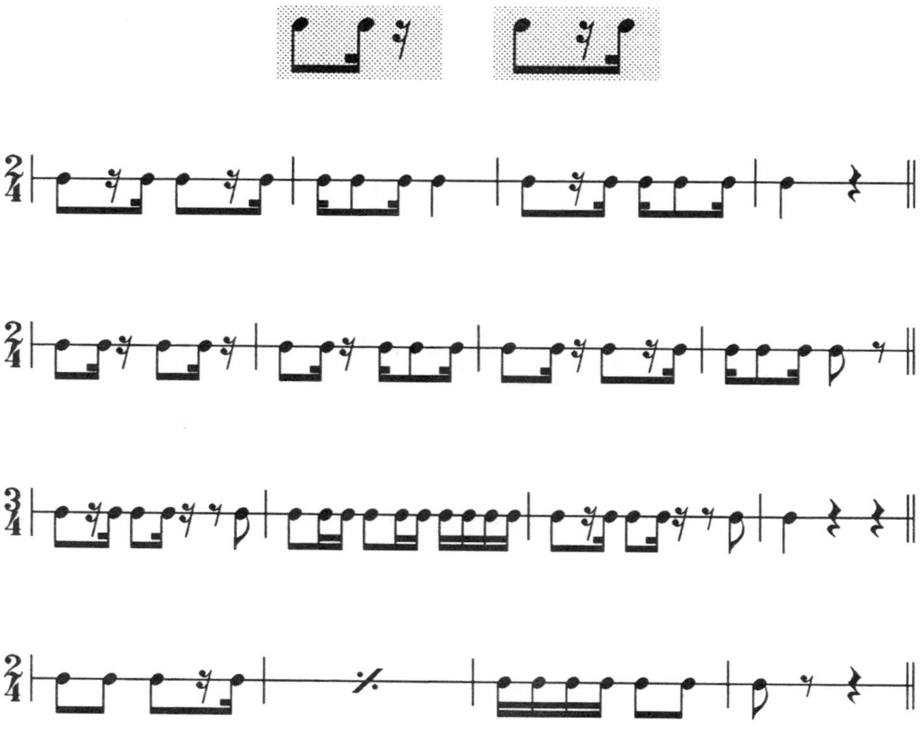

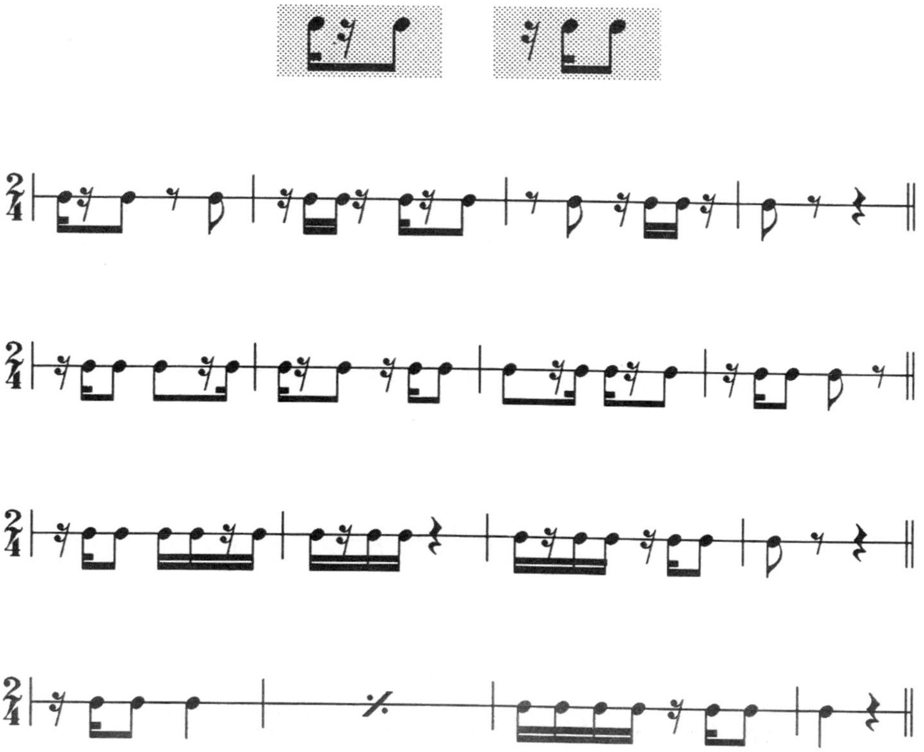

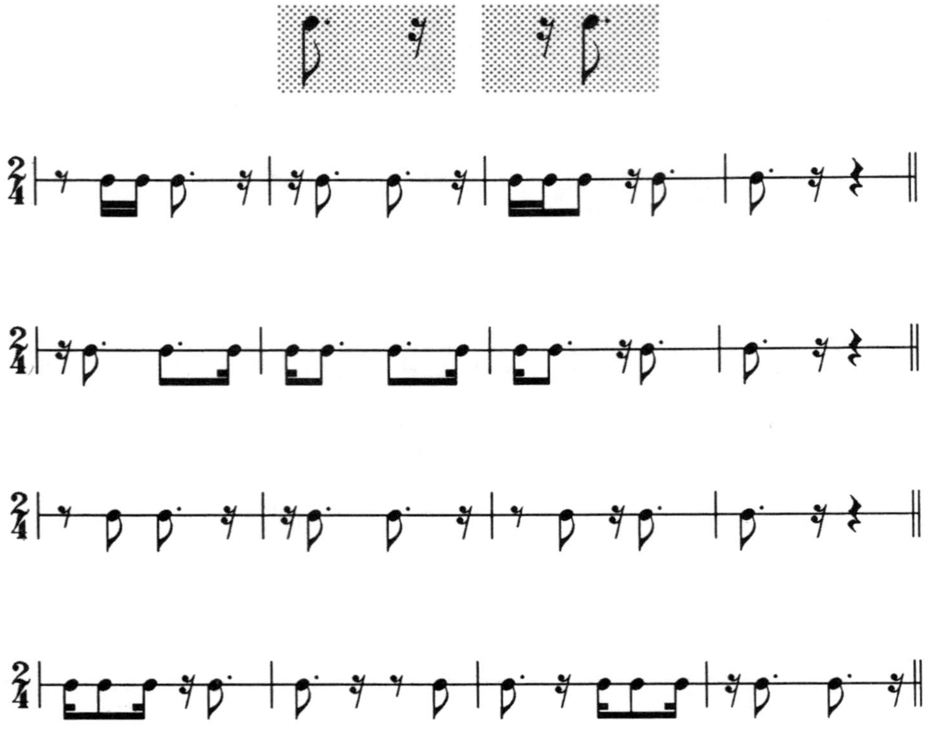

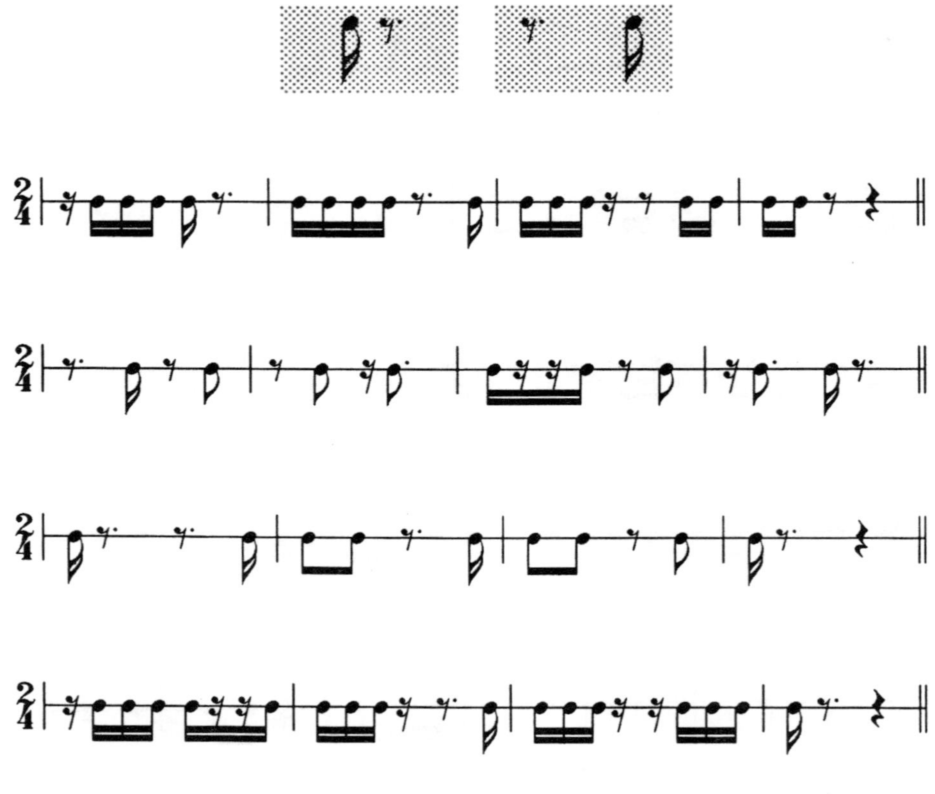

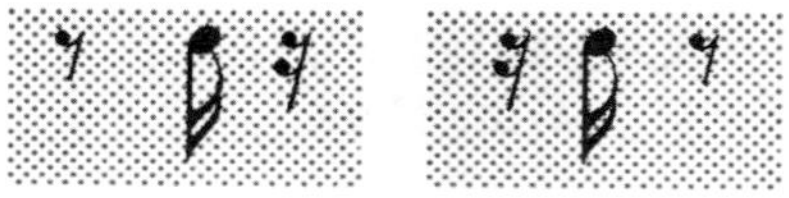

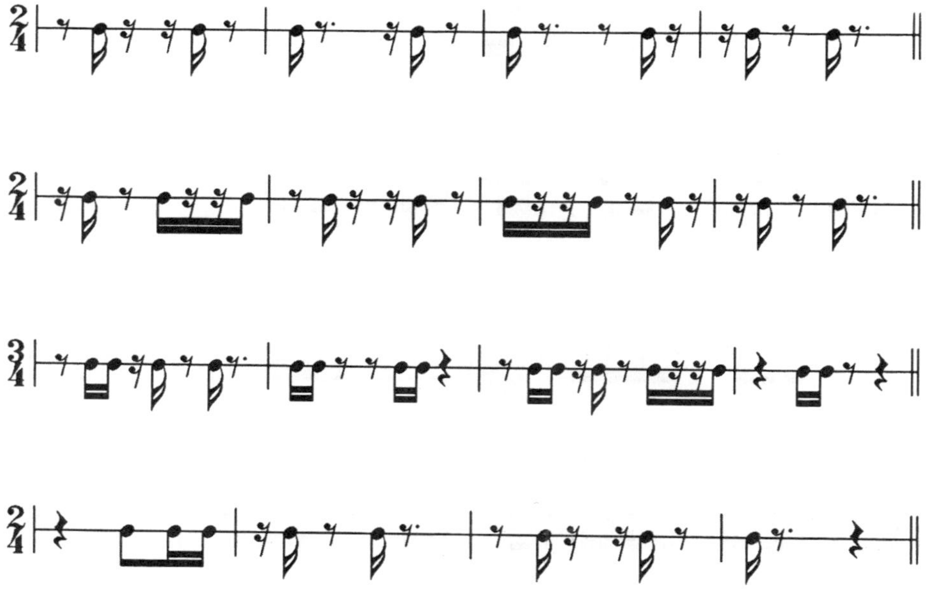

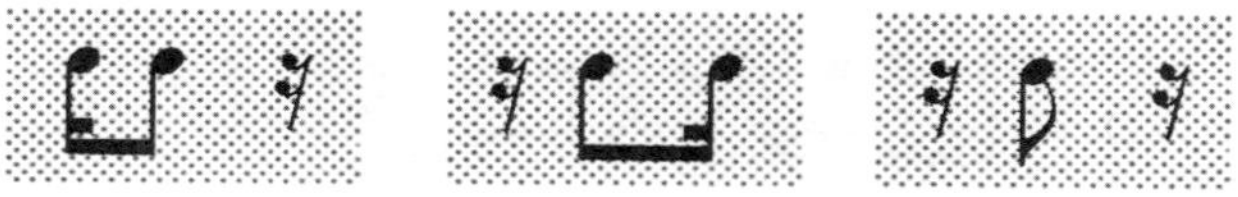

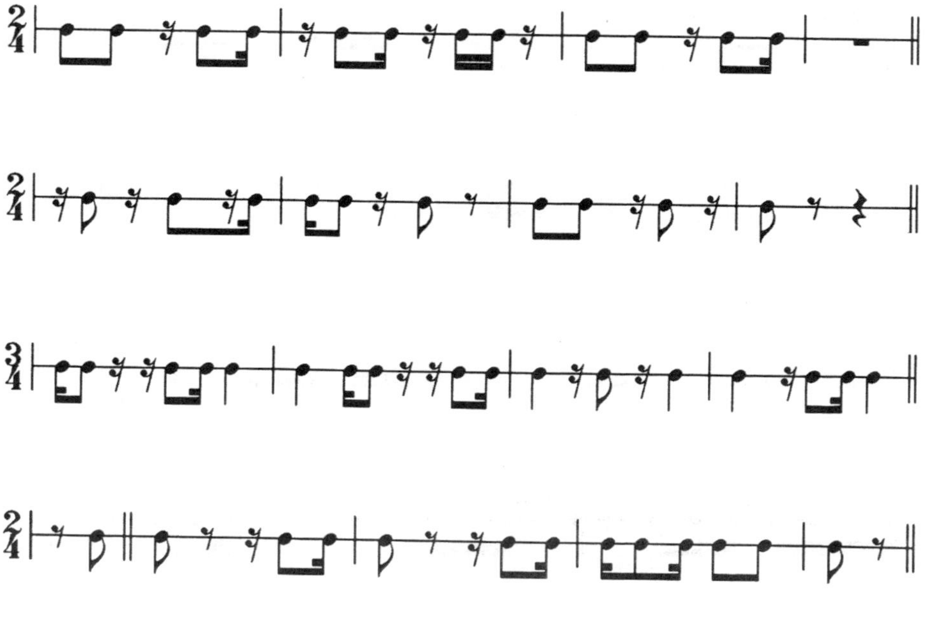

Com ligaduras
With slurs

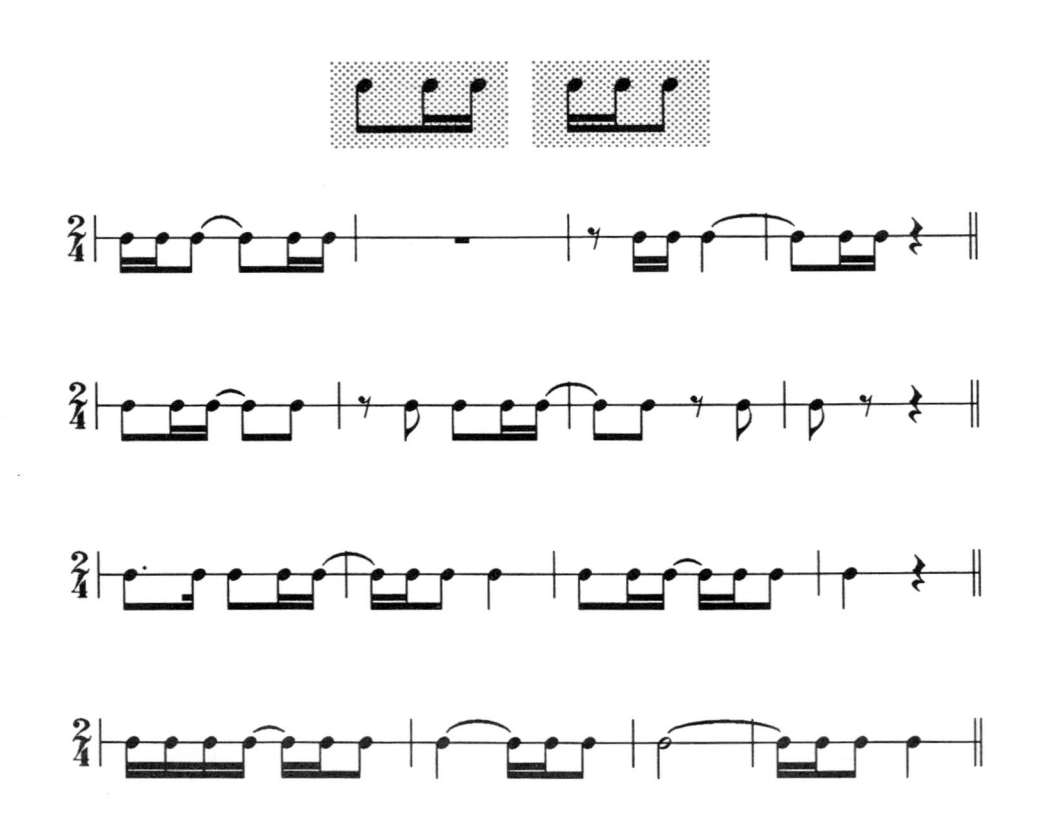

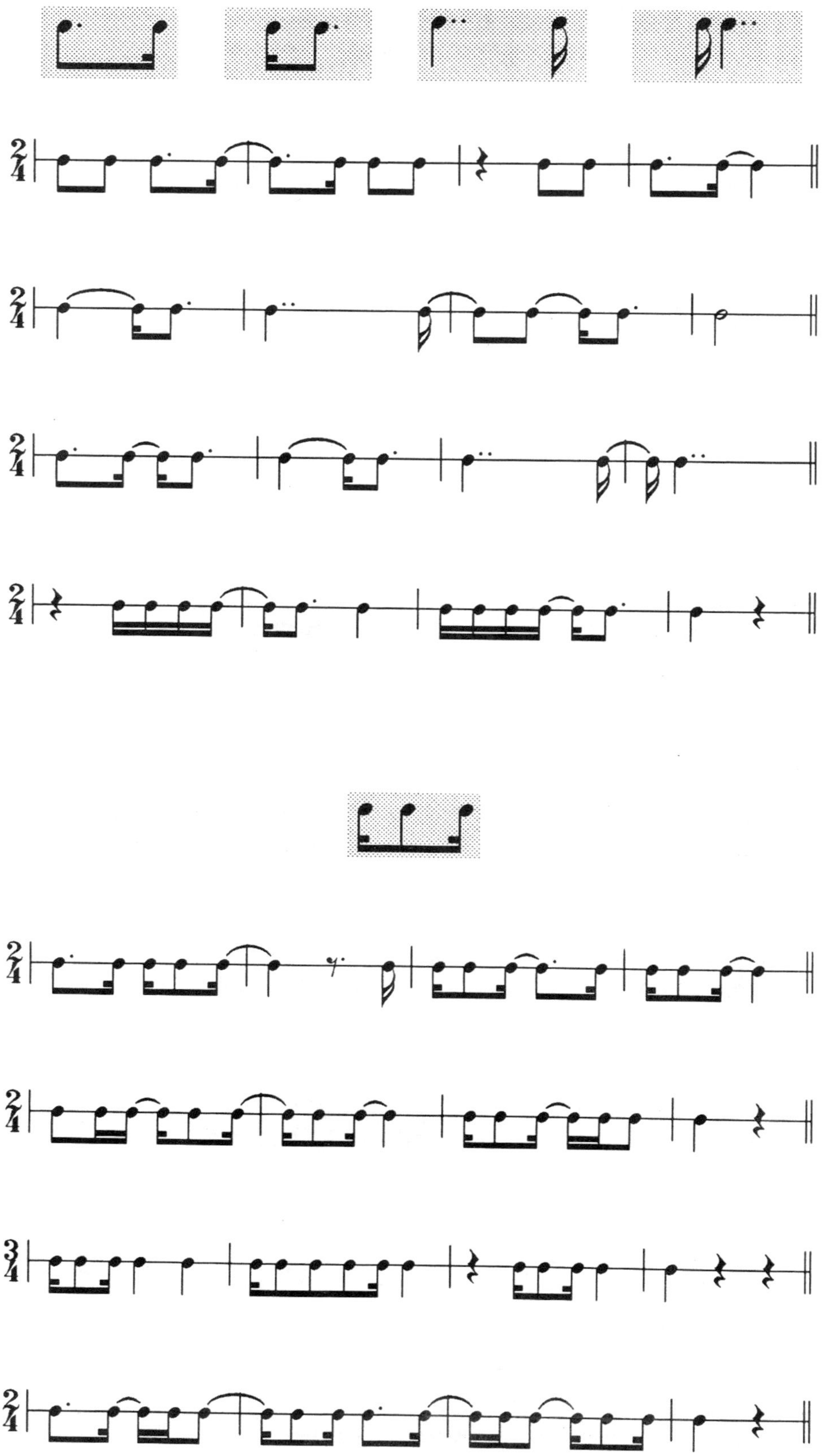

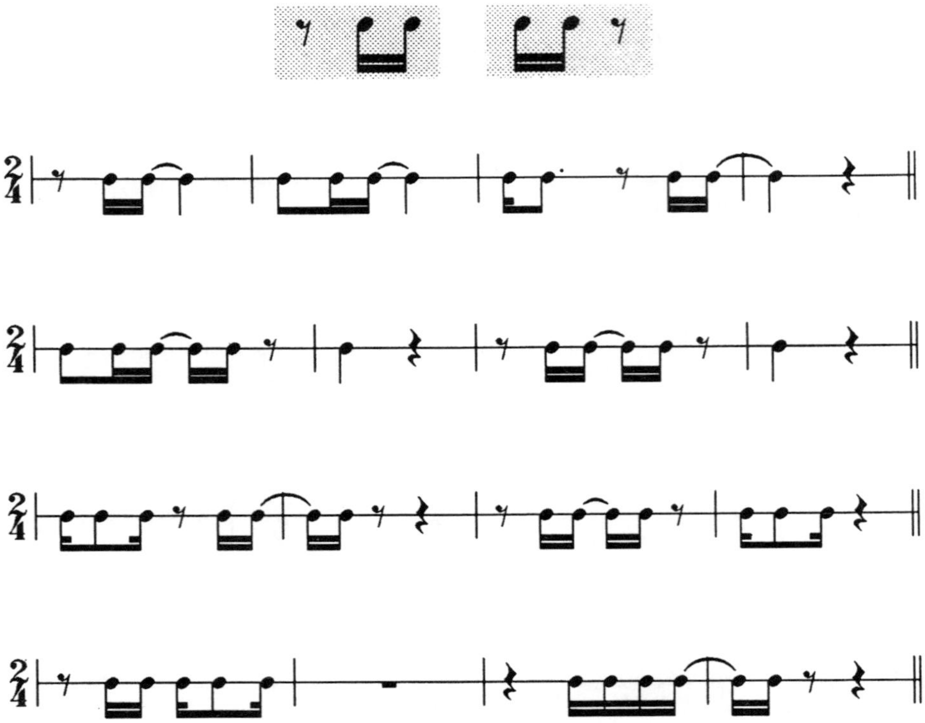

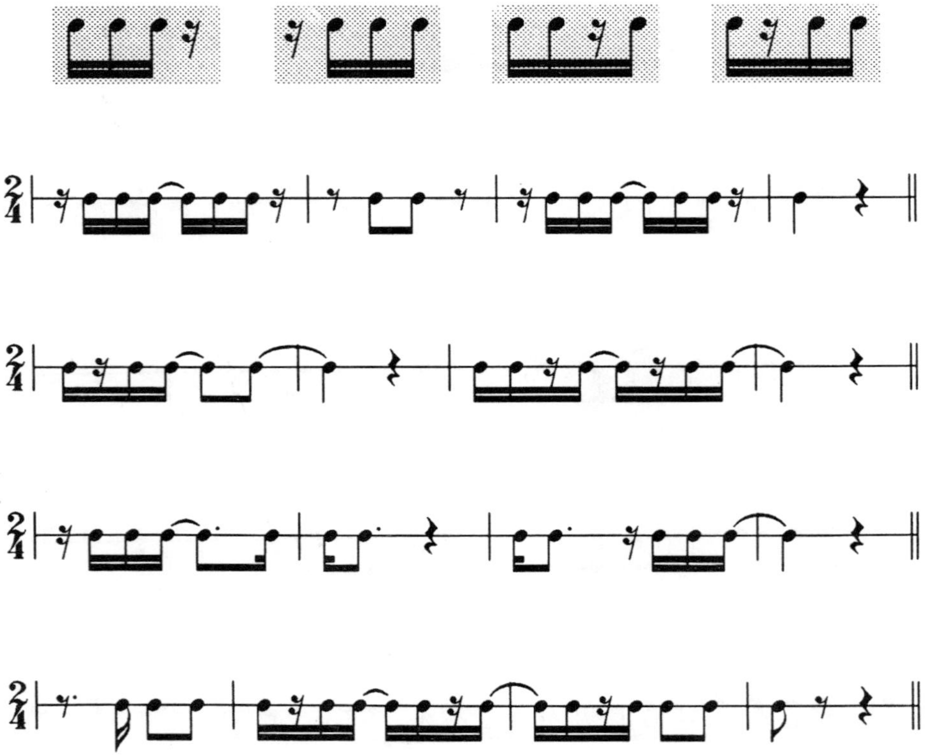

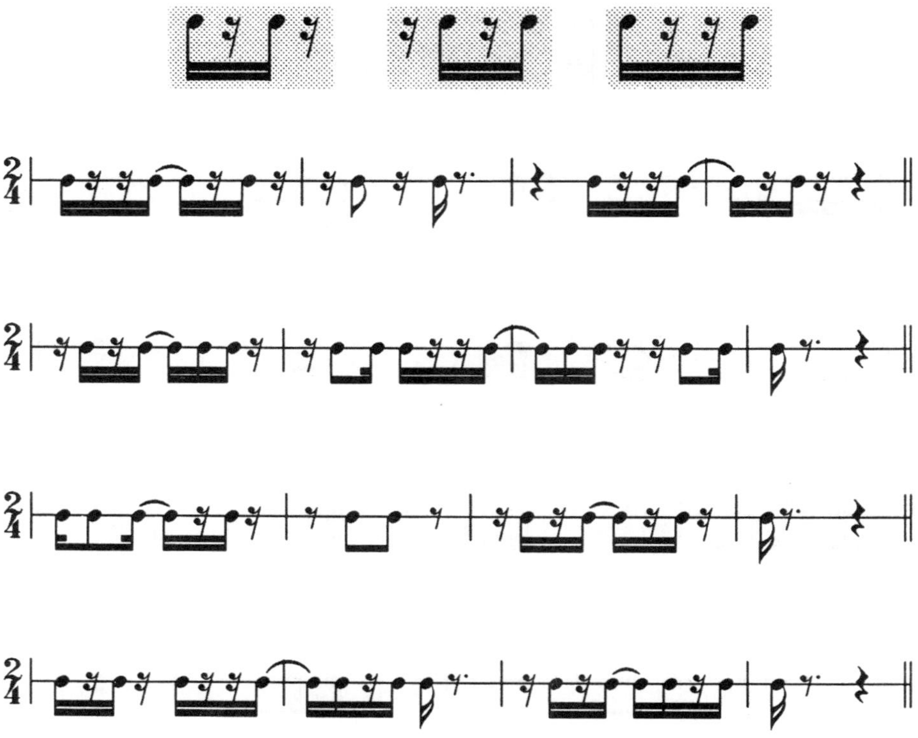

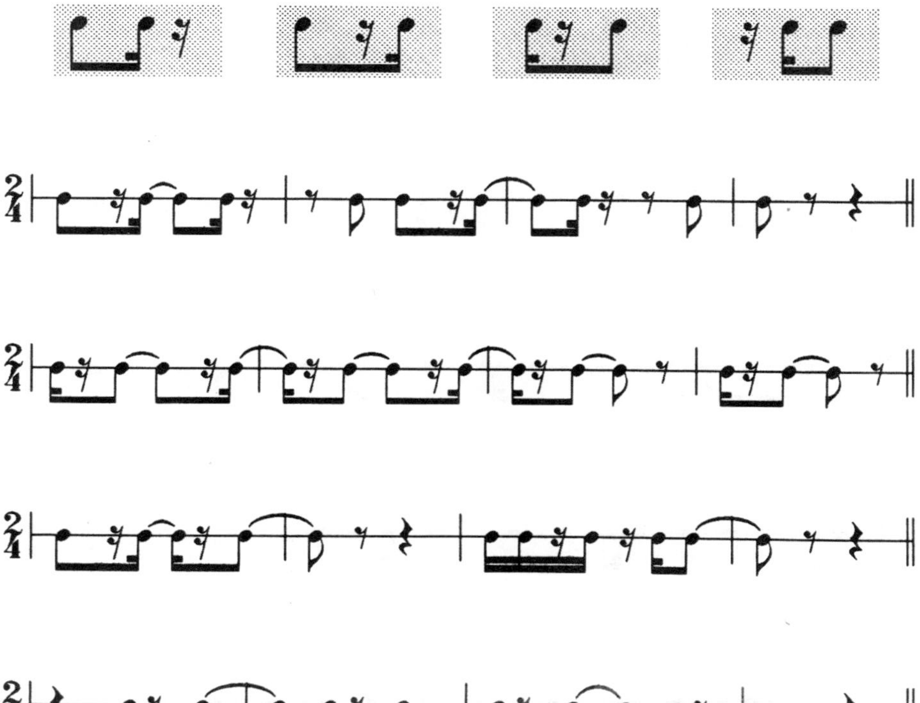

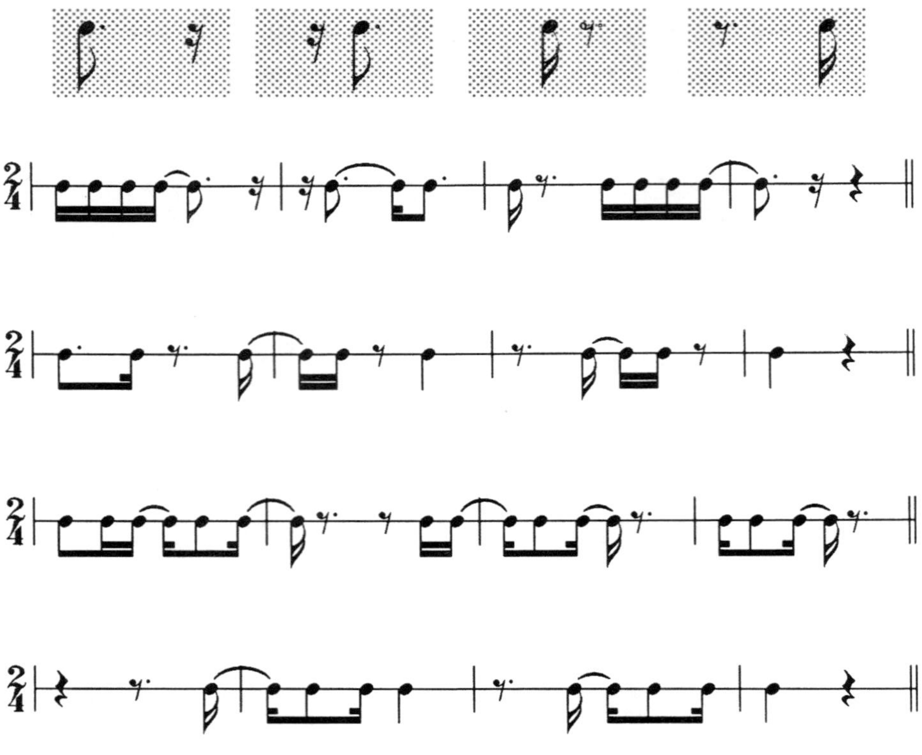

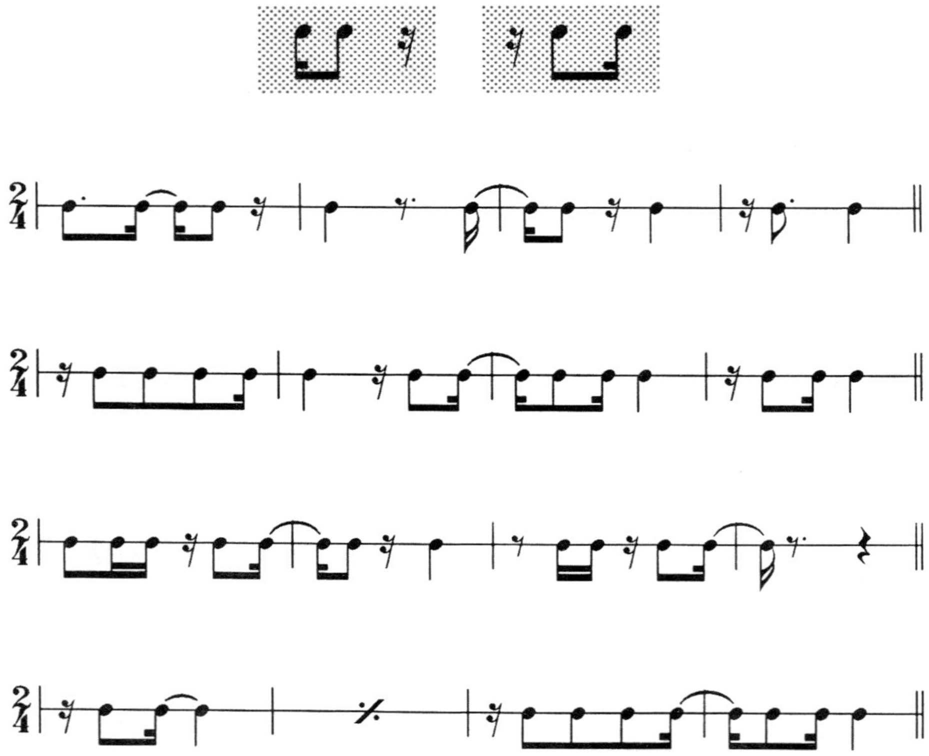

Percepção a duas vozes alternadas
Ear-training in two alternated voices

Professor: executa
Aluno: ouve, memoriza, repete e escreve

Teacher: *plays*
Student: *listens, memorizes, repeats and then writes*

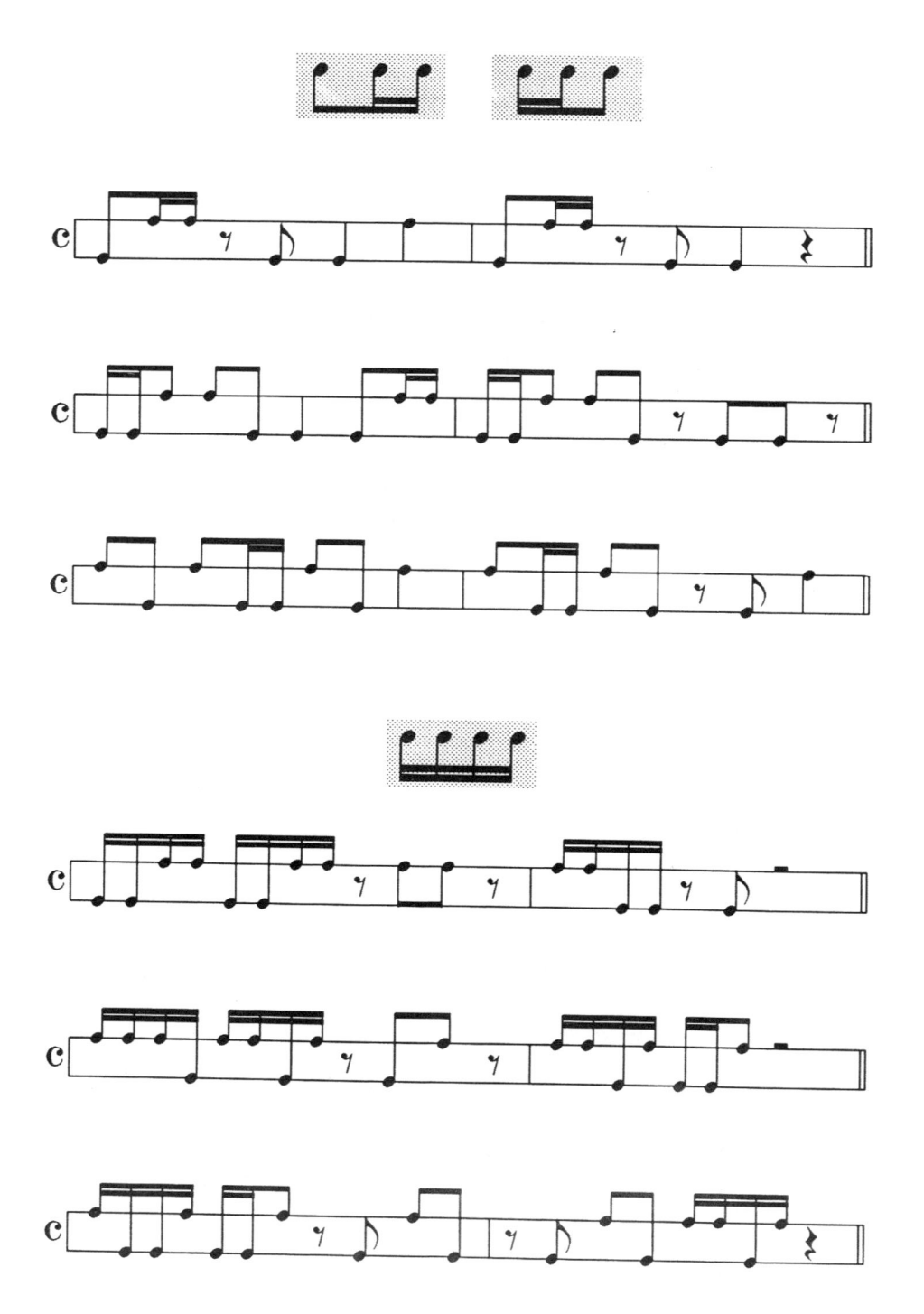

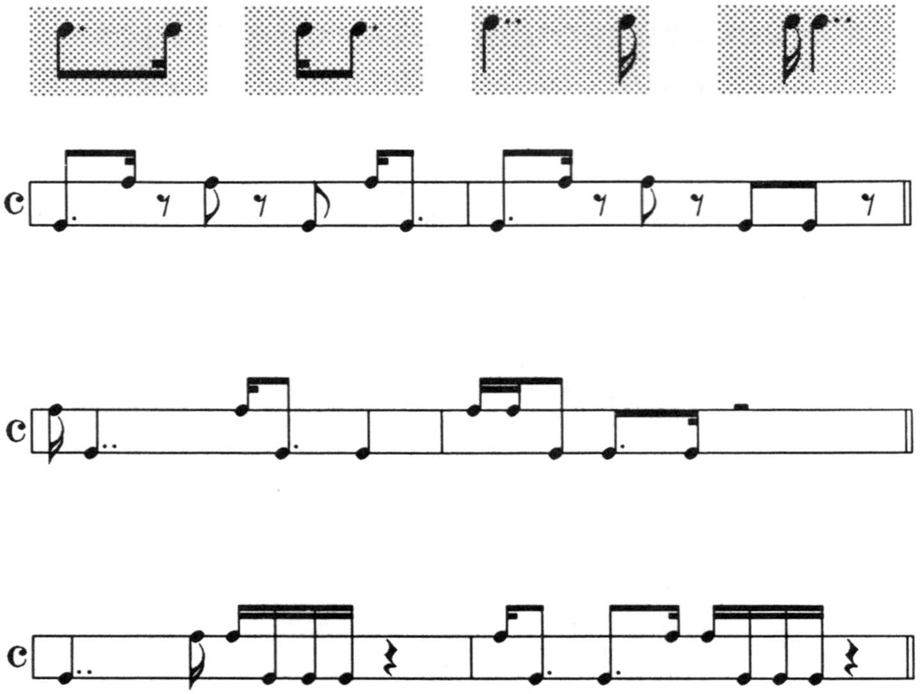

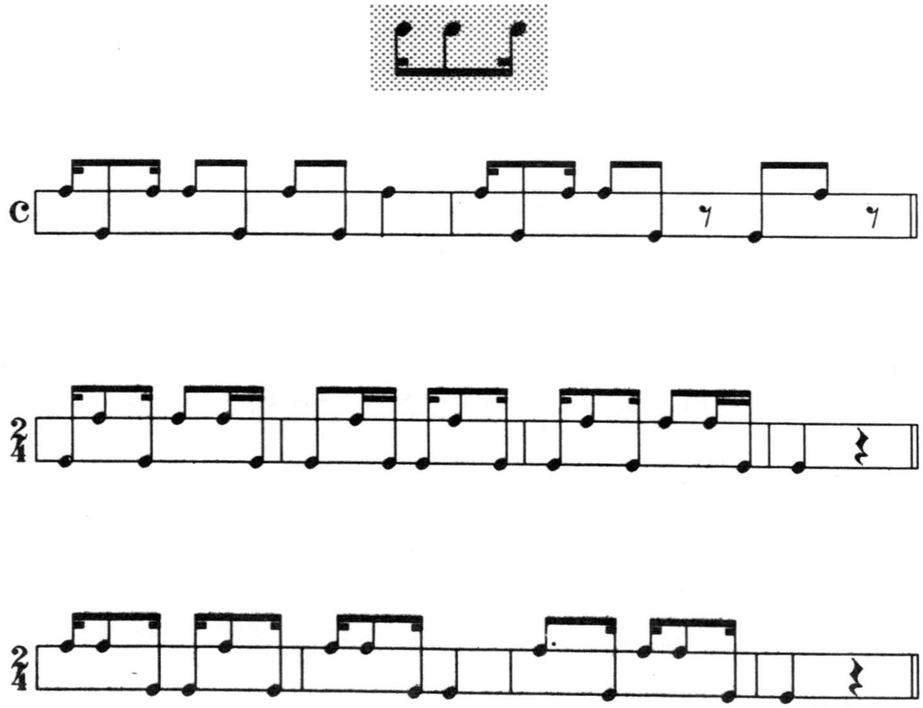

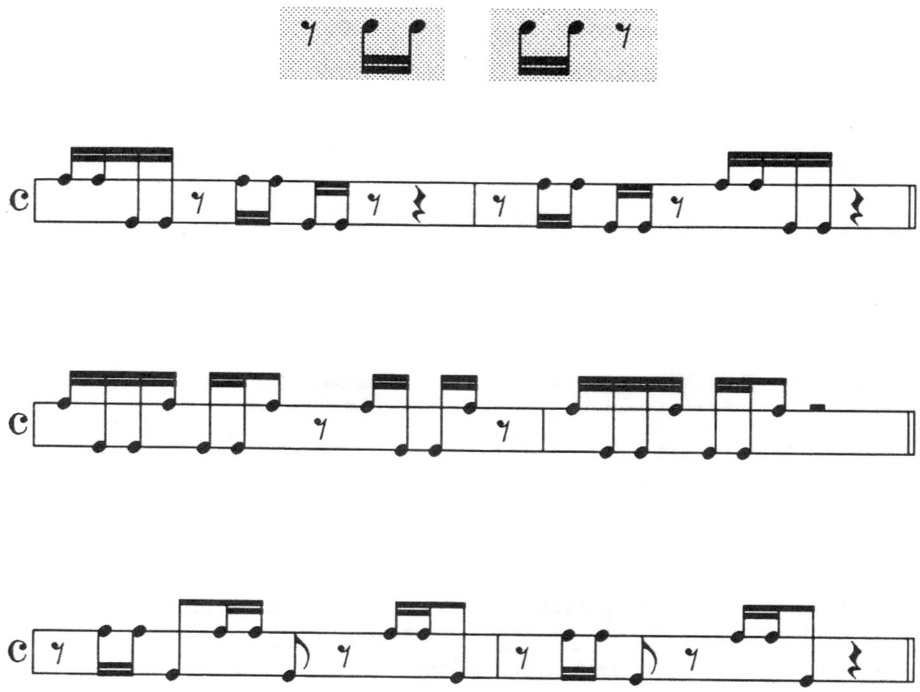

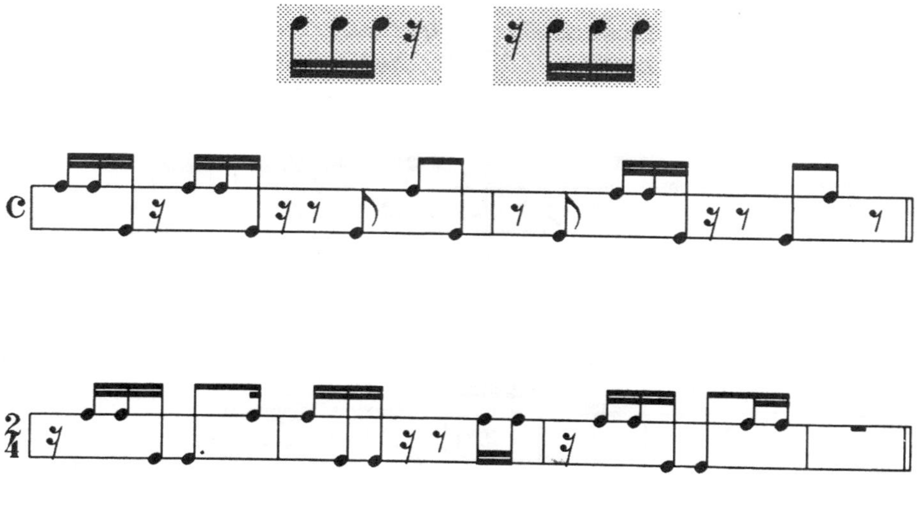

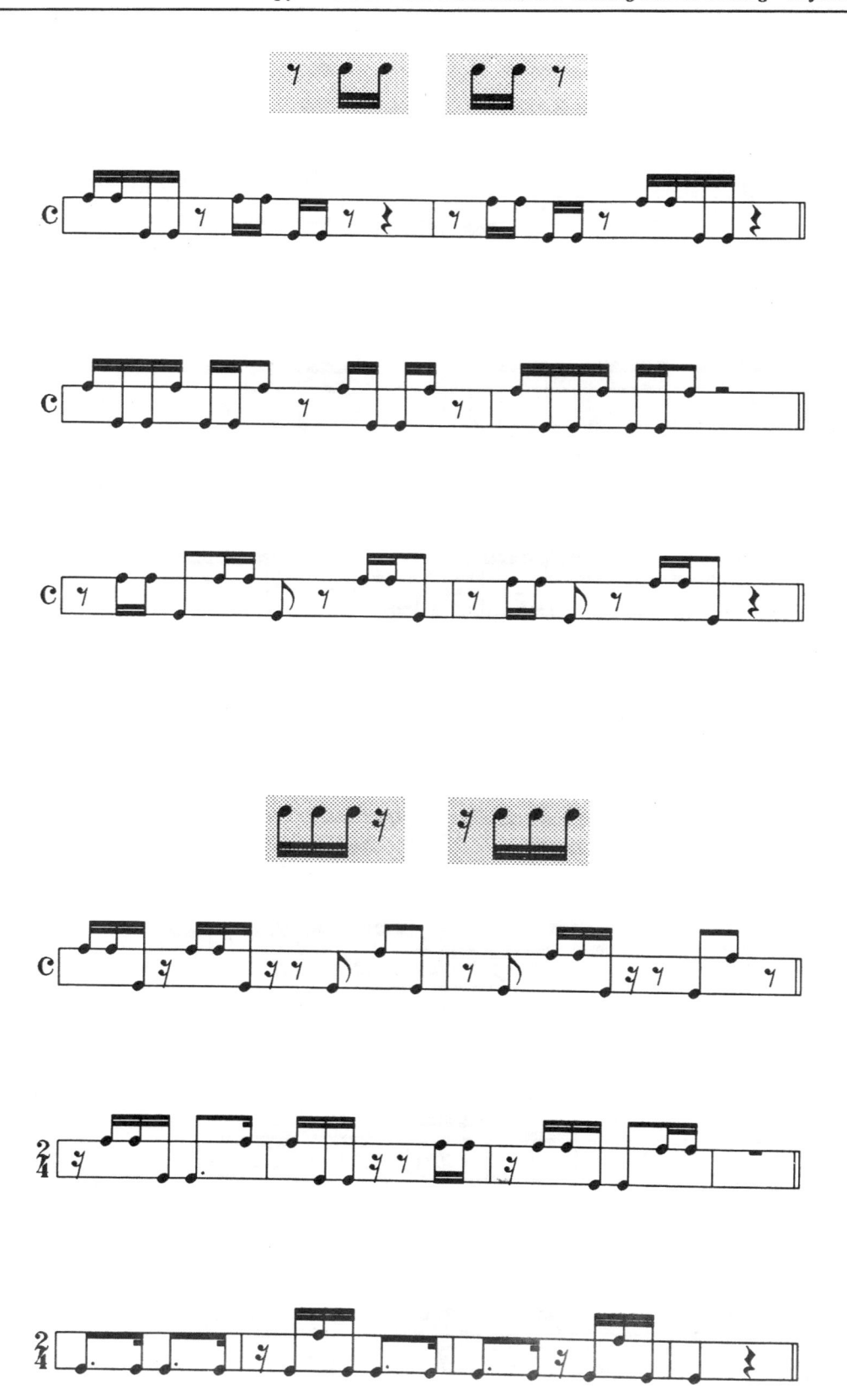

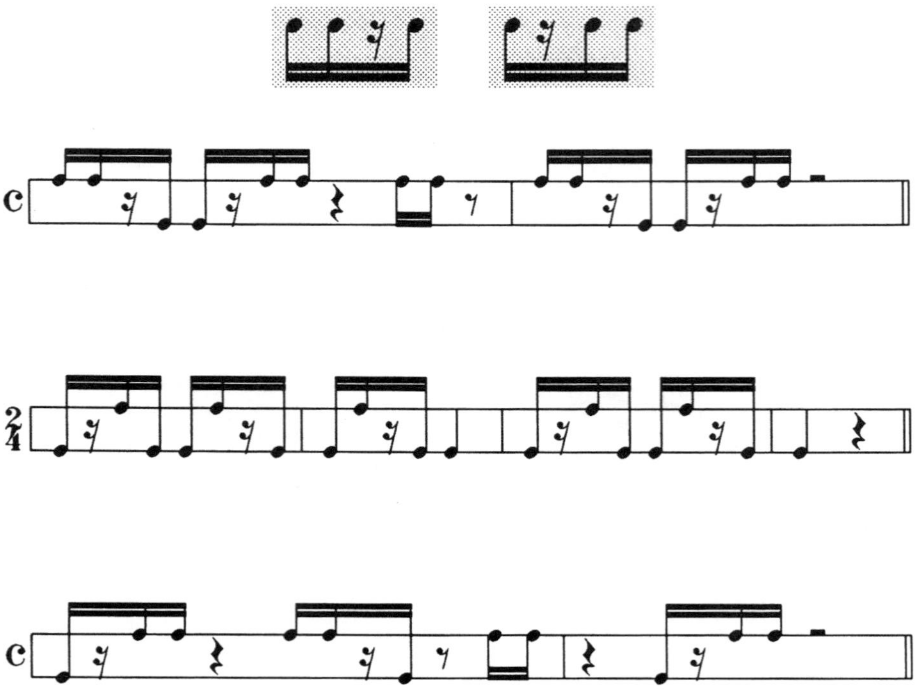

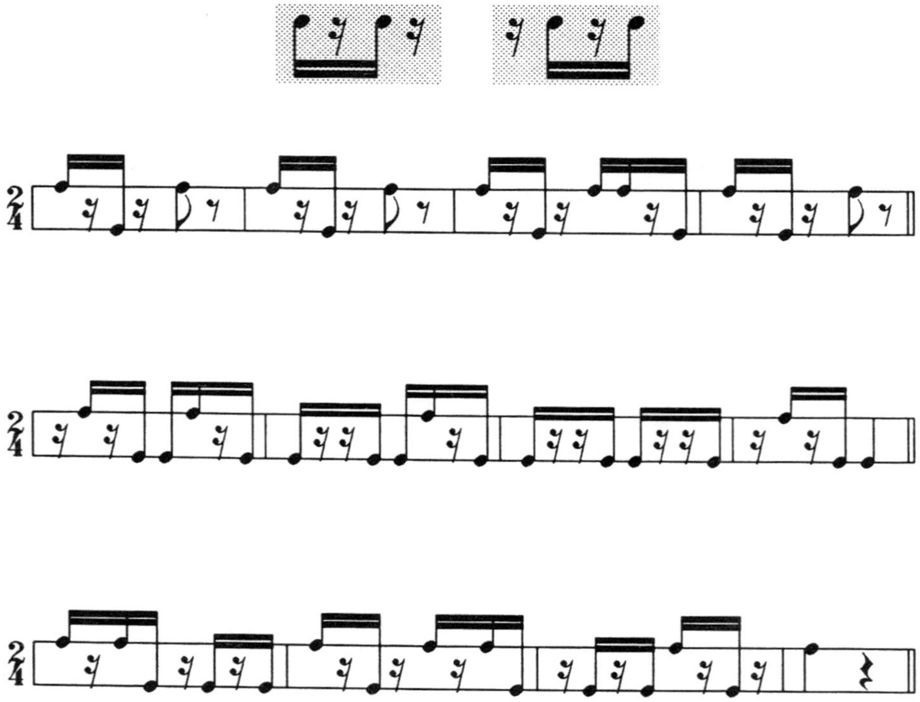

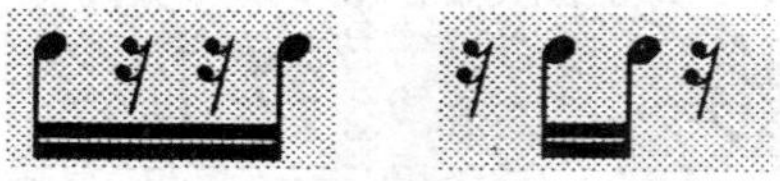

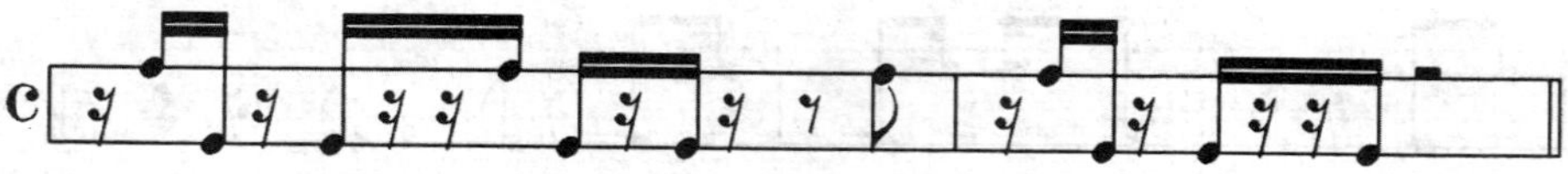

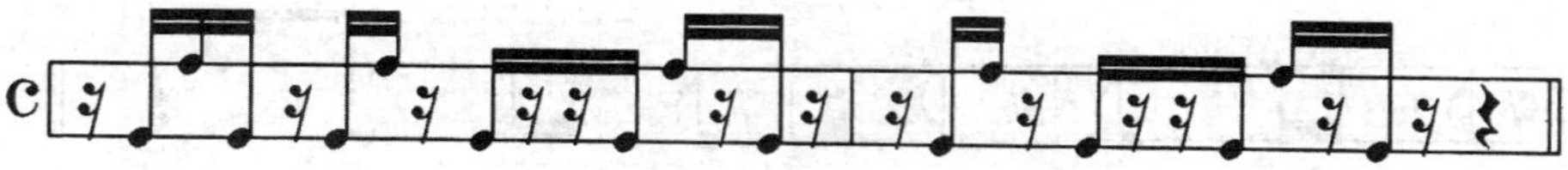

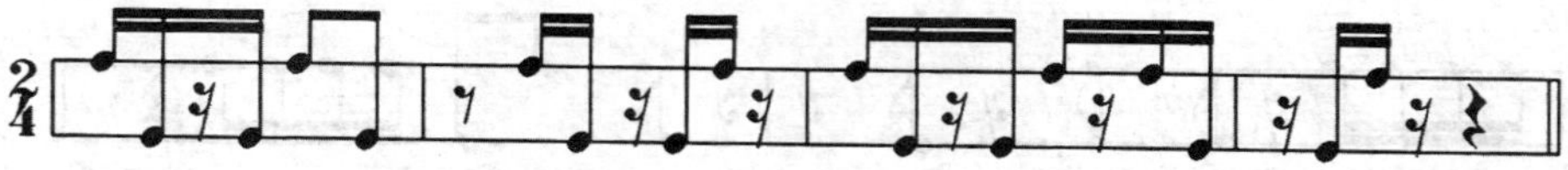

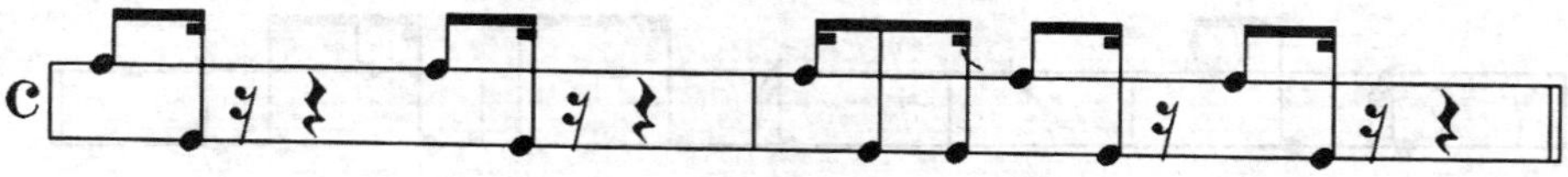

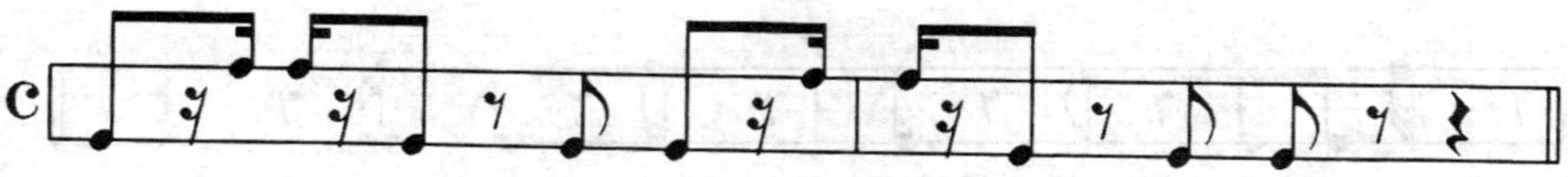

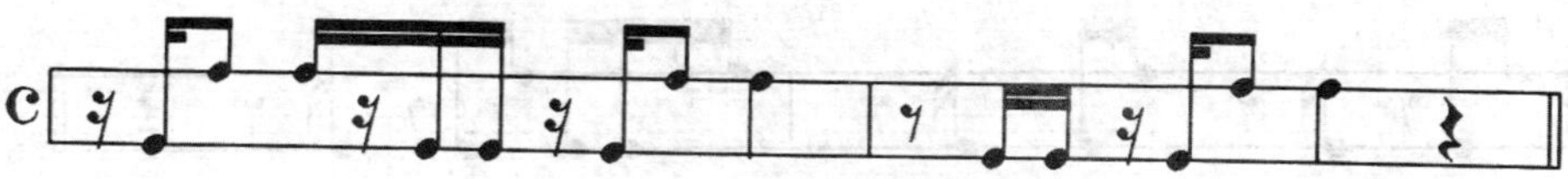

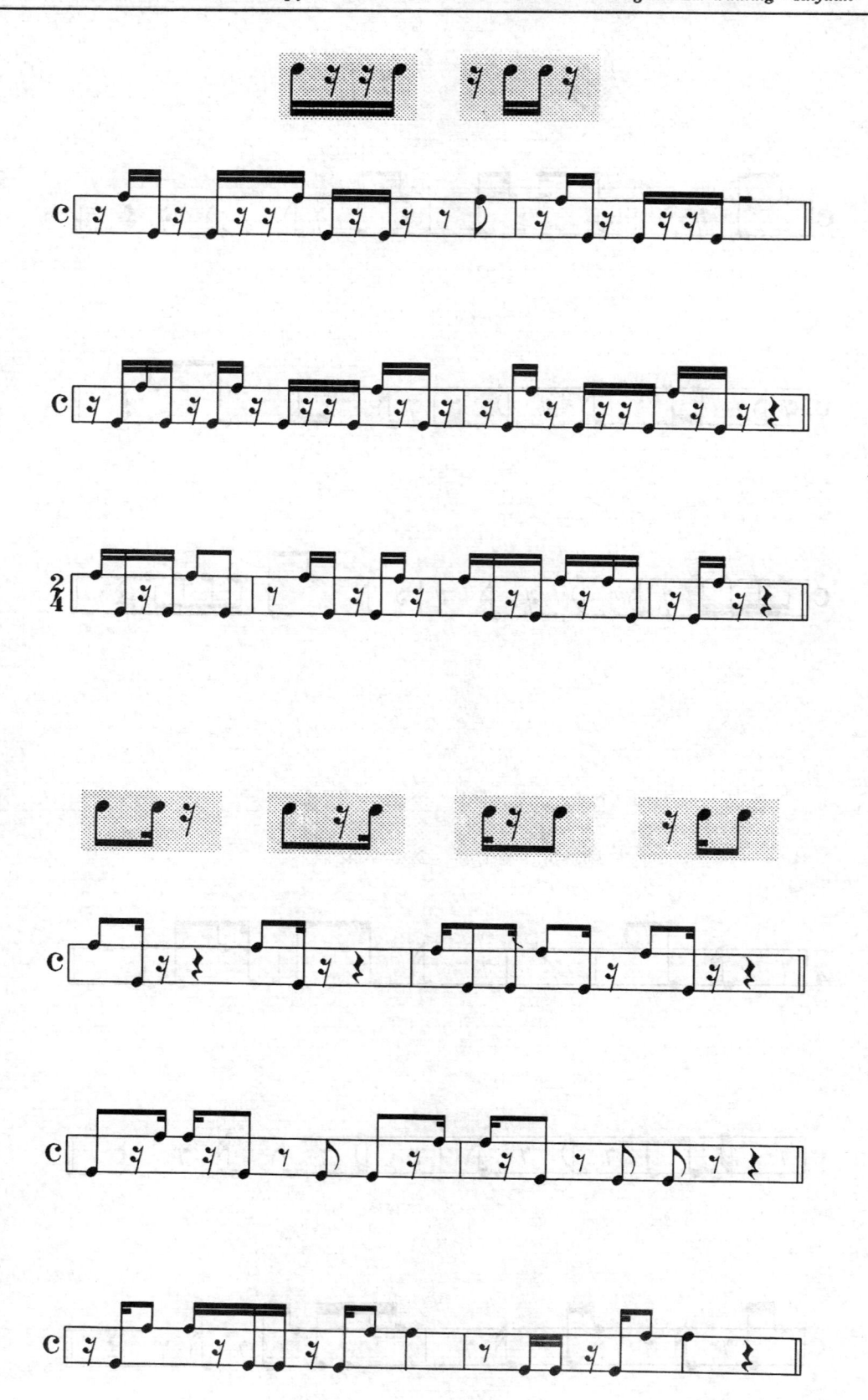

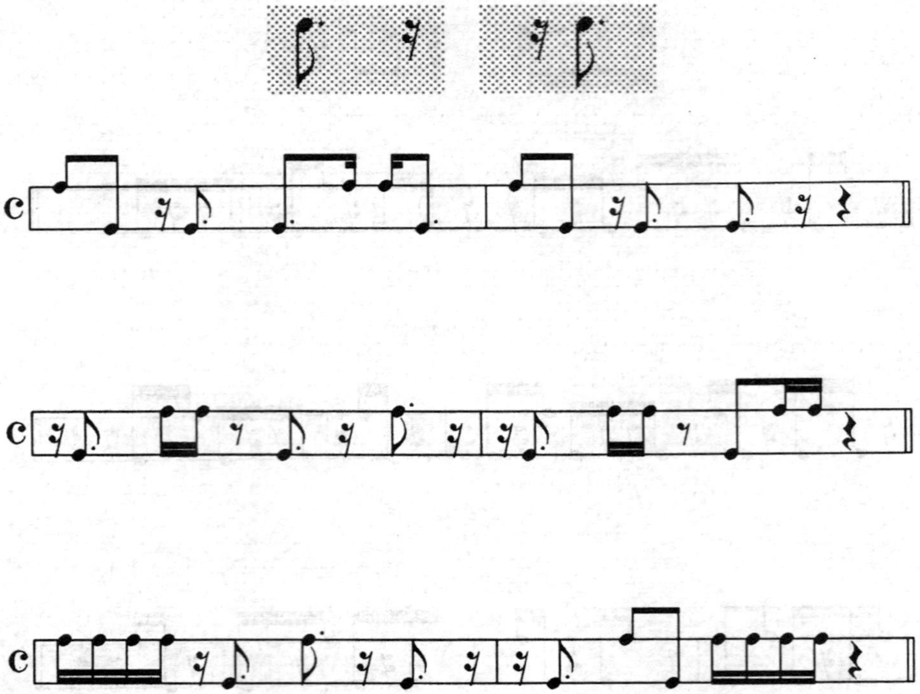

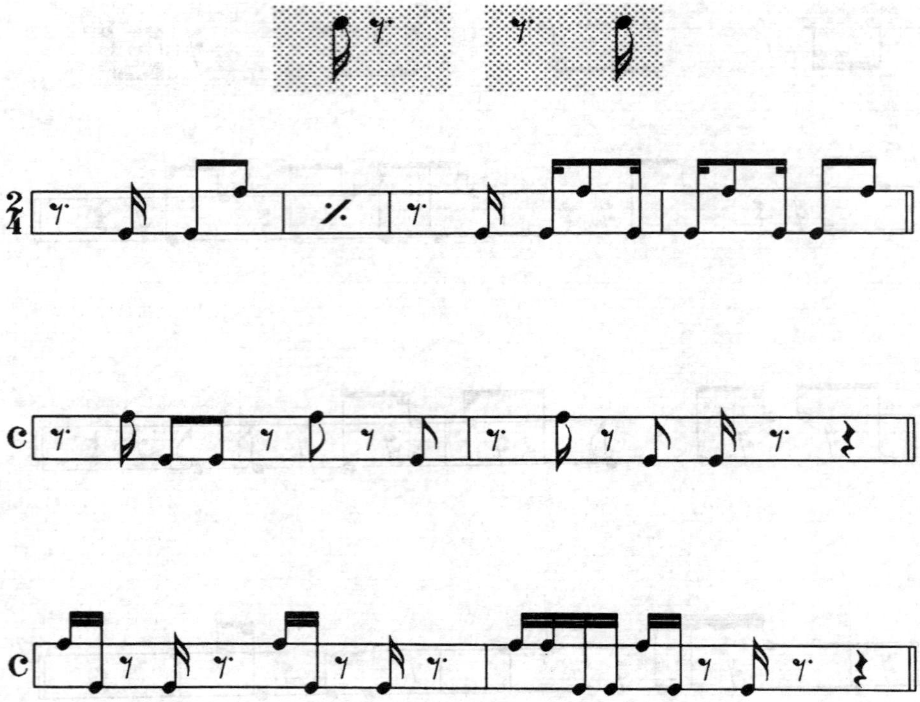

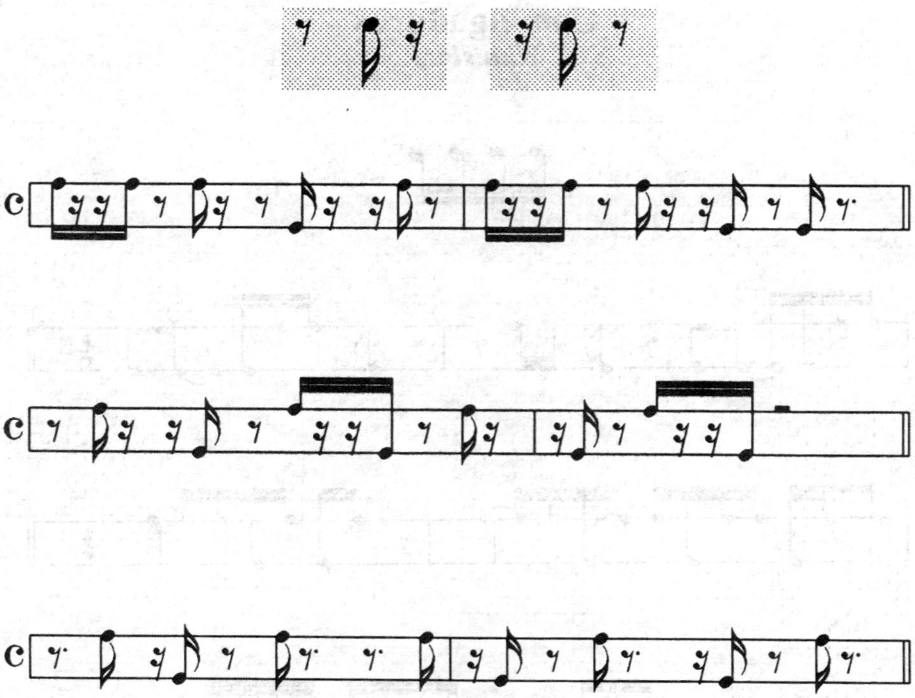

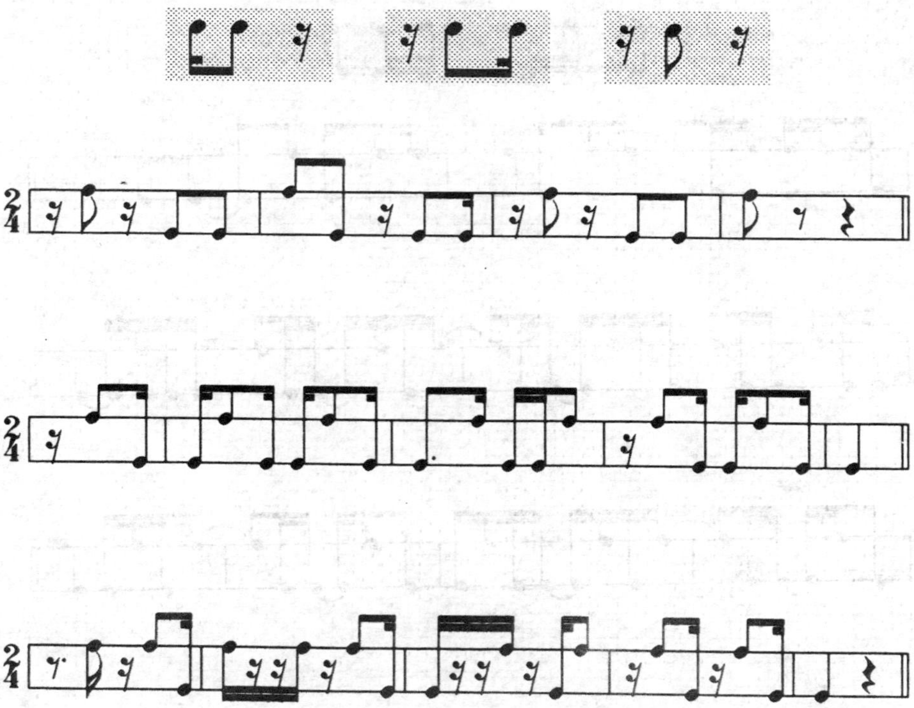

Com ligaduras
With slurs

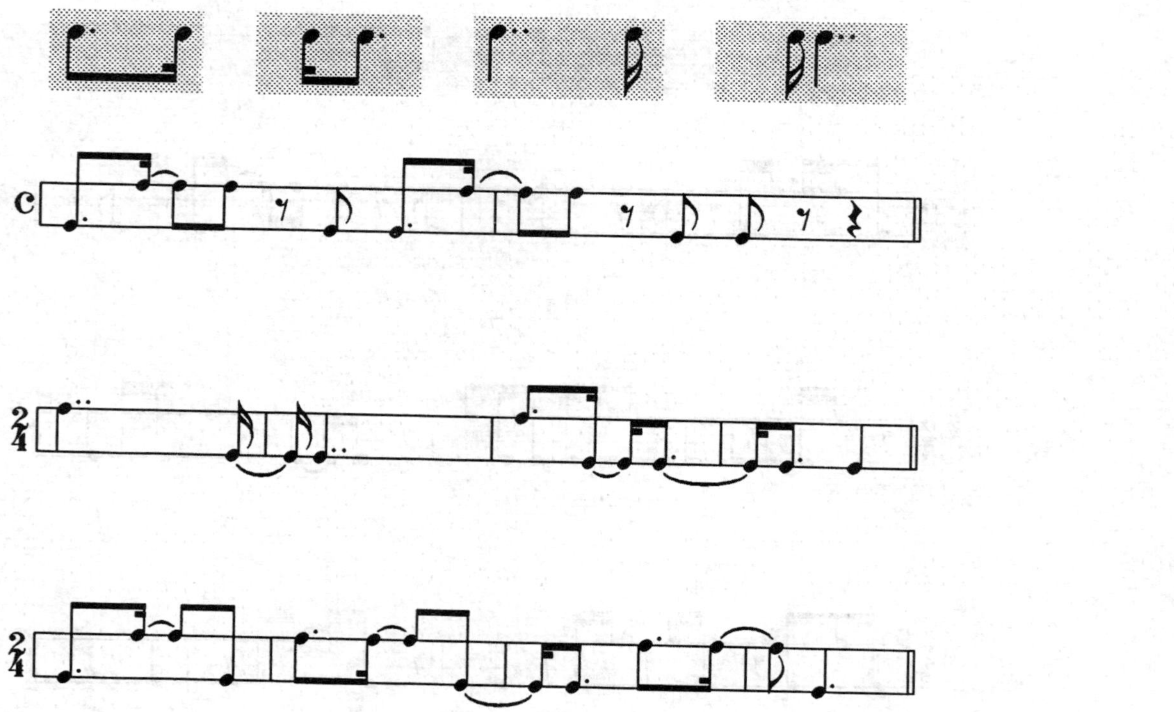

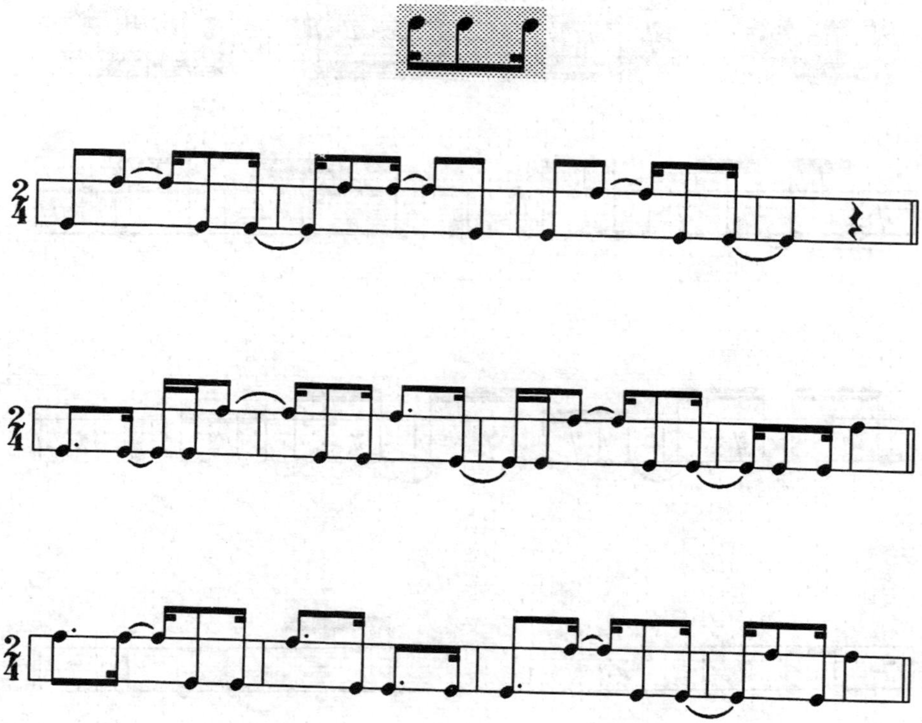

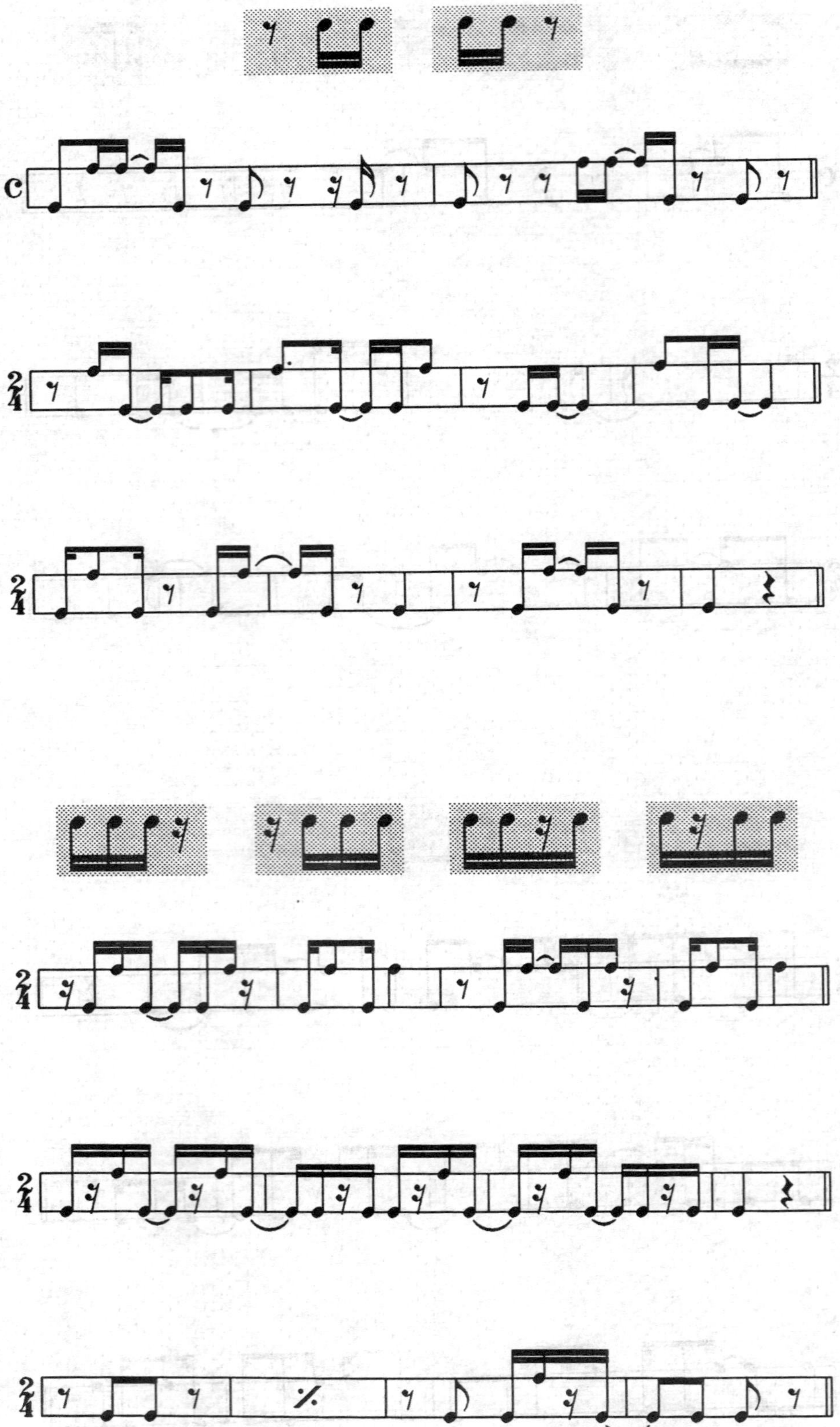

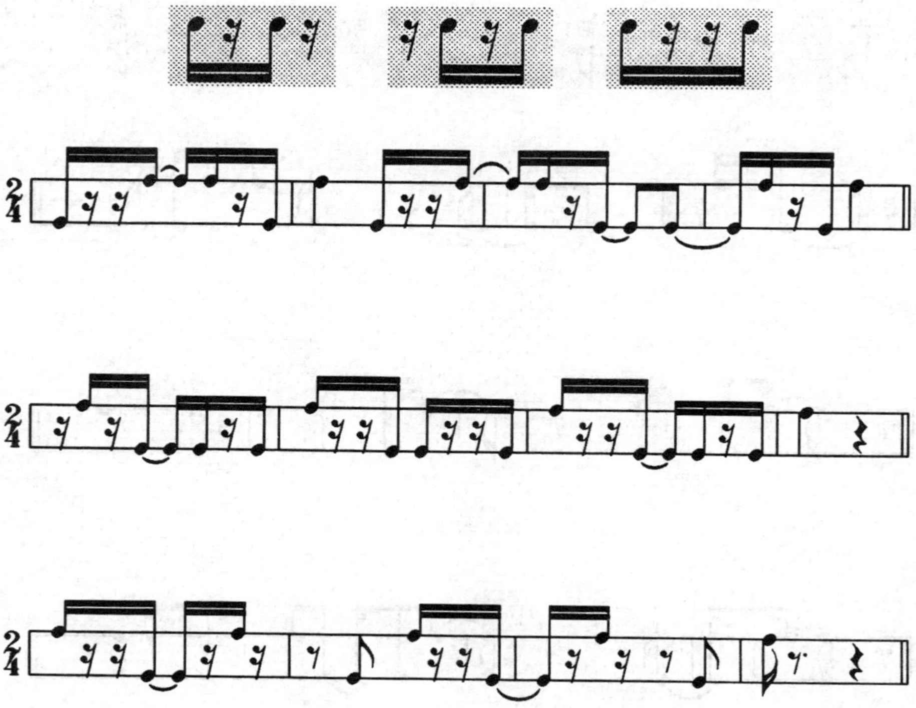

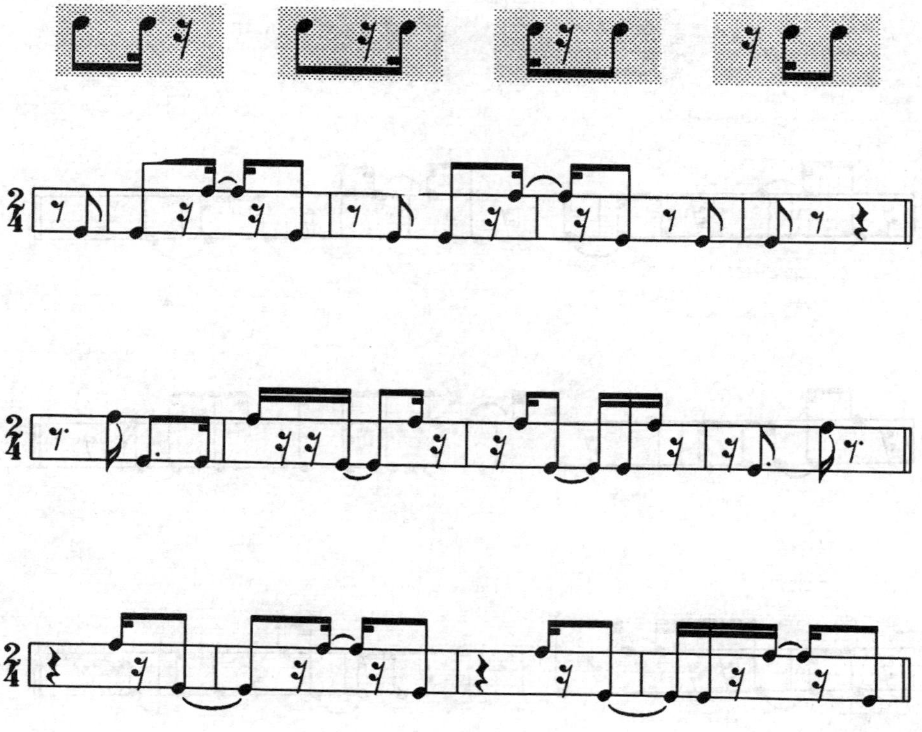

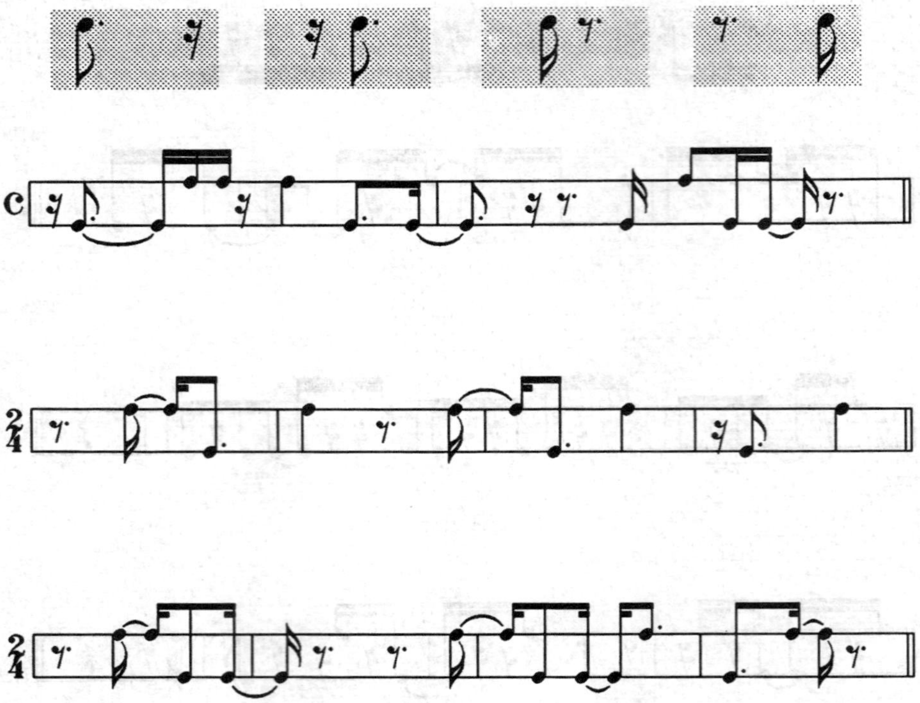

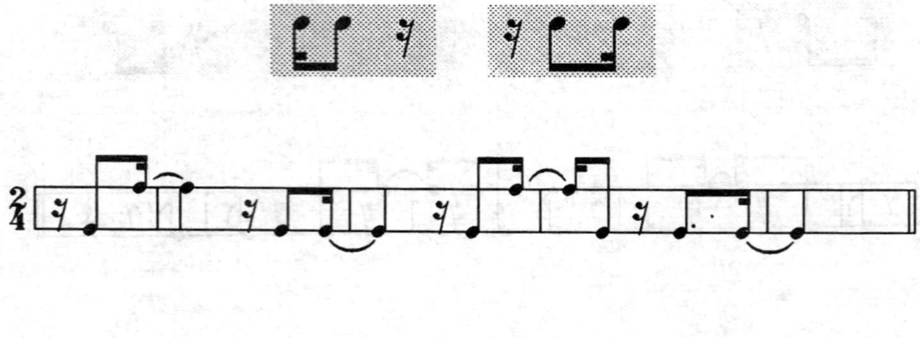

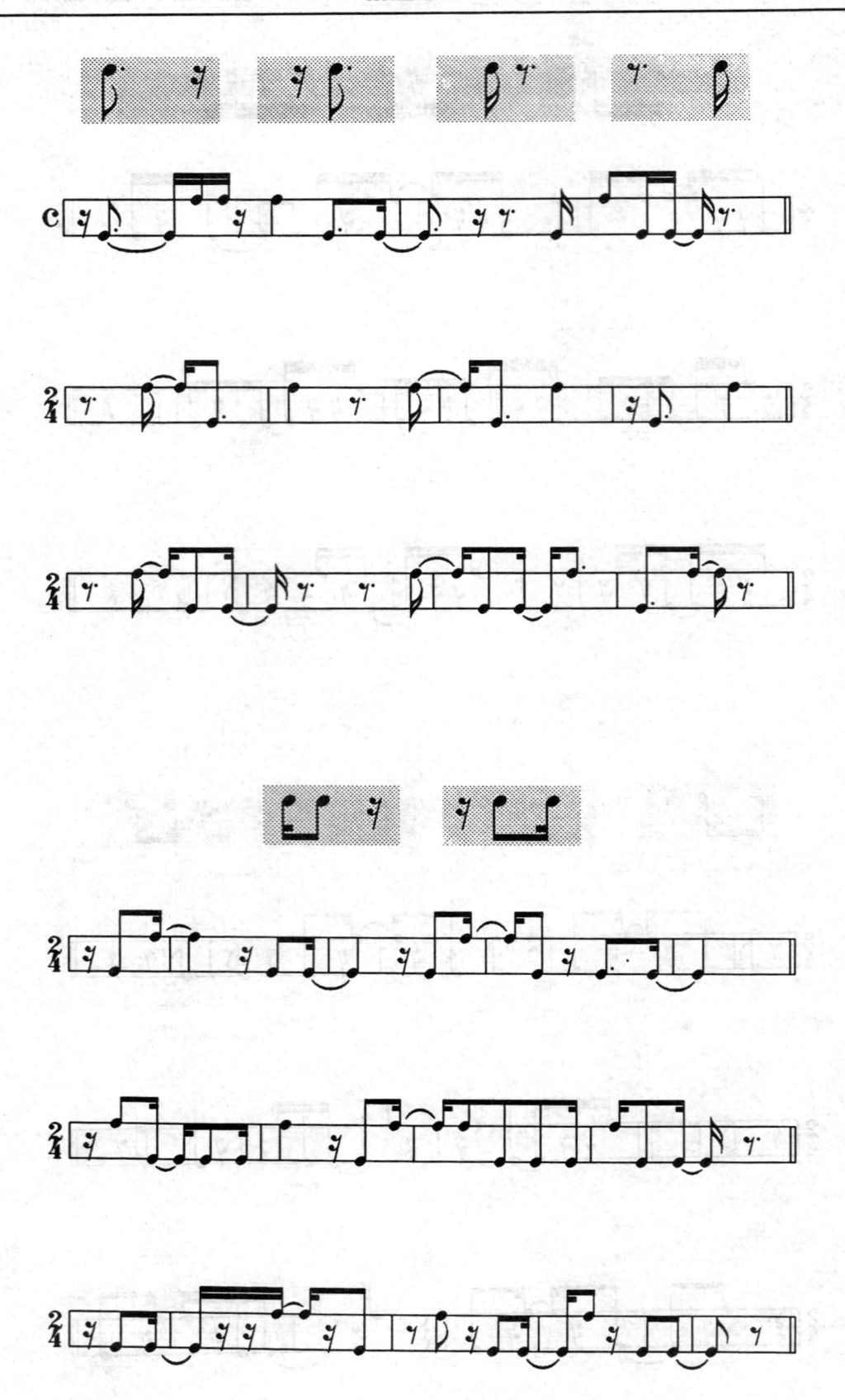

Percepção a duas vozes simultâneas
Ear-training in two simultaneous voices

Professor: executa (sempre simultaneamente)
Aluno: ouve, memoriza, repete e escreve primeiramente a voz de cima e posteriormente a voz de baixo

Teacher: plays (always simultaneously)
Student: listens, memorizes, repeats and then writes the first voice, followed by the second voice

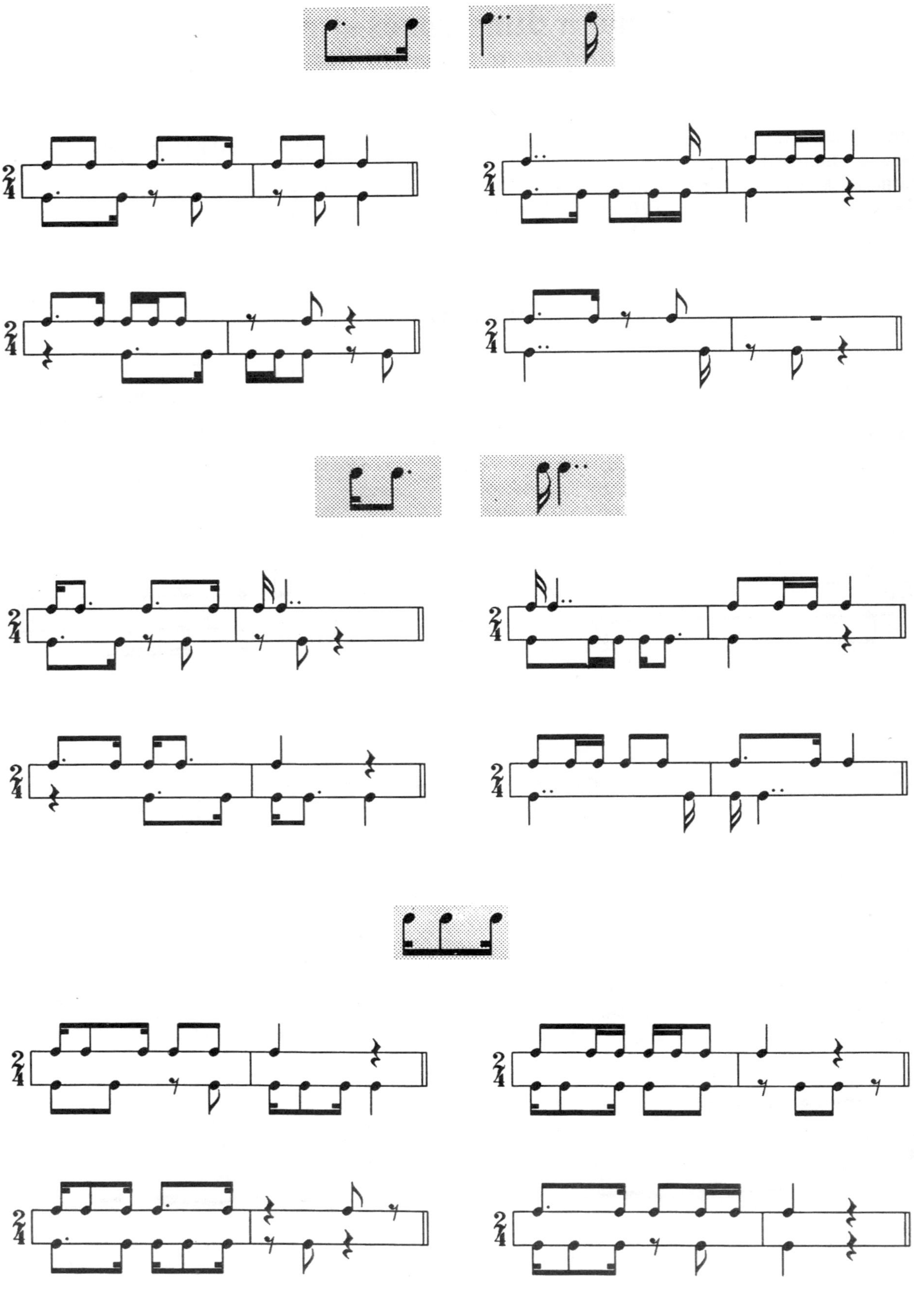

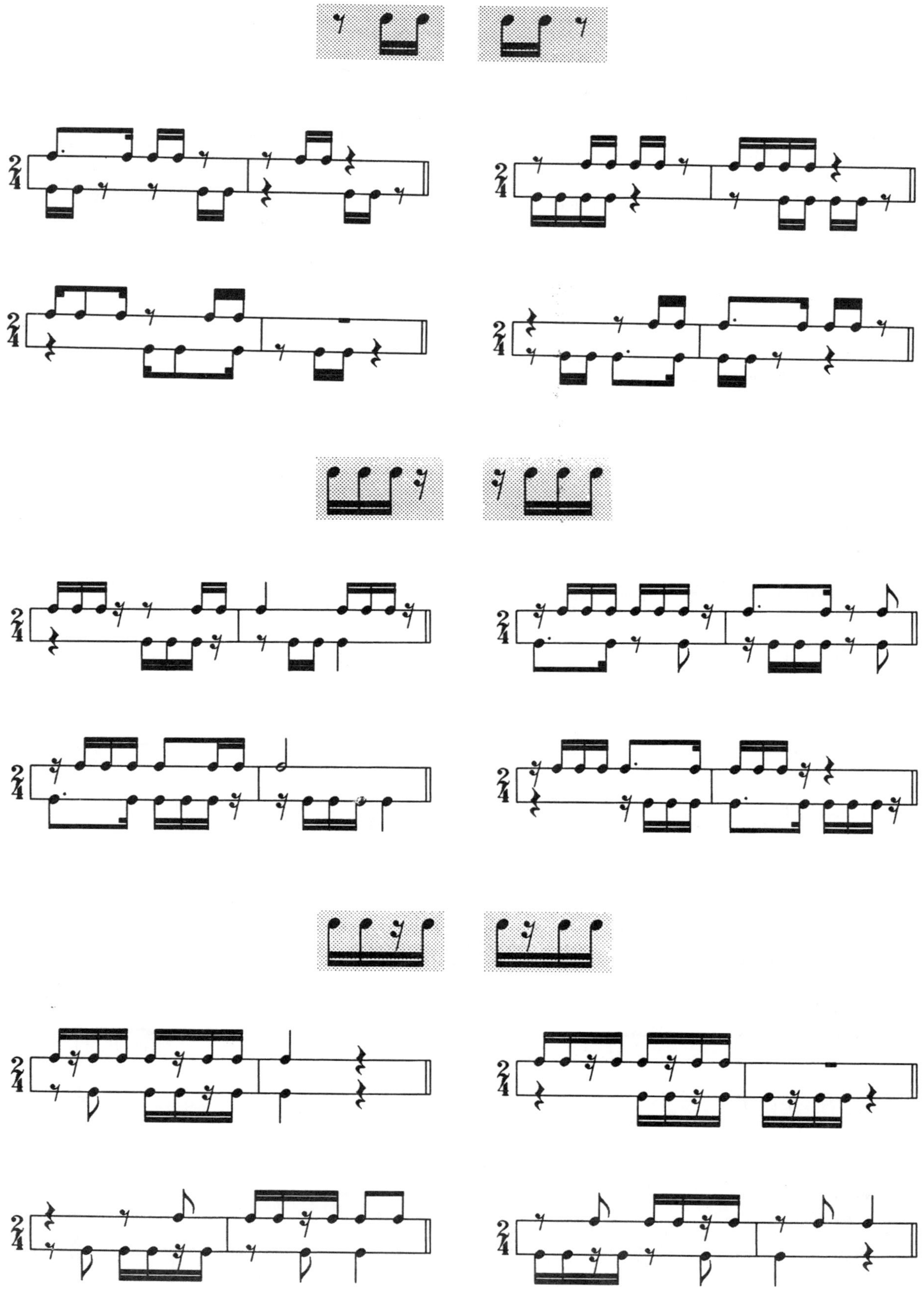

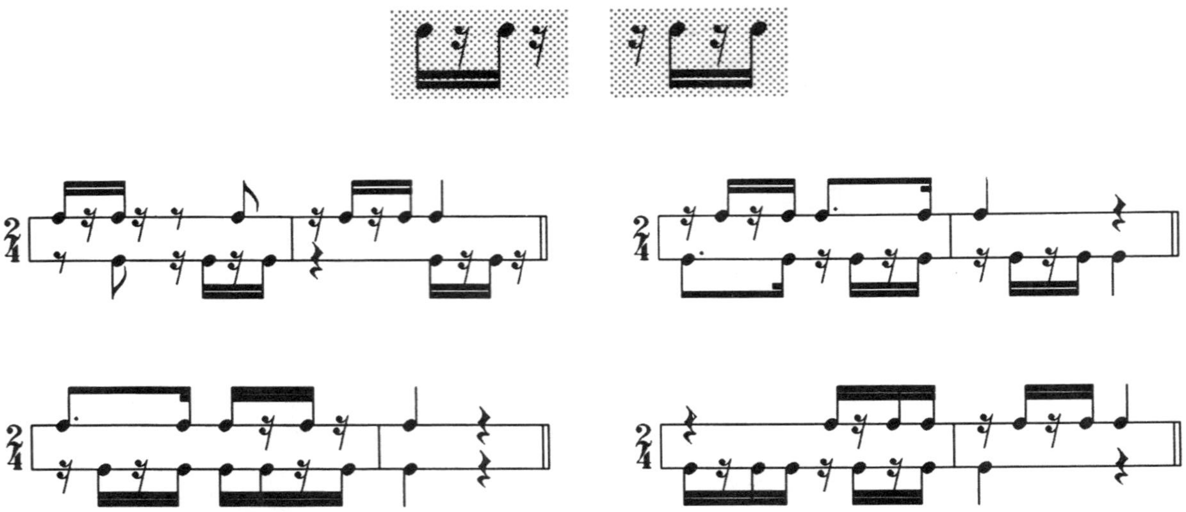

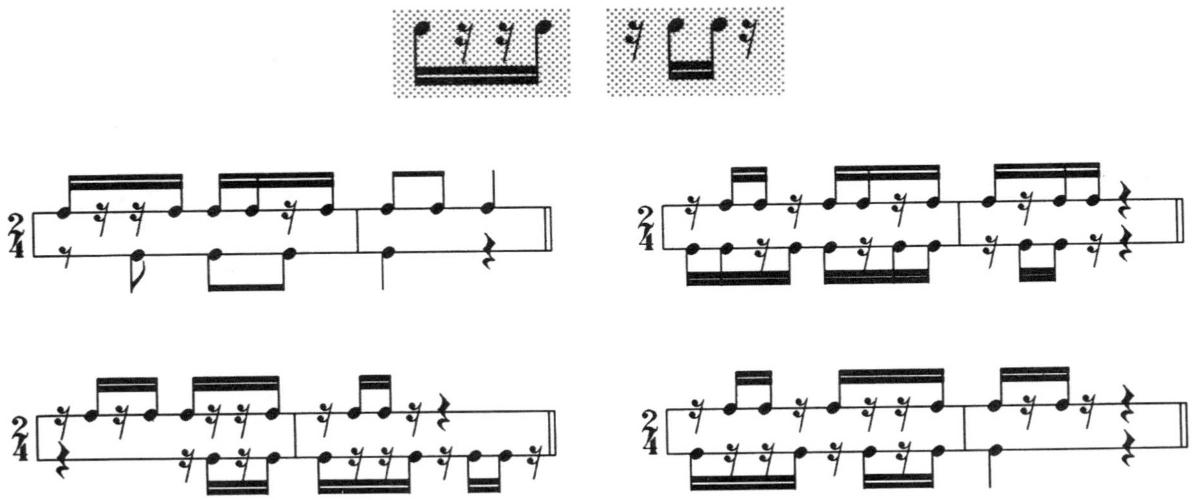

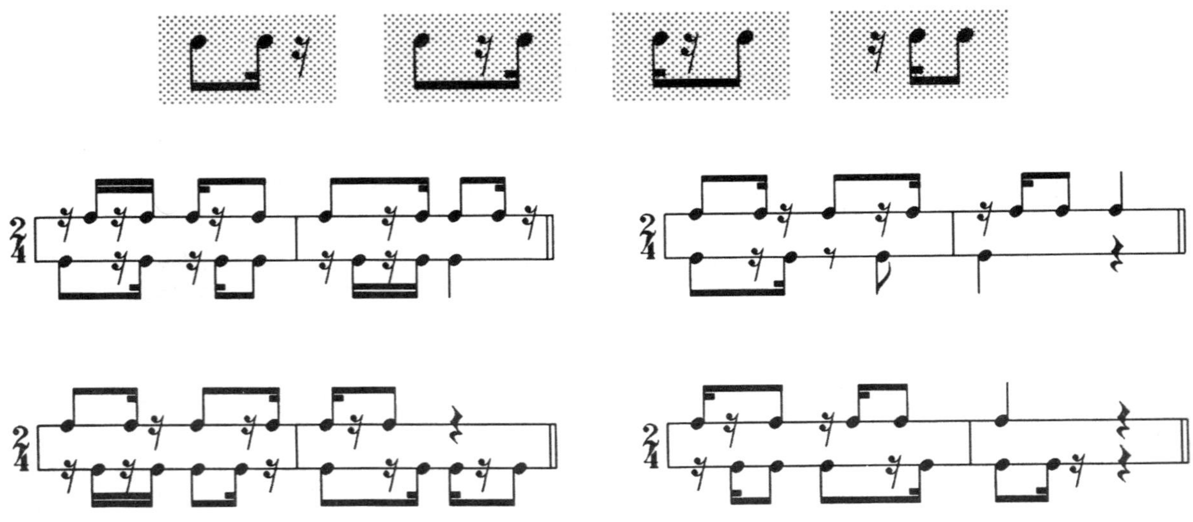

Método Prince • Leitura e Percepção - Ritmo / The Prince Method • Reading and Ear-training - Rhythm

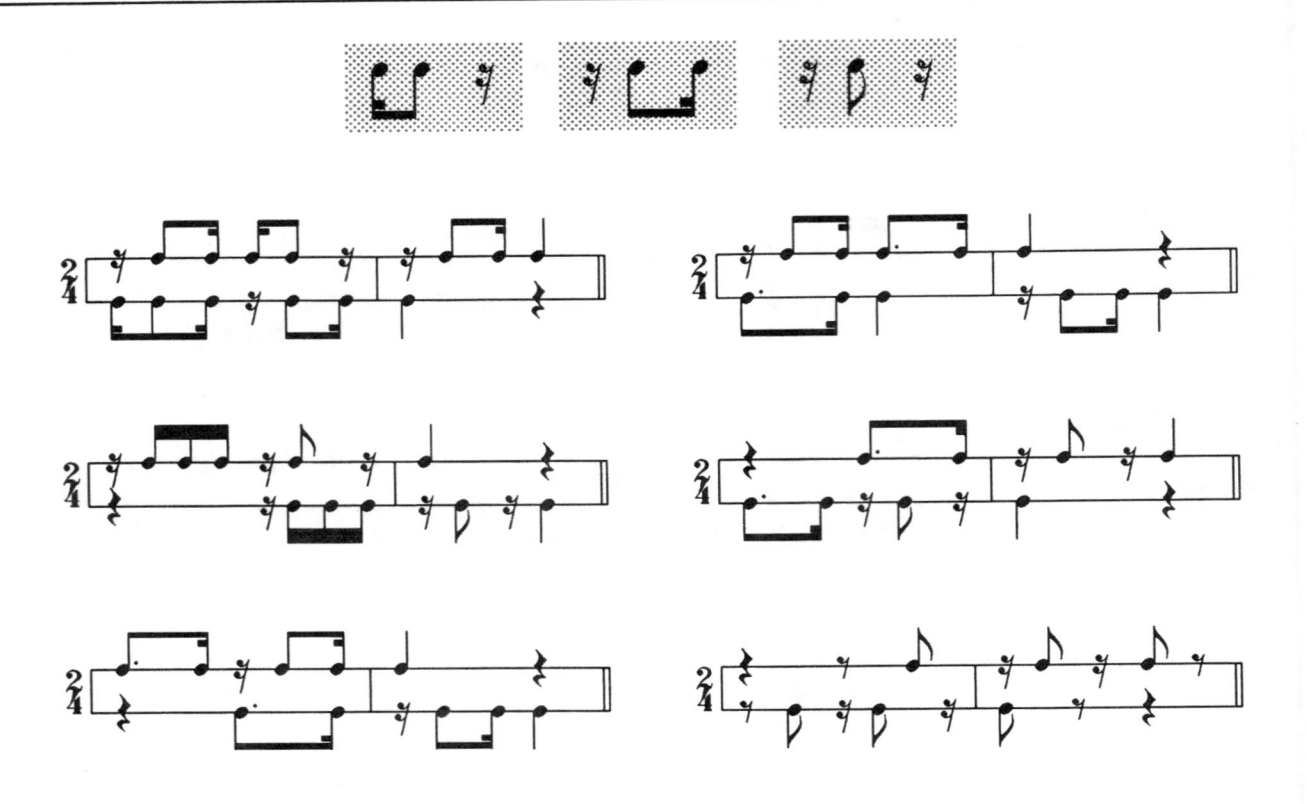

Com ligaduras
With slurs

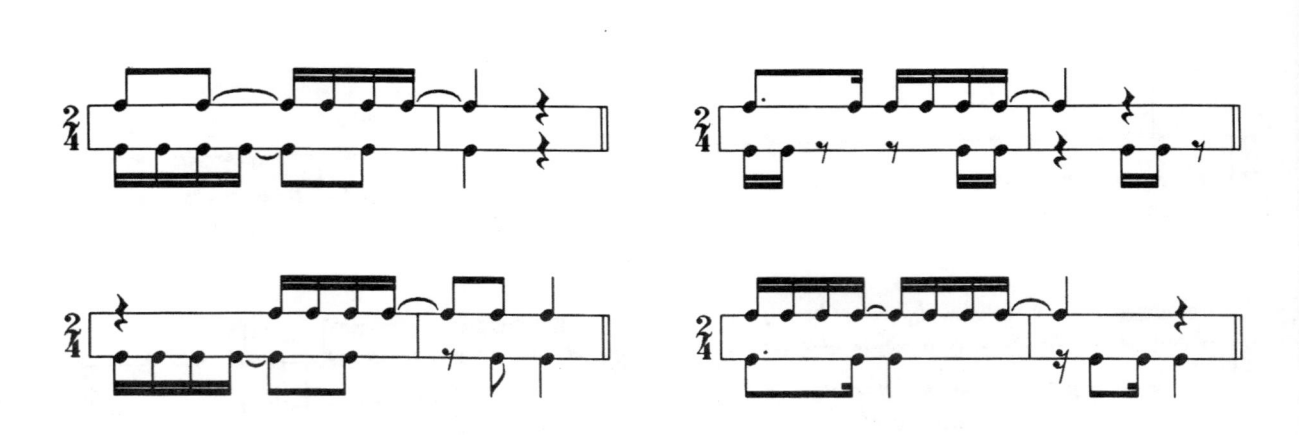

Método Prince • Leitura e Percepção - Ritmo / The Prince Method • Reading and Ear-training - Rhythm

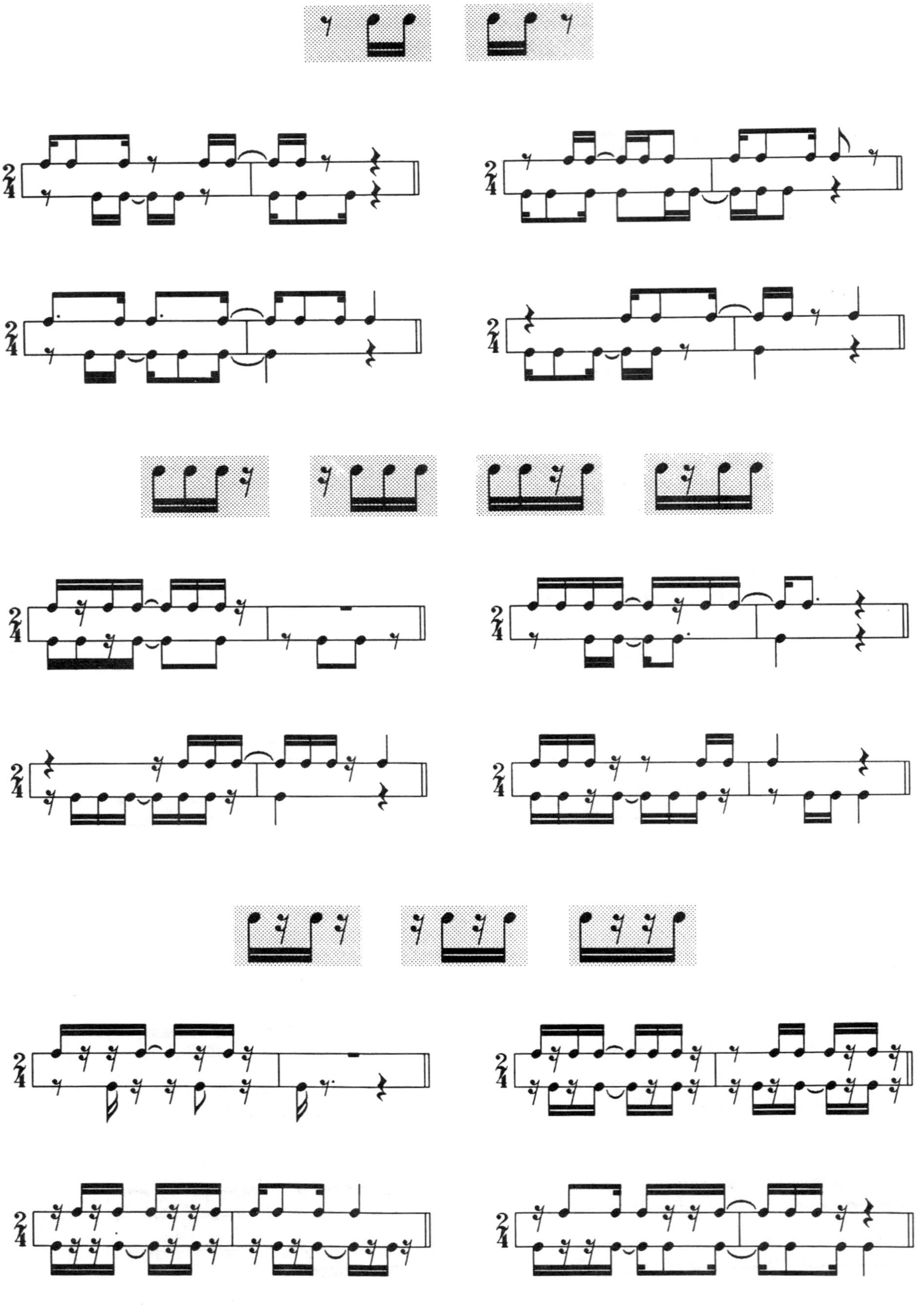

Método Prince • Leitura e Percepção - Ritmo / The Prince Method • Reading and Ear-training - Rhythm